SOLEIL HOPI

COLLECTION TERRE HUMAINE
DIRIGÉE PAR JEAN MALAURIE

SOLEIL HOPI

L'autobiographie d'un Indien Hopi

DON C. TALAYESVA

Textes rassemblés et présentés par
Leo W. Simmons
Traduction de Geneviève Mayoux
Préface de Claude Lévi-Strauss

Nouvelle édition revue et corrigée.

PLON

Cet ouvrage est paru en langue anglaise sous le titre :

SUN CHIEF
The autobiography of a Hopi Indian

que Leo W. Simmons dédie à son ami
Albert Galloway Keller

La présente édition reproduit dans son intégralité le texte original, à l'exception des illustrations hors texte.
L'édition complète (photographies, annexes) dans TERRE HUMAINE est toujours disponible.

ISBN : 2 - 266 - 01442 - 0

PRÉFACE

Depuis combien de siècles, ou de millénaires, les ancêtres des Indiens Hopi sont-ils installés dans la région qui forme, aujourd'hui, le sud-ouest des Etats-Unis? Les archéologues de l'Amérique n'osent plus avancer de date. Grâce à la mesure de la radioactivité résiduelle du carbone 14, d'une part, au développement des fouilles, d'autre part, leur discipline est devenue une sorte de machine insatiable à dévorer le temps : gagnant, avec chaque année qui passe, un nouveau millénaire, qui allonge d'autant la préhistoire du Nouveau Monde.

Restons donc vague et prudent. L'homme vivait certainement en Arizona il y a dix ou douze mille ans, et probablement beaucoup plus tôt (1). *Au troisième millénaire avant notre ère, il récoltait déjà – et commençait sans doute à cultiver – un maïs primitif, dont chaque épi était à peine gros comme une cerise. La civilisation des* Basket-Makers, *ou « vanniers », fut florissante, dès avant le début de l'ère chrétienne, et dura jusqu'au* VIIe *ou* VIIIe *siècle. Vers cette époque, elle fut remplacée, au nord du Petit-Colorado, par les ancêtres directs des Pueblo actuels, qui occupent une partie de l'Arizona et du Nouveau-Mexique, et dont les Hopi sont les représentants occidentaux. Peut-être, aussi, n'y eut-il qu'un développement continu. Ceux qui le croient groupent la culture des* Basket-Makers

(1) Au Texas, de récentes trouvailles préhistoriques semblent – dans l'état actuel des connaissances – remonter à plus de 35 000 ans.

et celle des Pueblo sous le vocable Anasazi, emprunté à la langue navaho, où il signifie « les anciens ».

Plus ancienne encore fut, au sud du Petit-Colorado, la civilisation dite de Mogollon, issue elle-même de l'archaïque culture de Cochise, dont la population se nourrissait déjà de graines moulues. Mais, à la différence de la civilisation des Pueblo, celle de Mogollon n'a pas survécu : détruite, semble-t-il, aux environs du XIVe siècle, par des invasions apaches.

L'analyse des cercles de croissance des arbres, abattus par les anciens Pueblo pour leurs charpentes, a permis de dater, avec une précision assez grande, les étapes de leur histoire. Sous une forme qui annonce déjà les aspects contemporains, cette histoire débute avec les périodes Pueblo I et II, qui vont du VIIIe au XIe siècle de notre ère. Le Pueblo III, correspondant aux XIIe et XIIIe siècles, marque l'apogée d'une civilisation qui parsema des zones, aujourd'hui semi-désertiques, de constructions en pierres sèches, comportant souvent plusieurs étages, et formant des villages agglomérés, tantôt en plaine ou sur les plateaux, tantôt incrustés au flanc des falaises, à l'abri de voûtes naturelles, et accessibles seulement par un dispositif compliqué d'échelles et de paliers : Cliff Palace, Spruce Tree House, Balcony House, Aztec, Pueblo Bonito, etc. A partir du XIVe siècle, Pueblo IV (jusqu'à l'arrivée des Espagnols, en 1540), et Pueblo V (contemporain) amorcent une décadence, qui se poursuit sous nos yeux.

A 40 kilomètres, environ, au sud-ouest du village d'Oraibi (où se déroule le récit qu'on va lire), le site archéologique d'Awatovi est le plus important, parmi les centaines de villages repérés, dont l'occupation remonte parfois au Ve siècle avant notre ère. Awatovi couvre environ huit hectares, et on y a recensé 5 000 pièces d'habitation. Les murs des kiva, *temples souterrains, ont reçu jusqu'à cent couches de badigeon superposées, supportant souvent des peintures représentant des scènes religieuses. La ville fut régulièrement habitée pendant mille deux cents ans : jusqu'au début du* XVIIIe *siècle et sa destruction par d'autres groupes Hopi* (1).

Les onze villages des Indiens Hopi actuels se situent à l'extrémité ou au pied de trois mesa, *ou plateaux, qui occupent le nord-est de l'Arizona, à 2 000 mètres environ au-dessus du niveau de la mer, et qui se découpent en pointes dentelées, dirigées vers le sud-ouest. Même pour les villages du sommet qui sont les plus nombreux (et parmi lesquels figure Oraibi-le-Vieux, sur la Troisième* mesa, *c'est-à-dire celle de l'ouest), les jardins, les pâturages, et certains points d'eau, sont en plaine. La vie indigène consiste donc, pour les hommes et pour les femmes, en continuelles montées et descentes, alourdies par les fardeaux, au flanc de parois souvent abruptes. La population actuelle est d'à peu près 3 000 âmes, dont 125 seulement pour Oraibi-le-Vieux, qui comptait environ 1 000 habitants en 1890, à la naissance de Don C. Talayesva, narrateur de* Soleil Hopi. *Cette diminution s'explique par le schisme qui se produisit en 1906-1910, entre* Friendlies *et* Hostiles *– nous dirions aujourd'hui « collaborateurs » et « résistants » –, et à la suite duquel une partie de la population émigra vers d'autres villages : Hotavila, Oraibi-le-Neuf, Moenkopi... Il en est question dans le récit.*

La découverte des Indiens Pueblo remonte à la première moitié du XVIe *siècle, quand les expéditions espagnoles de Cabeza de Vaca (1536) et de Coronado (1540) entreprirent d'explorer les régions au nord du Mexique. Des missions s'installèrent peu après, mais, en 1680, les Hopi se révoltèrent et massacrèrent tous les prêtres espagnols, réussissant ainsi à conserver une relative indépendance jusqu'à la seconde moitié du* XIXe *siècle, ce qui explique l'exceptionnel état de préservation de leurs coutumes sociales et de leur vie religieuse. Même aujourd'hui, des parties considérables du rituel restent impénétrables aux ethnologues, protégées par un secret jaloux : ainsi, « la nuit de*

(1) Watson SMITH, Kiva Mural Decorations at Awatovi and Kawaika-a, *Papers of the Peabody Museum of American Archaeology and Ethnology, Harvard University,* vol. XXXVII, 1952.

mystère et de terreur» (1) *qui clôt le quatrième jour de l'initiation tribale, dite Wowochim, quand tous les visiteurs sont exclus du village, et quand les chemins sont barrés. Le collaborateur américain de Talayesva, Leo W. Simmons, explique, dans son introduction à* Sun Chief, *les difficultés qu'il rencontra, dès qu'il voulut inciter le narrateur à décrire la fête du Soyal : « Ce que je fais au Soyal est un secret, objectait Talayesva, et si vous m'interrogez là-dessus, cela me mettra tout le monde à dos. » Il fallut lui rappeler, livre en main, que Dorsey et Voth avaient pu assister au Soyal quarante ans auparavant et lui avaient consacré une publication; démonstration qui révolta Talayesva : « C'est affreux, cela me navre, ce Voth, mais c'est un vrai voleur, il dévoile tous les secrets. » Résigné à parler, Talayesva s'interrompt aussitôt, quand un dignitaire du Soyal entre dans la pièce où se déroule cette conversation* (2).

***

De l'occupation espagnole les Hopi ont conservé le cheval, l'âne, le mouton, le pommier, le poirier, le pêcher et l'abricotier, divers légumes. Depuis longtemps, ils avaient des chiens et des dindons domestiques, et ils élevaient des aigles captifs. Traditionnellement, ils étaient chasseurs, collecteurs et jardiniers. Le gibier comprenait ours, chevreuil, antilope, puma, chat sauvage, blaireau, loup, renard, coyote, et différentes variétés de rongeurs, mais aucune espèce ne fut jamais abondante, sauf le lapin. Dans leurs jardins, ils cultivaient maïs, haricots, courges, melons, pastèques, tournesol, tabac et coton, toujours de façon précaire, à cause des

(1) Mischa TITIEV, Old Oraibi, *Papers of the Peabody Museum of American Archaeology and Ethnology, Harvard University,* vol XXII, n° 1, 1944, p. 135.

(2) *Sun Chief...* ed. by Leo W. Simmons, Yale University Press, 2nd Printing, 1947, pp. 6-7. Cf G.A. DORSEY and H.R. VOTH, The Oraibi Soyal Ceremony, *Field Columbian Museum Publ. 55, Anthropological Series,* vol. III, n° 1, Chicago, 1901.

faibles précipitations, pourtant dangereuses par leur brutalité : les pluies d'orage sont rares, mais quand elles se produisent, elles dévastent les cultures. Aussi, la collecte et le ramassage jouaient un rôle important dans l'alimentation. Pour récolter les amandes de pin et autres graines, les baies, les fruits de cactus, et aussi le sel, les indigènes parcouraient à pied des distances considérables.

Le hopi est une langue du groupe shoshone, qui appartient lui-même à la grande famille Uto-Aztèque; ce n'est donc pas seulement au point de vue sociologique et religieux que nos Indiens évoquent, sous une forme rustique, les grandes civilisations plus au sud : « Mexico, ce pueblo », a écrit une fois Bandelier. On a souvent parlé de « théocratie » à propos des Pueblo, car nulle part ailleurs dans le monde, on ne peut voir une organisation sociale et une pensée religieuse, l'une et l'autre incroyablement complexes, plus inextricablement mêlées.

Les Hopi sont répartis en clans – dont le nombre a diminué avec le temps, et qui est actuellement d'une trentaine – généralement regroupés par deux, trois ou quatre, en phratries. Les mêmes clans se retrouvent dans plusieurs villages. Clans et phratries sont exogamiques, c'est-à-dire qu'un individu ne peut épouser un membre de son propre clan ou phratrie, non plus, d'ailleurs, qu'un membre du clan ou de la phratrie de son père. En effet, la filiation est matrilinéaire, et un individu appartient automatiquement à la phratrie et au clan de sa mère, et non à ceux, toujours différents, de son père, bien qu'il entretienne avec eux des relations particulièrement étroites. Les femmes possèdent les maisons d'adobe (briques crues), la résidence étant matrilocale : un homme quitte, au mariage, la maison de sa mère et de ses tantes maternelles, pour aller habiter celle de sa femme, qui appartient à sa belle-mère. Si la femme a des motifs de se plaindre, elle rassemble les affaires de son mari, les place sur le seuil, et l'homme, ainsi prévenu, n'a plus qu'à retourner à la maison maternelle. En compensation, les hommes possèdent les kiva : vastes pièces sou-

terraines, à la fois temple, club, atelier et dortoir.

Cette structure sociale se double d'une terminologie de parenté très différente de la nôtre, et dont il est nécessaire de dire un mot, si l'on veut comprendre certaines nuances du récit de Talayesva. Tout individu « appartient » au clan de sa mère, mais il est « enfant » du clan de son père. En effet les Hopi ont un système de parenté du type dit « Crow », où les termes, au lieu de s'appliquer, comme chez nous, à un niveau déterminé de génération, s'étendent sur plusieurs générations consécutives au sein d'un même clan, ou lignée : j'appelle « enfants » ou « petits-enfants » (selon que je suis homme ou femme), tous les enfants des hommes de mon clan, que ceux-ci soient des arrière-grands-oncles (dont les enfants sont beaucoup plus âgés que moi), ou des frères cadets (dont les enfants sont plus jeunes). Inversement, tous les hommes du clan de mon père sont des « pères », même s'il s'agit, en fait, de petits-neveux, et tous les hommes du clan du père de la mère, des « grands-pères », quelle que soit la génération (1).

Ainsi, un individu quelconque peut se trouver en situation d'appeler du même terme « grand-père », un vieillard, et un enfant au berceau. Un des apports les plus précieux de Soleil Hopi *à la théorie ethnologique, est la description des difficultés psychologiques que peut comporter l'apprentissage d'un tel système, même pour un enfant né dans une société qui le pratique traditionnellement.*

Chaque village hopi formait (et forme toujours, jusqu'à un certain point) une unité politique autonome, dirigée par un chef-prêtre héréditaire (en ligne maternelle), assisté d'un commandant militaire et d'un héraut, et par le Conseil des chefs de clans. Cet ensemble de dignitaires respectés constituait une hiérarchie religieuse, dont l'autorité était garantie par des sanctions surnaturelles, plutôt que par des pouvoirs de police. L'esprit véritablement « clérical » qui imprègne la société hopi (et celle d'autres pueblo) se mani-

(1) Fred EGGAN, *Social Organization of the Western Pueblos*, Univ. of Chicago Press, 1950.

feste, tout au long du récit de Talayesva, par l'ampleur et la richesse des spéculations métaphysiques, mais aussi, il faut le dire, par une certaine bigoterie.

A l'auteur de ces lignes, le grand ethnologue américain Robert H. Lowie confiait, dans les dernières années de sa vie, que, des Crow et des Hopi chez lesquels il avait séjourné et travaillé, les premiers seuls avaient gagné sa sympathie, mais qu'il n'avait jamais réussi à aimer les seconds : « Ainsi, poursuivait-il, un Indien Crow, trompé par sa femme, lui taillade le visage; tandis que, sans se départir de son calme, un Hopi, victime de la même infortune, fait retraite et prie, pour obtenir que la sécheresse et la famine s'abattent sur le village. » C'est qu'en effet, pour un Hopi, tout est lié : un désordre social, un incident domestique, mettent en cause le système de l'univers, dont les niveaux sont unis par de multiples correspondances; un bouleversement sur un plan n'est intelligible, et moralement tolérable, que comme projection d'autres bouleversements, affectant les autres niveaux.

Pourtant, ce rigorisme reste irréductible à celui qu'on pourrait observer dans telle ou telle société occidentale. Comme dans beaucoup d'autres cultures dites primitives, les préoccupations sexuelles ne sont nullement refoulées, et la paillardise qu'affiche le narrateur ne lui est pas particulière; elle ne contredit pas, non plus, sa piété, son dogmatisme, son attachement têtu aux valeurs traditionnelles : elle en fait plutôt partie, comme en témoignent les jeux érotiques ou scatologiques, et pourtant éminemment sacrés, des clowns cérémoniels, fréquemment mentionnés dans le texte. On n'oubliera pas, enfin, que certains rites secrets des Hopi, qui ont été évoqués plus haut, semblent (d'après le peu qu'on en sait) inspirés par une hantise tragique de la mort, un culte des cimetières et des cadavres. De telles synthèses, dont chacune conduit à ce qu'on aimerait appeler la « formule spécifique » d'une société, doivent mettre en garde contre la tentation de caractériser les civilisations – comme a voulu le faire Ruth Benedict – au moyen de certains traits seulement, arbitrairement privilégiés pour les besoins de la comparaison.

Il ne saurait être question, ici, d'analyser le panthéon hopi, l'un des plus compliqués qui soient. Au sommet se place le soleil, assisté, d'une part, par les corps célestes divinisés, de l'autre, par les deux déesses « terriennes » des substances dures et minérales. Du ciel atmosphérique, relève le cortège des divinités météorologiques : vent, éclair, tonnerre, pluie, arc-en-ciel; du monde aquatique, les dieux-serpents. Les nuages porteurs de pluie sont identifiés aux ancêtres. Sur terre règne Masau'u, dieu de la brousse, de la mort, et du feu, gardien du village habité, protecteur des voyageurs. Au-dessous, siège Muyingwu, dieu de la germination, qui a laissé aux hommes les plantes cultivées, en souvenir de son séjour mythique parmi eux, jusqu'à ce que leur conduite inconsidérée l'ait obligé à se retirer dans son royaume souterrain, et à leur mesurer ses bienfaits. Dame-Araignée et ses petits-fils crasseux, les dieux jumeaux de la guerre, sont responsables du mélange d'ordre et de désordre, de bienveillance et de malveillance, qui s'équilibrent dans la nature et dans la société. Une Mère-du-maïs et ses filles veillent sur les activités agricoles, une Mère-des-animaux-sauvages préside à la chasse. Enfin, les Katcina forment, à eux seuls, un peuple de divinités spéciales, qui incarnent les compagnons surnaturels des premiers ancêtres (ou ces ancêtres mêmes) et qui, pendant six mois de l'année, séjournent au village, sous l'apparence de danseurs masqués, donnant des représentations presque quotidiennes aux adultes et aux enfants. Jusqu'à l'initiation, ces derniers ne soupçonnent pas l'illusion dans laquelle on les entretient, qu'ils sont en présence de divinités véritables : fées bienfaisantes, porteuses de cadeaux, ou croque-mitaines avertis de leurs petits méfaits.

Pour rendre un culte convenable à ces cohortes de dieux, les Hopi n'ont pas assez de leurs clans, dont chacun possède des responsabilités rituelles qui lui sont propres. Ils sont donc répartis, aussi, en groupes cultuels et en confréries, dont l'accès est régi par des règles, différentes de celles fondées sur la filiation : adoption, et initiation; cette dernière, volontaire, accidentelle, ou forcée. Chaque cérémonie se définit ainsi en fonction d'un système à plusieurs entrées : elle a sa date dans le calendrier, elle relève de la responsabilité particulière d'une confrérie, certains groupes cultuels y participent à l'exclusion d'autres, elle est « possédée » par un clan, enfin, elle se déroule dans une kiva déterminée. La plupart des confréries sont purement masculines, mais trois sont réservées aux femmes (Lakon, Marau et Oaqöl), tandis que certaines admettent une participation des deux sexes. Seule la société des Katcina est ouverte à tous ceux qui ont atteint l'âge de l'initiation.

Le calendrier cérémoniel hopi commence en novembre avec Wowochim, l'initiation tribale (qui a lieu tous les quatre ans), l'allumage du feu nouveau et le culte de Masau'u : c'est la commémoration de l'émergence des premiers ancêtres à la surface de la terre, dans les profondeurs de laquelle ils étaient longtemps demeurés prisonniers. En décembre vient le Soyal, lié au solstice d'hiver. Le Powamu, en février, est une fête de la germination. Mais, depuis décembre, les Katcina sont au village où ils resteront jusqu'en juillet, date du Niman, fête qui leur est offerte à l'occasion de leur départ. En août et par années alternées, se célèbrent les cérémonies, soit des confréries du Serpent et de l'Antilope, soit de celles des Flûtes, l'une « terne », l'autre « bleue ». En septembre et octobre, et également par années alternées, se placent les cérémonies féminines, tantôt Marau, tantôt Oaqöl et Lakon.

***

L'intérêt suscité par les biographies indigènes remonte, aux Etats-Unis, aux premières années du XIXe siècle, mais il ne s'agissait pas, alors, d'un procédé d'investigation scientifique, avec des objectifs bien définis. Cette seconde phase débute, entre 1920 et 1930, par les travaux de G.L. Wilson et de P. Radin, celui-ci responsable de la première autobiographie indigène atteignant les dimensions d'un volume, inspirée, guidée et commentée par un ethnologue professionnel : Crashing Thunder, the Autobiography of an American Indian, *New York, 1926.*

Dans une pénétrante étude consacrée à cette forme particulière de littérature ethnologique (1), *Clyde Kluckhohn cite près de 200 titres d'ouvrages consacrés à des biographies indigènes, ou à la discussion des méthodes qu'elles mettent en œuvre, des buts scientifiques qu'elles visent, des problèmes qui se posent à leur sujet. En plus de* Crashing Thunder, *on se bornera à citer ici trois réussites mémorables : W. Dyk,* Son of Old Man Hat, *New York, 1938; et C. S. Ford,* Smoke from their Fires, *Yale University Press, 1941 : autobiographies d'un Indien Navaho et d'un Indien Kwakiutl, respectivement. Enfin,* Sun Chief, *le présent ouvrage, que Kluckhohn considère, à juste titre, comme la meilleure autobiographie indigène publiée à ce jour.*

J'ai discuté ailleurs, d'un point de vue technique, la méthode et les résultats de Sun Chief (2), *et je n'y reviendrai pas. Il s'agit d'une entreprise longuement et minutieusement préparée. Leo W. Simmons, qui l'a conçue et menée à bien, choisit Don C. Talayesva sur le conseil de M. Titiev, éminent spécialiste de la culture Hopi. La rencontre eut lieu en 1938, et Simmons commença par employer Talayesva comme informateur, au taux de 35 cents l'heure. Peu à peu, il réussit à le convaincre qu'un récit autobiographique présentait plus d'intérêt que des informations dispersées, et Don accepta de tenir son journal, sur la promesse qu'il recevrait 7 cents par page manuscrite. La rédaction commence en septembre 1938. Pendant les années suivantes, des contacts intermittents ont lieu entre les deux collaborateurs, soit à Oraibi, où Simmons retourne en 1940, soit à Yale, où Talayesva*

(1) *In :* The Use of Personal Documents in History, Anthropology and Sociology, *Social Science Research Council, Bulletin 53,* New York, 1945.

(1) *In : Social Research,* vol. X, New York, 1945; *L'Année Sociologique,* Troisième série, t. 1er, 1940-1949.

lui rend visite en mars 1941. A ce moment, il a rédigé 8 000 pages manuscrites, que Simmons s'est borné à élaguer dans la proportion de 4 sur 5, pour supprimer des redites; à condenser, et à redistribuer selon un plan cohérent, mais sans altérer le style de l'auteur.

Talayesva a donc produit son œuvre aux environs de la cinquantaine. Sa vie passée faisait de lui un témoin particulièrement sensitif et averti du conflit entre les voies traditionnelles et celles de la civilisation. Mal adapté, dès le début, à son milieu d'origine, il fut envoyé, vers sa dixième année, dans une école américaine, et, très rapidement, il put se croire définitivement intégré au monde moderne. Mais il devait tomber gravement malade dix ans plus tard, et, couché sur son lit d'hôpital, il subit l'assaut des dieux et des croyances de son enfance. Son esprit gardien lui reproche sa trahison, il explique ses maux comme un châtiment surnaturel. Don quitte l'hôpital guéri, mais transformé : il retourne au village natal pour s'y faire le gardien pointilleux des usages et des rites anciens. Ce conservateur éclairé, ce réactionnaire méthodique et appliqué, ne se contente pas de décrire sa société : il plaide avec passion, obsédé par le besoin de justifier sa conduite, et de comprendre la transformation intérieure qui l'a ramené au respect des coutumes.

Le récit qu'il nous a donné possède une valeur psychologique et romanesque qui se suffit. A l'ethnologue, il apporte une moisson de renseignements sur une société pourtant connue. Mais surtout, le récit de Talayesva réussit d'emblée, avec une aisance et une grâce incomparables, ce que l'ethnologue rêve, sa vie durant, d'obtenir et qu'il ne parvient jamais à réaliser complètement : la restitution d'une culture « par le dedans », et telle que la vivent l'enfant, puis l'adulte. Un peu comme si, archéologues du présent, nous exhumions, disjointes, les perles d'un collier; et qu'il nous soit donné, soudain, de les apercevoir, enfilées selon leur disposition primitive, et souplement agencées autour du jeune cou qu'elles furent d'abord destinées à orner.

Si le lecteur français peut accéder aujourd'hui à cette rare expérience, il le doit sans doute à Talayesva et à Simmons, mais aussi à la traductrice. Mlle Geneviève Mayoux n'est pas ethnologue, et tant mieux : l'eût-elle été, elle se fût sentie paralysée par les difficultés de l'entreprise. Elle a bien voulu me consulter sur certains problèmes, et nous sommes régulièrement tombés d'accord, pour les reconnaître insolubles. Grâces lui soient rendues d'être allée de l'avant. Le spécialiste éprouvera parfois quelques hésitations, sur la manière dont des points de détail ont été rendus, mais comme l'idée ne peut lui venir d'utiliser un autre texte que l'original, la chose est, pour lui, sans importance; et, bien que les raisons diffèrent, elle l'est également pour le public cultivé, à qui s'adresse cette traduction. On saura particulièrement gré à Mlle Mayoux d'avoir trouvé, dans un autre registre, un équivalent plausible de cette langue indéfinissable que parlent et écrivent les Indiens évolués de l'Amérique du Nord : faite de tournures indigènes, d'expressions paysannes, et d'emprunts à l'argot des faubourgs.

Qu'il me soit permis, en terminant, de suggérer au lecteur de remédier à l'absence d'illustrations en couleurs, en se reportant à l'éblouissant recueil de peintures indigènes publié, il y a un demi-siècle, par J.W. Fewkes (Hopi Katcinas, 21 st Annual Report, Bureau of American Ethnology, Smithsonian Institution, *Washington, 1903); sinon, un sentiment lui manquera toujours : celui de l'intense et subtile inspiration poétique, associée à une chaleureuse verve populaire, qui imprègne la culture hopi. Il est dommage qu'on n'ait pu reproduire ici quelques planches. Aucun écrin ne serait trop précieux, pour présenter ce joyau de la littérature ethnographique.*

Claude LÉVI-STRAUSS.

I

JUMEAUX FONDUS EN UN

Un jour, lorsque nous étions dans son ventre, nous avons fait mal à notre mère. Elle m'a raconté comment elle était allée voir le guérisseur : il l'avait massée et lui avait palpé le ventre et les seins, puis l'avait prévenue que nous étions jumeaux. Elle en était tout étonnée et elle avait peur : « Mais, c'est un seul enfant que je veux », dit-elle. « Alors, lui répondit le guérisseur, je vais les réunir. »

Il prit de la farine de maïs devant la porte et la répandit au soleil; il fila de la laine noire, il fila de la laine blanche, et des deux fils mêlés il entoura le poignet gauche de ma mère : c'est un puissant moyen pour assembler les enfants – de même, nous jumeaux, nous avons commencé à ne faire qu'un seul. Elle aussi a aidé à nous assembler, tant elle ne voulait qu'un seul enfant.

Ma mère a décrit comme elle m'avait porté soigneusement. Elle a dormi tout au long avec mon père, car il devait faire l'amour avec elle et me faire pousser, comme on irrigue une récolte. Quand un homme commence à faire un enfant et s'arrête, c'est la femme qui en souffre. Elle ne faisait l'amour qu'avec mon père, pour que ma naissance soit facile et que je lui ressemble.

Elle refusait de tenir l'enfant d'une autre femme sur ses genoux et elle prenait soin de ne pas souffler au visage des petits enfants, car cela pouvait les faire dépérir. Elle ne se mêlait ni du tannage, ni de la teinture, de peur de faire du gâchis et de me faire du mal. Quand elle a été grosse, elle a pris grand soin de s'asseoir de telle manière que les gens ne passent pas devant elle : ils auraient pu rendre ma naissance difficile.

Elle ne regardait pas les images de serpents exposés aux cérémonies; devenu serpent d'eau dans sa matrice, je risquais de dresser la tête au moment de ma naissance, au lieu de la mettre en bas pour chercher à sortir.

Mon père prenait soin de ne faire mal à aucune bête, ce qui aurait endommagé mon corps : s'il coupait le pied d'une créature vivante, je pouvais naître sans main ou pied-bot; il aurait mis ma vie en danger en maltraitant un être sans défense; s'il serrait trop fort la corde au cou d'un âne ou d'un mouton, il risquait de me passer le cordon ombilical autour du cou et de m'étrangler, et même si je réussissais à m'en dégager, j'aurais longtemps le souffle court, j'étoufferais.

Chaque fois que je bougeais dans la matrice, c'était signe que je naîtrais tôt et facilement; ma mère trimait sans cesse, à la cuisine, à piler le maïs, à porter l'eau : elle aurait ainsi le corps prêt pour le travail. Mon père lui donnait à manger de la chair de belette, pour que je sois agile et que je me glisse vite dehors, comme ce petit animal adroit sort de son trou.

On m'a dit que ma naissance avait été difficile.

Elle a commencé vers le soir, un jour de mars 1890, mais on n'a pas pu se rappeler la date exacte, alors je n'ai jamais eu d'anniversaire.

La figure de ma mère s'est assombrie, elle avait mal; elle s'est couchée sur la terre battue, au troisième étage de sa maison du Clan du Soleil. Elle avait envoyé ma sœur Tuvamainim, âgée de cinq ans, avec mon petit frère Namostewa, chez un voisin. Ma mère allaitait encore Namostewa, qui avait près de deux ans.

Mon grand-père Homikniwa, du Clan des Lézards, qui habitait la même maison que ma mère et mon père, est grimpé au troisième étage par l'échelle. Il a frotté le ventre de ma mère, il m'a préparé à sortir, et la puissance de ses mains a aidé la matrice. C'était le meilleur guérisseur d'Oraibi, et sa présence même donnait du courage.

Mon père Tuvanimptewa est venu l'aider, ce qui est rare pour un mari hopi. Bientôt, il a envoyé chercher la vieille sage-femme pleine d'expérience, Nuvaiumsie, du Clan du Coyote d'Eau, associé à celui de mon père.

Quand elle est arrivée, elle a fait chauffer de l'eau dans une terrine, sur un feu de charbon. La cheminée à l'ancienne mode était dans l'angle sud-ouest de la pièce.

Fig. 1. – *Intérieur hopi.*

Ma mère s'est installée sur du sable entassé, apprêté pour ma naissance; elle s'est appuyée sur les mains et les genoux, elle a relevé un peu la tête, en forçant vers le bas; tour à tour, mon père et le sien lui ont mis le bras autour du ventre en appuyant doucement pour me faire sortir. On aurait appuyé de plus en plus fort si j'avais refusé de sortir, mais jamais un médecin hopi ne lui aurait ouvert le ventre pour me prendre.

J'étais un gros bébé, j'ai donné beaucoup de mal,

et j'ai mis longtemps à sortir – la tête la première. On dit que la vieille Nuvaiumsie m'a pris tout criant, frais sorti de ma mère, et pour me rendre bon chasseur, elle m'a coupé le cordon ombilical avec une flèche; le bout replié, elle l'a lié à trois doigts du nombril pour empêcher l'air d'entrer, elle l'a attaché avec une cordelette prise à la coiffure de ma mère : c'est ainsi que l'on doit faire. Si elle n'avait pas bien attaché le cordon, l'air serait entré dans mon ventre et m'aurait tué.

A ma mère, on a donné des brindilles de cèdre à mâcher et du thé de cèdre (1) à boire; cela rend fort et le délivre s'en va plus facilement.

Mon grand-père, mon père et Nuvaiumsie m'ont examiné. Ils m'ont regardé de près et ils ont bien vu que j'étais des jumeaux réunis. Gros comme deux, les cheveux derrière la tête poussant dans deux sens au lieu d'un, garçon par-devant, mais la trace d'une fille derrière : sans aucun doute, l'empreinte d'une vulve, qui a disparu lentement.

On m'a dit maintes et maintes fois que j'avais eu de la chance, doublement : de naître jumeau, et de ne pas naître fille, de justesse.

Et puis, ils m'ont enveloppé dans un lange, ils m'ont mis près du feu et ils ont attendu que ma mère se libère du placenta. Nuvaiumsie avait attrapé le bout du cordon et tiré tout doucement, tandis que mon père se tenait derrière ma mère et la prenait par la taille et la secouait. On lui disait de se mettre les doigts dans la gorge et de faire des efforts comme pour vomir, jusqu'à ce qu'elle expulse le délivre.

Il est venu enfin; alors, on a mis ma mère près du feu, accroupie sur un tabouret bas – peut-être le tabouret de naissance hopi – pour que le sang s'écoule dans le sable. On lui a donné du thé de cèdre chaud pour lui purifier la matrice.

Plus tard, Nuvaiumsie l'a baignée à l'eau chaude,

(1) Le terme désigne un arbuste différent des cèdres d'Asie et d'Afrique. (N. du T.).

savonnée au yucca, enveloppée dans une couverture, nourrie de bouillie de maïs et couchée sur le flanc devant le feu pour que ses os se remettent en place. La vieille dame a soigneusement balayé le sang et le sable avec un petit balai, elle les a mis dans un vieux panier avec le placenta, les chiffons souillés et le balai. Elle a répandu de la farine de maïs sur le tout et elle l'a donné à mon père, à jeter sur le tas aux délivres, un endroit réservé au sud-est du village, où personne ne peut marcher, de crainte que ses pieds ne deviennent gercés et douloureux, ses yeux jaunes et son urine épaisse.

Mon père l'a fait, et lorsque toutes les traces sanglantes ont été effacées, il est allé chez Masenimka, sœur de ma mère. Il aurait été chercher sa propre mère, si elle avait été en vie.

Elle est vite venue, Masenimka, apportant une coupe d'eau, de la farine de maïs, de la racine de yucca, deux épis de maïs et des langes; elle est venue, toute souriante et joyeuse, pour m'assurer une vie heureuse et la gaieté du cœur.

Masenimka a raconté qu'elle m'avait salué tendrement; puis elle m'a lavé la tête avec du yucca et de l'eau chaude, rincé à l'eau claire et baigné des pieds à la tête. Pour rendre la peau lisse et pour que les poils n'y poussent qu'aux bons endroits, elle m'a frictionné de cendres de cèdre ou de sauge (1) puis elle a remonté sa jupe noire (*manta*) sur ses cuisses pour me mettre sur ses genoux nus et me proclamer ainsi son fils, enfant de son clan. Tout en mâchant des brins de cèdre, elle a craché sur les lobes de mes oreilles qu'elle a frottées, frottées à les engourdir, pour ensuite les percer : dans les trous, elle a passé un fil qui les a tenus ouverts.

Masenimka m'a serré les bras aux côtés, elle m'a langé chaudement et elle m'a posé sur un berceau (2), une corbeille d'osier au cadre de tiges de cèdre incurvées, reliées par un réseau de brindilles

(1) Variété d'artemisia (N. du T.).
(2) Le berceau hopi est plat (N. du T.).

de citronnelle et d'autres arbustes, avec un masque fait de même. Le berceau était tapissé d'écorces de cèdre et de chiffons. On nous a enveloppés, le berceau et moi, d'une couverture plus grande, serrée avec une ficelle.

Longtemps, Masenimka est restée assise devant le feu, le berceau posé sur ses genoux, puis elle m'a mis par terre auprès de ma mère, avec un épi de maïs de chaque côté, un pour moi et un pour ma mère.

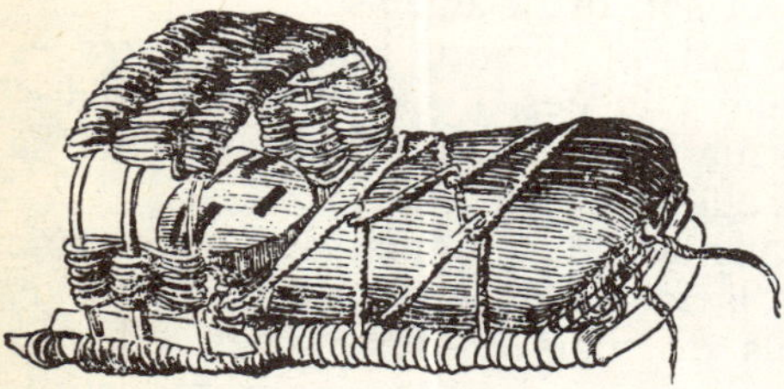

Fig. 2. – *Berceau de poupée ou de bébé (wi-hâ-klem-tsân-nâ) avec une poupée de bois.*

Au petit matin, quand les coqs se sont mis à chanter, elle a pris un peu de farine de maïs pour dessiner quatre traits, horizontaux, larges d'un pouce et longs de six ou sept, sur les quatre murs de la chambre, l'un au-dessus de l'autre. « Voilà, a dit Masenimka, je vous ai fait une maison, vous y resterez vingt jours et nous vous attendrons », puis elle a repris sa place auprès de nous, ma mère et moi.

Bientôt, Masenimka est allée chercher du maïs chez elle; l'ayant fait cuire avec quelques petites brindilles de cèdre, elle l'a donné à ma mère pour faire couler son lait en abondance; elle aurait aussi bien pu lui donner du jus de viande sans sel et du laiteron, puisqu'il sort du lait quand on en écrase la tige.

Avant la première lueur à l'Est, les femmes du Clan du Soleil ont appuyé deux perches contre la porte, face au Levant, et elles les ont drapées d'une couverture : cette couverture protégeait la chambre natale des rayons du soleil, car ils étaient tenus pour nocifs avant que j'aie été rituellement présenté au dieu Soleil.

On raconte qu'il y eut beaucoup de visiteurs avant le petit déjeuner; ils mangeaient un peu, félicitaient ma mère et faisaient des vœux de prospérité pour moi.

Masenimka m'a de nouveau baigné et de nouveau frictionné de cendres de cèdre, ou de poudre d'une argile spéciale que l'on trouvait près du village. On m'a remis au berceau après le bain et on m'a donné le sein; mon frère a peut-être pensé que je lui volais son lait, mais il n'y pouvait rien.

Si ma mère n'avait pas eu de lait, c'est une parente, nourrie de maïs sucré finement écrasé, mélangé de jus de pêches cuites, qui m'aurait allaité, et on aurait pu me donner du jus de viande sans sel, ou du lait des vaches des missionnaires.

Quand un bébé s'aperçoit que sa mère en nourrit un autre, il peut souffrir du vol, s'angoisser, être nerveux, dépérir; c'est malin pour ça, un bébé; il comprend vite ce qui se passe. Si j'avais pris le sein d'une femme enceinte, je risquais d'en mourir.

Pendant vingt jours, il était interdit à ma mère de manger ou de boire des aliments froids ou salés, pour que le sang dans sa matrice ne se coagule pas, et toute sa nourriture était cuite avec des brins de cèdre.

Le feu devait brûler sans cesse dans ma chambre : il m'appartenait et personne ne pouvait y prendre de flamme, car j'aurais souffert de ce vol. S'il s'était éteint accidentellement, on l'aurait aussitôt ranimé et ce jour n'aurait pas été compté. On ne pouvait faire cuire d'aliments à même les charbons, mais seulement dans une terrine posée dessus, sinon j'aurais été « touche-au-feu » dans mon enfance et j'aurais joué imprudemment avec le feu.

Pendant ces vingt jours et les vingt jours qui s'ensuivirent, mon père ne fit pas l'amour avec ma mère : s'il l'avait fait avant que tout le sang se soit écoulé de la matrice, elle aurait conçu un nouvel enfant et cela m'aurait rendu nerveux et inquiet; j'en aurais peut-être souffert toute ma vie; de toute manière, les sœurs et sœurs de clan de ma mère s'y seraient opposées.

Mais j'en aurais presque autant souffert s'il avait fait l'amour avec une autre femme et s'était disputé avec ma mère, car j'aurais senti qu'il se passait quelque chose.

Les soins qu'on me donnait suivaient un ordre fixe : tous les matins j'étais démailloté, frotté de « cendres de bébé » et remis au berceau. Sous ma nuque on glissait une compresse de toile pour m'empêcher d'avoir le cou épais et je reposais sur des écorces de cèdre tendres pour absorber l'urine. On devait me laver trois ou quatre fois par jour.

C'était toujours dans mon berceau qu'on me donnait à manger, et je pouvais seulement bouger la tête, un petit peu, quand je tétais.

Je ne sais pas si quelqu'un a pris de la salive dans ma bouche et en a frotté ma nuque pour que les esprits maléfiques ne me voient pas pleurer, comme on le fait à beaucoup de bébés hopi.

Lorsque mon cordon ombilical est tombé, on l'a attaché à une flèche et on l'a accroché à côté d'une poutre au plafond de la pièce, pour faire de moi un bon chasseur et donner une « maison » à mon âme d'enfant si je mourais : car mon âme pourrait rester à côté de la flèche et vite revenir dans la matrice de ma mère pour renaître de bonne heure.

Le cinquième jour, on m'a baigné comme d'habitude, mais, cette fois, en me savonnant la tête avec une mousse de yucca spéciale. On a aussi lavé la tête de ma mère avec cette mousse et on lui a baigné le corps d'eau chaude dans laquelle des brins de cèdre avaient bouilli. On l'a changée et on a porté ses vêtements souillés à une citerne de rocher, pour les laver.

Après notre bain, ma mère a enlevé du mur, en le raclant, le plus bas des traits de farine : elle a rassemblé cette poussière qu'elle a portée dans ses mains au bord de la *mesa* (1), puis elle l'a tenue à sa bouche en priant que ma vie soit longue, et elle a répandu la farine au soleil levant. Le dixième et le quinzième jour, on a répété ce même rite de bain et de prière.

Si j'avais été le premier enfant, ma mère n'aurait pas pu sortir avant le soleil le cinquième jour et les jours suivants; si elle s'était trouvée trop malade ou trop faible, ma marraine serait allée à sa place.

Fig. 3. – *Rite d'imposition du nom : on lave l'enfant le vingtième jour.*

On allait vider l'eau qui avait servi à nous laver sur le tas aux délivres.

Le vingtième jour de ma vie, on me donna mon nom selon les coutumes prescrites. Vers quatre heures du matin, Masenimka et ses sœurs Kewanmainim, Iswuhti et bien d'autres tantes de clan, toutes femmes du clan de mon père et des clans alliés, vinrent de nouveau nous laver les cheveux. En premier lieu, Masenimka lava les deux épis de la « Mère du Maïs » dans de la mousse de yucca et les rinça ensuite à l'eau claire; c'étaient les épis qui avaient toujours été à côté de moi, depuis la nuit de ma naissance.

(1) Mesa : plateau (esp.) Nom donné couramment aux trois plateaux sur lesquels sont installés les Hopi. Le terme, fréquent dans le texte, n'y figurera plus en italique. (N. du T.)

Ensuite, elle lava la tête de ma mère, et après elle, ses sœurs en firent autant, chacune à son tour : elles lui versèrent de l'eau claire dessus, puis elles tordirent ses cheveux pour les faire sécher; elles baignèrent aussi ses bras et ses épaules d'eau tiède où trempaient des brins de cèdre.

Avec un balai, elles poussèrent un peu de sable d'un coin de la pièce vers le centre, elles posèrent dessus une pierre chauffée et par-dessus encore, des racines de yucca et des brindilles de cèdre. Ma mère se tint avec le pied droit d'abord, puis le pied gauche, posés sur ce tas de sable pendant qu'on les lavait.

Fig. 4. – *Rite d'imposition du nom : on porte l'épi de maïs à sa poitrine et on lui donne son premier nom.*

On mit le tas tout entier et le balai dont on s'était servi dans une caissette, on gratta les derniers traits de maïs et cette poussière fut aussi jetée sur la caissette, puis on y posa un charbon ardent du foyer et on laissa le feu s'éteindre.

Une des femmes prit la caissette, son contenu et une partie du bain, pour les porter sur le tas aux délivres. Quelques minutes après commença le rite du nom.

C'est Masenimka qui défit les langes qui m'attachaient au berceau, qui me mit tout nu, qui me lava les cheveux dans de la mousse de yucca – et puis, c'est elle encore qui me lava de la tête aux pieds et me frotta de « cendres de bébé », après quoi je fus rincé à l'eau claire; l'une après l'autre, mes tantes, mes nombreuses tantes me baignèrent de la même manière. La dernière me tendit de nouveau à Masenimka, qui m'enveloppa d'une couverture, chauffée auprès du feu.

L'eau de mon bain, comme de celui de ma mère, fut soigneusement portée sur le tas aux délivres.

Il se peut bien que j'aie pleuré au cours de tous ces bains, mais personne ne l'a raconté.

Masenimka m'a repris dans son bras gauche; avec sa main droite, elle a ramassé mes épis de Mère du maïs, elle les a agités au-dessus de ma poitrine en disant : « Puisses-tu vivre sans souffrir, suivre la Voie du Soleil jusqu'à la vieillesse et mourir sans douleur, tout en dormant. Tu t'appelleras Chuka. »

Cela signifie boue, mélange de sable et d'argile, car Masenimka et mon père sont du Clan du Sable, ce qui justifie mon nom. Ce nom signifiait à tous que j'étais aussi « enfant du Clan du Sable », bien que j'appartienne par ma naissance au Clan du Soleil de ma mère : ainsi, mon père et tous ses parents avaient des droits sur moi.

Et chaque tante répétait le rite, et chaque tante me donnait un autre nom, des Clans du Sable, de la Terre, ou du Serpent.

Il n'y a pas d'autre façon de donner un nom bénéfique à un enfant hopi nouveau-né; aussi aurais-je su que cela s'était passé ainsi, même si on ne me l'avait pas raconté.

Après la cérémonie du nom, la plupart des femmes sont rentrées chez elles. Juste avant l'aube, Masenimka m'a attaché sur son dos dans une couverture. Elle est allée avec ma mère au bord de la mesa où elles devaient me présenter au dieu Soleil; chacune portait une pincée de farine de maïs et ma mère avait mes épis de la Mère du maïs. Au sud-est du village, là où la piste quitte le plateau, il y a l'espèce de « grand-route » du dieu Soleil, la principale Voie du Soleil pour les gens d'Oraibi. C'est là qu'elles se sont arrêtées.

Ma mère m'a enlevé, tout d'une pièce avec mon berceau et ma couverture, du dos de Masenimka, et m'a mis sur le bras droit de ma marraine. Masenimka, qui me tenait ainsi devant le Soleil, a soufflé une prière silencieuse sur la pincée de farine dans sa main droite. A l'aurore, elle a découvert mon visage, selon le rite, avec la main gauche, elle a frotté mes lèvres de farine de maïs sacrée et a lancé le reste au soleil levant; avec sa bouche, elle a aspiré la farine de mes lèvres et l'a soufflée quatre fois vers l'Est. Puis elle a pris les épis des mains de ma mère et les a tendus vers l'Est, avec un geste arrondi de droite à gauche, pour les ramener quatre fois tout près de ma poitrine. De nouveau, Masenimka m'a souhaité longue vie dans sa prière et elle a crié au soleil tous les noms que j'avais reçus, afin qu'il les entende et sache me reconnaître.

Ma mère avait le privilège de me prendre dans ses bras et de répéter la même cérémonie, mais les rites hopi ne l'exigent pas.

Je n'ai jamais su si elle l'avait fait.

De retour à la maison où mon père venait, lui aussi, de se laver les cheveux dans de la mousse de yucca, on a invité les parents et les amis à un banquet; on a mangé du piki (galettes de maïs), du ragoût et de la purée de maïs, des puddings et d'autres mets de fête. En remerciement de ses services de marraine, Masenimka a reçu des quantités de nourriture qu'elle a emportées sur son dos.

Il y avait là beaucoup de sœurs de ma mère et de ses sœurs de clan, qu'on appelait toutes mes « mères », tandis que les sœurs et sœurs de clan de mon père, on les appelait mes « tantes ». Les hommes du Clan du Soleil qui sont venus manger, on les appelait mes « oncles », tandis que les frères de mon père et ses frères de clan, on les appelait tous mes « pères ».

Presque tout le monde a fait des compliments à ma mère; on attendait beaucoup de moi : on prédisait que je serais bon chasseur, berger remarquable et peut-être même guérisseur puissant, car j'étais un bébé exceptionnel, jumeaux fondus en un – on n'en doutait pas – on voyait bien la double mèche derrière ma tête, et ceux qui étaient présents à ma naissance avaient raconté aux autres comme j'avais l'air gros et à double sexe en sortant du ventre de ma mère. Ils savaient tous qu'on appelait antilopes de tels bébés, parce que les antilopes naissent souvent jumelles.

Voilà pourquoi on prévoyait que j'aurais un pouvoir particulier pour me protéger, que j'accomplirais bien des actes étranges devant mon peuple, et que, tout enfant, je saurais déjà guérir certaines maladies. Ma mère, mon père et mon grand-père ont soigneusement noté ces signes et ces prédictions et se tenaient prêts à m'en remplir l'esprit, dès que je serais capable de connaissance.

J'ai appris peu de chose de ma petite enfance, sinon les façons communes à tous les enfants hopi.

J'ai passé les trois premiers mois de ma vie couché sur le dos, sur le berceau, comme les autres enfants, les mains bien attachées pour que je ne me réveille pas en bougeant; on raconte que j'étais un fameux dormeur. Même éveillé, j'avais rarement l'occasion de me toucher la figure ou le corps, et on m'enveloppait les jambes de couvertures pour m'empêcher de donner des coups de pied. Le berceau était posé à même le sol, le masque habituellement recouvert d'un morceau de toile, qui me protégeait des mouches, mais qui me tenait dans une demi-obscurité. Le dos de ma tête s'est aplati peu à peu contre le berceau.

On me fourrait toutes sortes d'aliments mous dans la bouche, et on me laissait généralement téter quand je pleurais; ma mère était presque toujours là, mais je pouvais rarement la toucher ou la câliner, puisqu'on me sortait du berceau seulement pour me changer ou me baigner le matin, et que j'étais remmailloté avant de téter.

Bien entendu, les gens me parlaient bébé, me passaient de l'un à l'autre sur le berceau, m'endormaient en me berçant ou en me faisant sauter sur leurs genoux, et me chantaient souvent – souvent, j'en suis certain, bien avant que je me souvienne, mon père et mon grand-père m'ont tenu pour me chanter des chansons, à la fin du jour.

Aux heures des repas, on mettait mon berceau par terre, près de la nourriture, et, l'un après l'autre, les membres de la famille en mastiquaient une bouchée : galette, ragoût, pêches séchées, bouillie de maïs, pastèque, qu'ils me faisaient manger dans la main.

Dès le début de l'automne, j'ai pu me lever du berceau pendant la journée, ramper tout nu sur la terre battue, me rouler au soleil sur le toit de la maison d'hiver. Je pissais n'importe quand, n'importe où, mais si je me mettais à déféquer, quelqu'un me ramassait et me tenait à l'extérieur.

Mes compagnons de jeu, c'étaient les chats, les chiens et mon frère. Ma sœur est devenue ma nourrice sèche; elle me portait souvent, attaché sur son dos dans une couverture. D'autres fois, c'était ma mère qui me portait pendant qu'elle pilait le maïs ou qu'elle allait chercher l'eau à la source ou aux citernes de rocher; souvent aussi, je restais à jouer tout seul par terre, attentivement surveillé par son frère infirme, Naquima. J'avais maintenant appris à sucer mon pouce – mon poing tout entier, disait mon père – et sans doute aussi avais-je du plaisir avec mon sexe, puisque les adultes chatouillent tous les enfants mâles pour les faire rire et les empêcher de pleurer, et il est probable que d'autres enfants, même mon frère et ma sœur, en faisaient autant.

Quand les *Katcina* (1) venaient danser, ma mère ou un parent s'asseyait par terre en me tenant sur ses genoux et tendait mes mains pour recevoir des

(1) (Prononcer : katchina.) Ils représentent les esprits des Anciens. (N. du T.) (Le terme, fréquent dans le texte, n'y figurera plus en italique.)

cadeaux : pêches, pommes, maïs sucré et toute autre bénédiction.

Avant les neiges, nous avons descendu l'échelle pour habiter la maison d'hiver, où je pouvais jouer par terre toute la journée et rester au coin du feu le soir, jusqu'à ce que j'aie envie de dormir. A deux ans, alors que je parlais et marchais, je couchais encore sur mon berceau, sans quoi j'étais agité; ma mère m'a raconté que je le tirais vers elle et que je criais : « Ache », ce qui veut dire, dormir.

Toutefois, bien des personnes s'accordent à dire que je n'étais pas pleurnichard.

J'étais sain, je poussais vite, je dépassais tous les autres.

Je tétais encore quand ma mère a accouché d'un autre enfant – il est mort, alors j'ai continué à téter.

II

CRISES D'ENFANCE, PREMIERS SOUVENIRS

Quand mon petit frère est mort, il est arrivé quelque chose à la matrice de ma mère : elle n'a pas pu avoir d'enfant pendant plusieurs années. Ainsi, je suis resté le « petit » et j'ai tété longtemps.

Cependant, mes bizarres manières d'antilope se manifestaient vite. A la surprise de mes parents, avant l'âge de deux ans, j'ai grimpé tout en haut des étagères, ce qu'aucun enfant ordinaire n'aurait pu faire, de l'avis de tous. Un jour d'été, je me suis glissé tout nu dans une jarre à eau, profonde de trois pieds; quand ils m'ont trouvé, ils ont eu peur que je me noie, alors ma mère y a plongé le bras pour m'en tirer – mais je refusais de sortir, je criais qu'on me laisse tranquille. Au bout d'un moment, elle en est arrivée à prendre une hachette pour briser la jarre, mais mon grand-père lui a dit : « Tu sais bien qu'il est jumeaux fondus en un; il a un pouvoir particulier, il sortira quand il voudra. » Ils racontent que je les guettais et que je me suis esquivé quand ils ne regardaient pas – ils m'ont trouvé plus tard, en train de me sécher au soleil.

Ils avaient bien remarqué que j'avais l'air triste et ennuyé quand on s'apercevait que je me servais de mon pouvoir particulier.

Je gambadais sur les toits comme un cabri de la montagne; il semblait que je pouvais aller où je voulais sans me faire mal, grâce à ces dons d'antilope; mais quand je tombais et que je me faisais un peu mal, j'attrapais bel et bien une raclée, comme un enfant ordinaire.

Je quittais la maison et je me flanquais sous les pattes de chevaux, aussi ma mère a fabriqué une corde de cuir brut; elle en a attaché un bout à ma cheville et l'autre à une pierre. J'ai braillé tant que j'ai pu, mais il a bien fallu que je m'y fasse. Un jour, elle s'était mise à piler le maïs et elle avait oublié de m'attacher; j'ai pris la corde et je la lui ai portée, alors elle a éclaté de rire et elle m'a traité de bébé savant.

A mesure que je devenais plus fort, je pouvais bouger la pierre moi-même, un peu, mais elle s'en est aperçue et elle en a mis une plus lourde. Et puis, un jour mon père a allongé la corde. Voilà une chose que je n'ai jamais oubliée.

Lorsque j'ai été plus grand, il m'arrivait de disparaître du village et de vadrouiller dans les ravines et les gros rochers. Au début, les parents s'inquiétaient, mais plus tard, quand ils ne me trouvaient pas, ils se rappelaient mutuellement que mon pouvoir me protégeait.

Je pouvais aller presque à mon gré sur le plateau sans me perdre. J'y cueillais quelquefois des fleurs sauvages, surtout des tournesols, dont se nourrissent les cerfs, et j'en mangeais comme une jeune antilope. Mais mon grand-père a dit que j'essayais de cacher mes habitudes étranges aux autres garçons et que je devais déjà savoir que j'étais quelqu'un d'exceptionnel.

Un jour, je suis tombé malade, secoué de convulsions, écumant, puis raide tout d'un coup, comme mort. Mes parents ont eu peur; ils m'ont mené chez le vieil aveugle Tuvenga, du Clan de la Sauge Blanche : il était médecin du Feu, il savait les incantations magiques qui se chantent pour une telle maladie. On m'a décrit comme il m'avait examiné minutieusement et qu'il avait dit ensuite que cette maladie me venait de ma mère, que le pouvoir d'antilope d'un sorcier avait envoûtée pour gagner ses faveurs; c'était arrivé longtemps avant ma naissance, mais j'avais hérité de son mal.

Alors, ma mère a promis au guérisseur : « Si tu guéris mon enfant, je te le donne en fils rituel. » Et j'ai encore une fois eu de la chance. Il a chanté son incantation au-dessus de moi et m'a ramené à la vie : bien qu'aveugle, ce vieillard était sage et puissant. « Maintenant, mon fils », dit-il, « je t'ai arraché à la mort et tu m'appartiens. Je te protégerai des puissances du mal, et toi, quand tu seras grand, tu me tiendras lieu de jambes et d'yeux, où que j'aille. »

De cette maladie et de cette guérison, j'ai tout oublié, mais ma mère et le vieillard me les ont rappelées, dès que les mots ont eu un sens pour moi.

Un peu plus tard, j'ai été terriblement ébouillanté. Ma mère avait fait cuire des beignets et les avait mis à refroidir dans une terrine sur le pas de la porte. Pendant qu'elle ne regardait pas, je me suis penché et j'y ai fourré la main droite, mais ma main gauche a glissé et mon bras droit s'est enfoncé dans les beignets chauds. Vite, on m'a ramené chez le vieux Tuvenga de la Société du Feu – sa fille Honwuhti, mère de clan de mon père, m'a pris dans ses bras et m'a promené de long en large pour me consoler. Son père médecin a fait apporter du cèdre qu'il a cassé pour le mettre sur le feu; quand le bois a bien flambé, il en a mordu les bouts brûlants, les a mâchés, puis il a craché quatre fois dans une coupe. Ensuite, il s'est adressé à moi : « Mon fils, ceci te causera quelque douleur, mais te soulagera aussi. » Pour en aspirer le feu, il a sucé ma main et sur les endroits brûlés, il a étalé le charbon de bois qu'il avait mastiqué. « Maintenant, tu vas devenir sain et fort. Moi, je suis aveugle et paralysé; un jour, c'est toi qui me guideras. »

Honwuhti m'a pris sur ses genoux; elle m'a gardé jusqu'à ce que la douleur s'apaise et que je m'endorme; quand je me suis réveillé, elle m'a donné de bonnes choses à manger, puis elle m'a ramené à ma mère.

Voilà, j'avais appris une leçon : ne jamais mettre la main dans un endroit trop chaud.

Le vieux Tuvenga me traitait en fils véritable, et ma mère allait lui demander conseil en premier lieu, quand il m'arrivait des ennuis. Quand il m'entendait jouer sur la place, il m'appelait souvent pour que je tienne sa canne et que je le mène se soulager hors du village, ou travailler à la *kiva* (1) du Serpent. Quand ça n'allait pas à la maison, je courais trouver Honwuhti, qui me donnait des friandises et me permettait de regarder les poulets; je ne connaissais personne d'aussi gentil, et c'est chez elle que je mangeais le mieux : je regrettais bien d'avoir Masenimka pour marraine et pas elle; même Nuvahunka, la sœur de ma mère, qui était aussi « mère » pour moi, n'était pas aussi gentille et ne me donnait pas autant de bonnes choses; il faut bien dire qu'elle avait déjà trois garçons à elle.

Mon meilleur ami, c'était ma propre mère, et c'est d'elle que sont mes premiers souvenirs; abeille, fourmi, elle était tout le temps affairée : à la cuisine, à piler le maïs, à porter l'eau, à tresser les paniers d'éternue, à faire la poterie.

Je me souviens bien qu'une nuit, j'ai eu très peur pour elle, par la faute de mon père. Je devais avoir trois ans; c'était après la fonte des neiges, au printemps, et nous étions revenus à la maison d'été. Je couchais avec mes parents dans la pièce où j'étais né; j'y dormais sur une peau de mouton, dans l'angle nord-ouest. Je me réveille, j'entends qu'on se débat, le plancher tremble, ma mère se plaint; je pense qu'elle souffre, que mon père la tue. Hurlant, j'enfouis ma tête sous la couverture.

Ils se sont calmés un peu plus tard et ma mère est venue me parler doucement. Elle s'est couchée auprès de moi et je me suis rendormi. Le lendemain, au petit déjeuner, j'étais fâché contre mon

(1) Sanctuaire et lieu de réunion souterrain, accessible par une échelle, tel qu'il en existe plusieurs dans chaque village (le terme, fréquent dans le texte, ne sera plus en italique). (N. du T.)

père d'abord, contre ma mère ensuite, parce qu'elle restait si aimable et polie envers lui.

La nuit suivante, j'ai dormi avec mon grand-père dans une autre chambre.

Avec mon frère, on se battait; il m'énervait. On voulait toujours les mêmes choses, jouer avec le gros chien jaune, garder pour soi le chat qui chassait les petits lapins, les oisillons et les rats kangourou. Ce que je voulais surtout, c'était son petit arc, ses flèches et sa toupie. Un jour qu'on se bagarrait

Fig. 5. – *Intérieur d'une Kiva.*

tous les deux pour une alène pointue, il me l'a enfoncée dans l'œil gauche que j'ai presque perdu; de cet œil-là, jamais plus je n'ai vu autre chose que de gros objets mouvants.

Cet accident a passé comme ça et personne ne s'en est occupé.

Un grand copain à moi, c'était l'oncle Naquima, l'infirme qui vivait avec nous. Assis par terre, il égrenait le maïs ou surveillait les gosses des voisins. Nous deux, on s'est toujours bien entendu : il me racontait des histoires drôles avec sa bouche tordue et les mots sortaient à l'envers, ou bien il rampait sur ses pattes paralysées pour jouer à la toupie ou s'amuser avec moi. Il me chantait des chansons comiques pour m'endormir; il m'épouillait souvent la tête, et me chatouillait les parties pour me faire rire. Quand on était tous assis en famille autour du plat de ragoût, il me choisissait les meilleurs morceaux. Il m'arrivait bien de lui taper dessus, mais je l'aimais quand même; je partageais souvent sa peau de mouton pour dormir.

J'ai continué à pisser au lit très longtemps : peut-être même jusqu'à l'âge de quatre ans; mes parents avaient beau me dire de ne plus le faire, il semblait que j'oubliais en dormant. On en parlait pas mal dans la famille, à tel point que mon grand-père de clan, Talasemptewa, mari de la sœur de clan de mon père, m'a dit un jour que si je recommençais, il me sortirait au petit matin et me roulerait dans la neige; c'est ce qu'il a fait quand j'ai recommencé, jusqu'à ce que je sois à moitié gelé. J'ai encore mouillé mon lit quelques nuits après, alors, il m'a empoigné, trimbalé jusqu'à un trou de rocher au Sud-Est, trempé dans l'eau glacée et aspergé. J'ai bien pleuré, mais je n'ai plus pissé au lit. C'était un dur, ce type-là, le plus dur que je connaisse. Mon vrai grand-père ne m'a jamais fait des choses pareilles.

Il y avait aussi le « grand-père » Talasweoma qui me chahutait drôlement. C'était le mari d'une autre sœur de clan de mon père.

Quand il neigeait, les gosses roulaient des boules de neige pour faire des bonhommes; j'en poussais une sur la pente, un matin, quand ce grand-père est arrivé et m'a attrapé par les mains. Je n'avais rien sur la peau que ma couverture, et aux pieds, des mocassins de neige en peau de mouton. Il m'arrache la couverture, prend mes poignets et me fait serrer la boule de neige dans mes bras : « Je t'ai eu, petit voyou », dit-il, « tu vas geler aujourd'hui, tu vas ge-ler jusqu'aux moelles. » Il rit, et j'ai de la neige plein les bras contre ma peau nue, et il me dit de pleurer, sans quoi il me fera crever là. Je braille enfin, alors il me laisse partir : « File », me dit-il; je ne filais pas, mais comme il s'apprêtait à me remettre dans la neige, j'ai filé, et vite.

Ma tante a pris ma défense quand il lui a tout raconté en riant; elle l'a engueulé et l'a prévenu que je pourrais bien lui revaloir ça, un jour.

C'était un homme terrifiant : tout le temps, il m'accusait d'avoir été méchant, il m'attrapait le sexe et menaçait de le couper. Un jour, au mois de mai, avec son oncle qui était bien vieux, ils avaient parqué leurs moutons près de l'extrémité sud-ouest de la mesa. Nous, les gosses, on y est allé avant le petit déjeuner, regarder châtrer les béliers et les boucs et on s'est installé sur un rocher, tout près. Le fils de Talasweoma avait ligoté les pattes des bêtes et les tenait, pendant que Talasweoma lui-même les coupait. Quand l'heure du petit déjeuner est arrivée, il a bondi, s'est retourné, m'a attrapé par le bras et m'a tiré dans le parc : « Voilà le môme que je veux couper », dit-il, « le drôle que j'ai pris à vouloir coucher avec ma femme, j' m'en vais le châtrer. Alors, s'il tient à sa peau, il pourra rien boire et rien manger pendant un bon bout de temps. » Il me ligote les mains et les jambes, comme aux boucs; j'ai une sacrée frousse, couché par terre, pendant qu'il aiguise soigneusement son couteau sur une pierre, en me tenant à l'œil. « Tu deviendras joli garçon, quel joli garçon tu seras quand tu seras coupé », me dit-il, et les autres gosses me regardent, et je pleure. Il se penche sur moi et m'attache les parties, très serré, pour arrêter le sang, comme pour les chèvres. Il prend son couteau, il l'affûte à nouveau et me regarde tout près : « C'est le moment », dit-il, m'empoigne et me passe son couteau sur le sexe, à ras du corps, comme si tout y passait; je braille et je me débats, mais c'était avec le dos de la lame. Alors, un de ses grands fils prend mon parti et lui dit : « Fous-lui la paix, il te le fera payer. » Il me détache et dit : « Quand tu seras grand, Chuka, tu lui en feras autant. »

Le vieux se tordait quand j'ai escaladé le plateau, en vitesse, pour tout aller raconter à ma mère; elle m'a dit que c'était mon « grand-père » et qu'elle n'y pouvait rien, mais que je lui en ferais autant quand je serais grand – il avait le droit de me taquiner, et même, c'était signe d'affection. Sa femme, qui était ma tante, a pris mon parti; elle m'a consolé et elle a prévenu cet homme effroyable que je lui rendrais la pareille un de ces jours.

Quand j'ai eu quatre ou cinq ans, presque tous mes grands-pères, maris des sœurs de mon père et maris de ses sœurs de clan, me faisaient des farces brutales, m'empoignaient le sexe, menaçaient de me châtrer, sous prétexte qu'on m'avait pris à faire l'amour avec leurs femmes, qui étaient mes tantes. Elles me défendaient, disaient que j'étais leur bon ami, me prenaient le sexe et faisaient semblant de me le demander; elles me disaient : « Jette-le-moi », et, l'œil brillant, tendaient les mains comme pour l'attraper. Moi, ça me plaisait bien de jouer avec elles, mais c'est leurs maris qui me faisaient peur, avec leurs histoires de castration – j'ai mis longtemps à être convaincu qu'ils me faisaient marcher.

Mon père ne m'a jamais traité ainsi. Il était presque toujours doux et bon; il me permettait de m'asseoir auprès de lui pendant qu'il cardait et filait la laine et le coton, ou quand il tissait les couvertures dans la kiva. Quelquefois, il m'emmenait dans son champ, ou bien me permettait de me balader dans le village, sur un bourricot.

Le soir, il me prenait sur ses genoux pour me chanter des chansons ou me raconter des histoires; il me mettait aussi debout et me levait les pieds, comme si je dansais. Il promit de m'apprendre à être bon fermier, bon berger, et peut-être tisserand comme lui.

De mon vrai grand-père, Homikniwa, j'ai des premiers souvenirs très doux. C'est avec lui que je dormais le plus souvent; avant le lever du soleil, il me chantait des chansons et me racontait des histoires. Il m'emmenait aussi aux champs; je l'aidais, ou je dormais sous un pêcher. Quand il me voyait dessiner un rond par terre, il prenait grand soin de ne pas y mettre le pied : il se méfiait de mon pouvoir d'antilope qui allait lui barrer la route et il me le rappelait tout le temps, ce pouvoir.

C'était mon grand-père Homikniwa qui m'a appris à trouver les simples dans les champs. Je le regardais répandre de la farine de maïs et prier le dieu Soleil avant de cueillir les feuilles et les baies et de déterrer les racines qui guérissent. Quand les mères amenaient leurs enfants malades chez nous, je le voyais prendre leurs pincées de maïs, sortir, prier et les répandre pour le dieu Soleil, la lune, les étoiles et son dieu médecine à lui, puis revenir vers son patient, souffler sur ses mains et le soigner. Tous le respectaient; même le missionnaire Mr. Voth (1) venait se faire enseigner les plantes et les herbes par lui. Il a appris bien des choses aux Blancs. Il m'a appris presque tout ce que j'ai jamais su sur les plantes.

Mr. Voth et les chrétiens sont venus à Oraibi; ils ont prêché Jésus sur la place où dansent les Katcina. Les vieux n'y faisaient pas attention, mais à nous, enfants, on a dit d'accepter tous les cadeaux et les vêtements.

Mr. Voth ne m'a jamais prêché le Christ à moi tout seul; il nous parlait à plusieurs. Il a dit que Jésus-Christ était notre Sauveur, avait souffert pour nos péchés; il a dit que Jésus était un Bon Pasteur, que nous étions des moutons ou des chèvres. Nous devions demander à Jésus tout ce que nous voulions.

Moi, ce qui me plaisait, c'étaient les oranges et les bonbons, alors, j'en ai demandé; j'ai prié : « Jésus, donne-moi des oranges et des bonbons. » J'ai regardé le ciel, mais il ne m'a jamais rien envoyé.

(1) A qui l'on doit de nombreux travaux ethnographiques sur les Hopi (N. du T.).

Mr. Voth prétendait que nos dieux à nous ne valaient rien; pourtant, les Anciens nous faisaient remarquer qu'il pleuvait souvent quand les Katcina avaient dansé sur la plaza.

On m'avait appris, tout enfant, que les missionnaires n'avaient pas le droit de condamner nos dieux, car ils pouvaient nous causer famine et sécheresse.

Quand j'ai commencé à courir, j'ai d'abord porté les chemises que les missionnaires nous donnaient, sans culotte; on nous disait que les Blancs (*Bahana*) n'aimaient pas nous voir nus, mais nous, les garçons, nous allions presque toujours nus, sauf quand on était prévenu qu'il y avait des Blancs qui montaient. On les guettait tout le temps.

Un jour, mon père nous a fait des chemises, à mon frère et à moi, dans deux sacs à farine : il y avait une tête de cerf formidable imprimée sur le dos. On se sentait rudement chics, tous les deux, et les autres gosses n'en revenaient pas; seulement, je n'étais pas soigneux, et il arrivait à ma mère de me gronder ou de me fesser parce que je m'étais sali. On aurait dit que ça m'était égal d'être sale.

L'été, des Katcina avec de grosses têtes et de beaux habits venaient danser sur la plaza; ils ne parlaient presque jamais, mais ils chantaient beaucoup. Un Ancien, qu'on appelait Père des Katcina, répandait sur eux de la farine de maïs et nos mères portaient des masses de nourriture à leur camp près du village; mon père et d'autres se déguisaient en clowns et faisaient des farces sur la plaza.

D'habitude, les Katcina nous faisaient des cadeaux.

Vers le soir, leur « Père » leur demandait de rentrer chez eux et de nous envoyer de la pluie, et ils s'en allaient vers les montagnes de San Francisco à l'Ouest.

Nous savions tous que c'étaient des esprits divins.

Je devais avoir quatre ans quand, à la fin de l'été, les hommes des Sociétés Serpent et Antilope ont placé des marques devant leurs kiva et nos parents nous ont prévenus qu'il ne fallait pas s'en approcher. Pendant plusieurs jours, les hommes se sont costumés, mis en ordre de marche et ont quitté la mesa, à la recherche de serpents; je voulais les suivre, alors on m'a dit qu'un jour, peut-être, on me prendrait comme homme du Serpent.

Le soir, on racontait combien ils en avaient pris, et que, dans le nombre, il y avait de grands serpents à sonnettes. Nous savions que les serpents étaient des esprits divins qui apportent la pluie et qui ne font jamais de mal aux hommes dont le cœur est bon; on nous enseignait à ne jamais nous conduire bêtement, crier, glapir comme les Blancs quand un serpent s'approche d'eux; mon grand-père disait que ces manières stupides troublaient la cérémonie. Quand les serpents étaient contents, ils se tenaient tranquilles et amenaient la pluie en récompense.

Fig. 6. – *Dessin de serpent, à plumes stylisées, relevé sur une ancienne poterie hopi à Sikyatki. Ce style a été utilisé de nouveau à la fin du XIX*e *siècle par Nampeo, céramiste hopi réputé.*

Le dernier jour de la fête, il est venu à Oraibi de grandes foules de Blancs et des Indiens d'autres régions. Ils grimpaient sur les terrasses, se mettaient dans l'embrasure des portes, se tassaient sur la plaza près de la kiva du Serpent, pour tout voir.

A la fin de l'après-midi, les hommes Antilopes,

dans leurs costumes magnifiques, arrivent sur la plaza. Quatre fois, à pas martelés, ils font le tour de la maison (*kisi*) du Serpent. Les agiles hommes du Serpent arrivent, tout peints et vêtus splendidement; ils tournent de la même manière, et bientôt ils dansent avec de grands serpents vivants dans leurs mains; certains même les tiennent entre les dents. Il y a des serpents qui dardent la langue, mais d'autres qui sont tranquilles; selon mon grand-père, les hommes aux meilleurs cœurs ont les serpents les plus tranquilles.

On forme un cercle de serpents par terre : ils filent dans tous les sens; avant que le maître puisse

Fig. 7. – *Danse du serpent : les danseurs vont par deux, l'un tient le serpent dans sa bouche, le second lui tient l'épaule de la main gauche, et de l'autre lui passe le fouet à serpent sur le dos.*

les attraper, des Blancs hurlent et reculent honteusement. Un gros serpent vient vers moi au bout de la place, je ne crie pas, mais je suis sur le point de me sauver quand le maître le ramasse. C'est un homme courageux et il a le cœur bon.

Je voulais devenir maître des Serpents.

Tous les ans, vers l'époque des premières neiges, mon grand-père me disait : « Petit, c'est la mauvaise saison, il faut que les parents fassent attention à leurs enfants. Ne sors pas après la tombée de la nuit, ne va pas dans les familles hostiles, ne dors que chez toi. Tu risquerais de te faire enlever par les sorcières Deux-Cœurs (*Bowaka*) qui t'emmèneraient dans leur repaire souterrain pour t'enrôler dans leur société malfaisante. Si cela t'arrivait, tu entendrais de temps à autre des appels de mort : il te faudrait tuer tes propres frères et sœurs ou quelque autre parent, pour te sauver la vie. Quelquefois, ces sorcières se réunissent au Nord-Est dans la vallée, là où tu vois ce groupe de rochers – ne t'en approche pas.

« Si jamais on te prend et qu'on t'emmène à la kiva des sorcières, les Deux-Cœurs essaieront de t'initier à leur société; elles te demanderont : « Qui prends-tu pour père rituel secret? » alors, tu répondras : « Le Soleil sera mon Père »; elles te demanderont ensuite qui sera ta mère, alors, tu répondras : « La " Mère du Maïs " sera ma mère rituelle. » Si tu te souviens que c'est ainsi qu'il faut répondre, elles te relâcheront et te ramèneront au village, mais elles essaieront de te persuader, de te faire croire que tu seras heureux avec elles; or, tu ne seras heureux avec elles que tant que tu n'auras pas entendu l'appel de mort. Alors, tu erreras seul et tu pleureras dans les champs, parce qu'il te faudra trahir ceux que tu aimes pour prolonger ta propre vie.

« Ne l'oublie jamais, petit, que cela pénètre ton cœur, prends bien garde. »

Mon grand-père passa de la résine et de la suie de pin sur mon front pour me protéger des esprits maléfiques qui accourent à Oraibi en décembre, mais ce n'était pas une protection contre les puissants Deux-Cœurs; lui et d'autres racontaient que les enfants pouvaient être touchés par les esprits du mal ou capturés par les Deux-Cœurs la nuit et même le jour, quand il soufflait un grand vent. J'avais peur et je dormais avec lui.

Il me parlait aussi de Masau'u, l'Esprit du Feu à la tête sanglante, qui garde le village la nuit et porte parfois un flambeau. Les gens disaient que c'était signe de mort de le rencontrer face à face, et qu'il était dangereux même d'en voir le feu. Mon grand-père m'a fait voir où il habitait, un sanctuaire au pied du plateau.

Tout le monde craignait ce dieu, alors je le craignais aussi et souhaitais ne jamais voir ni lui ni son feu.

En décembre, pendant la fête du *Soyal,* l'oncle Talasquaptewa, frère de la mère de ma mère, est sorti de la kiva de bonne heure un matin, la bouche pleine de médecine et de l'argile dans les mains. Il est entré chez nous, il a humecté l'argile avec la médecine et nous en a un peu frictionné le dos, la poitrine et les membres, pour nous défendre contre la maladie et la mort.

Quelques jours plus tard, au lever du soleil, ma mère m'a mené au bord de la mesa avec tous les autres, déposer des plumes votives sur les autels; ces sacrifices portaient des messages aux dieux pour obtenir leur protection. Les gens mettaient des plumes au plafond de leur maison et dans toutes les kiva; ils attachaient des plumes aux échelles pour empêcher les accidents, aux queues des ânes pour les rendre forts, aux chèvres, moutons, chiens et chats pour les rendre fertiles, aux poulaillers pour avoir des œufs.

Mon grand-père attachait des plumes aux branches de ses arbres fruitiers pour que ses pêches, ses pommes et ses abricots soient plus beaux.

Mon père a attaché une plume votive à mes cheveux, en me souhaitant longue vie et bonne santé.

Plus tard, le même jour, des Katcina mâles et femelles aux grosses têtes ornées de plumes et de fourrures sont venus sur la place. Ils apportaient des hochets de calebasse, des arcs et des flèches, de petits sacs de maïs pilé; aux enfants, ils donnaient des pastèques, du *piki* (1), et d'autres cadeaux.

Un Ancien a répandu du maïs sur les Katcina, pendant qu'ils dansaient et qu'ils prenaient de la

(1) Piki : galette de maïs, aliment de base des Hopi. (N. du T.). Le terme, fréquent dans le texte, ne sera plus en italique.

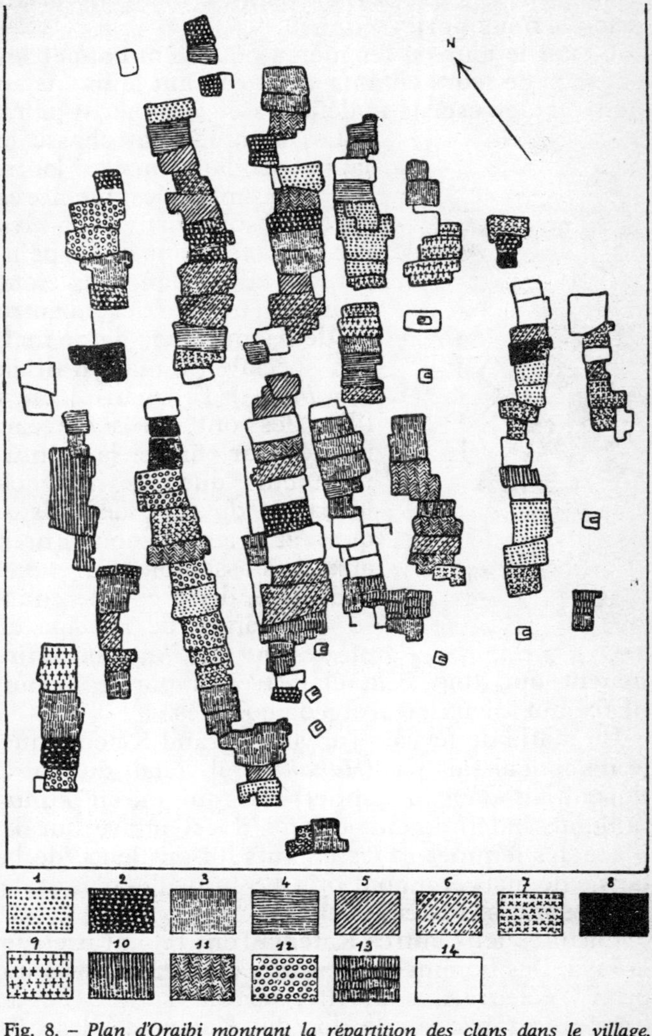

Fig. 8. – *Plan d'Oraibi montrant la répartition des clans dans le village.* 1. *Perroquet;* 2. *Plant de maïs;* 3. *Lapin;* 4. *Coyote;* 5. *Ours;* 6. *Aigle;* 7. *Soleil;* 8. *Lézard;* 9. *Sable;* 10. *Blaireau;* 11. *Arc;* 12. *Hibou;* 13. *Jonc;* 14. *Autres clans.*

farine dans leurs sacs pour en frotter les quatre côtés des portes de la kiva; on nous expliquait que c'étaient les esprits divins, venus, en réponse à nos prières, nous porter bonheur.

C'était le jour où les mères pouvaient couper les cheveux de leurs enfants en s'exposant le moins au pouvoir des esprits maléfiques et des Deux-Cœurs.

Fig. 9. – *Poupée de terre cuite coiffée comme une jeune fille.*

Les hommes ont chassé le lapin pendant quatre jours. Un après-midi, les membres du *Soyal* sont sortis de la kiva nus, à l'exception de la peinture et du pagne; ils sont montés l'un derrière l'autre au deuxième étage d'une maison spéciale (la maison de la *Soyalmana*) (1). Quatre jeunes filles les ont arrosés d'eau froide pour enlever la peinture, tandis que les hommes lançaient du piki, des pastèques et d'autres nourritures aux gens assemblés.

Ensuite, il y a eu une course, des danses de Katçina et un festin. Les Anciens affirmaient que tout cela était très important, pour plaire aux dieux et protéger nos vies.

Un matin de février, j'ai vu un grand Katcina que je ne connaissais pas (*Hahai-i*), qui venait du Nord; il soufflait dans un sifflet d'os qui faisait huhuhuhuhu, indéfiniment. Quand il est arrivé sur la place, les femmes et les enfants lui ont lancé de la farine de maïs et lui ont pris des brins de maïs et de sapin sur son plateau.

Ensuite, deux autres Katcina l'ont rejoint près de la kiva. Des hommes sont sortis de la kiva Powamu où ils célébraient un rite; ils ont soufflé de la fumée de tabac sur le dos des Katcina et les ont

(1) La vierge du Soyal (N. du T.).

saupoudrés de farine de maïs. Beaucoup d'autres Katcina sont arrivés, courant par les rues les jambes croisées (*hùùve*), distribuant des cadeaux : arcs, flèches, hochets de calebasse et poupées Katcina (*tiku*). D'autres Katcina arrivaient avec des pousses de haricot dans des corbeilles.

Nous étions sur la place à les regarder, quand tout d'un coup, ma mère m'a jeté une couverture sur la tête. Quand elle m'a découvert, les Katcina étaient tous partis et les gens regardaient en l'air : on les voyait voler, disaient-ils. J'ai bien regardé, mais je n'ai rien vu, alors ma mère a ri. Elle a dit que je devais être aveugle.

Plus tard, j'ai vu des Katcina Géants (*Nataska*) à grandes jambes, avec de longs becs noirs et de grandes dents en forme de scie. Il y en avait un qui portait un lasso pour attraper les enfants désobéissants; il s'arrête devant une maison et appelle un garçon : « Toi, tu n'as pas été sage, tu te bagarres avec les autres gosses, tu massacres les poulets, tu ne respectes pas les Anciens, aussi nous sommes venus te chercher et nous allons te dé-vo-rer. »

L'enfant pleurait, promettait d'être plus sage; les Géants se fâchaient de plus en plus, menaçaient de l'attacher et de l'emporter; les parents priaient qu'on l'épargne, proposaient de la viande fraîche à sa place, alors le Géant tendait la main, comme pour attraper l'enfant, mais prenait la viande et la mettait dans son panier; il prévenait l'enfant que c'était sa dernière chance de changer de conduite.

J'avais drôlement peur, alors je me suis sauvé; j'avais entendu dire que ces Géants emportaient quelquefois les enfants et les mangeaient pour de bon.

Quelques jours plus tard, comme nous étions couchés côte à côte sur la peau de mouton, mon grand-père m'a raconté l'histoire des Géants.

A Oraibi, il y a longtemps de ça, les enfants ne respectaient pas les Anciens, leur attachaient des chiffons sales derrière le dos, leur jetaient des pierres. Ils chipaient aussi la nourriture des plus petits et se battaient avec eux; les parents essayaient bien d'en venir à bout, mais n'y pouvaient rien.

Eh bien, il y avait des Deux-Cœurs à Oraibi qui détestaient les enfants et les avaient ensorcelés pour les rendre méchants. Les Deux-Cœurs s'étaient réunis dans une kiva pour chercher comment faire un Géant qui pût les dévorer; s'étant mis d'accord, ils avaient envoyé les plus jeunes chercher de la gomme de pin dans la forêt, et puis les vieux s'étaient assis en rond autour du feu, ils avaient fumé, et un vieux Deux-Cœurs, ricanant bêtement, avait incliné la tête et dit : « Je m'en vais faire un Géant, regardez. »

Il prend une masse de gomme qu'il roule, enduit de graisse et enveloppe d'une couverture de noce sur laquelle il prononce des incantations. Tout le monde regarde : la gomme bouge, s'assied à la fin de la quatrième incantation, se transforme rapidement en Géant et demande : « Eh bien, Père, que dois-je faire ? » Le vieux Deux-Cœurs répond : « On ne tient plus les gosses à Oraibi. Va te construire une maison dans la montagne de l'Est pendant que nous te faisons femme et enfants. » Et le vieux lui fait une femme géante et deux enfants qui partent à sa suite.

Au lever du soleil, le Géant revient à Oraibi avec une hachette, un couteau et une hotte. Il entre sans frapper dans une maison, attrape une petite fille, l'attache dans sa hotte et s'en va avec la petite qui hurle. « Voilà ce qu'on voulait », ricanent les vieux Deux-Cœurs assis sur leur kiva.

Tous les matins, au lever du soleil, les Géants sont revenus, jusqu'à ce que les enfants deviennent très rares. Les parents étaient si inquiets que le Chef a pris deux balles en peau de daim, deux bâtons, des arcs et des flèches et il est allé chez la Femme-Araignée offrir ces objets aux dieux jumeaux de la Guerre en leur demandant de tuer le Géant.

Le lendemain, les dieux jumeaux de la Guerre

glissent des flèches dans leur carquois, prennent leur attirail et partent pour le village. La Femme-Araignée les avertit : « N'allez pas faire une partie de barres, vous seriez en retard. »

Quand le Géant les voit à l'Est, il dit : « Venez donc, mes gaillards, je vais vous emporter chez moi et vous manger. » Les Deux-Cœurs, assis sur leur kiva, éclatent de rire. Alors, le plus grand des deux envoie sa balle au front du Géant et le renverse. Ahuri, il bondit sur ses pieds, attrape les garçons, les embarque dans sa hotte et descend la côte.

Au bout d'un certain temps, l'aîné demande : « Est-ce que je peux descendre, ou si je fais caca dans le panier ? » « Et moi, je peux pisser ? » demande l'autre. Mais le Géant ne fait pas attention. Un peu plus loin, ils préviennent qu'ils ne peuvent plus attendre. Le Géant les fait descendre, les attache chacun à une corde et attend. Ils se cachent derrière un gros rocher, se soulagent, et attachent leurs étrons au bout des cordes. Le Géant s'impatiente : d'abord il leur dit de se presser, puis la colère montant, il tire fort sur les cordes, les étrons lui volent à la figure et les garçons rient aux larmes. Il se bat avec eux et finit par les emmener chez lui. Il les flanque dans un four très chaud, sa femme bloque le couvercle avec de la terre, pose dessus une lourde pierre et attise un feu d'enfer. Mais les petits dieux s'enduisent d'un baume, pissent dans le four pour le rafraîchir et restent là toute la journée, toute la nuit, à se raconter des histoires pour faire passer le temps. A l'aube, pendant que la femme du Géant pile le maïs dans la pièce à côté, les Jumeaux descellent le couvercle, ils sortent, ils attrapent les enfants du Géant endormis, et les mettent dans le four, en riant bien fort, sous cape.

La femme prépare le déjeuner et se met, avec le Géant, à manger leurs propres enfants. Pendant qu'ils prennent de bonnes bouchées de cette viande tendre qui se détache bien des os, les Jumeaux crient : « Ce sont vos propres enfants que vous mangez. »

De nouveau le Géant s'est battu avec les dieux, mais ils lui ont coupé la tête; ils ont aussi coupé la tête de sa femme, et ils les ont traînées à travers le village. Plus tard, les Katcina sont venus chercher les têtes, pour faire peur aux enfants méchants.

Et le grand-père m'a raconté comment, dans son enfance, la Géante Katcina (*Soyocco*) est venue dans le village, à la recherche des méchants enfants. Elle disait aux garçons d'être sages; elle leur donnait deux baguettes pour piéger les souris, et aux filles, une poignée de maïs grillé à piler – puis elle les prévenait qu'elle reviendrait tel jour, chercher sa récompense de gibier et de farine; à défaut de quoi, elle prendrait les enfants eux-mêmes.

Ce jour-là, les Katcina *Nataska* et *Soyocco* sont revenus de l'Ouest; il y avait même huit *Nataska*. Ils ont attrapé des garçons et des filles, les parents ont plaidé, ils ont discuté et enfin les Géants ont accepté de la viande.

Ces histoires de mon grand-père me mettaient en garde.

Vers l'âge de quatre ou cinq ans, j'ai été capturé par la Femme-Araignée et j'ai failli en mourir.

Un matin de mai, je jouais sur la place, quand mon père me dit qu'il allait aux champs. Je voulais y aller aussi, mais il remplit son pot à eau et me dit : « Il vaut mieux que tu restes là, il n'y a pas assez d'eau pour deux », alors je me mis à pleurer. Comme il descendait le versant sud du plateau, je le suivis par le chemin étroit entre deux grosses pierres et j'arrivai au bas, près du sanctuaire de la Femme-Araignée. Mon père avait disparu parmi les rochers. Je regardai par hasard, à ma gauche, le rocher près du sanctuaire où les gens avaient déposé des plats en terre, offrandes à la Femme-Araignée, et je vis que la vieille était là, en personne, penchée en avant, le menton appuyé sur ses mains. A côté d'elle, il y avait un trou carré dans le sol. « Tu tombes bien », me dit-elle, « je t'attendais, entre donc chez moi. » J'en savais assez pour être sûr qu'aucune personne ordinaire ne s'asseyait près du sanctuaire. Je la regardai sans bouger, anéanti. « Entre donc », répéta-t-elle. « Tu as suivi ma piste, aussi, désormais, tu m'appartiens comme petit-fils. » Mon père m'avait entendu pleurer tout en le suivant et avait demandé à un homme qui montait de me remmener au village. Quand il est arrivé près du rocher, la vieille avait disparu – elle avait été assise près du tas de bois que les gens déposent pour elle en passant. Je croyais que je n'avais pas bougé, mais quand l'homme m'a vu, j'étais sous le rocher, lentement attiré dans le trou. La vieille Femme-Araignée a de singuliers pouvoirs – j'étais pris dans sa toile et ne pouvais faire un pas en arrière. « Enfant », dit l'homme, « sors du Sanctuaire, l'Araignée te prendra. » Je riais sottement et je ne pouvais pas bouger, alors l'homme s'est précipité, m'a tiré de là et porté sur la mesa. Je me suis senti mal toute la journée; je ne pouvais plus jouer.

Cette nuit-là, j'ai fait un rêve épouvantable : la Femme-Araignée venait me chercher, je lui appartenais désormais, disait-elle. Je me dressai et j'aperçus son talon; elle venait de sortir. J'ai pleuré et j'ai raconté à mes parents que la Femme-Araignée me poursuivait et que je la revoyais chaque fois que je fermais les yeux. Mon père, ma mère et mon grand-père ont parlé de ce qui m'était arrivé et m'ont veillé à tour de rôle; quand je criais à mon père : « Elle va me prendre », il me mettait sa main sur le front et me disait : « Tu vois, tu es allé trop près de son Sanctuaire, je crains que tu ne lui appartiennes et que tu ne vives plus longtemps. »

Je suis devenu de plus en plus faible, à moitié mort. Mon grand-père essayait bien de me soigner, mais ses remèdes ne me faisaient aucun effet. Le quatrième jour, mes parents se sont décidés à m'emmener à Shongopavi, où se trouvait un guérisseur qui avait une connaissance particulière de ces maladies. Ils m'ont porté à tour de rôle pendant ces 20 kilomètres.

A Shongopavi, nous sommes entrés dans une maison qui formait un angle. Le guérisseur s'appelait Yayauma. Il pria avec une pincée de farine de maïs que ma mère lui avait donnée, il m'examina minutieusement et sourit. Mon père et ma mère étaient inquiets. « Cet enfant est pris dans la toile de la Femme-Araignée », dit le guérisseur, « elle le tient bien. » Il demanda à mon père : « As-tu fait une plume votive pour la Femme-Araignée à la fête du *Soyal*? » Mon père resta un moment tête basse et répondit : « Non, je ne crois pas. » « Alors », répondit le guérisseur, « voilà ce qui cause le mal. Elle tiendra le garçon tant que tu ne lui feras pas de plume votive; si tu aimes ton fils, presse-toi. Je souhaite qu'elle le laisse partir. » « Biens », dit mon père. Ensuite le guérisseur me massa le dos et le ventre.

C'était jour de danse de Katcina à Shongopavi. Quand le guérisseur a eu fini de me soigner, ma mère m'a pris sur son dos pour aller chez nos parents. Pendant qu'elle grimpait sur le toit de la maison d'hiver, je voyais les Katcina se reposer tout près. Ils avaient l'air de s'être coupé la tête pour la mettre de côté; ils mangeaient, avec des têtes et des bouches comme vous et moi : ça me faisait de la peine de voir ces Katcina sans leurs vraies têtes.

Le lendemain, en arrivant chez nous, avant d'aller se coucher, le père a pris du maïs et il est sorti; il a prié la protection du soleil, de la lune, des étoiles, et cette nuit-là, je n'ai pas été inquiété; j'ai dormi jusqu'au jour.

Au petit déjeuner, ils ont parlé du guérisseur de Shongopavi et de la Femme-Araignée; à la fin du repas, mon père a pris des baguettes de saule et des plumes tendres pour faire l'offrande. Je me sentais mieux et je me suis assis à côté de lui, près du feu, dans la pièce où je suis né. Il a fait deux baguettes de prière en saule, une mâle, une femelle, avec quatre plumes tendres attachées; il les a nommées *paho* (1). Il a pris une autre plume votive et y a attaché un fil qu'il a nommé « souffle ». Il a mis

(1) Le terme, fréquent, ne figurera plus en italique.

longtemps à fabriquer ces offrandes. Quand il a eu terminé, le grand-père lui a dit : « Emporte de la nourriture au sanctuaire avec les paho et mets un peu de tabac de montagne dessus, ça peut faire plaisir à la Femme-Araignée. » Mon père est parti avec les offrandes, tandis que moi, je regardais du troisième étage. Il a tracé une piste de farine de maïs que mon esprit puisse suivre en revenant, il a mis la plume souffle au bout du chemin et le paho planté dans le sol devant le sanctuaire. « Enfant », dit-il, « maintenant j'ai apporté cette offrande à ta grand-mère pour qu'elle te laisse rentrer; grand-mère, je t'en prie, délivre mon fils. Je te ferai un paho à chaque *Soyal.* » J'entendais mon père parler à mon esprit, tout en suivant la piste de maïs : « Je te ramène, mon fils, ne me suis jamais plus, par crainte des esprits maléfiques. »

Lorsqu'il arriva devant la porte, il me dit : « Assieds-toi. »

Je n'ai jamais plus quitté la mesa en suivant mon père, et pendant toute mon enfance, j'ai évité le sanctuaire de la Femme-Araignée.

Carte 1. – *Le territoire hopi dans l'Arizona.*

III

J'APPRENDS LA VIE

J'étais le favori de mon grand-père, un enfant selon son cœur, disait-il. Dès que j'ai été assez grand pour profiter de ses conseils, il m'a appris que c'était une grande honte de se faire appeler *kahopi* (pas hopi, pas pacifique). « Petit, écoute les Anciens », disait-il. « Ils savent beaucoup de choses et ne mentent pas. Ecoute-les, obéis à tes parents, travaille bien, sois juste. Alors on dira : « Ce Chuka est un brave gosse, traitons-le bien. » C'est la voie que suit tout bon Hopi; si tu la suis, toi aussi, tu vivras vieux et mourras sans douleur, tout en dormant; mais les enfants qui n'y prennent pas garde ne vivent pas longtemps. »

Il savait regarder dans ma vie; il y voyait que je deviendrais un homme important, peut-être chef de mon peuple.

J'aurais voulu être guérisseur comme lui, mais il m'expliqua que je ne réussirais pas, parce que je n'appartenais ni au Clan des Blaireaux ni même au Clan des Serpents, qui sont les seuls à faire de bons médecins. Il pensait que je pouvais devenir dignitaire aux cérémonies; je devais détourner les mauvaises pensées de mon esprit, regarder vers l'Est, ne voir que la joie de la vie et apprendre à faire bonne figure, même lorsque j'étais malheureux.

Tandis que je partageais encore sa chambre, il m'a appris à me lever avant l'aube, à me baigner et à soigner mon corps, à chercher les choses utiles à faire, car le travail, c'est la vie et on n'aime pas les oisifs.

On apprenait à travailler comme un jeu : les enfants suivaient les grands, en imitant tout ce qu'ils faisaient. Nous allions aux champs avec nos pères : on les aidait à planter et à désherber. Les vieux nous emmenaient promener et nous apprenaient les usages des plantes et la manière de les recueillir; avec les vieilles, on cueillait l'éternue pour faire les paniers et on allait chercher l'argile pour les poteries : comme les femmes, on la goûtait pour savoir si elle était bonne. On faisait la chasse aux oiseaux et aux rongeurs dans les champs, on aidait à cueillir les pêches qu'on mettait à sécher au soleil, et les melons à porter en haut de la mesa. A dos d'âne, on allait chercher le maïs, ramasser le petit bois, garder les moutons. En apportant de la terre pour couvrir le toit, on aidait un peu à construire les maisons.

C'est ainsi que nous avons grandi tout en travaillant, parce que les Anciens disaient tous que l'oisiveté était honteuse et qu'il fallait fouetter les paresseux.

J'ai appris très tôt la valeur de la nourriture; ma mère m'enseigna à ne jamais la gâcher ni la traiter avec insouciance. Le maïs semblait avoir une importance exceptionnelle : le maïs, c'est la vie, et le piki l'aliment parfait, disait-on; mes épis de Mère du maïs, que l'on avait placés à côté de moi à ma naissance et employés à la cérémonie d'imposition du nom, étaient considérés comme sacrés : on les a longtemps conservés et puis, on a fini par les piler et s'en servir comme nourriture, avant qu'ils soient dévorés par les insectes.

Dans toutes les familles, on essayait d'avoir une provision de maïs pour un an, et on l'utilisait parcimonieusement. Chez nous, il y avait toujours un tas d'épis bien alignés. Après une saison sèche, une mauvaise récolte causait une grande angoisse, car c'était une calamité de manquer de maïs; en l'égrenant, on prenait grand soin de ramasser chaque grain.

Les Anciens qui restaient à égrener le maïs ou à filer parlaient des terribles famines qui s'étaient abattues sur les hommes. C'était triste à écouter. Ils racontaient qu'après une négligence les Hommes-Nuages-aux-Six-Points, nos ancêtres disparus qui vivent au Nord, au Sud, à l'Est, à l'Ouest, au-dessus et en dessous, avaient refusé d'envoyer la pluie, laissant ainsi venir la sécheresse et la famine. Lorsque le maïs s'était épuisé, les gens avaient erré par le village en quête de graines et de racines, fouillant les tas de détritus pour en tirer ce qu'ils pouvaient. Ils s'étaient répandus dans le désert où ils arrachaient les pommes de terre sauvages et les racines. Certains étaient morts de faim, d'autres avaient volé les provisions de nourriture, creusant même des tunnels sous les murs, jusque dans les huches des voisins. On pouvait se réveiller chez soi et ne plus retrouver que la première rangée d'épis. Il y en avait qui s'étaient enfuis chez les Indiens de Saint-Domingue, d'autres qui avaient troqué leurs enfants contre de la nourriture.

J'ai entendu raconter que lorsqu'un homme et sa femme allaient manger, ils se regardaient comme des chats sauvages prêts à bondir, et qu'ils retenaient les mains de leurs enfants pour les empêcher de manger. Songez qu'on a même enlevé et dévoré des enfants; on a retrouvé leurs os et leurs crânes, plus tard, dans les fondations des vieilles maisons; j'en ai vu de mes propres yeux.

Les Anciens disaient que nous ne saurions jamais quelles terribles infortunes s'étaient abattues sur notre peuple. Ils nous transmettaient ces avertissements, pour que nous puissions un jour les transmettre à nos propres enfants.

Il y eut une dernière famine pendant l'enfance de mon père; il m'a raconté que son grand-père était assez aisé et avait beaucoup de vivres en réserve, ce qui les préserva de la faim. J'ai ainsi compris l'importance d'avoir des provisions.

Nous mangions les anciens aliments hopi comme le maïs, les haricots, le melon, les chilis, les épinards et de nombreuses plantes sauvages; jamais nous ne nous en lassions. De temps en temps, nous mangions de la nourriture de Blancs, comme le pain de froment, et nous buvions un peu de café; seuls les Hopi riches pouvaient manger de ce pain blanc jusqu'à deux fois par semaine. On nous rappelait souvent que l'ancienne nourriture hopi était la meilleure et que nos dieux préféraient nous la voir manger.

Au printemps, les grands garçons, avec des petites plumes d'aigle sur la tête, allaient cueillir des épinards sauvages qu'ils donnaient à leurs amies en échange d'autres aliments. Les parents emmenaient les plus jeunes regarder la procession et faire leurs propres échanges. Les prêtres guidaient les garçons et les filles dans ce travail et leur expliquaient qu'il était important, pour avoir de bonnes récoltes et manger à sa faim. Après la cueillette, nous faisions toujours une danse de Katcina.

Ces cérémonies m'ont appris que les dieux nous

Fig. 10. – *Emblème du soleil, mi-oiseau. Entre les deux cornes, une crête de plumes; les quatre traits parallèles représentent la queue. Le cristal de quartz, au centre, symbolisant les rayons du soleil, figure aussi dans la mosaïque Powalawu, voir figure* 52.

avaient donné certaines plantes sauvages comme nourriture particulière.

On nous apprenait que lorsqu'il venait quelqu'un chez nous, il fallait balayer le sol, y disposer la nourriture et inviter le visiteur à manger. Ce n'était que lorsque l'invité avait mangé que mon grand-père lui demandait : « En quoi puis-je vous être utile? » Mon grand-père disait que c'était une règle que nous devions toujours observer : nourrir d'abord les visiteurs, même si nous avions faim, même si nous étions malheureux.

J'ai remarqué que mes parents ne se disputaient jamais quand il y avait un visiteur.

Les enfants avaient le droit de manger tout ce qu'ils voulaient aux repas, à condition d'être sages et de ne pas être gourmands. Ce n'était pas honteux de roter, ni de rire quand un autre le faisait.

Quand nous allions chez un voisin, nos parents nous disaient de manger sa nourriture pour lui faire plaisir; même si on se sentait bourré, il fallait manger un peu : un jour de danse, il nous arrivait de manger dix ou quinze fois.

D'aussi loin que je me souvienne, j'avais remarqué que mon père, ma mère et mon grand-père prenaient un peu de nourriture et la mettaient de côté avant de manger; ils disaient que c'était pour nourrir le Soleil et d'autres dieux qui nous protégeaient. Quelquefois je les entendais parler à ces dieux et les inviter à manger; ils le faisaient avec un soin particulier les jours de danse.

Chaque fois que mon père demandait quelque chose aux dieux, il commençait par les nourrir. Il prenait un peu de nourriture, sortait, l'offrait au Soleil et demandait quelque chose.

On nous a enseigné qu'il n'était pas nécessaire de remercier tout haut aux trois repas quotidiens, mais que nous pouvions prier dans nos cœurs : « Ce repas a été préparé pour moi, je le mettrai dans mon corps pour me rendre fort à l'ouvrage. Que mon Esprit-Protecteur me guide. »

On déposait de la nourriture sur les tombes,

même celles des tout jeunes bébés enterrés parmi les rochers au Sud et au Nord-Ouest du village. On ne permettait pas aux enfants de voir un mort, ni de s'approcher des tombes, mais nous voyions nos pères y porter de la nourriture dans des coupes d'argile.

J'ai appris qu'il était important de toujours manger aux repas. Un jour que mes parents m'avaient grondé, j'ai boudé et j'ai refusé de manger. Je pensais qu'ils me laisseraient de quoi manger, et quand ils sont partis, j'ai cherché; mais il ne restait rien. J'avais voulu leur faire de la peine, et c'est moi qui me privais. Après ça, j'ai toujours mangé aux repas.

C'était difficile d'apprendre quelles plantes étaient comestibles. Certaines étaient bonnes à manger, d'autres à guérir; mais il y en avait d'autres encore, bonnes à rien qu'à rendre malade ou fou : l'herbe astragale rendrait même un cheval fou. J'essayais de retenir les usages de toutes les plantes que mon grand-père m'avait enseignés.

Nous aimions la viande et nous en mangions de presque toutes les sortes que nous trouvions. Les Anciens nous montraient à faire des pièges pour prendre les rats-kangourous, les chiens de prairie, les porcs-épics, les blaireaux, les tamias (1), les écureuils et les tourterelles. Les hommes se servaient de pièges armés de rocs pour les coyotes, les renards, les chats sauvages et les autres bêtes plus grosses. Ils allaient quelquefois très loin chasser l'ours et le cerf. Quand ils avaient un gros gibier, ils rapportaient la carcasse, la recouvraient d'une robe de noce, fumaient du tabac sous ses narines et demandaient son pardon. Ils partaient chasser le lapin en grandes bandes, à pied ou à cheval, avec des chiens, des massues et des javelots courbés. Nous, les petits, nous faisions des lacets en crin de cheval : j'ai appris à prendre les oiseaux bleus avec un crin de queue de cheval posé sur le haut d'une tige de tournesol, et un ver comme appât. Nous

(1) Tamia : petit écureuil terrestre. (N. du T.).

nous exercions aussi à tirer à l'arc sur les oiseaux et les petits animaux, mais on nous avait interdit de tuer une créature si ce n'était pour la manger.

On ne mangeait pas les œufs d'oiseaux, sauf ceux des poules et des dindes. La chair des dindes n'était pas une nourriture; nous utilisions seulement leurs plumes, pour faire des baguettes de prière pour les cérémonies. On nous avait enseigné qu'il ne fallait jamais manger de faucons, de corbeaux, d'aigles, de serpents, de lézards, de fourmis, de vermine, de scarabées ni de tortues.

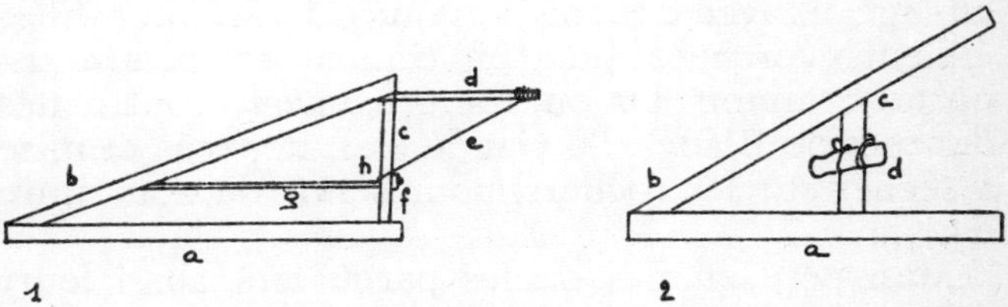

Fig. 11. – *Pièges.* 1. *Pour les souris et le petit gibier (caka'mi);* a) *Pierre posée sur le sol;* b) *Pierre inclinée;* c) *Bâton vertical;* d) *Bâton horizontal;* e) *Cordelette attachée à l'extrémité externe de* d, *passant derrière* c, *et attachée à la partie transversale* f. g) *Bâton à tension appuyé contre* b *et retenant la cordelette en* h. *On répand de la farine sur la pierre; en posant le pied dessus, la bête déloge la baguette de tension et fait tomber la pierre inclinée qui l'écrase.* 2. *Piège à coyote et à renard (i's caka' mi et kive' wi caka' mi);* a) *Pierre sur le sol;* b) *Pierre inclinée;* c) *Bâton support vertical;* d) *Appât attaché avec de la fibre de yucca. On prend soin d'y poser un fragment de turquoise ou de coquillage pour la prière, même quand on emploie un piège du commerce en acier. Lorsque la bête mord à l'appât, elle déloge le support et la pierre tombe.*

Il y en avait qui mangeaient du chien, mais d'autres trouvaient ça honteux. Nous mangions tous du mulet et de l'âne : c'est l'âne que nous préférions. Nous regardions châtrer les béliers et les boucs et mangions les parties sectionnées; j'aimais bien cette viande. On châtrait aussi les chevaux et les ânes, mais leurs parties allaient aux chiens.

Mon père avait quinze ânes qui nous servaient à porter le bois, l'eau, le maïs, les fruits et les autres vivres. Moi, j'aimais me promener dessus. Les hommes châtraient les étalons pour les rendre plus calmes; les enfants regardaient faire de loin, mais les femmes ne regardaient pas du tout. Il fallait de la pratique pour châtrer un âne; je pensais que je ne voudrais jamais apprendre, car les pauvres bêtes me faisaient pitié, comme lorsqu'on leur coupait les oreilles ou la queue pour les punir d'avoir endommagé les récoltes.

A l'automne, les hommes qui avaient du bétail le menaient sur la corniche inférieure de la muraille de la mesa. Parfois, il y en avait cinquante ou cent têtes. Les garçons regardaient depuis la plus haute corniche pendant qu'on abattait les bêtes, soit au fusil, soit à coups de hache sur la tête, soit en les allongeant avec des cordes pour les décapiter. Elles étaient écorchées, puis on traînait les peaux jusqu'au comptoir où on les échangeait contre des denrées de Blancs. La viande était dépecée et mise à sécher sur les rochers, pour servir de nourriture d'hiver.

Mon père et mes oncles parquaient aussi leurs troupeaux sur cette corniche quand ils voulaient abattre une chèvre ou un mouton. Le lendemain matin de bonne heure, nous y descendions; on prenait une bête au lasso et on la menait chez nous en haut de la mesa. Là, on lui attachait les quatre pattes, on lui étirait le cou et on lui coupait la gorge en faisant couler le sang dans un bol, pour les chiens. Mon père entrait par la porte principale, traînant le mouton derrière lui; il l'écorchait, lui ouvrait l'estomac et vidait les boyaux sur une peau de mouton. Ensuite, il dépeçait la viande et la suspendait au mur, tout près de la porte, pour la faire sécher. Ma mère faisait cuire le foie pour le déjeuner.

On abattait une bête toutes les deux ou trois semaines, quand on pouvait en prélever une sur le troupeau.

C'est les jours de danse que la nourriture semblait avoir le plus d'importance. Nos mères donnaient à manger aux Katcina et il y avait partout des bonnes choses; et puis, les Katcina aussi faisaient des cadeaux : pastèque, maïs gonflé, farine de maïs, bouillie de maïs, piki. C'étaient des jours heureux, où les enfants avaient le droit d'être insouciants et où on s'attendait à trouver tout le monde de bonne humeur.

A la fin de la journée, le Père des Katcina les saupoudrait de farine de maïs, faisait un discours d'adieu et les renvoyait chez eux, parmi les Pics de San Francisco; il leur demandait d'envoyer de la pluie pour les récoltes, et ajoutait : « Alors nos enfants, les petits, auront assez à manger et seront sûrement heureux; alors les hommes vivront tous dans le bonheur; alors nos vies, qui arriveront à maturité parmi nos enfants, seront heureusement accomplies. »

Il en ressortait que la nourriture était nécessaire à la vie et au bonheur.

Tout en apprenant l'importance de la nourriture, en essayant de reconnaître les différentes choses bonnes à manger, je tétais toujours ma mère; à six ans, elle m'allaitait encore. Quand les garçons partaient à la chasse au rat-kangourou, ou quelque autre petit gibier, je courais d'abord vers ma mère, je posais mon arc et mes flèches par terre, je m'asseyais à côté d'elle et je tétais. Les autres disaient : « Allons, viens, Chuka, on va être en retard. » « Attendez-moi », répondais-je, entre deux gorgées. Mais, à la fin, ça me gênait, et je me suis arrêté à cause de leurs taquineries, sans que ce soit ma mère qui me sèvre.

J'ai appris que l'eau est aussi précieuse que la nourriture. Tout le monde avait l'air heureux après la pluie. Les petits barbotaient tout nus dans les flaques de boue, s'éclaboussaient, construisaient de petits jardins irrigués; c'est comme ça que nous prenions trop d'eau dans la petite mare, à l'Ouest du village, où les femmes allaient laver le linge et les hommes abreuver le bétail. Nos parents nous grondaient d'avoir gâché l'eau, et ma mère m'a fessé, une fois, parce que j'avais sali ma chemise.

Pendant la sécheresse, on avait des règles sévères pour l'emploi de l'eau; on apprenait aux enfants même à faire attention, et j'ai vu des mères laver leurs enfants en prenant de l'eau dans leur bouche. En regardant les grandes personnes, j'ai appris à me laver avec une gorgée d'eau : c'est la meilleure manière de se laver sans rien perdre.

Quelquefois, l'eau manquait tout à fait. Les hommes partaient alors avec leurs ânes pour des sources lointaines, tandis que les femmes veillaient toute la nuit pour recueillir le mince filet d'eau qui coulait de la source d'Oraibi. Mon grand-père me parlait de la citerne qu'il avait taillée à grand-peine dans le roc pour recueillir l'eau qui tombait sur la corniche de la mesa. Il l'avait faite quand il avait épousé ma grand-mère, pour éviter à ses enfants et petits-enfants de souffrir de la soif. Ma mère allait chercher de l'eau à ce puits tous les jours, et en hiver, elle y taillait des blocs de glace qu'elle rapportait sur son dos.

Quand il pleuvait, on nous disait de prendre nos petites jarres et d'aller sur les corniches écoper les flaques, pour remplir les citernes : il y en avait une centaine, taillées dans le roc par nos ancêtres.

On nous faisait remarquer qu'il fallait de l'eau pour vivre et on nous apprenait ce qu'on devait faire dans le désert, quand on avait la bouche et la gorge si sèches qu'il n'y avait pas moyen de cracher ni d'avaler : il fallait casser des brindilles de *befaria* (1) et les mâcher, ou bien mâcher l'écorce intérieure des cèdres, ou garder des pêches séchées dans la bouche.

Tout ce qui concernait l'eau avait une grande importance : on le voyait bien, à la manière dont les vieux priaient pour la pluie et plantaient des paho dans les sources pour faire plaisir aux serpents d'eau, afin qu'ils nous envoient de plus grands ruisseaux et qu'ils étanchent notre soif. On nous rappelait que toute danse, toute fête, était pour la pluie et pas pour le plaisir; elles devaient persuader

(1) Variété de peuplier (N. du T.).

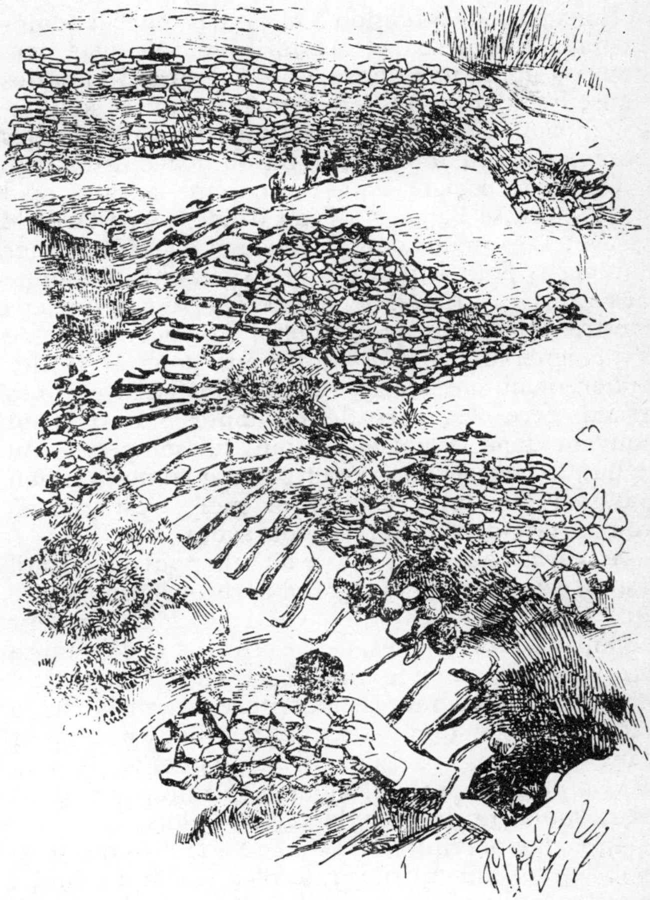

Fig. 12. – *Source Lànva. L'une des plus grandes d'Oraibi. Elle sert non seulement à l'approvisionnement en eau pour les usages quotidiens, mais aussi pour les cérémonies. La société de la Flûte y accomplit des rites.*

les Hommes-Nuages-aux-Six-Points de nous envoyer de l'eau pour les récoltes.

Quand il pleuvait fort, on nous disait de montrer nos figures joyeuses, et que les dieux étaient contents de nous.

Nous faisions attention à ne jamais louer le temps quand il faisait sec, et quand il pleuvait juste pendant ou après une danse, on disait grand bien des danseurs; mais si un vent fort se mettait à souffler, c'était signe que les Katcina étaient invités par des hommes au cœur mauvais, ou qui avaient mal agi.

On nous enseignait que l'eau donne la santé, qu'il est bon de se baigner à l'eau froide, de se laver le visage et les mains dans la neige et d'en frictionner son corps pour l'endurcir, que l'eau chaude donne des rides et raccourcit la vie. J'ai vu les Anciens mettre une cuvette d'eau dehors à glacer avant de s'y baigner et certains sortir nus pour se frotter entièrement de neige, les matins d'hiver. Les grands-pères, les maris de mes tantes, me roulaient souvent dans la neige, surtout Talasemptewa. Au début, je pensais que c'était parce qu'il ne m'aimait pas, mais au contraire, disait ma mère, c'est qu'il me voulait grand, sain, fort et courageux.

Je voyais aussi qu'il y avait un pouvoir curatif dans l'eau quand mon grand-père en faisait boire aux gens pour les faire vomir et purifier leur organisme; quelquefois, il prescrivait à quelqu'un sa propre urine, pour le mal d'estomac.

Ainsi l'eau, comme la nourriture, c'était la vie, la santé; c'était un don particulier des dieux pour nous dans le désert; s'ils n'étaient pas contents, ils pouvaient nous en priver, et au contraire, quand ils nous voulaient du bien, la verser à flots.

Après la nourriture de l'eau, c'est le bois qui semblait le plus dur à trouver, le plus vite consommé : aussi, tous devaient en monter à la mesa, personne ne devait arriver les mains vides; s'ils n'avaient pas d'autre fardeau, ils trimbalaient une brassée de branchages et de brindilles. Les hommes faisaient de grands trajets à dos d'âne à la recherche de bois mort pour faire la cuisine, pour chauffer les maisons et les kiva. Des hommes et des femmes, âgés, presque aveugles quelquefois, allaient loin dans les plaines et revenaient le dos chargé. Quand mon père gardait les bêtes, il faisait passer le temps à casser du cèdre et de la sauge blanche qu'il laissait en petits tas, prêts à être emportés plus tard, sur les bourricots. On ramassait des petits morceaux de charbon dans les coulées et les ravines, on gardait la rafle du maïs, on brûlait même des crottes de mouton séchées pour la cuisine, le chauffage, la cuisson des poteries.

Quand on passait devant le sanctuaire de la Femme-Araignée, on lui déposait quelques bouts de bois; c'était un sacrifice estimable. Moi, j'apportais des brassées de bois mort pour faire plaisir à ma mère et recevoir les compliments des Anciens.

C'était important aussi de mesurer le temps ou les saisons, en observant les points de l'horizon où, chaque jour, se levait et se couchait le soleil. On appelait le point où le soleil se levait, le jour le plus court de l'année, la « maison d'hiver du soleil » et le point où il se levait, le jour le plus long, sa « maison d'été ». Le vieux Talasemptewa, qui était presque aveugle, restait assis sur la terrasse de la maison de cérémonie du Clan du Soleil pour observer la progression du soleil vers sa maison d'été. Il avait une ficelle à nœufs, et à chaque jour qui passait, il en défaisait un. Lorsque le soleil se levait derrière certains pics de la mesa, il faisait dire qu'il était temps de planter le maïs sucré, la maïs ordinaire, les haricots verts, les melons, les citrouilles, les haricots de Lima et les autres graines. Un certain jour, il annonçait qu'on ne pouvait plus rien planter. Les Anciens disaient qu'il y avait des dates propices pour planter, moissonner, chasser, pour les fêtes, les mariages et bien d'autres choses. Pour savoir ces dates, il fallait suivre de près les mouvements du soleil.

Mon arrière-grand-oncle Muute était dignitaire du Clan du Soleil; on l'appelait *Tawamongwi* (Chef du Soleil). Assis dans un endroit spécial, il regardait le soleil, pour le voir arriver à sa maison d'été.

C'était le travail du Chef de la Société de la Flûte de montrer sa voie au soleil. Quand il arrivait à sa maison d'été, l'oncle disait aux gens du Clan du Soleil : « Voilà notre grand-oncle Soleil qui a atteint sa maison d'été; nous devons maintenant sacrifier un mouton et faire des offrandes votives au Soleil, à la Lune, aux Etoiles; prions le dieu Soleil, demandons-lui de la pluie, demandons-lui d'éloigner les mauvais vents qui détruisent nos récoltes. » Un soir, il recueillait de quoi faire les baguettes de prières et tous les hommes du Clan du Soleil se réunissaient dans la maison du clan, pour fumer du tabac de montagne et prier pour la pluie. L'oncle dormait seul pendant quatre nuits pour obtenir la pluie pour son peuple. Le lendemain matin, ils retournaient à la maison du clan, lui et d'autres; ils ôtaient leurs chemises et leurs souliers, ils allumaient de nouveau la pipe, se la passaient, échangeaient leurs termes de parenté, unissaient leurs cœurs pour que leurs prières arrivent jusqu'aux Hommes-Nuages-aux-Six-Points, leurs prières de pluie, de bonnes récoltes, de bonne santé, de longue vie. Il venait aussi bien des hommes d'autres clans, qui aidaient à faire les paho pour avoir une bonne et longue vie; tous ensemble, ils travaillaient, posaient les baguettes dans une châsse et les mettaient de côté. On recueillait le rebut et on le déposait dans une petite coulée au bord de la mesa, pour que les pluies l'emportent et le dispersent dans la vallée.

Les paho finis, on étalait par terre de grandes quantités de nourriture, on faisait venir tout le monde à la maison du Clan du Soleil et on faisait un festin; il y avait toujours une grande abondance, ce jour-là.

Le lendemain, avant le petit déjeuner, mon oncle emportait les offrandes au Sanctuaire du Soleil, au sommet d'une haute mesa à trois kilomètres au Nord-Est d'Oraibi; il devait poser les paho sur un autel et prier pour la pluie au moment où le premier rayon du soleil pointait à l'horizon.

D'après les Anciens, il n'y avait rien au-dessus du soleil. Il pouvait même remplacer une dent, disaient-ils. Un jour de septembre où nous sommes partis, toute la famille, à dos d'âne, pour Shongopavi, voir la danse Marau, j'avais une dent qui branlait. Cette nuit-là, on a dormi chez nos parents du Clan du Soleil. Le lendemain, je jouais avec un jeune frère de clan et je courais après une balle; voilà qu'on se tamponne et qu'il me cogne la figure avec son front : j'ai cru que j'avais un caillou dans la bouche. C'était la dent. Je suis rentré tout agité à la maison, alors mes parents m'ont consolé et j'ai eu envie de pleurer. Ils m'ont dit d'aller jeter la dent au dieu Soleil pour en avoir une neuve. J'ai souhaité qu'il m'en donne une dure comme le roc et j'ai jeté la vieille aussi loin que je pouvais. On me taquinait parce qu'il me manquait une dent. « Je n'aurais pas dû venir ici », répondais-je, « ils me cassent les dents, les gens de Shongopavi », alors, ils riaient et n'en finissaient pas de le répéter.

La plupart du temps, je jouais. A tirer à l'arc, aux anciens échecs hopi, à la lutte, à la course, à la tape, au javelot, aux barres, à la toupie. On faisait aussi des jeux de ficelle sur nos doigts : je n'étais pas fort en course, mais pour les jeux de ficelle, j'en savais un bout. J'aimais bien faire les pétards hopi aussi : je mélangeais du crottin d'âne et de cheval, je le chauffais à rouge, je le posais sur une pierre plate et je tapais dessus avec une corne de vache trempée d'urine. Ça faisait pan, comme un coup de fusil.

On chassait le lapin, le rat-kangourou et les souris, pour nourrir les faucons et les aigles. On se bagarrait avec les gosses des familles les plus opposées aux Blancs : ils nous critiquaient parce qu'on acceptait les cadeaux; nous, on les appelait les Hostiles. Ils renversaient nos lacets à tourterelles et cherchaient toutes les crasses qu'ils pouvaient nous faire; alors, on se bagarrait dur, on se jetait même des pierres.

Quelquefois, on faisait des bêtises. Un jour que j'étais avec une bande de gars, j'ai décidé de faire une blague; j'ai déféqué au milieu du chemin. On avait le droit de pisser presque partout, sauf au lit et contre les murs des maisons parce que ça enlevait le torchis, mais on ne déféquait pas n'importe où. Une femme mit son pied nu dedans et quand elle a su que c'était moi le coupable, elle est venue se plaindre à la maison. Le grand-père était rudement en colère : « Et qu'on ne t'y reprenne pas », m'a-t-il dit; il ne m'avait jamais flanqué de raclée, mais j'avais la trouille. Il prend une baguette de saule d'un mètre environ, m'empoigne et m'allonge quatre coups sous la chemise. Il lève le bras pour le cinquième, quand je jure de ne jamais recommencer; alors, il met la baguette au plafond, près de la flèche et de mon cordon desséché. J'ai essayé de la décrocher après. La même semaine, j'ai été rossé une deuxième fois pour la même bêtise, et j'ai appris à déféquer où il fallait.

En hiver, on jouait dans les kiva et on écoutait les Anciens raconter des histoires, tout en filant, tissant, travaillant. Souvent, ils se choisissaient un garçon pour porter des messages, ou colporter leurs travaux d'une kiva à l'autre, et on me prenait fréquemment. Les hommes rassemblaient ce qu'ils voulaient échanger – laine, fil, pièces de tissu, quelquefois un mouton; mais, bien sûr, comme le petit commis ne pouvait pas porter une grosse bête, le propriétaire attachait à une baguette de la laine du mouton, ou du crin du cheval ou de l'âne, pour représenter l'animal. J'allais de kiva en kiva montrer ma marchandise. Quand quelqu'un voulait acheter la bête ou une autre chose volumineuse, il faisait le troc et prenait la baguette comme preuve. Il fallait, évidemment, que je me rappelle la valeur des choses et ce que le propriétaire prendrait en échange; c'était rudement amusant et puis, ça m'apprenait à mesurer et à compter.

Mais c'est avec mes doigts et mes orteils que j'ai appris à compter jusqu'à 20. On n'allait pas plus loin; par exemple, quand on voulait indiquer 44, on disait : deux 20 et 4. Quatre était un bon chiffre, mais nous n'en avions pas de mauvais. Pour mesurer, on disait « large comme un doigt » : ça faisait environ 2 centimètres; depuis le pouce étendu jusqu'au médius, ça faisait 12 centimètres environ; un pied, c'était du talon jusqu'à la pointe; on comptait en pas les grandes distances.

Les poids, je les ai appris plus tard.

Le matin et l'après-midi, on les reconnaissait au sens des ombres. La nuit, on lisait l'heure à la lune et aux étoiles. Les promesses de paiement s'exprimaient en nombres de jours, en phases de la lune, en lunaisons.

Un jour qu'on travaillait dans la kiva, voilà qu'un type arrive avec une couverture navaho qu'il veut échanger contre huit jours de travail à la carrière : alors, mon grand-père dit qu'il le fera et prend la couverture : « Attrape, petit », me dit-il, « on a une couverture. » J'étais rudement heureux.

Fig. 13. – *Couverture navaho. Elle mesure environ 2,26 m sur 1,90 m et pèse près de 6 livres. Elle est de sept couleurs fortement contrastées, et exigea un mois de travail. Les tisserands navaho préparent souvent leur dessin sur le sable avant de commencer.*

C'était drôle quelquefois de se chercher les poux au

soleil; on les faisait craquer sous la dent. On attrapait les scarabées et on les mettait en rond : on les appelait « chevaux sauvages »; mais les Anciens nous apprenaient à ne jamais leur faire mal, parce qu'ils guérissent certaines maladies. Je n'ai jamais joué avec les araignées à cause de leur Mère, la Femme-Araignée; je n'ai jamais taquiné les aigles ni les faucons attachés sur les toits, parce que c'étaient des esprits, disait-on.

On se faisait des colliers de crapauds (1) qu'on se mettait autour du cou, mais les Anciens disaient de ne pas trop les taquiner, car ce sont des esprits, ils peuvent nous aider. Moi, j'en prenais dans mes mains; des lézards aussi, et je n'avais pas peur; j'avais appris à les aimer parce que mon père était du Clan Lézard-de-Sable-Serpent. Un jour que j'exagérais, le crapaud m'a mordu; je n'ai plus recommencé. Je n'ai jamais attaché un crapaud au bout d'une ficelle au cou d'un gars, jamais; il aurait pu le jeter par terre brutalement, lui faire mal et le mettre en colère, ce qui aurait été honteux.

Je ramassais de petits serpents; j'ai appris plus tard que ce n'était pas bien. Un jour, j'en ai tué un (très petit), et c'était une chose épouvantable.

On courait après les poules, on leur jetait des enveloppes de maïs, on leur décochait des flèches pour rire; quant aux coqs, on les excitait à se battre. Mais le grand-père disait que les poulets étaient créatures du dieu Soleil. « C'est important », disait-il, « le chant des coqs au petit jour; le soleil les a mis ici pour nous réveiller; il avertit les coqs avec une clochette pour qu'ils chantent quatre fois avant le jour. »

Nous jouions souvent avec les chiens et les chats et on les encourageait quelquefois à se battre. J'avais un chien à moi. Le vieux Tuvenga, mon père médecin, avait une chienne blanche avec une oreille noire et une tache noire au-dessus de chaque œil. Elle a eu dix chiots, et le propriétaire a fait

(1) Crapauds à échine cornée. N. sc. : *phrynosome* (N. du T.).

dire que si on en voulait un, il fallait qu'on apporte à manger à la mère. Moi, j'ai eu le droit de choisir le premier, et il y a cinq autres gars qui ont aussi pris des mâles, mais les femelles, on les a tuées.

Les chiots ont vite grandi et ouvert les yeux; ils se disputaient pour manger. Le jour où ils se sont mis à mordre leur mère en têtant, le vieux Tuvenga nous a dit : « Emportez vos chiens chez vous. »

Je l'ai appelé Bakito (soleil couchant). Quand il a su son nom, il accourait quand je l'appelais, il me sautait dessus et il m'embrassait la figure. Il est devenu plus grand que sa mère et fameux chasseur; j'en étais très fier.

Un jour que je vadrouillais sur la mesa, j'ai trouvé cinq chatons dans une ravine et je les ai emballés dans ma couverture pour les rapporter à la maison. J'en ai donné trois aux copains; un des miens s'est sauvé, mais l'autre est devenu la plus grosse chatte que j'aie jamais vue, et le meilleur chasseur. Elle ressemblait à un chat sauvage et quand elle a eu des chatons, elle dévalait la mesa et rapportait un lapin pour les nourrir.

Comme j'étais au courant des chatons et des chats, j'ai demandé à ma mère de m'expliquer comment venaient les bébés. « Ils viennent des dieux Talastumsie et son mari Alosaka », me dit-elle. « Talastumsie apporte un bébé et dit à la mère de garder l'enfant et de l'élever. » Et mon père disait la même chose.

J'avais des oiseaux captifs. Un jour, j'ai pris de jeunes roitelets sous une corniche et j'en ai rapporté quatre; le premier jour, j'ai tué des mouches pour les nourrir, le deuxième des sauterelles, et puis, j'en ai eu assez de travailler pour eux et je les ai donnés.

Un jour que j'étais aux champs avec mon père, j'ai vu deux hiboux qui se terraient dans le trou d'un chien de prairie et j'ai prié mon père de les déterrer avec sa houe. On a été obligé de creuser profondément pour les trouver : ils avaient une drôle d'allure et faisaient un bruit bizarre.

On les a remportés à la maison, où on les nourrissait de souris et de rats-kangourous; je n'en finissais pas de leur chercher à manger, alors je les ai laissés crever de faim et puis quand ils sont morts, je les ai jetés sans même leur dire mes prières. C'était mal. Plus tard, j'ai volé trois oiseaux-moqueurs dans leur nid; j'en ai donné deux à mes copains et j'en ai gardé un – mais le chat l'a attrapé une nuit, très peu de temps après. Quand je n'ai plus trouvé que les plumes de sa queue, j'ai pleuré.

J'aimais les oiseaux. Mon grand-père m'avait raconté que tous les oiseaux qui chantent sont des créatures du dieu Soleil, qui ont été mises ici-bas pour réjouir le cœur des hommes pendant qu'ils travaillent. J'aimais écouter l'alouette, le rouge-gorge, l'oiseau-moqueur et bien d'autres.

L'oiseau-moqueur imite le chant de tous les autres oiseaux; une fois, j'en ai même entendu un piauler, comme un lièvre pris au piège. Dans une danse, un clown a imité l'oiseau-moqueur; il était calé et faisait rire les gens : d'abord, il imitait tous les oiseaux, puis il parlait comme un Navaho, un Havasupai et un Hopi; il imitait aussi le bétail, les chevaux, les moutons et les ânes, et pour finir, il imitait Masau'u, l'Esprit du Feu qui garde le village la nuit – ce cri, comme un cri de hibou, a étonné tout le monde.

Un printemps, mon père a fait des paho et m'a emmené avec lui à la chasse au faucon. Quand nous sommes arrivés au cimetière des Aigles, nous y avons déposé nos offrandes et nous avons fait une prière pour prendre des faucons. Nous sommes allés les chercher dans la vallée de Hotavila. Il y en avait un jeune, sorti du nid, dans un arbre; quand il a voulu s'envoler, mon père l'a poursuivi et m'a abandonné; j'avais peur, je lui hurlais de revenir, pensant qu'un Navaho pourrait me capturer et m'emporter : c'était une chose que je craignais particulièrement.

J'avais une peur bleue des Navaho. On m'avait dit mille fois qu'on ne pouvait leur faire confiance, que c'étaient des voleurs et des brigands, qui apprenaient même à voler à leurs enfants. Les vieux nous prévenaient qu'ils ressemblaient aux coyotes qui rôdent la nuit, pillent notre terre et emportent nos biens. Pas un qui n'eût son histoire lamentable à raconter, de Navaho qui avaient volé des moutons de son troupeau, du maïs et des melons de son champ, des fruits de son verger et de l'eau de son puits. Il leur était même arrivé de voler des enfants hopi et j'avais raison d'avoir peur.

Mon père a fini par attraper son faucon et revenir me chercher, apportant l'oiseau avec douceur entre ses mains. Comme nous avions trouvé le faucon sur le territoire de chasse du Clan de l'Ours, il nous fallait le porter à Punnamousi, sœur du Chef Lolulomai.

Quand je lui ai porté le faucon, la vieille dame m'a dit qu'ils avaient déjà bien assez d'oiseaux familiers : cinq aigles et trois faucons attachés sur le toit. Il y avait à peu près trente-cinq aigles dans le village, cette année-là. Elle m'a proposé de revenir le lendemain matin pour lui permettre de laver la tête du faucon et lui donner un nom; j'avais tellement envie de garder l'oiseau que j'y suis allé de très bonne heure.

Elle a lavé la tête du faucon dans de la mousse d'argile blanche, comme pour un bébé, et lui a donné le nom de Honmana (ourse) : nous donnons toujours des noms féminins aux faucons et aux aigles, parce que nous croyons que ce sont des mères.

J'ai rapporté mon faucon à la maison et mon père m'a aidé à lui attacher un fil de coton doux à la patte et à le mettre au piquet sur notre toit. Il fallait que je me démène bien à chasser les souris et les rats-kangourous pour nourrir mon oiseau.

Mes oncles et mes pères me racontaient que les aigles et les faucons sont des créatures esprits qui vivent dans un lieu particulier du ciel. On dit que ces gens du ciel viennent quelquefois à Oraibi, en hiver et au printemps, en Katcina avec des têtes d'aigle, danser sur la plaza – je les ai vus le faire.

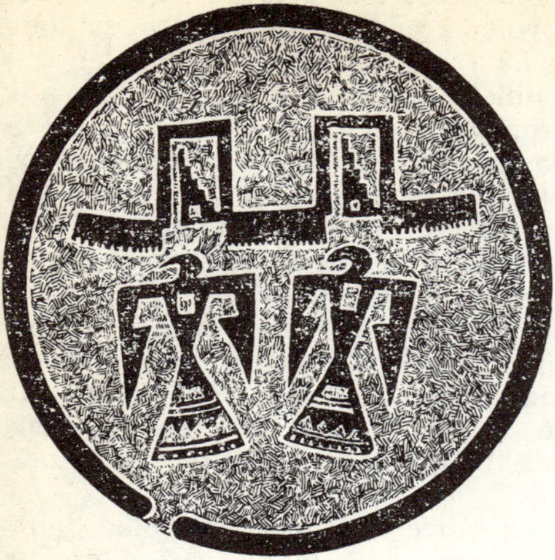

Fig. 14. – *Dessin de poterie du Petit Colorado. Les Hopi attribuent aux oiseaux le pouvoir magique de communiquer avec les dieux. On voit ici au-dessus de leurs têtes les symboles des nuages de pluie, et le cercle brisé qui les entoure représente traditionnellement la vie, et sa « porte ».*

Chaque fois qu'ils venaient, les gens faisaient des offrandes votives pour encourager nos amis aigles et faucons à se multiplier l'année suivante; on me racontait qu'au moment approprié de l'année le Chef Aigle au-dessus faisait descendre son peuple par un trou spécial dans le ciel pour faire ses nids, pondre et couver ses œufs parmi les falaises de la montagne et les hautes mesa. A ce moment-là, les Hopi s'en vont capturer leurs amis esprits, les ramènent au village et les nourrissent sur leurs toits.

Je sais qu'après la danse Niman, quand on renvoie les Katcina chez eux pour la saison, quand les plumes ont durci, on devrait « renvoyer chez eux », avec des sacrifices et des prières, ces aigles et ces faucons. Quand les plumes de mon faucon ont durci, j'ai aidé mon père à le « renvoyer ». D'abord nous avons fait de petites poupées que nous avons attachées à une tige de massette et ma mère a fait une petite châsse, large de 9 centimètres environ.

Elle a posé ces choses sur le toit et s'est adressée au faucon : « Ces cadeaux vous sont offerts par les Katcina; demain vous les emporterez chez vous. On vous donne ces poupées pour vous faire croître et multiplier – nous garderons vos plumes ici pour nos offrandes aux Hommes-Nuages. »

Le lendemain matin, après le lever du soleil, je suis grimpé sur le toit avec mon père et j'ai tenu la laisse du fil tandis qu'il jetait une couverture sur le faucon. Ensuite, il mit le pouce sur sa gorge et appuya très fort. Il me sembla que le faucon prenait bien longtemps à « rentrer chez lui »; quand il s'est tout à fait immobilisé, nous l'avons plumé et nous avons trié les plumes, nous l'avons écorché et nous avons attaché nos plumes votives aux ailes, aux pieds et autour du cou de l'oiseau, pour qu'il nous pardonne et soit prêt à revenir faire éclore de jeunes faucons l'année suivante.

Nous l'avons porté à l'endroit où nous l'avions pris, au cimetière des faucons et des aigles du Clan des Ours; nous y avons aussi porté la petite châsse, les poupées, quelques galettes de piki bleu et un bâton pointu. Mon père a allumé une pipe de tabac de montagne et soufflé de la fumée sur son corps. Nous avons creusé un trou profond de deux pieds environ, nous avons posé le faucon au fond et nous avons répandu de la farine de maïs sur lui, puis mon père lui a parlé : « Maintenant, nous te rendons la liberté. Retourne parmi les tiens, car ils t'attendent. Porte ces plumes votives avec nos messages aux Hommes-Nuages et dis-leur de nous envoyer la pluie. Nous espérons te voir revenir et te multiplier, l'an prochain. »

Nous lui avons dit adieu, nous avons rempli le trou de terre, placé de la nourriture tout près et planté le bâton dans le petit monticule pour qu'il puisse y grimper et rentrer chez lui le quatrième jour. En rentrant à la maison, nous avons recueilli les plumes que nous avons mises dans un coffret spécial et rangées, pour les utiliser à faire les paho.

Dès que j'ai été assez grand pour errer par le

village, mon grand-père a suggéré que j'aille au sanctuaire des Antilopes chercher mes frères cerfs, invisibles aux êtres humains ordinaires. Il me semblait quelquefois que je voyais des antilopes qui se changeaient en hommes; chaque fois que je rêvais d'antilopes dans le village, mes parents disaient : « Ce n'est pas étonnant, puisque tu es un enfant antilope. » Vers l'âge de quatre ou cinq ans, ils m'arrivait de m'en aller à un ou deux kilomètres du village, à l'endroit où poussent les tournesols, où chacun savait que les esprits des cerfs et des antilopes se réunissaient pour mettre leurs petits au monde et se nourrir de tournesols. C'était miraculeux que je voie ces cerfs, alors que les autres ne les voyaient pas.

Je rentrais avec un bouquet de tournesols et la bouche barbouillée de leur jus, alors mon grand-père ou mes parents disaient que j'avais été festoyer avec mes frères et que je me servirais probablement bientôt de mon pouvoir exceptionnel pour guérir quelque pauvre malade qui ne pouvait pas uriner.

Mon grand-père m'avait déjà appris à guérir de telles maladies et les gens commençaient à me faire venir chaque fois que ce mal les frappait. La première chose que je faisais, quand je soignais un malade, était de tendre la main gauche, la paume tournée vers le haut, et de prier : « Ecoute, Mère des Hommes-Antilopes, cette personne est en mauvais état, viens guérir sa maladie avant que je lui impose mes mains, joignons nos forces pour lui sauver la vie. »

Ayant prié, je le massais autour de ses parties et surtout entre le nombril et le pubis; je prenais du piki que je mâchais et je lui en donnais à manger dans ma main. Mon oncle Talasqueptewa disait qu'un jumeau comme moi était dans une situation difficile, parce que de tels patients meurent quelquefois, malgré les soins, et la personne qui avait tenté de les secourir se sent responsable; mais je semblais savoir quand un malade guérirait ou mourrait. Chaque fois que je voyais qu'un cas était désespéré, je m'en allais tout simplement, en refusant de le soigner.

Les Anciens faisaient grand cas de mon pouvoir de guérisseur, mais prédisaient qu'il disparaîtrait probablement à mesure que je deviendrais adulte. Ils m'avaient prévenu qu'il ne fallait jamais que les Blancs en entendent parler, car ils ne seraient pas capables de comprendre.

J'avais aussi appris à choisir les gens en qui je pouvais avoir confiance; ma propre mère était toujours la première, c'était ma meilleure amie; elle n'avait jamais une minute de répit, mais elle était toujours prête à rendre service quand on venait la trouver. Mon père aussi était un bon ami, qui m'a appris à faire beaucoup de choses de mes mains; je l'aimais beaucoup, sauf les rares fois où il m'a puni. Il travaillait dur aux champs et à garder son troupeau, et c'était un des meilleurs tisserands d'Oraibi : il troquait les vêtements qu'il tissait pour avoir de quoi nourrir sa famille. C'est mon grand-père, qui vivait dans la même maison que nous, qui m'aimait le mieux et passait le plus de temps à m'apprendre des choses; je savais que je pouvais compter sur lui. Mon oncle Naquima et ma sœur Tuvaimainim étaient de bons copains, mais je ne m'entendais pas du tout avec mon frère Namostewa.

En dehors de notre maisonnée, c'est probablement Masenimka, ma tante et marraine qui m'avait donné mon nom, qui avait le plus d'importance. Elle me retenait souvent chez elle, mais elle était irritable et me traitait souvent injustement; malgré tout, j'aimais bien aller la voir, parce qu'elle me donnait à manger de la nourriture à la farine blanche. Sa famille était riche; elle avait des dindons et son mari était propriétaire du premier chariot avec attelage d'Oraibi. J'allais souvent arracher les mauvaises herbes avec son petit garçon Harry Kopi; je couchais quelquefois chez elle, mais chaque fois qu'elle se mettait en colère contre moi, je rentrais chez mes parents. Il lui arrivait même de venir engueuler mes parents. Mais elle n'était pas avare de sa nourriture et chaque fois qu'elle avait quelque chose de bon à manger, elle venait me chercher. Pendant toute mon enfance, elle est restée amie avec moi; elle prenait ma défense chaque fois qu'on me taquinait. Elle était aussi membre important des sociétés secrètes – du *Marau*, du *Lakon* et de l'*Ooqol*.

Je pouvais toujours compter sur mon père docteur, le vieil aveugle Tuvenga : nous étions comme associés, nous entraidant tous les jours. Je le menais partout, remplaçant ses yeux, et lui, m'initiait et me conseillait. C'était un homme important dans les cérémonies, membre des sociétés du Wowochim, du Feu et du Serpent, et je pensais que plus tard il me ferait entrer dans ces sociétés. Sa nièce Solemana habitait tout près et était toujours gentille avec moi.

Ma mère avait trois oncles qui étaient considérés avec grand respect à Oraibi – Talashungnewa, Kayayeptewa et Talasqueptewa; son célèbre oncle de clan, Muute, était Chef de notre Clan du Soleil et homme de grande importance. Ces quatre hommes s'intéressaient beaucoup à moi et ne me taquinaient jamais; on m'enseigna à écouter attentivement leurs paroles. Le frère de mon père, Kalnimptewa, s'occupait aussi de moi et m'apprit à l'appeler « père », exactement comme mon propre père.

Il y avait un vieillard, Bechangwa (Soleil levant qui apparaît), qui venait souvent chez nous. Mon grand-père Homikniwa faisait pousser de grosses alberges juteuses qu'on pouvait manger même sans dents, alors ce vieux venait le matin chercher des pêches et prenait aussi des noyaux à planter. Il passait devant moi avec une canne et me disait : « Bonjour, bonne chance, père. » Ça ne me plaisait pas qu'on m'appelle père (*ina'a*), et je laissais voir que j'étais fâché; un jour ma mère m'a dit : « Ne traite pas ton fils comme ça, Chuka; il a eu un père qui appartenait au Clan du Soleil, son père était ton arrière-grand-oncle, ce qui fait que je suis sa tante et toi son père. Tâche de mieux traiter ton fils. »

Fig. 15. – *Métier à tisser hopi. Les Hopi ne tissent pas de longs métrages, mais des « couvertures » de 1,60 m de long environ, dont on fait les robes ou de plus petites couvertures pour les enfants. Elles sont moins larges pour les hommes. La teinture à l'indigo et le cardage de la laine ont été appris des Espagnols.*

J'ai fini par m'habituer à ce qu'il m'appelle père.

Un homme que l'on estimait beaucoup était Lolulomai, le Chef du village (*Kikmongwi*), qui était le « père » de tous les gens d'Oraibi; nous étions tous tenus de le respecter et de lui obéir. Il voulait être ami avec les Blancs, accepter leurs cadeaux, envoyer les enfants à leur école; il disait qu'il valait mieux être instruits et devenir civilisés. Dans ma famille, on était d'accord avec lui, pour la plupart, mais ça se discutait beaucoup dans le village. Un jour, les Hostiles, menés par Yokeoma, membre de la société de l'Antilope, l'ont emprisonné dans la kiva et l'auraient fait mourir de faim si l'agent du gouvernement n'était pas venu à son secours. Lolulomai était l'oncle de Tewaqueptewa, qui avait à peu près quinze ans de plus que moi et deviendrait sans doute Chef, un jour. On était bons amis, Tewaqueptewa et moi : lui aussi était mon « fils », puisque mon grand-oncle était son père.

Il y avait beaucoup d'autres gens dans le village (environ 800) qui ne comptaient pas pour moi; il y en avait même beaucoup que je ne connaissais pas.

On m'avait dit de ne pas me lier avec les Hostiles.

Donc, lorsque j'ai atteint l'âge de quatre ans, j'avais appris à me débrouiller sur la mesa, à éviter les tombes, sanctuaires et plantes nocives, à juger les gens et à me méfier des sorcières. J'étais d'une taille au-dessus de la moyenne et je me portais bien. Mes cheveux étaient coupés devant juste au-dessus des yeux, longs derrière et attachés sur la nuque. J'avais presque perdu un œil, je portais des anneaux d'argent aux oreilles, une chemise de missionnaire ou de sac à farine; j'allais toujours jambes nues, sauf lorsqu'il faisait froid et que je m'enroulais dans une couverture.

Quand il n'y avait pas de Blancs, j'allais tout nu.

Je couchais sur la terrasse en été et quelquefois

dans le kiva, avec d'autres garçons, en hiver. Je savais aider à planter, à désherber, à garder les troupeaux avec mon père, à faire les échanges dans les kiva. J'étais propriétaire d'un chat, d'un chien, d'un petit arc que mon père m'avait fait et de quelques bonnes flèches. Parfois je portais des allumettes volées glissées dans l'ourlet du col de ma chemise. Je savais monter un âne, tuer un rat-kangourou, attraper les petits oiseaux, mais je ne savais pas faire le feu avec un foret et je n'étais pas bon coureur comme les autres gars : aux courses on se foutait de moi, on disait que j'avais les pieds tellement en dehors que je me pinçais l'anus en courant.

Enfin, je m'étais fait une réputation en guérissant les gens, et j'avais presque cessé de courir après ma mère pour la téter.

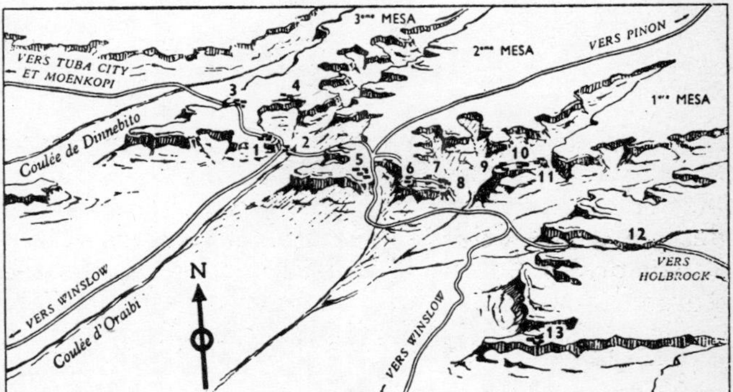

Carte 2. – *Carte détaillée du territoire hopi :* 1. *Oraibi-le-Vieux;* 2. *Oraibi-le-Neuf;* 3. *Hotavila;* 4. *Bakabi;* 5. *Shungopavi;* 6. *Toreva;* 7, *Shipaulovi;* 8. *Mishongnovi;* 9. *Walpi;* 10. *Sichomovi;* 11. *Hano;* 12. *Keams Canyon;* 13. *Awatobi.*

IV

SOTTISES ET PUNITIONS

J'étais malicieux comme tout et difficile à élever – aussi étais-je grondé, douché à l'eau froide, roulé dans la neige et terriblement taquiné; mais enfant, jamais on ne m'a privé de manger, enfermé dans un cabinet noir, giflé ou envoyé au coin; ce ne sont pas les manières hopi. Il arrivait aux Anciens de nous avertir que si on les traitait mal, on aurait la vie courte, que si on imitait les danseurs du Serpent, nos ventres gonfleraient et éclateraient, que si on faisait tourner un bâton plat sur une ficelle pour la faire chanter, il viendrait un mauvais vent. Nos parents nous prévenaient que les Katcina n'apporteraient pas de cadeaux aux méchants enfants, que les Géants nous attraperaient et nous mangeraient, ou que la femme-Araignée nous prendrait dans sa toile. Mon père et ma mère menaçaient souvent de me mettre dehors dans le noir, où soit un coyote, soit un esprit maléfique pourrait me saisir, un Navaho m'enlever, ou les Blancs m'emmener dans leurs écoles. De temps en temps, ils parlaient de me jeter dans le feu, ou m'avertissaient que Masau'u, l'esprit du Feu, m'apparaîtrait pendant la nuit, ce qui me ferait mourir.

C'est ainsi que nous avons appris à rester sages et sur le qui-vive.

J'ai vite remarqué ceux qui avaient le droit de me punir. Mes parents m'ont pas mal fouetté, mon grand-père Homikniwa aussi, au moins deux fois. Le père de mon père, Lomayeptewa, était mort quand j'étais tout petit et les mères de mes parents étaient mortes avant que je les connaisse, aussi, le frère et les frères de clan de mon père pouvaient me fouetter chaque fois que l'un ou l'autre de mes parents le leur demandait. Mes grand-pères, les maris des sœurs et sœurs de clan de mon père, me chahutaient et me grondaient, mais ils ne m'ont jamais rossé. Les parents dont un gars doit se méfier le plus, ce sont les frères et frères de clan de sa mère; ils ont le droit de punir sévèrement et de presque tuer un gosse insupportable.

A une certaine époque, mon père et ma mère disaient que j'avais besoin d'une fessée par jour, et malgré ça, ils n'arrivaient pas à me dresser. Puisque les coups n'avaient pas l'air de me toucher, ils ont mis des charbons dans un plat cassé, les ont recouverts de branches de cèdre et m'ont fourré dans la fumée sous une couverture; quand je pleurais, la fumée m'entrait dans la gorge, m'étouffant presque. Ils ont fini par me lâcher, mais la prochaine fois, ont-ils dit : « On te punira de la même manière, en pire. » Cette punition me semblait la plus terrible qu'un enfant puisse recevoir; quand j'ai prévenu les copains qu'ils devaient bien se méfier de se faire enfumer, il y en avait qui écoutaient, d'autres qui se tordaient.

Mon père disait quelquefois à son frère : « Mon fils se fout de mes coups, fouette-le, toi », alors l'autre faisait ça à fond. Un jour que je jouais près de la kiva du Serpent, j'ai tué un poulet avec une flèche; j'étais bien embêté et je suis rentré à la maison. La propriétaire, qui n'était pas de mes tantes, est arrivée furieuse chez nous avec la volaille morte : ma mère lui a donné sa plus belle poule, mais lui a demandé l'autre en échange.

Ensuite, elle est allée chez Kalnimptewa, le frère de mon père. Il est arrivé : son visage était sévère. « Jeune homme », me dit-il, « j'apprends que tu es intenable, je m'en vais t'enfumer. » J'ai voulu être courageux; ma mère a posé un plat de braises par terre et les a couvertes de branches vertes, Kalnimptewa m'a mis la tête dans la fumée et m'a recouvert, puis il m'a tenu comme ça un bon moment; j'étouffais tellement que je ne pouvais pas pleurer. Quand il m'a lâché, il m'a dit : « Alors, vas-y, tue un autre poulet et on remettra ça. » J'ai promis d'être sage. C'était arrivé vers 11 heures du matin, j'ai été malade le reste de la journée à vomir du noir.

Un matin, le vieux Bechangwa, mon fils, a traversé la plaza en allant à son champ avec un pot à eau sur le dos. Je suis arrivé derrière lui avec un bâton et j'ai flanqué un grand coup sur le pot que j'ai fendu. Aussitôt il s'est retourné en criant : « Qui es-tu? » mais je m'étais déjà sauvé. Ma mère lui a donné un de ses plus beaux pots en compensation du mal; elle était en colère et elle a dit à Kelhongneowa (le fils de la sœur de sa mère) qu'il devait me donner une leçon; alors il m'a attrapé et il a failli m'étouffer avec la fumée, ma gorge a brûlé pendant longtemps après.

Quand il m'a lâché : « Alors vas-y », dit-il, « casse un autre pot. Tiens, en voilà un, casse-le! » Je ne l'ai pas cassé, évidemment. Il avait un regard perçant et fort et ne souriait presque jamais; chaque fois qu'il me regardait, j'avais peur et je pensais à ma conduite.

Cependant, au lieu de s'améliorer, elle semblait de pire en pire. Mon père et mon grand-père avaient un peu d'indulgence pour mes méfaits, en expliquant que c'était ma nature antilope, qui venait de ce que j'étais jumeau – mais même une menace de Géants n'avait aucun effet sur ma conduite. Je trouvais une bêtise nouvelle à faire presque tous les jours. Une fois, avec Archie, un frère de clan, on a arraché toutes les plumes de queue des dindons de ma marraine. Chaque fois que je voyais un gosse laid ou morveux, j'avais envie de le dérouiller; quand il pleuvait, je me promenais dans les rues en jetant de la boue par les fenêtres où les filles pilaient le maïs. Quand les femmes descendaient chercher de l'eau à la source, je mettais des bâtons pointus dans le chemin pour qu'elles posent leurs pieds nus dessus et je me cachais pour les regarder, en me tordant. J'encourageais les autres gosses à faire des bêtises; il m'arrivait même de les rosser pour les forcer à me suivre.

Une fois, j'ai rudement puni un gosse, il a eu peur à en crever. Nous, garçons, cherchions des rats-kangourous dans un champ de melons et nous avions dit à Paul de surveiller les plants pendant qu'on creusait; un peu plus tard, j'ai repassé par là et j'ai vu qu'il s'était endormi, manquant à son devoir. Quand j'ai trouvé un serpent de sable enroulé, je me suis dit : maintenant je vais lui faire la leçon, à ce petit. Je me suis approché sans bruit du serpent, je l'ai saisi par le cou, j'ai craché dans mes mains et je les ai passées sur son dos pour le calmer – puis je me suis glissé derrière le garçon et je lui ai passé le serpent autour du cou, le tenait juste assez pour empêcher le gamin d'être étouffé. Il se débattait et braillait comme un cochon qu'on égorge; il n'a pas mis longtemps à se réveiller, alors je lui ai rappelé son devoir, mais il s'est taillé en vitesse. Ça ne m'a pas valu d'être fouetté, mais on en a parlé à mes parents, qui m'ont interdit de jamais recommencer, de peur de faire mal, soit au garçon, soit au serpent, car ça peut porter malheur de maltraiter les Serpents. A quelque temps de là, j'en ai attrapé un gros et j'ai récolté une leçon.

J'avais découvert un serpent, à l'ombre sous les rochers, à la source d'Oraibi, et m'en approchant tout doucement, je l'ai vite saisi par le cou – il a eu l'air terrifié, s'est enroulé autour de mon bras et a ouvert la bouche en sifflant. Je lui ai craché sur la figure pour le rendre plus doux et je lui ai enduit le dos de salive; quand il s'est calmé, j'ai pensé : « Peut-être qu'un jour je deviendrai membre de la société du Serpent et que je danserai avec un serpent dans la bouche. Je vais tout de suite m'exercer. » J'ai commencé en prenant le cou du serpent entre mes dents comme font les danseurs, mais j'ai changé d'avis et je l'ai tenu près de ma bouche :

pendant que je faisais un pas de danse, le serpent s'est enroulé autour de mon cou, manquant m'étouffer. Transi de peur, j'ai desserré son étreinte, je l'ai jeté par terre et j'ai saisi une pierre pour le tuer; je tremblais de la tête aux pieds et je ruisselais de sueur. Par bonheur, au moment de jeter la pierre, j'ai subitement changé d'avis, pensant : « J'ai tort de faire du mal à ce serpent, c'est moi qui l'agaçais et je suis seul coupable. » Je lui ai laissé la vie sauve et j'ai gravi la mesa, tout reconnaissant de cette heureuse pensée qui m'était venue juste à temps.

Je voulais devenir membre de la société du Serpent, mais on me dit que mon père guérisseur, Tuvenga, était trop vieux pour m'y faire entrer. Cependant, il y a une règle : lorsque les membres de la société vont chasser les serpents pour la danse du Serpent au mois d'août, ils ont le droit d'attraper et de faire entrer dans la société toute personne qu'ils trouveraient dans le champ voisin. Un jour, je suis allé par là, dans l'espoir qu'ils m'attraperaient; j'avais décidé que si un homme de la société du Serpent me pourchassait, je ne me sauverais pas comme un lâche, je ne bougerais pas et je lui dirais : « Eh bien, je suis pris et je vous prends comme père rituel. » Mais je n'ai pas eu de chance; les hommes du Serpent n'ont pas fait attention à moi.

Lorsque j'ai grandi, mon père s'est mis à m'envoyer avec mon frère garder les moutons, quand ils étaient au corral près de la mesa. Un jour, on a eu une bagarre terrible tous les deux : mon frère m'a tabassé et il a failli me tuer; alors, ma mère a décidé de nous envoyer seuls. Une fois que c'était mon tour, un coyote est arrivé en humant l'air à la recherche d'un mouton, alors j'ai couru vers lui avec un bâton, en poussant des cris pour l'effrayer, mais il s'est retourné pour venir vers moi; si je n'avais pas eu mon gros chien, j'aurais pu être blessé. Après, j'ai eu peur de garder les moutons tout seul et ma mère a demandé à un frère de clan de m'accompagner.

Quand j'ai eu un peu plus de cran, mon père est parti avec d'autres Hopi troquer des perles contre des moutons, nous laissant, à mon frère et à moi, la garde du troupeau : il nous a promis de nous donner des moutons si on ne se battait pas. Il a troqué un collier de *wampum* (1) contre trente moutons et un autre collier à perles de couleur contre vingt-cinq. Il est revenu un soir tard, parquant le nouveau troupeau près du village; le lendemain matin de bonne heure, on a été les voir : il a donné cinq bêtes à mon frère, à moi quatre, deux moutons et deux chèvres. Quand je lui ai demandé pourquoi on n'en avait pas reçu le même nombre, il m'a répondu : « T'es pas aussi bon berger que ton frère. » J'ai pleuré jusqu'à ce qu'il accepte de me donner un mouton de plus, pour l'égalité. Mon petit troupeau me donnait beaucoup de plaisir et j'en prenais plus d'intérêt à la garde des bêtes.

Peu de temps après, on a eu des émotions fortes : Tawaletstewa, le fils rituel de mon oncle, âgé de cinquante ans environ, est devenu cinglé; il s'est mis à hurler à travers le village, il est grimpé sur notre maison et nous a menacés. Mon père et ma mère ont décidé de nous emmener en attendant que ça se passe et on est parti pour Shongopavi, le pays de nos ancêtres; quand mon grand-père est rentré de son champ, il a trouvé la maison vide et nous a suivis. En route, il a trouvé le pauvre vieux Naquima, qui était arrivé à se traîner jusque-là pour nous suivre, assis épuisé, en larmes, au bord du chemin; il a ramassé l'infirme et l'a porté sur son dos jusqu'à Shongopavi. Quelques jours plus tard, quand le fou s'est calmé, nous sommes rentrés à la maison.

Par la suite, il est redevenu violent : en traversant le village, je le vois courir dans tous les sens avec un couteau et une hache, je me précipite à la maison où le vieux Naquima est tout seul assis par terre. Comme Tawaletstewa habite une maison contiguë, Naquima a peur et m'implore de rester pour le

(1) Wampum : débris de coquillages (N. du T.).

protéger, alors je décroche mon arc et mes flèches et j'attends. Le cinglé s'en va à la kiva où les femmes sont en train de célébrer la fête du *Lakon*, dégringole l'échelle, arrive au milieu d'elles en disant des choses incohérentes, puis se précipite vers son père, qui se trouve là, et le jette par terre. Les femmes, épouvantées, courent vers l'échelle et montent vite; la cérémonie importante est interrompue et gâtée.

Le fou a erré par le village le restant de la journée et toute la nuit. Le lendemain, les femmes ont refusé de retourner à la Kiva et elles ont demandé au Chef Lolulomai de leur permettre de remettre la fête : on ne l'a jamais plus célébrée à Oraibi. Le cinglé continuait à errer dans le village avec sa hachette et son couteau; il passe devant le vieux Chef assis sur sa terrasse et lui crie : « J' monte te tuer », il arrive sur le toit et lui donne un coup oblique à la tête avec sa hachette. Il n'est pas costaud, le vieux Chef, mais il défend sa peau, jette le fou en bas et une pierre après lui, puis le chasse dans sa maison, où il reste jusqu'à la fin de sa crise. Pendant la bagarre, j'étais dans la maison, avec Naquima épouvanté.

Le printemps suivant, une nuit qu'on couchait sur la terrasse, je me suis réveillé et je suis allé me mettre au bord du toit pour pisser. En regardant la maison d'à côté, je vois un homme qui rampe sur le toit et je vais tout doucement prévenir ma mère. Tandis qu'on le regarde tous les deux, il se met à courir comme pour sauter du toit, puis il s'arrête net en disant : « J'suis pas un homme, j'ai peur de mourir », il se remet à courir, appuie la tête sur le bord du toit et fait une cabriole dans le vide, atterrit avec un choc violent et pousse un gémissement. Les gens se réveillent et se précipitent vers lui; moi, je passe sur son toit pour me mettre à l'endroit d'où il est tombé et regarder en bas. Son père et sa mère arrivent et restent penchés sur lui à l'engueuler : « Pourquoi que t'as sauté ? C'est bien fait, tu mérites de souffrir. » Des hommes l'ont porté chez lui avec une jambe cassée; un médecin hopi est venu lui redresser la jambe avec des attelles. Plus tard, le missionnaire Voth a essayé de lui sauver la vie, mais la jambe s'était infectée et il est mort.

Cet été-là, quand les Katcina sont venus danser sur la plaza, j'étais assez grand pour me poser des questions sur eux. Depuis le début, on m'avait appris que les Katcina sont des dieux et que nous leur devons tous nos biens – je les aimais et j'étais heureux de recevoir leurs présents aux danses, mais je commençais à m'apercevoir que les hochets de calebasse, qu'ils enlevaient de leurs jambes pour les distribuer aux gosses à la fin de chaque danse, disparaissaient toujours au bout de quelques jours.; j'avais beau chercher, ils disparaissaient toujours et j'ai décidé de faire très attention. J'ai bientôt découvert que je recevais les mêmes des Katcina après différentes fêtes et j'en ai conclu que soit les Katcina, soit mes parents les volaient et me les redonnaient indéfiniment. Un soir que les Katcina avaient fini de danser et distribuaient les hochets aux enfants, il y en a un qui m'a offert le sien, alors j'ai refusé de le prendre. Ma mère est venue me dire : « Tu vas décevoir les Katcina si tu ne prends pas le hochet »; je me suis senti offensé et je me suis sauvé chez nous, laissant le hochet par terre. Quelque temps après, il devait y avoir une danse de Katcina dans les deux jours et j'ai trouvé ma mère dans une maison voisine qui faisait du piki. Je suis entré tout d'un coup et j'ai vu qu'elle faisait du piki rouge, celui que j'avais toujours reçu des Katcina comme cadeau spécial. Ma mère a eu l'air étonné et confus; elle a fini par me dire : « Il y avait un Katcina qui faisait du piki ici, mais il n'a pas terminé, je suis entrée par hasard et j'ai voulu lui donner un coup de main. »

J'étais bouleversé parce que je n'avais jamais vu personne préparer le piki rouge avant. Ce soir-là, j'étais encore tout malheureux et je n'ai presque rien mangé au dîner : ma mère l'a remarqué et a fini par m'assurer : « C'est la vérité que je t'ai dite, les Katcina avaient laissé ce piki et j'étais en train de le terminer »; pour me consoler, elle m'a proposé un œuf sur le plat et elle est allée emprunter des œufs.

Le lendemain, quand les Katcina ont distribué leurs cadeaux, je ne voulais pas de leur piki rouge, et puis, à mon grand étonnement, ce n'est pas du piki rouge mais du jaune qu'ils m'ont donné, et six œufs par-dessus le marché, tous colorés. Là, je me suis senti heureux.

A mesure que je grandissais, j'en savais de plus en plus long sur l'amour. Mes tantes (les sœurs et sœurs de clan de mon père) continuaient à beaucoup s'intéresser à moi et à m'appeler leur bon ami.

Fig. 16 – *Une rue d'Oraibi.*

Les grands-pères brutaux continuaient à me blaguer sur mon pénis et à me menacer de le prendre; ils me faisaient croire que c'était la partie la plus importante de mon corps.

Un jour de danse, un Katcina blagueur arrive en courant, tout nu, sur la plaza. Un clown l'attrape et lui demande ce qu'il fait là, et il répond : « J' cours après mon sexe et j'arrive pas à le dépasser, il a toujours un peu d'avance, j' pense que si on arrivait à le dépasser, on en crèverait. » Ce qu'ils se tordaient, les gens!

Souvent les clowns attrapaient les femmes et faisaient semblant de faire l'amour là, sur la plaza, pour amuser le public; quelquefois ils s'attachaient de longs cols de courges devant eux et couraient après les femmes. Les tantes aussi couraient après leurs neveux et faisaient semblant de faire l'amour pour rire; ça m'est arrivé qu'on me poursuive et qu'on me traite comme ça.

Nous, petits garçons, on s'intéressait beaucoup à toutes ces choses; on regardait aussi les bêtes dans le village. Chaque fois qu'un coq courait après une poule, on les observait et on riait; on s'appelait pour regarder s'accoupler les chiens, les chats, les chèvres et les ânes; on jouait aussi au ménage avec les filles, on faisait semblant d'être leurs maris, on les pelotait même un peu quelquefois.

Les hommes plaisantaient et racontaient beaucoup d'histoires sur les relations sexuelles. Sur les rochers, ils faisaient des dessins d'organes sexuels; j'ai trouvé un dessin de ce genre gravé près du sanctuaire du Buffle : il y avait un contour de vulve avec un symbole Coyote et huit marques au-dessus; tout près, il y avait un dessin des organes mâles et au-dessus, le symbole de notre bouclier du Clan du Soleil. On m'a expliqué que ça voulait dire qu'un homme de notre Clan du Soleil avait fait l'amour avec huit femmes du Clan de Coyote : il y en avait un qui se vantait. Mes copains faisaient des dessins pareils sur d'autres rochers, certains avec des flèches pour montrer les endroits cachés où on pouvait se rencontrer.

Le vieil infirme Naquima avait une bonne histoire qu'il aimait raconter pour faire rire les gens et que j'avais appris à répéter en imitant sa drôle de voix et ses gestes. Avec sa bouche tordue d'un côté, il disait : « Voyez-vous, comme je suis paralysé, j' suis pas capable de travailler aux champs et il faut que je reste à la maison toute la journée. Eh bien, les filles à marier et les femmes divorcées, elles ont quelquefois envie d'un homme, alors, pendant la journée, quand les hommes sont partis et qu'y a pas grand monde dans les rues, elles viennent me trouver une à une... » Les hommes riaient et disaient : « Naquima, tu dois être trop puissant, on ferait mieux de te châtrer », mais les femmes prenaient sa défense et disaient : « Naquima, tu es un bel homme, on va t'épouser et on fera des poteries et des châsses pour nourrir notre famille. »

Tout en travaillant à la kiva, les vieux faisaient des récits circonstanciés de leurs bonnes fortunes; nous écoutions ça, les yeux et les oreilles grands ouverts. Ils disaient qu'il y avait des chants magiques qui permettaient à un homme de s'attirer une femme contre son gré, mais qu'il fallait prononcer chaque mot correctement. On racontait que plusieurs des vieux avaient ce pouvoir : il y en avait un qui tremblait tout le temps, il était obligé de changer de place sans arrêt parce qu'il avait ce pouvoir si fort en lui.

J'avais à peu près huit ans quand le vieux Tuvawnytewa du Clan de l'Eau nou a raconté l'histoire des jeunes filles aux vagins dentés. « Il était une fois », dit-il, « de belles filles qui habitaient une maison près du sanctuaire de Masau'u sur le versant sud-est de la mesa. La Femme-Araignée, qui vivait tout près, avait conseillé à son fils de ne pas s'approcher de ces filles, car elles étaient dangereuses; mais un jour, le garçon arriva près de la muraille de la mesa et aperçut une jeune fille avec un châle hopi rayé et les cheveux coiffés en fleur, ce qui la rendait charmante. Elle se tenait à côté du rocher où il était facile de monter et fit signe au garçon de venir la rejoindre.

Ils ont parlé un moment puis elle l'a invité chez elle, sous prétexte qu'elle avait des sœurs qui aimeraient le voir. Le garçon était obligé de partir à ce moment-là, mais il promit de revenir. Il rentra vite chez lui, trouva la Femme-Araignée assise au coin du feu et lui parla de la belle fille. « Eh bien, petit-fils », dit-elle « tu ne m'as pas écoutée. Je t'ai prévenu que ces filles sont dangereuses : elles ont des dents acérées comme une scie qui peut tout mordre. Une fois qu'elles ont embrassé un gars, il est perdu. »

Cependant, le garçon semblait désirer tenir sa

promesse et enfin la Femme-Araignée lui a dit : « Bon, mais il te faut une protection. Voilà des baies de *sumac*, faisons-en une pâte. » Elle pila les baies, mélangea cette farine avec de l'eau et fit une pâte dont elle façonna un fourreau pour entourer le pénis de son petit-fils. « Attention », dit-elle, « ne le laisse pas glisser. Ça va peut-être leur faire grincer les dents et les limer un peu. »

Ainsi préparé, le garçon s'en retourna. La jeune fille l'attendait et se demandait pourquoi il tardait tant. Quand il gravit l'échelle avec elle jusqu'au second toit, il trouva quarante jolies filles qui essayaient de l'apercevoir, toutes de taille moyenne, avec le teint clair. Quand il entra, elles battirent des mains de joie et lui donnèrent à manger du piki et de la pastèque, l'encourageant à manger beaucoup pour être fort. La jeune fille qui l'avait attiré là lui dit : « Eh bien, puisque c'est pour le plaisir que je t'ai fait venir ici, c'est moi qui t'aurai la première. » Toutes les autres filles se retirèrent. Les dents de son vagin mordirent le fourreau de sumac mais furent bientôt émoussées; cette fille sortit et une autre entra. Quand toutes eurent passé, la première revint et dit : « Mon ami, tu dois posséder quelque étrange pouvoir. Jusqu'ici nous avons causé la perte de tous nos amants, mais maintenant tout cela est du passé. » Le courageux garçon trouva une excuse pour sortir, alla jeter son fourreau derrière une pierre et revint. Lorsqu'il les eut toutes prises de nouveau, elles le félicitèrent et lui donnèrent un grand paquet de piki à remporter chez lui. »

Chaque fois que le vieux Tuvawnytewa répétait cette histoire, il ajoutait : « Vous devriez vous méfier des filles : s'il vous en faut absolument, ramassez d'abord des baies de *sumac* et portez-les à la Femme-Araignée. » Il disait que c'était plus sûr de commencer par s'accoupler avec un poulet, un chien ou un âne. Kalnimptewa, le frère de mon père, nous racontait qu'il avait réussi avec les ânes quand il était jeune et qu'une fois on l'avait même pris sur le fait. Mais j'avais peur des chiens, parce qu'ils peuvent se retourner et mordre très vite et parce qu'une fois, j'en avais vu deux qui n'arrivaient pas à se séparer. Les vieux nous faisaient croire que les filles, c'était encore plus dangereux et affirmaient qu'un garçon qui couchait avec une fille s'arrêtait de grandir et devenait nain.

Quelque temps avant d'avoir entendu l'histoire des dents des jeunes filles, j'avais eu une expérience horrible avec une mère de clan. Un matin que les hommes étaient aux champs, je suis allé chez un frère de clan pour l'inviter à venir avec moi chasser les rats. Il était sorti et j'ai seulement trouvé une mère de clan pas mariée, âgée de vingt ans à peu près, toute seule dans la maison. J'ai commencé à jouer avec elle par terre, puis tout à coup, elle a jeté un coup d'œil autour de nous, elle m'a pris par la main et elle m'a entraîné dans la pièce à côté en me disant qu'on allait dormir; elle s'est couchée sur une peau de mouton et m'a attiré tout près d'elle, s'est mise à toucher mes parties : ça m'excitait et ça me faisait peur, puis, quand j'ai eu une érection, elle m'a serré très fort en haletant. J'ai voulu me dégager et quand elle m'a lâché, j'ai vu du sang sur mon sexe et j'ai pleuré. Elle m'a essuyé avec un linge, elle m'a parlé doucement et m'a demandé de ne pas en parler. Ce n'était pas un plaisir pour moi; c'était la première fois que je voyais le poil pubien noir, le sang me faisait peur et j'étais terriblement tourmenté. Je me suis demandé si toutes les femmes étaient comme ça; je me suis précipité à la maison et j'ai tout dit à ma vraie mère. Elle est allée parler à la fille, qui était sa sœur de clan. Je n'en ai plus entendu parler, sauf que ma mère a dit que c'était une honte et qu'il fallait le tenir secret. Après ça, la femme me traitait très gentiment et me faisait même beaucoup de bonnes choses à manger.

Je jouais un jour avec un garçon qui s'appelait Félix quand on a trouvé une des poules de sa grand-mère sur son nid. « Félix » que je lui dis, « si on s'en servait de cette poule? » On l'a guettée jusqu'à ce qu'elle caquette et quitte le nid, puis on l'a prise et on l'a emportée en bas de la côte, dans une bonne cachette sous des buissons. On a essayé de s'accoupler avec elle, Félix après moi; elle voulait glapir, mais on lui clouait le bec. Quand on a eu fini elle avait l'air plutôt faiblarde et sonnée. « Eh bien, ai-je proposé, elle m'a l'air bien grasse, si on la faisait cuire et qu'on la mange? » On l'a tuée, on a ramassé des brindilles de sauge blanche et on a allumé le feu avec les allumettes que je portais glissées dans l'ourlet de mon col. Pendant que Félix allait faucher du piki en douce chez sa grand-mère, moi je plumais la volaille. On s'est bien régalé, mais le vol a été découvert plus tard et ma mère a été obligée de remplacer l'oiseau. On m'a considéré comme le principal coupable parce que c'était moi l'aîné, mais on ne m'a pas enfumé. On en a plaisanté avec les copains, qui se sont vantés d'en avoir fait autant.

J'avais la réputation d'être le gosse le plus insupportable du village; aussi, dès l'âge de neuf ans, mes parents ont décidé de me faire initier à la société des Katcina. On m'avait choisi le vieux Tuvenga comme père rituel, mais il était trop vieux et faible pour cet office; il demanda à son neveu Sekahongeoma de prendre sa place et Solemana, sœur de Sekahongeoma, accepta d'être ma mère rituelle.

Au mois de février, il y a eu la grande cérémonie du Powamu. Solemana et ma mère ont prié mon père de me laisser initier à la société du Powamu plutôt qu'à celle des Katcina, où il est d'usage de fouetter les enfants avant de les y admettre, car ma mère aurait bien voulu m'épargner cette souffrance. Après de longues discussions avec mon père, elle lui dit : « Solemana est venue demander à quelle cérémonie notre fils doit assister. C'est toi le père qui dois le décider, elle attend que tu parles. » Mon père a enfin levé la tête pour répondre : « Eh bien, lorsque j'aurai décidé à quelle cérémonie notre fils doit assister, la question sera réglée et personne ne pourra plus m'en reparler : je veux qu'il soit admis parmi les Katcina et qu'il soit fouetté. Tu t'es plainte mille fois que tu en avais assez de ses bêtises et tu n'as pas le droit de te dérober maintenant. Ça lui fera du bien d'attraper une bonne raclée et d'apprendre une leçon. Nous pouvons prier les Katcina fouetteurs de chasser le mal de son esprit pour qu'il devienne un homme bon et sage. Tu n'es pas de mon avis? » Ma mère et Solemana se sont mises à pleurer, puis elles ont fini par accepter et Solemana est rentrée chez elle. Je ne pleurais pas à ce moment-là; je souriais seule-

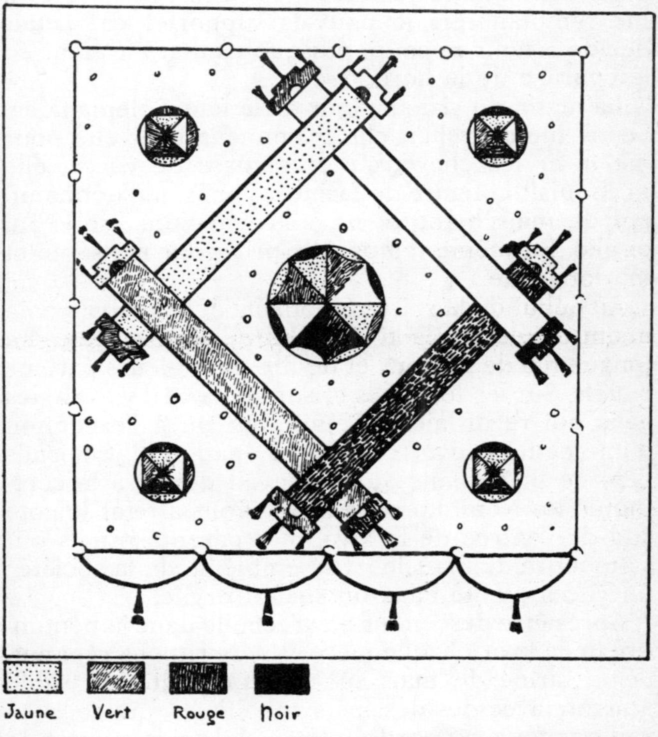

Fig.17. – *Mosaïque de sable pour l'initiation au Powamu. Le carré s'appelle hihu (la maison); chaque raie : wona (planche); au bout de la planche, un symbole de nuage avec trois plumes de dindon (nawakwosi). La figure ronde au centre et celles qui se trouvent aux quatre coins sont des fleurs de melon. Les petites taches représentent fleurs, légumes et fruits.*

ment. Mon père rituel demanda aussi quatre fois mon admission au Powamu, mais mon père refusa fermement. On avait fait entrer mon frère au Powamu, puisqu'on lui trouvait un caractère aimable et tranquille.

A mesure que les jours passaient, les prêtres allaient de plus en plus à la kiva. Je commençais à penser à la raclée avec inquiétude. J'avais vu des gens qui en sortaient, ils n'avaient rien voulu me dire, mais je me doutais bien que ce serait plutôt dur. Cependant, on disait que les Katcina frappaient seulement quatre fois avec les tiges de yucca et il me semblait que je pouvais supporter ça. J'étais décidé à tenir le coup, puisque d'autres avaient eu le courage de le faire.

La matin du sixième jour de la fête, Solemana est venue me chercher; elle m'emmena chez elle pour me laver les cheveux à la mousse de yucca, elle m'enduisit la figure de farine de maïs, me donna un épi de maïs blanc et un nouveau nom – que j'ai oublié. En même temps, elle pria pour ma santé et ma longévité.

Au début de la soirée Solemana et Sekahongeoma m'ont emmené à la kiva du *Marau*, où il y avait une longue file de garçons et de filles avec leurs parents rituels. Sur les terrasses et sur la plaza, il y avait des gens qui regardaient. J'étais tout nu à l'exception d'une petite couverture sur les épaules et je portais l'épi de maïs blanc qu'on m'avait donné à la cérémonie du Nom. Lorsque nous avons atteint le côté sud de l'entrée de la kiva, mes parents rituels ont saupoudré de maïs le *natsi*, emblème de la société : un yucca planté dans un socle d'argile.

Après être descendus par l'échelle dans la pénombre de la kiva, chaque mère et père rituel a répandu de la farine de maïs sur une mosaïque de sable marron, avec des dessins symboliques, qui se trouvait par terre au nord du foyer. A l'angle sud-est de cette mosaïque, il y en avait une plus petite qui représentait le *Sipapu*, l'ouverture dans la terre, à l'intérieur du Grand Canyon, d'où est émergée la race humaine. On avait posé un épi de maïs et une hache de pierre de chaque côté de la mosaïque carrée *Sipapu*. Au-dessus d'elle, suspendu au toit de la kiva, il y avait un fil auquel on avait attaché d'anciennes perles blanches et beaucoup de vieilles plumes d'aigle; de l'extrémité du fil pendait un petit cristal de quartz. Je ne pouvais pas me souvenir sur-le-champ de tout ce que j'avais vu, mais je devais beaucoup y repenser par la suite.

Les parents rituels répandirent de la farine sur la grande et sur la petite mosaïque, après quoi on me

Fig. 18 – *Mosaïque de sable pour l'initiation katcina. Les deux personnages noirs sont les Katcina Ho qui fouettent les enfants. Sur la tête et pendues à leurs cornes, ils portent des plumes de queue d'aigle. Au centre se trouve le Katcina Hahai-i avec un paquet de verges dont il tend de fraîches aux Katcina Ho lorsque les leurs sont usées. Il a de petites plumes d'aigle sur la tête.*

dit, comme aux enfants devant moi, d'entrer dans un anneau ou roue de yucca formé de quatre longueurs de plusieurs feuilles de yucca liées ensemble, avec une plume de faucon attachée à chacun des quatre nœuds. Deux hommes, accroupis face à face, soulevèrent et abaissèrent cet anneau de yucca quatre fois pour chacun de nous, en exprimant le vœu de nous voir atteindre l'âge d'homme et vivre heureux jusqu'à la vieillesse; puis on nous mena au nord de la kiva.

Quand nous avons tous été dans la kiva, le Chef et son assistant sont entrés avec des plateaux sur lesquels il y avait des paho et de la farine de maïs. Se tenant debout entre l'échelle et le foyer, ils allumèrent une pipe et fumèrent, levant souvent les yeux comme s'ils attendaient quelqu'un. Tout d'un coup, un grand homme, un dieu, descendit l'échelle; il portait une couverture blanche; à la main gauche, une calebasse dans un filet, quatre épis de maïs et un objet de bois long

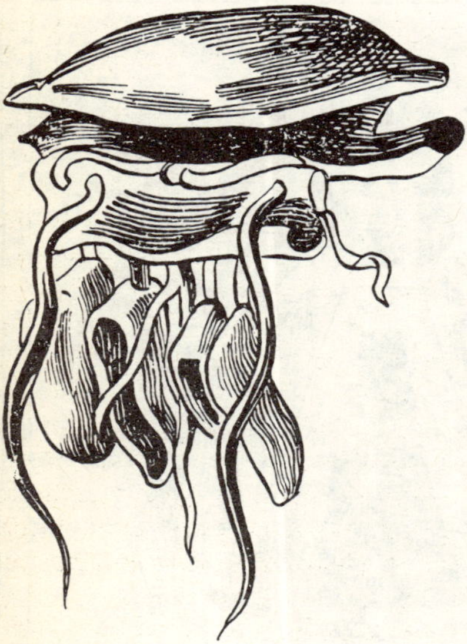

Fig. 19. – *Hochet d'écaille de tortue. A la carapace soigneusement vidée, on attache des ongles de chèvre ou de mouton. Lorsque ces ongles entrent en contact avec l'écaille creuse, il se produit un bruit particulier qui s'accorde avec celui des hochets de calebasse employés pour la même cérémonie. Le hochet est attaché derrière la jambe droite près du genou lorsqu'il est utilisé pour une danse.*

d'environ 40 centimètres qui ressemblait à un couteau; à la main droite, une longue houlette d'où pendaient un épi de maïs et de petits paquets de farine. C'était Muyingwa. Tout le monde se tut dans la kiva, puis un vieillard demanda au dieu d'où il venait. Il répondit d'une voix très lente et fit un long discours pour les informer qu'il venait des quatre coins du monde inférieur pour parler aux enfants d'Oraibi des cérémonies et de la manière de vivre des Hopi. Il s'avança, nous aspergea d'eau sacrée de sa gourde et ordonna au Chef des Katcina de nous faire fouetter avec du yucca, pour nour rendre clairvoyants et nous guider sur le chemin de la vie.

Puis le dieu partit et quatre Katcina *Coyemsie* se levèrent de leur cachette dans l'angle sud-est de la kiva; ils firent rapidement le tour de la petite mosaïque, quatre fois, et s'arrêtèrent enfin, un à chacun des quatre côtés. Chaque Katcina à son tour ramassa d'une main l'épi de maïs posé devant lui et de l'autre la hache, étendit les bras de part et d'autre du fil de perles et de plumes suspendu au-dessus de la mosaïque, fit passer l'épi et la hache d'une main à l'autre, vint nous en toucher, puis les replaça par terre. Alors, les quatre s'en retournèrent dans l'angle sud-est et tous attendirent en silence.

On entendit bientôt de l'extérieur un grognement très fort, un bruit de hochets et de grelots. Deux Katcina *Ho* et une *Hahai-i* firent quatre tours de kiva en courant, frappèrent sur le toit avec leurs fouets, sautèrent dessus avec des hurlements et dégringolèrent l'échelle.

Les Katcina *Ho* étaient peints en noir, avec de grands points blancs partout sur le corps et de petits duvets d'aigle collés sur la peinture; ils avaient de grands masques noirs avec quelques marques blanches, des yeux exorbités, de très grandes bouches et des cornes. Sur la tête, ils portaient de grandes plumes d'aigle dont la pointe retombait en arrière; autour des hanches, chacun avait une ceinture de cuir peinte en vert et un kilt de crinières de cheval teintes en rouge. En haut du bras, ils portaient des bracelets de cuir vert auxquels était attachée une plume de queue d'aigle, et en dessous des genoux, des hochets en écaille de tortue et beaucoup de grelots. Ils étaient chaussés de mocassins et chacun portait un fouet de yucca.

Le Katcina *Hahai-i* portait un grand masque avec des ouvertures triangulaires pour les yeux et la bouche, des ailes sur les côtés et un plumet pardessus. Il portait une *manta* noire, des mocassins de noce en daim blanc et une couverture à bordure sombre; il tenait dans ses bras une provision supplémentaire de tiges de yucca. Ce Katcina représentait une femme et je croyais vraiment que c'en était une, à ce moment-là. Les Katcina *Ho* se placèrent sur les côtés est et ouest de la grande mosaïque de sable tandis que la Katcina *Hahai-i* se tenait à l'angle sud-est avec ses tiges du yucca. Il y avait des enfants qui pleuraient déjà, mais pas moi. Les Katcina ne s'arrêtaient pas de grogner, hurler, tinter, piétiner, ni de brandir leurs fouets.

On amena bientôt un enfant sur la mosaïque de sable où il reçut quatre coups de yucca qu'il supporta vaillamment, puis Sekahongeoma me plaça tout nu sur la mosaïque, me tenant le bras droit levé et me disant de protéger mon pénis de la main gauche. Si un père rituel le souhaite, il peut permettre à l'enfant de recevoir deux coups puis le tirer hors d'atteinte du Fouetteur et recevoir les autres coups sur ses propres cuisses nues, mais mon père rituel ne le fit pas et me laissa prendre mes quatre coups bien tassés. Je les supportai assez bien, sans pleurer, et pensais être au bout de mes peines, mais le Katcina *Ho* me frappa encore quatre fois et me lacéra le corps. Je me débattis, hurlai, pissai; Solemana criait mon nom et Sekahongeoma finit par me tirer de là, le corps ruisselant de sang; les gens furieux demandaient au Fouetteur s'il ne savait pas compter quatre coups. Quand ils m'ont lâché, j'ai enveloppé mon corps endolori dans la couverture et je me suis assis. J'essayais de m'arrêter de sangloter, mais dans mon cœur, je pleurais toujours et je ne fis pas très attention aux autres raclées.

Lorsque tous les enfants furent fouettés – il y en avait à peu près vingt-cinq – le Katcina *Hahai-i* se mit sur la mosaïque de sable bien endommagée, se pencha en avant, releva son kilt de cérémonie et fut énergiquement fouetté par les deux Katcina *Ho*, après quoi ils se fouettèrent l'un l'autre de la même manière, ce qui nous fit un certain plaisir – puis le Chef Katcina et son assistant tendirent de la farine de maïs aux Katcina *Ho*; ils quittèrent tous les trois la kiva, en firent quatre fois le tour et disparurent. Lorsqu'ils furent partis, les chefs du Powamu et des Katcina nous avertirent qu'il ne fallait jamais raconter ce que nous avions vu à des enfants non initiés.

Fig. 20. – *Initiation katcina. L'enfant se tient sur la mosaïque : voir figure* 18.

On m'a emmené de la kiva chez Solemana, manger du ragoût, avant qu'on me raccompagne à la maison me coucher sur une peau de mouton. Le lendemain matin, quand je me suis réveillé, la peau s'était collée à mon corps, si bien que lorsque j'essayais de me lever, la peau me suivait. J'ai pleuré, pleuré, et j'ai eu un mal fou à me libérer, même avec l'aide de mon père; j'avais des blessures terribles et on voyait bien qu'il y aurait des cicatrices permanentes. Ma mère a reproché sa cruauté à mon père; c'est lui qui avait dit au Fouetteur de me donner le double de coups et qui avait enjoint à Sekahongeoma de ne pas me protéger.

Toute la journée, des Katcina en costumes variés se sont promenés dans le village; beaucoup nous distribuaient des cadeaux.

Cette nuit-là, tout le monde est allé voir danser les Katcina dans les kiva. J'ai accompagné ma mère à la kiva Mongwi où on s'est assis sur la partie surélevée pour regarder. Quand les Katcina sont entrés dans la kiva sans masques, j'ai eu un grand choc : ce n'étaient pas des esprits, mais des êtres humains. Je les reconnaissais presque tous et je me sentais bien malheureux, puisque toute ma vie on m'avait dit que les Katcina étaient des dieux; j'étais surtout choqué et furieux de voir tous mes oncles, pères et frères de clan, danser en Katcina, mais c'était pire encore de voir mon propre père : chaque fois qu'il me regardait, je détournais la figure.

Quand les danses furent terminées, le Chef nous dit avec une expression sévère que nous savions maintenant ce qu'étaient les Katcina en réalité et que si nous en parlions à des enfants non initiés, on nous donnerait une volée encore pire que celle de la veille. « Il y a longtemps », nous dit-il, « on a fouetté un enfant jusqu'à la mort pour avoir révélé le secret. » J'étais sûr que je ne le ferais jamais.

Mes blessures se sont infectées et j'ai eu mal pendant plusieurs jours; je pensais aussi sans arrêt aux Katcina que j'avais aimés. Me souvenant de l'occasion où j'avais surpris ma mère en train de faire du piki rouge, je lui ai demandé comment il s'était fait que les Katcina m'en avaient donné du jaune à la place. Elle a éclaté de rire, puis elle m'a expliqué qu'elle avait échangé le rouge contre le jaune pour ne pas m'enlever mes illusions.

On m'a dit que maintenant que j'étais au courant du secret des Katcina, ils ne me feraient plus de cadeaux rituels, mais mon père m'a fait un arc en racine de cèdre; il n'était pas très fort, cet arc, mais les flèches qu'il a faites étaient excellentes. Mon père rituel m'a donné un bon arc fort et des flèches à pointes de métal.

Du haut d'une terrasse, un après-midi, j'ai vu les Géants redoutés entrer dans le village avec leurs lassos. Ils accusaient les enfants de mauvaise conduite et menaçaient de les emporter et de les manger. Je les ai vus prendre un gamin au lasso sur un toit et le relâcher seulement quand ses parents avaient plaidé pour sa vie et donné de la bonne viande à sa place. Ils se sont arrêtés devant la maison de Honwuhti pour appeler Mattima, un gosse qui avait mauvaise réputation; pendant qu'ils le cherchaient, je suis vite descendu et je me suis précipité à la kiva Howeove. Dégringolant l'échelle, j'ai couru dans le coin où mon père cardait la laine. Les hommes de la kiva se sont bien aperçus que j'étais agité et me demandèrent pourquoi. « Les Géants sont là », dis-je, « ils cherchent Mattima en ce moment et je veux leur échapper. » Les hommes éclatèrent de rire. « Tu sais, petit, t'as pas choisi le meilleur endroit, c'est la demeure des Géants ici; à n'importe quel moment ils peuvent arriver et te prendre. » J'ai bondi vers la sortie, encore plus terrifié, mais mon père m'a rattrapé et m'a dit : « Ils te font marcher, Chuka, te sauve pas. » Mon cœur faisait de grands bonds, et je me suis retourné pour regarder un vieillard qui s'appelait Tewahongnewa. « Reste ici », me dit-il, « s'ils viennent, ces Géants, nous te protégerons »; alors, les autres ont promis de ne pas les laisser entrer, et je me suis assis, apaisé, à côté du vieil homme : c'était le fils rituel de l'oncle de mon père, et l'un des hommes les plus admirables que j'aie jamais connus.

Des hommes ont quitté la kiva pour voir ce qui arrivait à Mattima, mais moi, je suis resté jusqu'au coucher du soleil. Un homme est revenu dire comme il avait du culot, le gosse; il avait ramassé son petit arc et il avait décoché une flèche à la figure d'un des Géants; il le visait de nouveau quand un Géant l'avait pris au lasso et alors, il tremblait de peur, car les Géants étaient furieux et menaçaient de l'emporter et de le faire rôtir pour leur festin. Ils ont mis longtemps à accepter le morceau de viande que les parents leur offraient en échange du garçon; il pleurait et promit d'être plus sage dorénavant. Les Géants l'avertirent que s'ils étaient obligés de revenir le chercher, il ne pourrait plus être sauvé.

Les hommes parlèrent d'enfants désobéissants et quelqu'un se souvint d'un enfant que les Géants avaient attrapé et qui était vraiment mort de peur : j'étais plein de gratitude pour leur protection.

Je me suis mis à faire plus attention aux histoires des Anciens et j'ai appris beaucoup de choses sur le monde des dieux et des esprits. La nuit, on nous berçait d'histoires vraies de nos ancêtres au bon vieux temps où les dieux vivaient près d'Oraibi et se mêlaient aux hommes, où les esprits étaient visibles à l'œil nu, où les Katcina apparaissaient en personne, sans masques. Mon père et mon grand-père étaient de bons conteurs, ainsi que mes grands-oncles Talasqueptewa et Kayayeptewa, et le frère de mon père, Kalnimptewa.

Mon père rituel répondait aussi à beaucoup de mes questions et me donnait de bons conseils sur la manière de se débrouiller avec les esprits et les dieux. Ma mère aussi savait de très bonnes histoires de sorcières qui se changeaient en bêtes, et de bêtes qui étaient des hommes en réalité. Il y en avait une triste, où elle était morte une fois et avait voyagé vers l'Ouest jusqu'à la Maison des Morts, où elle avait parlé à certains de ses parents. D'autres racontaient leur mort, leur trajet pénible pour atteindre nos chers disparus (1) et leur retour à la vie. Beaucoup d'Anciens racontaient des rêves où ils luttaient avec les esprits maléfiques et même les dieux.

Nous entendions souvent les gens se répéter de bouche à oreille qu'un tel avait été initié à la société des sorcières et passait le plus clair de son temps à faire le mal, apportant la maladie et la mort aux membres de sa famille. Ces histoires de sorcières étaient les plus effroyables, surtout quand on nous disait que nos plus proches parents et nos meilleurs amis risquaient d'être Deux-Cœurs. Les histoires que je préférais étaient celles des Jumeaux, dieux de la Guerre et de leur grand-mère, La Femme-Araignée, qui vivait alors au nord-ouest du village.

Des groupes de garçons et de filles allaient chez les Anciens les prier de raconter encore d'autres histoires. On restait quelquefois dans la kiva où les hommes travaillaient, pour entendre un vieillard répéter l'Histoire des Hopi, depuis le commencement du monde jusqu'à nos jours, et prédire l'avenir.

Mais chaque fois que l'un de nous demandait des histoires pendant l'été, on nous les refusait, et nos parents nous prévenaient qu'il y avait de fortes chances pour que des gens qui passent leur temps à bavarder quand ils devraient être aux champs soient mordus par des serpents à sonnettes.

Mes pères et mes oncles me montrèrent les masques ancestraux, en m'expliquant qu'autrefois les vrais Katcina étaient venus régulièrement à Oraibi danser sur la plaza; ils m'expliquèrent que, puisque les gens étaient devenus si méchants,

(1) Traduction exacte des termes employés par Talayesva. L'influence missionnaire semble nette (N. du T.).

puisqu'il y avait maintenant tant de Deux-Cœurs au monde, les Katcina avaient cessé de venir en personne, mais envoyaient leurs esprits habiter les masques les jours de danse. Ils me firent voir comment on nourrissait les masques en leur mettant la nourriture dans la bouche et m'enseignèrent à les respecter et à leur adresser des prières.

Suivant la stricte règle hopi, je tuais des lapins avec mon arc et je les donnais à mon père et à ma mère rituelle. J'ai appris aussi qu'il était bon que je sarcle et que j'arrache les mauvaises herbes pour mon père rituel, et que je l'aide d'autres manières. Mes parents disaient. « Tu dois beaucoup à ton père rituel parce qu'il te conseillera et prendra ton parti dans les discussions et te mènera un jour dans les sociétés plus élevées. Quand tu seras grand, il t'aidera à faire les vêtements de noce pour ta femme, et s'il a des moutons, il t'en donnera deux ou trois pour le banquet de noce. » Ils dirent encore que si jamais mon vrai père me laissait à l'abandon, mon père rituel m'aiderait et qu'il ne me fouetterait ni ne me punirait jamais.

Je pensai que la raclée et l'initiation étaient un tournant important de ma vie et me sentis enfin prêt à écouter mes aînés et à vivre selon les règles. Chaque fois que mon père me parlait, j'ouvrais les oreilles, je le regardais bien en face et je disais *Owi* (oui). L'une des premières règles était de se lever plus tôt, de courir à l'extrémité est de la mesa et de prier le dieu Soleil de me rendre fort, courageux et sage. Mon père me conseilla aussi d'aller m'exercer à la course sur les coteaux et de me baigner à la source, même en hiver. Les courses au lever du soleil ne me disaient rien, alors j'ai demandé à mon père ce que je pouvais faire d'autre : il m'a conseillé de m'asseoir sur la terrasse avant le lever du soleil et de prier le dieu alors qu'il pointait à l'est. Ça me convenait mieux.

Une nuit, en rêve, j'ai vu un être étrange qui

venait vers moi sous l'aspect d'un homme d'un certain âge, blanc comme neige. Il tenait sa figure cachée mais me dit d'un ton amical qu'il était le dieu Soleil lui-même, qu'il voyait et entendait tout ce que je faisais. Bien qu'il fût aimable et poli, je me suis réveillé de frayeur.

V

L'ÉCOLE DANS LA RÉSERVE

J'ai grandi dans l'opinion que les Blancs étaient des gens cruels et fourbes. Ils semblaient pour la plupart être soldats, agents du gouvernement ou missionnaires, et compter bon nombre de Deux-Cœurs. Les Anciens disaient : « Ils sont coriaces, ces Blancs : ils ont des armes dangereuses, ils sont mieux protégés que nous des esprits maléfiques et des flèches empoisonnées. » On savait aussi que c'étaient de rudes menteurs. Ils envoyèrent contre nous des soldats noirs avec des canons; par la ruse, ils amenèrent nos chefs à se rendre et ils manquèrent à leurs promesses.

Comme les Navaho, ils sont orgueilleux et autoritaires et il faut leur rappeler tous les jours de ne pas mentir. J'ai appris à me méfier d'eux et à donner l'alarme quand j'en voyais un à l'horizon; notre Chef, lui, était bien obligé de les respecter et de faire semblant de leur obéir, à contrecœur nous le savions, car il mettait sa foi dans les dieux Hopi. Nos ancêtres avaient prédit que ces Blancs viendraient, qu'ils nous feraient bien du mal, mais c'était entendu qu'on les supporterait en attendant que nos dieux trouvent bon de rappeler de l'est notre Grand Frère Blanc (1) qui nous délivrerait.

L'avis de beaucoup à Oraibi était de ne pas avoir de rapports avec eux, de ne pas accepter leurs

(1) Croyance que l'on retrouve chez les populations indiennes d'Amérique du Sud et qui explique la non-résistance à la conquête espagnole (N. du T.)

cadeaux, de ne pas utiliser leurs matériaux de construction, leurs médicaments, nourritures, outils, vêtements; mais il n'y avait pas moyen de se passer de leurs fusils.

On appelait Hostiles ceux qui ne voulaient pas entendre parler des Blancs, Amis ceux qui voulaient un peu coopérer. Dès mes plus lointains souvenirs, cette question était source de conflit entre les deux groupes, et leurs discussions troublaient souvent les fêtes et offensaient les Hommes-Nuages-aux-Six-Points, nos esprits ancestraux qui retenaient alors la pluie et nous envoyaient sécheresse et maladie. Et puis le vieux chef, mon grand-père, et quelques autres ont bien fini par se lier avec les Blancs et par accepter leurs cadeaux, tout en les avertissant que toujours nous garderions nos rites et nos dieux. Il semblait cependant que la crainte des Blancs et surtout de ce que pourrait faire le gouvernement des Etats-Unis était parmi les plus fortes des puissances qui nous gouvernaient et l'une des choses qui pesaient le plus sur nous.

Quelques années avant ma naissance, le gouvernement avait fait construire une école avec internat à l'Agence de Keams Canyon. Au début, notre chef Lolulomai n'avait pas voulu y envoyer les enfants d'Oraibi, mais des chefs d'autres villages sont venus et l'ont persuadé d'accepter les vêtements, outils et autres dons et de les laisser y aller. Mais ça déplaisait à la plupart qui ont refusé de collaborer. Alors, plusieurs fois, la troupe est venue prendre les enfants de force et les emmener en chariot; les gens disaient que c'était affreux de voir les soldats noirs qui arrachaient les enfants à leurs parents. Plus tard, des garçons se sont enfuis de Keams Canyon et sont rentrés chez eux à pied : une distance de 60 kilomètres.

Quelques années plus tard, on a ouvert un externat au pied de la mesa, à Oraibi le Neuf, où il y avait un comptoir, un bureau de poste et des bureaux du gouvernement. Quelques parents ont eu le droit d'envoyer leurs enfants à cette école. Quand ma sœur y est allée pour la première fois, la maîtresse lui a coupé les cheveux, lui a brûlé tous ses vêtements, lui a donné des habits tout neufs et un nom tout neuf, Nellie.

Elle n'aimait pas l'école et cessa d'y aller au bout de quelques jours; elle se cachait des Blancs qui pourraient la forcer à y retourner. Environ un an après, on l'a envoyée chercher de l'eau à la source d'Oraibi le Neuf, dans une gourde de cérémonie pour la société *Oaquöl*, et c'est là qu'elle fut capturée par le directeur de l'école qui lui permit de porter l'eau au village mais lui imposa de revenir à l'école après la cérémonie. Alors, les professeurs avaient oublié son premier nom, Nellie, et l'appelèrent Gladys.

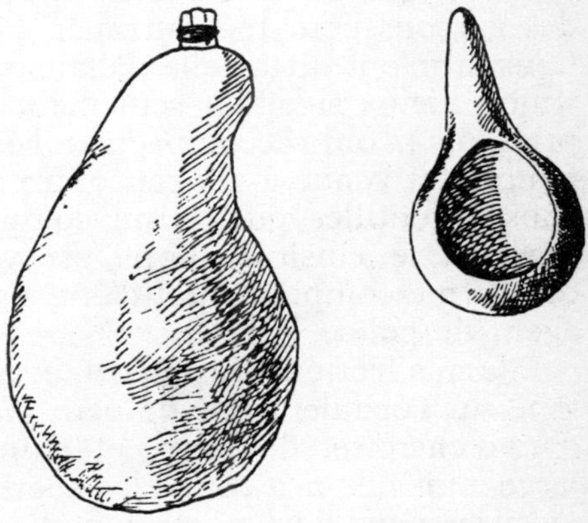

Fig. 21. – *Flacon et mesure de calebasse. On les utilise de préférence à la terre cuite à cause de leur légèreté et de leur résistance. Les Hopi n'en cultivent que de petites espèces. Leurs formes ont influencé celles de la vannerie et de la poterie. Le flacon est également utilisé comme paho (offrande).*

Mon frère, bien qu'il ait deux ans de plus que moi, avait réussi à éviter l'école jusqu'à l'année après mes débuts, mais il faisait bien attention que les Blancs ne le voient pas, et en fin de compte il y est allé, à l'externat d'Oraibi le Neuf. Ils lui ont coupé les cheveux, brûlé ses habits et donné le nom d'Ira.

En 1899 on a décidé que j'irais à l'école. Moi, je voulais bien essayer, mais je ne voulais pas qu'un agent de police vienne me chercher, qu'on m'enlève la chemise du dos et qu'on la brûle; aussi, un matin de septembre, je ne l'ai pas mise, mais je me suis enveloppé dans ma couverture Navaho, celle que mon grand-père m'avait donnée, et tête nue, pieds nus, j'ai descendu la mesa.

Je suis arrivé en retard à l'école et je suis entré dans une pièce où des garçons s'étaient baignés dans des baquets d'eau sale. Je pose ma couverture, j'entre dans un baquet et je me mets à me frotter – voilà qu'une femme blanche entre, lève les bras au ciel : « Mon Dieu », crie-t-elle, et moi de bondir du baquet, d'empoigner ma couverture et de me sauver à toutes jambes par la porte, vers la mesa – mais je n'ai jamais su courir bien vite et ils ont envoyé des garçons pour me rattraper, pour me ramener. Ceux-là m'ont dit qu'elle n'était pas en colère, que « mon dieu » signifiait seulement qu'elle était surprise : ils m'ont raccompagné à l'école, où la même femme est venue à ma rencontre en me disant des choses gentilles que je ne comprenais pas. Sam Poweka, le cuisinier hopi, est venu m'expliquer qu'elle me complimentait d'être venu à l'école sans agent de police.

Elle m'a frotté le dos à l'eau et au savon, elle m'a tapé sur l'épaule, traité de petit malin, essuyé, vêtu d'une chemise, de linge, et d'une salopette très large, puis elle m'a coupé les cheveux et a pris mes mesures pour faire une salopette plus ajustée. Elle m'a donné le nom de Max et, par l'interprète, m'a donné l'ordre de laisser là ma couverture et d'aller jouer avec les autres garçons.

La première chose que j'ai apprise à l'école, c'est « clou », un mot difficile à se rappeler. Tous les jours, quand on entrait dans la salle de classe, il y avait un clou sur le bureau : alors, la maîtresse le prenait et disait : « Qu'est-ce que c'est? » A la fin je répondais : « Clou » avant les autres et elle me traitait d'astucieux.

Au début, j'allais à l'école tous les jours, ne sachant pas qu'on se reposait le samedi et le dimanche.

Je coupais souvent du bois pour recevoir des bonbons et me faire appeler intelligent, et puis, on n'en finissait pas de me féliciter d'être venu sans agent.

On a eu deux fêtes à Noël : l'une à l'école, l'autre à l'église de la Mission. Ralph, du Clan Masau'u, et moi, on a reçu chacun un petit chariot peint comme récompense d'assiduité. Le mien avait à peu près 30 centimètres de long, avec des brancards et un ravissant petit cheval gris.

La première année, je n'ai pas appris grand-chose à l'école, sauf astucieux, intelligent, oui, non, clou et bonbon. C'est juste avant Noël qu'on a appris qu'une maladie, la variole, venait vers l'ouest, de la première mesa. En peu de semaines, la nouvelle arriva que sur la deuxième mesa, les gens mouraient si vite que les Hopi n'avaient pas le temps de les enterrer, mais jetaient leurs corps par-dessus la falaise. Les fonctionnaires du gouvernement et certains des professeurs fuirent Oraibi, n'y laissant que le directeur et les missionnaires qui disaient qu'ils allaient rester. C'est vers cette époque que ma mère a eu un autre enfant, qu'on a appelé Perry, longtemps après.

Au mois de janvier, j'ai dansé pour la première fois en vrai Katcina. Un soir, j'entre dans la kiva Howeove, auquel appartenaient mon père et mon grand-père aussi, et je trouve les hommes qui se mettent de la peinture pour danser. Bien que je n'aie pas répété, je me mets en tête de me peindre et de danser avec eux : quand ils arrivent, mon père et mon grand-père essayent bien de me décourager, mais le bon vieillard qui avait promis dans la même kiva, environ un an auparavant, de me protéger des Katcina Géants, est un homme important, et lui insiste pour que je danse. Quand j'ai fini de me peindre, mon grand-père me donne une petite couverture noire en guise de ceinture et puisqu'il n'y a pas assez de calebasses, quelqu'un me donne un scrotum de taureau gonflé et sec avec des cailloux dedans qui en font un bon hochet.

Nous avons quitté la kiva pour que les femmes y

entrent et puis, un des Katcina m'a fait descendre l'échelle sur son dos et les gens ont ri. C'était moi le dernier et j'ai dansé assez bien pour qu'une vieille femme me tire près du poêle et me fasse voir à tout le monde. Ensuite, j'ai été dans les autres kiva avec les Katcina. Ils m'ont fait beaucoup de compliments, les gens, et on m'a dit que pour me récompenser, j'aurais peut-être une jolie fille.

Un jour que je jouais avec les gars sur la plaza à Oraibi, le directeur et le missionnaire sont arrivés pour nous vacciner. Ma mère m'amène au directeur qui tient un couteau à la main et moi, tout tremblant, je lui empoigne le bras et ça le fait rire. Ils avaient une petite bouteille de liquide savonneux; ils l'ouvrent, ils m'en mettent un peu sur le bras. Ça sèche; ils m'essuient avec un linge et puis le missionnaire prend un instrument très pointu et me l'enfonce trois fois dans la peau. Je me suis montré assez courageux pour le supporter, donnant l'exemple au reste de la famille, et tous trois ont été vaccinés à leur tour.

C'est seulement au printemps que la maladie a disparu. Nous avons eu de la chance. Les Anciens disaient que c'était de la blague tout ça, les vaccins, mais probablement inoffensif, et que nous avions décidé les Esprits, par nos prières, à faire fuir la maladie; que c'était Masau'u avec son flambeau, qui garde le village, qui nous avait protégés.

Moi et d'autres garçons, on a voulu dormir une nuit sur le Rocher d'Oraibi, près du sanctuaire. On était couché sur nos couvertures quand j'ai regardé au sud-est : je vois du feu flamboyant qui s'avance à un pied au-dessus du sol; je sais que c'est la torche de Masau'u et je la regarde suivre le bord de la mesa et sauter dans une grande fente de la pierre, à l'endroit où habite Masau'u, dit-on. Vite, on ramasse nos couvertures, on rentre chez nous, et nos parents disent que c'est bien de nous être pressés.

Un matin qu'on jouait devant la maison, à envoyer des flèches à travers un cerceau d'enveloppes de maïs, j'avais l'arc et les flèches que mon père

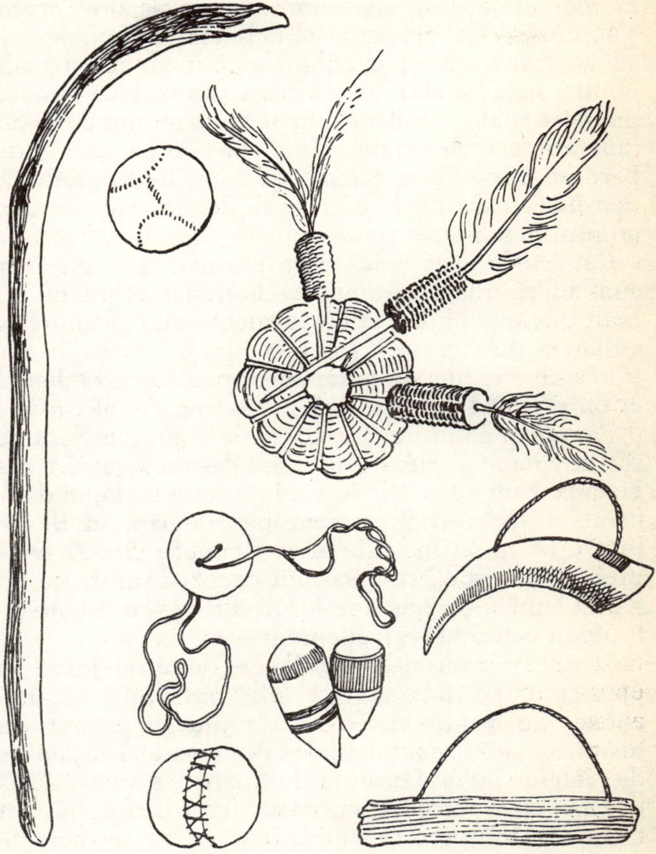

Fig. 22. – *Jeux et jouets. Canne et balle pour une sorte de hockey; la balle est en daim, bourrée de laine; jeu de fléchettes; cible tournante en maïs; la rotation du disque produit un sifflement; sarbacanes en tige de calebasse et de yucca; toupie que l'on fait tourner avec un fouet; balle.*

rituel m'avait donnés. Je regarde Naquima, qui est assis devant la porte de notre maison d'été, et je lui dis : « Je vais te tirer dessus », alors il rit : « Vas-y », me dit-il, « tire. » Et puis je tire et je le touche en pleine poitrine. Il est tombé et mon frère Ira s'est roulé par terre de rire, mais moi, j'étais drôlement inquiet et je suis vite monté au troisième étage. Naquima s'était relevé avec la flèche à la main et il souriait. Il a ouvert sa chemise pour me montrer le point rouge : « Mais je ne crois pas que tu voulais me faire mal », dit-il, et puis il me complimenta sur mon adresse. Je l'ai prié de ne pas en parler à mon père ou à ma mère, jamais, et nous avons gardé ce secret. J'aurais pu le tuer, si la flèche avait eu une pointe métallique.

Cet été-là, j'ai pris mon premier lièvre. A la chasse, les filles suivaient les hommes et quand on tuait quelque chose, elles devaient venir prendre le gibier et dire *Askwali* (merci).

Les chiens ont pourchassé et pris un gros lièvre et on est tous accouru : c'est moi qui l'ai attrapé le premier, mais je ne savais pas le tuer. Un homme sur un âne m'a crié : « Ouvre-lui l'estomac et tire ses boyaux », un autre : « Mets-lui du sang de lapin dans l'anus. » Ils n'en finissaient pas de rire et de se foutre de moi. Une fille arrive à toute vitesse et le prend, alors qu'il se débattait encore : son frère lui flanque un coup derrière les oreilles avec le côté de la main et l'achève facilement.

Je suis retourné à l'école en octobre, jusqu'au printemps suivant, mais je n'ai pas appris grand-chose. Ce qui m'intéressait le plus, c'étaient les histoires que racontaient les Anciens et les danses de Katcina qu'on faisait la nuit dans les kiva. J'avais dix ans et je savais maintenant très bien danser et chanter. Mon père m'a dit d'écouter les conseils de mes oncles dans la kiva et de faire tout ce qu'ils me diraient. J'ai appris que je ne dansais pas pour mon plaisir, mais pour persuader les Hommes-Nuages-aux-Six-Points d'envoyer la pluie et nous donner une bonne récolte.

Pendant l'été, j'ai encore aidé à garder les troupeaux, et j'ai travaillé aux champs avec mon père. Il m'a appris à couper les mauvaises herbes, malgré la soif et la fatigue, en me disant que ce serait facile quand j'aurais l'habitude. Et puis, l'été a été très sec et nos récoltes allaient se perdre, alors, après la danse Niman – une fête d'adieu pour les Katcina – en juillet, nous avons rassemblé nos ânes et nous sommes allés à Moenkopi pour économiser nos provisions. Le frère de mon père y est allé aussi, avec sa famille et son petit garçon Luther et nous nous sommes tous retrouvés dans la maison d'Iswuhti, la sœur de la mère de mon père : nous faisions une bien grande famille.

C'est à Moenkopi que je me suis disputé avec ma mère et que je me suis presque suicidé. Un jour, je me suis plaint que Luther était pleurnichard : « Tu n'as qu'à pas le taquiner, Chuka », me répond ma mère. Alors j'ai dit quelque chose qui l'a mise en colère, elle a pris une baguette et m'a donné trois ou quatre coups. Moi, je trouvais que je n'avais rien fait de mal et je me sentais bien malheureux, mais je n'ai pas pleuré. « Ne me cherchez pas quand je serai parti, je vais peut-être rentrer à Oraibi », leur crié-je. Je suis allé dans la colline, je me suis assis par terre et j'ai pleuré. Je me trouvais de plus en plus maltraité et je commençais à chercher comment achever ma vie. Je me suis enfin rappelé qu'un homme avait été enterré vivant en cherchant des tortues dans le sable et j'ai décidé de me creuser un trou, de m'y coucher et d'attendre que ça me tombe dessus. En m'aidant de mes mains et d'un bâton, j'ai fait un trou de presque trois pieds de large sur quatre de long, et dans le fond j'ai creusé une caverne où je me suis étendu. Puis, j'ai attendu. Je me suis endormi; j'ai dormi presque tout l'après-midi. Quand je me suis réveillé, j'ai vu qu'il ne s'était rien passé et je suis sorti pour déféquer. Je me sentais moins malheureux. Je suis retourné au trou en me demandant si j'allais m'y remettre, ou rentrer chez moi demander quelque chose à manger. Quand je suis arrivé devant mon piège de mort, le sable s'y est enfoncé sous mes yeux. J'avais peur. Mon cœur tapait des grands coups dans ma poitrine et j'entendais sonner des cloches dans mes oreilles. Peu à peu, la pensée m'est venue que si j'avais été tué, personne ne m'aurait trouvé avant que la pourriture de mon corps attire les chiens.

Je suis rentré à la maison. Quand je suis arrivé au village, les gens me cherchaient et ma mère pleurait. Je lui ai rappelé qu'elle m'avait donné des coups de baguette et je lui ai raconté ce que j'avais fait. Mes parents ne me croyaient pas; il a fallu qu'ils aillent voir et puis ils ont trouvé le trou.

Un jour, quand on était à Moenkopi, j'ai été avec dix ou douze garçons chercher des massettes dans un creux. On y a trouvé de l'eau boueuse, profonde d'un pied environ : il y avait des endroits où on nageait sur le ventre pour ne pas s'enfoncer dans la boue. On a aussi pris des petits poissons qu'on a rapportés à la maison : pour les faire cuire, on a emprunté une casserole; on a trouvé du *piki* et on s'est régalé de cette chair tendre et blanche. On nous avait avertis que ce poisson pourrait nous faire gonfler et mourir, mais on le trouvait bon et on demandait à nos parents s'ils avaient jamais vu personne mourir d'avoir mangé du poisson. Ils n'ont pas su répondre et comme il ne s'est rien passé, on est retourné à la pêche plusieurs fois. J'étais bien triste de quitter Moenkopi, parce qu'on s'y amusait tant.

Cet automne-là, certains parents ont emmené leurs enfants à l'internat de Keams Canyon. Moi-même, en partie parce que j'en avais assez de travailler et de garder les moutons, en partie parce que mon père était pauvre et que je ne pouvais pas m'habiller comme certains autres garçons, j'ai accepté d'aller à l'école de l'Agence apprendre à lire, à compter – et me faire donner des vêtements.

Ma mère et mon père ont pris trois ânes pour

m'accompagner à Keams Canyon. Quand on est arrivé, au bout de deux jours, l'infirmière, Mrs. Weams, m'a fait entrer; elle m'a baigné, m'a coupé les cheveux et habillé de vêtements propres. J'ai dîné avec les autres gosses à la salle à manger et mes parents ont mangé dehors, dans un campement. Cette nuit-là, j'ai dormi dans un lit au dortoir : c'était tout nouveau pour moi et pas désagréable. J'avais onze ans, j'étais le plus grand du dortoir et je n'ai pas pleuré. Le lendemain matin, j'ai pris le petit déjeuner avec les autres enfants. Mon père et ma mère sont allés à la cuisine, où la cuisinière leur a donné à manger. On a eu du café, des flocons d'avoine, des pommes de terre et du lard frits et du sirop de sucre de canne. Le lard était trop salé et l'avoine trop coulante.

Après le petit déjeuner, on nous a dit de tous aller au bureau voir le surintendant de la Réserve, M. Burton, pour lequel nos parents devaient signer leur nom ou faire leur marque avant de rentrer. Nous étions beaucoup et il fallait se mettre en rang. Les agents nous serraient la main, nous caressaient la tête et nous faisaient expliquer par l'interprète que nous étions venus nous faire instruire. Et puis, on nous a dit de passer dans une autre pièce où on devait recevoir des cadeaux. Ils ont donné quinze mètres de toile à ma mère, une hache, un marteau à dents et une petite lampe de cuivre à mon père. Ils lui ont aussi demandé de choisir entre une pelle et un hoyau. Il a choisi l'hoyau.

Ce jour-là, on n'est pas allé en classe. On est retourné à la cuisine, où le cuisinier a donné deux pains à mes parents, avec du lard fumé, du sirop et de la viande. Et puis on est allé au camp, où mon père a sellé un âne et a dit à ma mère de monter dessus. « Voilà, petit », ont-ils dit, « te sauve pas d'ici, tu cours pas assez bien; tu te perdrais et tu périrais de faim. On saurait pas où te trouver et les coyotes te mangeraient. »

J'ai promis. Ils sont partis. Je les ai suivis des yeux, jusqu'à ce qu'ils disparaissent dans la direction d'Oraibi. Alors, j'ai gémi et pleuré; j'avais peur de ne jamais les revoir; mais un Hopi que je ne connaissais pas, qui s'appelait Nash, m'a parlé et m'a dit de m'arrêter de pleurer. Il m'a consolé : mes parents reviendraient, ils m'apporteraient peut-être des bonnes nourritures hopi. Il m'a fait traverser le Canyon où il y avait le bâtiment de l'école; on a cueilli des baies et on en a mangé quelques-unes, et puis je me suis aperçu qu'elles étaient pleines de vers.

A midi, on s'est tous mis en rang, avec les plus petits devant; j'étais le plus grand, aussi étais-je le dernier de notre salle à manger. A table, quelqu'un adressa quelques paroles à Dieu, mais omit de lui offrir de la nourriture. C'était très bon.

Après le déjeuner, on nous a donné, à nous petits, la corvée de nettoyer la cour. Quand on a eu fini, Nash et moi nous sommes allés nous promener sur la mesa au sud-est, jusqu'au sommet.

Quand nous sommes arrivés en haut, Nash s'est retourné et m'a dit : « Regarde à l'ouest », et j'ai regardé et j'ai vu la cime du mont Beauté, juste de l'autre côté d'Oraibi : il semblait très loin et j'ai un peu pleuré en me demandant si jamais je rentrerais chez moi. Mais Nash me dit de ne pas m'inquiéter, parce qu'on m'avait mis là pour apprendre à vivre comme les Blancs. Il me dit qu'il avait aussi eu le mal du pays au début, mais qu'il était maintenant passé dans le troisième degré et se trouvait satisfait. Il promit que lorsque ses parents lui enverraient de la bonne nourriture hopi, il la partagerait avec moi. J'étais rasséréné par tout ce qu'il m'avait dit.

En redescendant, on a entendu sonner la cloche du dîner; on a couru, mais on est arrivé en retard et le surveillant a donné deux coups sur les fesses de Nash : « Tu es en retard », lui dit-il, mais moi, j'ai eu de la chance; il ne m'a rien fait, parce que j'étais nouveau.

Nous avons été à la salle à manger; on nous a donné du pain et quelque chose qui s'appelait hachis qui ne me plaisait pas : c'étaient différentes espèces de nourriture toutes mélangées; il y en avait de bonnes, il y en avait de mauvaises, mais plus de mauvaises que de bonnes. On a aussi eu des pruneaux, du riz et du thé. Je n'avais jamais bu de thé et l'odeur m'a donné si mal au cœur que je pensais vomir. On a mangé ce dîner, mais il ne m'a pas satisfait. Je pensais que jamais je n'aimerais le hachis.

C'était difficile aussi pour déféquer; il fallait faire très attention où on s'asseyait : il y avait des petites maisons appelées cabinets, une pour les filles, une autre pour les garçons. Je suis entré, mais j'avais peur de m'asseoir; j'avais peur que quelque chose m'attrape ou me pousse par en dessous, et ça m'a inquiété pendant plusieurs jours.

Après dîner, on a un peu joué. Des garçons plus vieux, qui avaient déjà été à l'école, m'ont boxé : à la maison, j'avais été un grand garçon courageux, mais ici, j'étais timide et froussard; on aurait dit que j'étais un rien-du-tout, que n'importe quel garçon pouvait me battre.

La surveillante est venue nous chercher pour aller au lit; elle nous a menés au dortoir des petits, elle nous a fait déshabiller, nous agenouiller et appuyer nos coudes sur le lit. Elle nous a appris à demander à Jésus de veiller sur notre sommeil. J'avais bien essayé de demander des bonbons et des oranges à Jésus et ça n'avait pas marché, mais j'ai recommencé quand même.

Le lendemain, il fallait aller en classe. Les petits y allaient le matin et l'après-midi. On m'a mis tout en bas, à la maternelle. Quand on est entré et qu'on a pris nos places, la maîtresse m'a demandé mon nom. Je n'aimais pas le mien, Max, alors je n'ai rien dit et la maîtresse a dit : « Eh bien, tu t'appelleras Don », puis elle l'a écrit sur un petit livre.

Elle ramassait un bâton, tournait les pages d'un album et nous disait de lire. Il y avait des petits de la première mesa, qui étaient déjà venus, qui lisaient sans hésiter, mais moi, le plus grand de la classe, je ne savais pas lire du tout. Je me sentais mal à l'aise, surtout qu'ils m'avaient fringué de culottes courtes marron qui ne me plaisaient pas. D'abord, on apprenait : un chat, un rat, un chien, vache, cheval, aigle, etc. et puis des choses comme : « Une vache a quatre pattes, l'homme a deux pieds », et ensuite : « Mets la balle dans la boîte, compte jusqu'à 10. » Au bout de plusieurs jours, j'ai fini par comprendre les mots et bientôt on lisait des grandes phrases, comme : « Un rat, un rat, criait Zoe. »

J'ai eu marre de l'école et j'ai pensé m'enfuir, mais Harry Kopi, un des neveux de mon père, me surveillait et voyait ma figure devenir sombre; aussi, un après-midi que j'étais tristement assis à ne rien faire dans le bâtiment, il est venu me chercher : « Viens avec moi voir l'endroit où vivent les cochons », me dit-il. Tout en y allant, il m'a demandé si je me sentais seul et j'ai failli pleurer. « Voilà, je t'ai amené ici voir les cochons. Quand j'avais le mal du pays, je venais ici les regarder; ils me faisaient rire et ça allait mieux. »

Il y avait une vingtaine de cochons, de toutes les tailles : ils étaient drôles, comme des chiens à sabots; ils étaient rudement laids, avec leurs petits yeux, leurs bouches pointues, leurs figures sales. « Allons », dit Harry, « on va monter dessus. » Il en attrapa un par la queue et je fis le tour de la porcherie sur son dos; c'était drôle et je me sentais mieux quand je suis descendu. Je me suis dit que si le mal revenait, je reviendrais faire un tour sur un cochon.

Tous les dimanches, on nous emmenait à la chapelle; on y chantait, on priait et on entendait parler de Jésus-Christ. Ces jours-là, on devait porter des vêtements propres, avoir la figure lavée et les cheveux bien peignés.

A Noël, il y avait des fêtes et un arbre et on recevait beaucoup de cadeaux.

En février, j'ai passé dans le premier degré. Ça commençait à aller mieux et j'avais fait porter un message par un homme qui allait à Oraibi, demandant à mon père de venir et de m'apporter de la nourriture hopi. Il est venu un jour, avec des pastèques que j'ai partagées avec Nash, qui était généreux de ses provisions. L'après-midi, on est allé se promener sur la mesa avec Harry Nash et mon père; on a parlé longtemps, on a aussi fait griller des pignons et cueilli des baies de cèdre. Quand mon père est parti pour la maison, le lendemain, je lui ai fait emporter les cadeaux de Noël que j'avais reçus : une pièce de toile, des baies de cèdre et des sucreries que j'avais mises de côté. Quelques semaines après, il y a eu du raffut à l'école. Le surveillant adjoint, un type d'Oraibi qui s'appelait Edwin et qui avait été en classe à Grand Junction, est passé par la fenêtre du dortoir des filles, une nuit, pour aller coucher avec sa petite amie. Après ça, certains des grands ont voulu essayer avec d'autres filles et puis, une nuit, la surveillante a pris Jerry, un gars de la deuxième mesa, dans la chambre d'une fille. Elle l'a enfermé dans une autre pièce et l'a laissé là toute la nuit avec rien que son caleçon, et le lendemain, elle l'a interrogé pour savoir s'il était seul dans le coup, et puis, il a fini par s'effondrer et lui donner une grande liste de noms qu'elle a fait passer au Directeur, Mr. Burton.

On était rangé pour aller prendre le petit déjeuner le lendemain, jour du Sabbat, quand Mr. Burton arrive avec un papier à la main. « Eh bien, les enfants », dit-il, « quand vous entendrez votre nom, sortez du rang s'il vous plaît. » Le premier, c'était Edwin; Mr. Burton lisait les noms lentement, et il y avait trente garçons sortis du rang. Des grands, il n'en restait qu'un : c'était Louis, le frère de clan aîné de Nash. Quand il est arrivé au bout, le Directeur a dit : « Les garçons qui restent reforment le rang et vont déjeuner. » Noir de colère, il a mené les coupables dans une grande pièce où il les a enfermés sans nourriture.

Nous les petits, on est entré à la salle à manger où on a vu que deux des marmitons avaient dû enlever leur tablier et se mettre dans le groupe des punis, et on a remarqué qu'il manquait aussi beaucoup de filles. On se sentait comme un troupeau de moutons terrés dans un coin du grand parc quand le loup a passé parmi eux. Mr. Boss, le surveillant, a vite dit le bénédicité et il a annoncé : « Mangez tout ce que vous voulez, les enfants, y a du rab aujourd'hui. » Après le déjeuner, on a supprimé l'école du dimanche – tout le monde était inquiet et mal en point pour la prière.

Nous attendions dans la cour ce qui allait se passer. Mr. Burton et Mr. Boss ont ouvert la porte fermée à clef; ils ont mis les gars en rang et puis ils les ont emmenés au dortoir des filles. Quand ils sont arrivés, on les a assis dans une grande pièce où les filles étaient déjà réunies. Mr. Burton leur a fait un long sermon bien tassé; ensuite, on les a menés à l'étage au-dessus et nous sommes restés dans la cour à écouter. Bientôt, on a entendu des coups de lanière : chaque garçon a reçu quinze à trente coups de lanière de cuir brut, selon son âge. On les a fouettés devant les filles, mais pas un n'a crié. On a mené ensuite les filles dans une autre pièce et on les a fessées, mais pas devant les garçons. Mr. Burton a de nouveau sermonné les garçons, puis il les a menés à travers la cour aux cabinets, où ils semblaient tous avoir envie d'aller. On les a ramenés ensuite et de nouveau enfermés dans la pièce.

A midi, nous avons formé un petit rang et nous sommes allés manger. Plus tard, un petit qui s'appelait Hicks, de la tribu Tewa de la première mesa, est grimpé jusqu'à la fenêtre de la pièce fermée et les prisonniers lui ont demandé à manger. Il est vite allé chercher des petits pains de *piki* dans le bâtiment des petits, et juste quand il les faisait passer par un carreau cassé, le surveillant est arrivé derrière lui et l'a pris; il l'a grondé, il a ri et lui a dit de filer; sinon, il le mettrait avec les prisonniers.

Tout l'après-midi, je suis resté à guetter. On leur a donné du pain et de l'eau pour leur dîner et après, on les a relâchés.

Au mois de mai, on a eu la fête du Jour des Décorations. On s'est collé des petits drapeaux sur nos calots, on a pris des bouquets de fleurs et on a défilé devant les tombes de deux soldats, qui étaient venus se battre contre les Hopi et qui étaient morts.

Le 14 juin, mon père est venu me chercher et on est rentré sur nos ânes, avec des cadeaux de calicot, de lampes, de pelles, de haches et d'autres outils encore. C'était une grande joie de rentrer, de revoir les miens et de raconter mes expériences à l'école. J'avais appris beaucoup de mots anglais, je savais réciter une partie des Dix Commandements, je savais dormir dans un lit, prier Jésus, peigner mes cheveux, manger avec un couteau et une fourchette et me servir de cabinets. J'avais aussi appris que la terre était ronde et pas plate et que ce n'est pas convenable d'aller nu devant les filles ni de manger les testicules de moutons ou de chèvres. Et puis, j'avais appris qu'on pensait avec sa tête et pas avec son cœur.

A la maison, j'ai eu deux déceptions. Le vieil aveugle Tuvenga était mort et mon chien Yucca aussi. J'ai eu beaucoup de chagrin. Quand ils m'ont dit que mon chien était mort, j'y ai pensé tard dans la nuit.

Pendant l'été, on a remplacé Yucca. Une chienne errante avait fait ses petits sur la mesa, sous un rocher. Un jour, avec sept autres gars, on a décidé de tuer la chienne et de prendre les petits. Quand on s'est approché du terrier, la mère s'est précipitée sur nous avec des grognements et on lui a décoché des flèches jusqu'à ce qu'elle crève. Les chiots couraient dans tous les sens – j'en poursuivais en criant : « Moi, je prends le jaune au cou blanc », mais c'est un autre gars qui l'a pris; j'en avais très envie, alors j'ai dit : « Veux-tu échanger le chien contre mes cinq flèches. » « Et quoi d'autre ? » a demandé le garçon; alors, je me suis mis à réfléchir et je me suis rappelé que j'avais encore deux chatons à la maison. « Je te donne cinq flèches et un chat », dis-je. D'abord, il n'a pas répondu; il a frotté la tête du chien contre la sienne et il lui a fait renifler chacun de nous pour l'apprivoiser. Sur le chemin du retour, il a dit que je pouvais avoir le chien. Je suis allé tout droit à la maison; j'ai attaché le chiot à une pierre et j'ai descendu les cinq flèches attachées à l'arc que mon père rituel m'avait donné. Ma mère m'a vu : « Qu'est-ce qu'il t'a donné, le petit, pour ces flèches? » m'a-t-elle demandé; j'ai souri, mais je n'ai rien dit. J'espérais qu'il choisirait le chat blanc, mais c'est le noir qu'il a pris. Quand il est parti, j'ai tout raconté à ma mère; elle était presque en larmes, à force de rire.

Le chien a vite grandi et c'est devenu un fameux chasseur. Il était fort et savait déterrer les lapins et les chiens de prairie comme un blaireau.

Je l'ai appelé Muitala (clair de lune), parce qu'il était jaune.

Cet été-là, que j'ai passé à la maison, j'ai troqué le bon arc que mon père rituel m'avait donné, avec le Révérend Mr. Voth, contre une pièce de calicot, quelques bâtons de sucre d'orge et des pétards. Ça m'a fait de la peine de me séparer de mon arc mais, à cette époque, mon père était très pauvre. Il m'a fait une chemise dans un sac à farine et des culottes en toile écrue. Ce même été, j'ai remarqué que la flèche avec mon cordon ombilical n'était plus au plafond; je ne sais pas ce qu'elle était devenue. A la fin de l'été, j'en avais assez de biner les mauvaises herbes et de garder les moutons : c'était un rude boulot d'aider mon père, et j'ai pensé qu'il valait mieux me faire instruire; mon grand-père était d'accord que c'était utile de connaître quelque chose des mœurs des Blancs, mais il avait peur, disait-il, que je néglige les règles hopi qui étaient plus importantes. Il me conseilla, si j'avais de mauvais rêves lorsque j'étais à l'école, de cracher quatre fois, ce qui les chasserait de mon esprit et s'opposerait à leurs influences malfaisantes.

Le 10 septembre, avant le lever du soleil, la police est venue à Oraibi; elle a entouré le village dans l'intention de capturer les enfants des familles hostiles et de les emmener de force à l'école. Ils nous ont tous parqués au bord est de la mesa. Même moi, qui avais décidé d'y aller plus tard, on m'a mis avec les autres. Les gens étaient énervés; les enfants et les mères pleuraient, les hommes voulaient se battre. Moi, je n'avais pas très peur, parce que j'avais appris certaines choses sur l'instruction et je savais que la police n'était pas venue sans ordres. Parmi les garçons capturés, il y avait Dick, le fils de « l'oncle Joe », qui avait le plus encouragé les Hostiles à la résistance. Ça me faisait bien plaisir. On a aussi pris Clara, la petite fille du Chef Lolulomai. Le Chef est allé voir Mr. Burton, qui écrivait nos noms sur un bout de papier. Il a dit : « Il faut laisser cette petite ici, elle est trop jeune. » Alors, on lui a permis de retourner chez sa mère. Ils ont aussi capturé mon frère de clan Archie, fils de Nuvahunka, sœur de ma mère.

Quand Mr. Burton m'a vu dans le groupe, il m'a demandé : « Eh bien, que fais-tu là? Je croyais que tu étais rentré en classe à l'Agence. » Je lui ai dit que j'étais content de partir avec lui; cela parut lui faire plaisir et il me laissa rentrer chez moi, chercher mes affaires. Quand je suis revenu avec un sac de pêches fraîches, je me suis aperçu qu'ils avaient emmené les enfants à Oraibi le Neuf pour les embarquer dans les chariots. J'ai suivi et j'ai trouvé mon grand-père au milieu d'un groupe, près des chariots. J'ai vu que les gosses étaient tassés dans les chariots et j'ai demandé la permission d'aller à cheval, alors il m'a envoyé la demander à la police. Deux des agents étaient mes oncles de clan : Adam, de la première mesa et Secavanina, de Shipaulovi. Je suis allé vers Adam en souriant; je lui ai serré la main et je lui ai présenté mon frère de clan, Archie. « T'as pas besoin d'avoir peur de nous », dit mon oncle, « on est agents de police. » Je lui ai demandé si nous pouvions, Archie et moi, aller à l'Agence à deux sur un cheval. Ils ont ri et dit que j'avais du cran, et ils m'ont averti que les Hostiles pourraient nous suivre et engager le combat – mais c'était une blague.

Quand on a été prêt à partir, la police nous a emmenés tous les trois derrière leurs selles. Près de la côte de la première mesa, on a pris un raccourci à travers la faille, jusqu'à la Mission, où on s'est arrêté pour attendre les chariots avec notre déjeuner. Après le repas, Adam m'a dit que sa semaine de service comme agent était finie et qu'il n'allait pas plus loin. Il m'a amené à Mr. Burton, qui m'a dit que je pouvais aller avec lui sur sa charrette. Quand il a été prêt, je suis grimpé derrière le siège et Rex Moona, un Hopi instruit qui travaillait au bureau à Keams Canyon, s'est assis devant, avec le Directeur. On roulait devant la procession et on est arrivé à Keams Canyon vers le coucher du soleil.

Les enfants qui étaient déjà à l'école étaient en train de dîner quand on est arrivé. Rex et moi, nous sommes allés à la cuisine demander à manger : on nous a donné un pain et on l'a mangé avec du sirop. Le cuisinier m'a demandé si je voulais du hachis : « Ah, non ! » j'ai répondu. On mangeait devant la porte et on a dit aux gens de cuisine que les enfants arrivaient en chariot. Après, nous sommes allés nous reposer au dortoir.

Le lendemain matin, on nous a fait prendre un bain et on nous a coupé les cheveux; nous étions de nouveau écoliers.

On a eu très peur, le jour où l'Agent navaho a tiré sur son oncle dans le bureau. Il y avait un procès et notre surveillant nous avait dit de nous tenir à l'écart, parce qu'on jouerait peut-être du pétard. Nous étions dans la cour, à balayer les ordures, quand on a entendu une détonation; j'ai pris Archie par la main et nous avons couru à la salle à manger. Archie pleurait à n'en plus finir, et puis les gars ont raconté que lorsque le Navaho avait visé son oncle, quelqu'un lui avait poussé le bras et la balle était allée au plafond.

Le lendemain, j'ai eu trois surprises : ils m'ont mis dans le dortoir des Grands, j'ai reçu des pantalons longs kaki, et j'ai passé dans le deuxième degré. J'avais douze ans; je me sentais un homme.

Au bout de quelques semaines, on m'a relevé de la corvée de cour; avec quatre autres gars, on m'a donné le boulot de nettoyer le dortoir, de faire les lits et de ranger la salle de récréation.

Le professeur du deuxième degré est arrivé en retard de Chicago; aussi, Mr. Boss, le surveillant, nous a fait la classe jusqu'à son arrivée, à la mi-octobre. C'était une belle blonde d'environ quarante-cinq ans; elle s'appelait Mme de Vee. Elle nous a appris les sons, la façon de mettre sa bouche pour bien les prononcer. Il fallait que je travaille dur pour rester au niveau de la classe.

J'ai été puni deux fois en peu de temps. Un jour, j'ai frappé un garçon qui m'avait frappé le premier, mais la maîtresse a seulement levé les yeux quand c'était moi et m'a fait rester au coin avec le bras gauche levé pendant une bonne demi-heure. C'était dur. Une autre fois, j'ai trop bavardé avec mon voisin; alors, Mme de Vee nous a fait mâcher à chacun un morceau de savon, jusqu'à tant que la mousse nous sorte de la bouche; elle disait qu'on avait la bouche sale. Le savon était fort et nous a tant irrité la bouche qu'on avait mal en mangeant pendant deux ou trois jours. Quand elle est tombée malade et a dû quitter l'école, j'étais bien content.

Je surveillais Archie de près. Ça ne marchait pas bien et la tristesse se voyait sur son visage : il me rappelait mes premiers jours à l'école; aussi, j'ai fini par penser aux cochons et je l'ai mené à la porcherie. Il les a regardés et il a ri. Je l'ai aidé à monter sur un cochon pour faire un tour. Quand il y a pris goût, je suis descendu du mien, je suis grimpé sur la mesa où je me suis assis pour regarder : je me sentais devenu une grande personne, assis là, en pantalon à le regarder. Nous sommes rentrés avant la cloche.

Pour moi, ça marchait bien à l'école cette année et j'entendais faire de grands éloges de moi. Au mois de mai, mon père est venu me chercher; j'ai passé l'été à travailler aux champs et à garder les troupeaux.

Un jour de juillet, j'ai été repiquer des plants de melon dans le champ du père, au sud-ouest du pays. J'ai remarqué que les nuages s'accumulaient et je me suis abrité de la pluie dans une petite cabane que mon père avait construite. Après la pluie, il restait beaucoup de mares dans le champ et je me suis mis à verser de l'eau dans les trous des chiens de prairie : quand les bêtes en déguerpissaient, je les abattais avec ma houe. J'en ai tué sept comme ça et je me suis bien amusé. J'ai rapporté les carcasses à la maison, sachant que mes parents aimaient le chien de prairie bien gras.

Quand je suis arrivé à la maison, je suis grimpé sur le toit et j'ai regardé le barrage, au sud. Il était plein d'eau et il y avait quatre filles qui nageaient dedans, nues, sauf qu'elles avaient un petit pagne autour de la taille. Elles m'ont crié d'y venir avec elles, mais j'ai refusé, parce qu'à l'école on m'avait appris que les garçons ne devaient pas nager avec les filles. Je suis resté au bord du lac et je les ai regardées jusque vers le coucher du soleil. Trois des filles sont rentrées chez elles, mais Mae, une de mes tantes rituelles du Clan de la Sauge Blanche, attendait près du lac; alors, j'ai fini par lui dire : « On s'en va », et puis on est allé tous les deux vers le village, près de l'endroit où les gens jettent les délivres. Il y avait un poulailler à côté : Mae m'a fait signe, elle est entrée et je l'ai suivie, en fermant la porte. On s'est assis par terre et on s'est examiné. Elle avait treize ans et je croyais d'abord qu'elle était vierge, mais j'ai vite changé d'avis parce qu'elle en savait tant sur ce qu'il fallait faire. On n'a pas eu de mal à s'étreindre, mais je ne pense pas avoir eu d'éjaculation. J'ai jeté un coup d'œil dehors et j'ai vu sa mère Kamaoyousie qui passait. Quand elle est partie, je me suis glissé dehors et je suis rentré à la maison. C'était le plus près des relations sexuelles que j'avais jamais approché, et ça me plaisait. J'avais presque treize ans; je me sentais déjà agité la nuit : je rêvais aux filles, mais quand on me taquinait, je disais qu'elles ne me plaisaient pas et que je ne me marierais jamais.

Quand nous sommes rentrés à l'école, en septembre, j'ai vu des garçons se masturber jusqu'à l'éjaculation; quelquefois, on se faisait des caresses entre nous, et même, un garçon a voulu que je fasse semblant d'être une fille avec lui, mais je n'ai pas accepté.

Je me suis aperçu qu'il y avait des gars qui se faisaient porter malades pour pouvoir rester au lit et sécher la classe. Le docteur a fait dire que cette pratique devait cesser. J'ai bien réfléchi au genre de maladie que je pouvais avoir et j'ai choisi le mal aux yeux, parce que ça pouvait venir de l'étude. Un jour, pendant la récréation, je me suis jeté une poignée de sable dans les yeux et je suis allé voir le docteur, avec de grosses larmes qui coulaient. Il était dans son dispensaire en train de mélanger un médicament sur une plaque de marbre, le malaxant avec un couteau, pour faire un baume pour un Navaho. Il a levé les yeux et m'a demandé : « Qu'est-ce qui ne va pas, Don? » « Mal aux yeux », ai-je répondu.

Il prend un outil comme une palette à beurre, soulève ma paupière et me fait rouler l'œil dans l'orbite. « Eh bien, Don », dit-il, « quand as-tu mis du sable dans tes yeux? » Je n'ai pas répondu. Sur une bouteille, il prend une petite tasse comme un chapeau, il verse un remède dedans et me fait coucher sur le dos, avec ce chapeau remède sur l'œil. Tenant sa montre à la main, il attend environ deux minutes et me dit de rouler mon œil; puis, il répète le même procédé avec l'autre œil, pour en laver le sable, rit et dit : « Alors, Don, ne va pas te remettre du sable dans les yeux et faire semblant d'être malade, sans quoi tu auras les yeux malades pour de bon. Tes parents t'ont mis ici pour apprendre quelque chose. » Je lui dis que j'en ai marre de l'école et que je voudrais bien que les professeurs tombent malades. Il rit et écrit quelque chose sur un bout de papier et me dit de le porter à mon professeur. Quand je suis sorti du dispensaire, j'ai pensé à détruire le billet, mais j'avais peur qu'il en demande des nouvelles au professeur. Quand je le lui ai donné, elle a ri aux larmes : « Alors, tu veux que je tombe malade? Tu vois ce martinet? Je suis bien portante et je sais m'en servir. »

Cette année-là, je me suis bien amusé à l'école. Quelquefois, je jouais des tours aux professeurs, mais seulement les jours où ils avaient l'air heureux; ils ne m'ont jamais fouetté, sauf le Surveillant, qui m'a fouetté une fois. Un soir, après l'appel, on était monté se coucher; l'extinction des feux n'avait pas sonné et les lampes à pétrole étaient encore allumées. Tout enveloppé dans un drap blanc, grimpé sur le bout de mon lit, j'étends les mains, je lève les yeux au ciel et je dis : « Les gars, j' suis Jésus-Christ Deux, Fils de Dieu, j' suis la Résurrection et la Vie, Laissez venir à moi les petits enfants, Et ne leur interdisez point » –, et voilà le Surveillant qui s'amène : « Qu'est-ce que c'est? », demande-t-il. Je lui dis que je ne faisais pas de mal, que je prêchais seulement, mais il prend l'air sévère et se met à me rosser; je proteste : « Les autres aussi, ils étaient dans le coup. » « Eh bien, puisque tu es Jésus, je te permettrai de souffrir pour leurs péchés. » Il n'y a pas été de main-morte, et le lendemain, les gosses se marraient et se foutaient de moi : « Te v'là, Jésus Deux ! »

L'été suivant, je suis rentré à Oraibi et j'ai travaillé comme d'habitude; en mon absence, la vieille Honwuhti était morte; je l'aimais, cette vieille femme, et elle me manqua beaucoup.

On avait décidé que différents groupes de filles et de garçons reviendraient à l'Agence pendant deux ou trois semaines, s'occuper des bâtiments et des terrains : on construisait un nouvel établissement et il fallait déménager l'équipement. Un jour de juin, le juge hopi Koyonaimiwa a fait dire à Oraibi que j'aille me présenter au Directeur de l'externat d'Oraibi le Neuf. J'y suis parti après la tombée de la nuit, en suivant le sentier vers le bord de la mesa où les gens viennent dire leurs prières du matin au soleil. Comme je regardais vers l'Est, au flanc de la mesa, j'ai vu une lumière, apparemment entre les mains d'un être humain invisible, se mouvant à deux ou trois pieds du sol. Je restai là à regarder et à me demander ce que je devais faire. Je voulais rentrer au village, mais je savais que le Directeur était un vieillard sévère et on m'avait dit de me présenter immédiatement. Quand j'ai pris le sentier de descente, la lumière s'est déplacée devant moi un peu à l'Ouest – j'ai tourné vers l'Est – la flamme a voleté au-dessus d'un gros rocher et éclaté dans tous les sens. J'avais peur, mais prenant mon courage à deux mains, j'ai fait quelques pas en avant : je pensais que c'était peut-être le feu de Masau'u ou d'un esprit du Mal, et cependant, je ne trouvais pas de traces; alors, je suis vite retourné sur la route et j'ai couru aussi vite que je pouvais jusqu'au bureau du Principal. Il a levé les yeux : « Bonjour, petit », m'a-t-il dit. On a décidé que je partirais pour l'Agence le lendemain dimanche, avec trois autres gars d'Oraibi le Vieux.

Au retour, j'ai couru presque sans arrêt, évitant l'endroit où la flamme m'était apparue. Ma mère a dit que c'était probablement le feu de Masau'u.

Le lendemain de bonne heure, mon père a sellé deux ânes et nous sommes partis pour l'Agence. L'après-midi, on a passé devant une boutique appartenant à Tom Pavatea de la première mesa, qui avait été adopté par une vieille femme, des clans alliés à ceux de mon père, les Clans Sable-Lézard-Serpent. Tom nous a menés chez lui et il a dit à sa femme de nous nourrir. On a bien mangé et on les a remerciés. Sa femme nous a donné deux pains et deux morceaux de viande séchée à manger en route.

On a passé devant l'école neuve que le gouvernement construisait et on est arrivé aux vieux bâtiments vers 6 heures du soir. J'ai emmené mon père trouver le patron; quand je finissais de desseller les ânes et de les entraver, les autres gars sont arrivés à pied. Nous étions neuf en tout, des différentes mesa; j'étais le plus jeune du groupe, trop jeune pour être venu de si loin à pied.

Mr. Commons, le surveillant, nous a accueillis; il nous a emmenés à la salle à manger, où il y avait neuf filles qui étaient venues nous donner un coup de main. On nous a donné un bon dîner sans hachis. Nous avons chanté des chansons hopi et puis nous sommes allés nous coucher. Le lendemain matin, mon père est reparti à la maison, nous avons attelé un chariot et nous sommes allés à la nouvelle école où on a peint des lits toute la journée.

Cette nuit-là, j'ai été malade : à chaque instant je vomissais ou je déféquais. Le docteur est venu le lendemain matin; il m'a fait avaler trois pilules comme des boutons blancs; toute la journée, on m'a gardé au lit et deux filles de la première mesa, Nannie et Maud, se sont occupées de moi – elles m'ont même donné un bain. Je n'ai rien mangé jusqu'au soir, où on m'a donné du lait et du pain grillé. J'avais mal à la tête; je repensais au feu que j'avais vu sur la mesa à Oraibi et j'ai conclu que c'était Masau'u qui me rendait malade. Un garçon de la deuxième mesa, David, m'a dit que j'aurais dû regarder droit devant moi et ne pas m'occuper du feu; quand je lui ai dit que le feu était droit devant moi : « Eh bien, tu ne devais pas le suivre, pas d'un seul pas », m'a-t-il répondu. Je savais qu'il avait raison. Le lendemain, j'allais mieux.

Le 4 juillet, on avait fait notre temps, et après le petit déjeuner, je suis parti à pied pour la maison, tandis que les filles devaient suivre en chariot. En route, j'ai dépassé un vieux berger Tewa, parent de mon père. Il m'a dit qu'il y aurait une fête chez Tom Pavatea et que j'y reste, en attendant de trouver quelqu'un d'Oraibi. Je venais de traverser la coulée de Keams Canyon quand j'ai entendu un cavalier qui arrivait à toute vitesse. C'était un Navaho : il s'est arrêté et m'a fait signe de monter derrière lui;

j'étais bien content, je suis monté et on est parti au galop.

C'était plein de Navaho et de Hopi, réunis chez Tom pour les courses et le dressage des chevaux sauvages; il y avait aussi un concours de polo-poulet : on creusait un trou et on y enterrait jusqu'au cou un coq vivant, puis ils montaient sur leurs chevaux et passaient au galop en essayant d'attraper la tête de la volaille. Quand c'était un Navaho qui l'emportait, les autres lui couraient après et mettaient le poulet en pièces. Le gagnant a fini par apporter la tête et recevoir sa récompene. Moi, je plaignais le pauvre oiseau.

Tom avait tué deux vaches pour nous régaler; nous étions en train de manger quand les frères de mon père, Kayahongwa et Talashungnewa, sont arrivés avec cinq ânes chargés de sacs de farine. Pendant qu'ils mangeaient, je leur ai demandé s'ils voulaient bien me ramener à la maison; ils ont dit que oui, et ce même après-midi, on est parti sur les ânes.

Le restant de l'été, je l'ai passé à aider à la ferme : à planter, à biner, à repiquer; à garder les moutons, à chercher les ânes, à tirer l'eau et quelquefois à ramasser le bois. C'est là que je me suis assis pour la première fois sur une cuvette de cabinets modernes, comme une source, avec une chasse d'eau : au début, j'étais inquiet et je pensais que ça déborderait, mais j'ai vite compris et ça m'a plu, bien que ce fût un gâchis d'eau.

Cette année-là, j'ai vraiment eu mal aux yeux : il semblait qu'aucun remède ne me ferait de bien. Je fermais les yeux pour en diminuer la douleur, mais ils allaient de plus en plus mal. Un jour, Sam de la deuxième mesa, un de mes oncles de clan, m'a mené à la première mesa; je n'y voyais pas bien de mon seul bon œil, à mi-chemin, j'ai trébuché sur une pierre et en tombant, je me suis entaillé l'œil : du sang noir en a coulé. Mon oncle de clan a appuyé sur la chair pour en faire sortir plus de sang et puis finalement, le sang noir a cessé et il en est venu du jaune. Alors l'œil ne m'a plus fait mal et a semblé guéri. Je lui ai demandé de me percer un trou près de l'œil gauche avec un morceau d'obsidienne, mais il a refusé de le faire; alors, j'ai pris mon couteau et fait une incision moi-même. Je me suis senti mieux après.

J'ai eu une histoire avec un garçon Navaho. Nous, Hopi, on détestait les Navaho et on s'était entendus pour rendre ce gars malheureux. Un jour qu'il montait du sous-sol, je le dépasse et empoignant une de ses oreilles, je la tire un bon coup; à l'étage suivant, j'empoigne l'autre et je la tire aussi. Il braille, juste quand Mr. Haffner le surveillant arrive, alors l'autre m'attrape et me flanque une bonne raclée; je cours, mais il me rattrape et me tanne encore. Je me suis sauvé aussi vite que possible, sans rien dire, parce que j'avais peur que ça aille encore plus mal. Après ça, je restais au moins à dix pas de lui.

Un jour, Mr. Haffner m'a mis le grappin dessus. « Maintenant », dit-il, « je vais te seller et te mater, comme un âne. »

Il m'emmène dans son bureau. « Don », dit-il, « tu deviens intenable. Traite ce Navaho convenablement : son père l'a mis ici pour qu'il soit instruit. »

Il m'a donné 25 cents et je me suis senti mieux. Après ça, il m'a traité comme son fils; à Noël, il m'a acheté une chemise, un col et une cravate. Il était allemand; il avait débuté comme charpentier à l'école, mais les gars l'aimaient bien et ils avaient voté pour lui comme Surveillant, au lieu de Mr. Commons qui était terriblement sévère; une fois, il avait failli tuer un gosse. Mr. Haffner avait des manières militaires; il nous faisait faire l'exercice et la gymnastique, même les matins froids. Il a épousé notre surveillante, une Indienne métisse civilisée, de Californie. Grâce à leur influence, on m'a donné un travail à la cuisine : ça me plaisait mieux, parce que les repas étaient maigres et que je pouvais un peu les arrondir.

Quand je suis rentré chez moi cet été-là, on m'a

chiné sur ma voix qui muait. J'avais du poil qui me poussait sur le corps; d'abord je l'arrachais, mais il en venait de plus en plus partout; alors, j'ai fini par le laisser; j'arrachais les quelques poils qui me poussaient sur la figure, mais je les laissais sous les bras. Je pensais et je rêvais de plus en plus aux filles; je rêvais quelquefois que je faisais l'amour, mais quand je regardais la fille de près, je voyais que c'était un garçon; alors, je me réveillais et je crachais quatre fois, pensant qu'un esprit maléfique m'avait joué un mauvais tour.

Un jour, j'ai eu la première occasion de me venger du grand-père qui avait fait semblant de me châtrer quand j'étais petit. Je descendais à Oraibi le Neuf avec une corde de chanvre à la main quand je rencontrai le vieux qui remontait la piste de la mesa avec un gros pot d'eau sur le dos. « Eh bien, petit-fils, où vas-tu? » me demande-t-il. « Quand es-tu rentré de l'école? » Sans dire un mot, je le prends au lasso comme un taureau et je le traîne jusqu'en bas de la mesa. Quand il est remonté, il a bien crié; j'ai su plus tard qu'il avait tout raconté à sa femme, qu'elle avait applaudi et lui avait rappelé que ça lui pendait au nez.

A la fin de l'été, je partis pour Moenkopi avec deux ânes, chercher du blé que mes parents glanaient dans les champs mormons. J'attachai une jarre d'eau sur le dos d'un des ânes et montai sur le second. En route, mon âne donna un coup de pied à l'autre et cassa la jarre sur son dos. Bientôt, j'eus très soif; j'abattis un cèdre et mâchai l'écorce intérieure, mais le soir, je ne pus rien manger parce que je ne pouvais pas avaler sans liquide. Je m'étendis pour dormir, mais deux hommes passèrent avec leurs femmes, retour des champs de blé; heureusement pour moi, ils avaient de l'eau.

Quand je suis rentré à l'école en septembre 1905, on m'a mis de corvée d'écurie; pendant quelques temps, je ramassais le crottin et je l'étalais dans les champs. Un matin, un équipier navaho ne vint pas, alors on m'envoya avec Nash donner à manger aux chevaux et traire les vaches. J'essayai bien de traire, mais je n'arrivai pas à faire tomber une seule goutte dans le seau. Nash rit; il dit que j'avais beau avoir quinze ans, je n'étais bon qu'à étriller les chevaux et étaler le crottin.

Le Navaho est mort cet après-midi-là; on l'a enterré le lendemain. C'était la première fois que je voyais un mort. Il était couché dans une boîte, les yeux grands ouverts, injectés de sang, comme s'il avait beaucoup souffert. On a chanté : « Plus près de Toi Mon Dieu » et encore d'autres cantiques, mais je suis parti avant qu'on l'enterre.

Quelque temps après, on m'a transféré de l'écurie à la forge où j'ai appris à souder le fer. Après, ils ont eu besoin d'un type à la boulangerie et on m'y a envoyé; après, on m'a remis aux cuisines et j'ai un peu aidé à préparer les repas. Je faisais aussi plus attention aux filles, j'allais au bal et j'apprenais les figures des « square dances » (1).

En mai 1906, je suis allé à Rockyford, Colorado, avec beaucoup d'autres, travailler aux plantations de betteraves sucrières. On était par groupes de huit et on allait de ferme en ferme; le jour, on repiquait les betteraves; la nuit, on couchait sous la tente. On travaillait de onze à douze heures par jour, à 15 cents de l'heure.

Un dimanche, avec un autre gars, je suis allé faire une grande promenade; on a trouvé trois ou quatre petites tortues. On s'est assis sous un arbre pour les dépecer : on sortait la viande, pour se servir des carapaces comme hochets dans les danses Katcina. Avant de tuer les tortues, je leur fis un discours pour leur expliquer que nous n'avions rien à leur donner à ce moment-là, mais que nous leur ferions des paho quand nous serions rentrés chez nous.

Le 4 juillet, on avait fini et on était prêt à rentrer : j'avais gagné \$ 48,80, dont \$ 10 m'ont été payés comptant; notre officier supérieur m'a expliqué qu'il ne voulait pas me donner tout ce que j'avais

(1) Square dances : danses paysannes d'origine britannique (N. du T.).

gagné à la fois, parce que l'année précédente, il y en avait qui avaient dépensé tout leur argent avant d'arriver chez eux. « Je l'enverrai à l'Agence », me dit-il.

J'ai acheté un pistolet d'occasion : je pensais qu'un homme avec un pistolet dans son étui avait l'air important.

Quand nous sommes rentrés à Oraibi, les gens étaient encore partagés en Hostiles et Amis et les disputes étaient de pire en pire. Notre vieux Chef, Lolulomai, était mort environ un an auparavant et son neveu Tewaqueptewa était Chef à sa place. A cause des conflits, on a été obligé de faire deux danses Niman pour le retour des Katcina : c'était une chose terrible.

Les disputes ont continué de plus belle jusqu'à la crise du 8 septembre. De bonne heure le matin, je revenais d'entraver les ânes lorsque je vis de la poussière s'élever de la place. Je rentrai en hâte à la maison; j'y trouvai ma mère qui pleurait, avec Ira qui était malade; elle me dit que les Amis chassaient les Hostiles du village. Les Hostiles voulaient persuader mes parents d'aller avec eux : la plupart des parents de mon père étaient Hostiles et aussi beaucoup de ceux de ma mère. Mon grand-oncle Talasqueptewa dit aux Hostiles de s'en aller; ils durent lui obéir parce qu'il était officier supérieur, sans quoi nous aurions peut-être dû les suivre. Je montai sur le toit et je vis les hommes se partager pour se battre sur la plaza; je chargeai mon pistolet à six coups et me mis du côté Amis : quelques Hostiles furent surpris de ne pas me voir avec eux. Quoique moins nombreux, les Amis se battirent comme des diables et réussirent à expulser quelques Hostiles du village.

Les fonctionnaires du Gouvernement sont venus; ils nous ont confisqué des armes, mais moi, j'ai caché mon pistolet. L'après-midi, au bord de la mesa, il y a eu une longue discussion : Yokeoma, le meneur des Hostiles, opposé par conséquent à Tewaqueptewa, a fini par faire un trait sur le rocher : « Voilà comment nous allons faire : si vous nous poussez au-delà de ce trait, l'affaire est réglée. » Ainsi, l'enjeu de la lutte, c'était que le côté perdant quitte Oraibi.

Avec les Blancs comme juges, on s'est aligné; on a poussé tant qu'on a pu et au bout de quinze minutes environ, on avait fait passer les Hostiles par-dessus le trait.

Au coucher du soleil, tous les Hostiles avaient quitté le village, avec leurs femmes, enfants, ânes et tout leur fourbi; certains pleuraient, d'autres riaient. Cela signifiait que nous n'aurions plus de rapports avec eux.

La plupart de mes parents partirent avec les Hostiles. Ma sœur Gladys resta quelque temps à Oraibi, bien que son mari Tuvaletztewa soit parti, mais elle s'ennuya bientôt de lui et le suivit. Plus tard, il s'est intéressé à d'autres femmes et il a rendu Gladys si malheureuse que notre oncle Dan Coochongwa lui a dit de rentrer chez elle; alors, elle est revenue à Oraibi.

Le village semblait désert. Les Hostiles étaient allés s'installer à neuf kilomètres environ, dans un endroit qui s'appelait Hotavila; ils s'étaient mis à y construire des maisons. Deux divisions de soldats sont venues; elles ont emmené la plupart des hommes : on en a fait travailler certains à la route, on en a envoyé d'autres à l'école. On en a emprisonné à Fort Wingate et on a déporté des jeunes gens à Carlisle. Les femmes et les enfants passèrent un dur hiver.

En septembre, nous sommes retournés à l'école de l'Agence. Nous avons bientôt reçu nos chèques pour le travail de l'été; jamais je n'avais eu autant d'argent : avec mes $ 35,80, je me sentais millionnaire.

Un vendredi soir, au bal, je parlais à Louise, du Clan du Tabac et du Lapin; elle me racontait qu'elle avait la vie dure, que ni son père, ni son beau-père ne semblaient l'aimer. Il y avait des jours où elle n'avait pas assez à manger, et pis encore, elle avait peu de vêtements. Elle pleurait un peu; elle disait :

« Mes pères ne m'apportent rien à manger, j'ai souvent faim; qu'est-ce que je vais faire? Si un homme voulait bien m'aimer, je l'épouserais. »

Ses larmes m'ont ému le cœur; je voulais la sauver, lui enlever sa faim; je restais assis à la table, la tenant par la main; je lui parlais doucement. Elle a fini par se calmer; alors, je lui ai serré la main avec un rire doux. « Moi, je n'ai jamais faim », lui dis-je, « je suis marmiton. » Tout doucement, je lui dis que si elle pouvait m'aimer, je l'aiderais. « Je t'aime, je te procurerai de la nourriture de la cuisine; je le dirai à la patronne, elle est brave, elle nous aidera. » Je lui ai aussi raconté que j'avais $ 35,80 en poche et que je n'étais pas dépensier.

A partir de ce moment, je me suis occupé d'elle. Quand je ne recevais pas assez de la cuisine, je lui achetais de la gelée et du pain à la boutique, avec mon argent. C'était une brave fille débrouillarde, qui travaillait dur.

Un samedi après-midi que je travaillais tout seul à la cuisine, j'aperçois Louise sur le perron de son dortoir et je lui fais signe de venir me rejoindre. Je lui donne à manger et puis je l'embrasse pour la première fois; je lui dis qu'elle est mignonne, que je la veux pour ma femme et après, je l'emmène tout doucement dans la réserve et je ferme la porte à clé. Elle était encombrée, la petite pièce; il fallait rester debout et aller vite, mais Louise savait – elle semblait avoir de l'expérience. C'est la première fois que j'avais donné et eu du plaisir à faire l'amour, et après, j'ai tenu à Louise plus que jamais.

Un jour, elle m'a dit, à ma grande surprise, qu'elle était la fille de mon frère de clan et, par conséquent, ma fille de clan. Elle m'a expliqué que son frère était Talasveyma, du Clan du Faucon Gris, allié aux Clans du Soleil et de l'Aigle. C'était une mauvaise nouvelle pour moi.

Son vrai père avait vécu très peu de temps avec sa mère Kelmaisie, puis son beau-père Kalmanimptewa avait épousé sa mère et élevé plusieurs enfants. Je ne savais pas que Louise était la fille de mon frère de clan allié et, par conséquent, ma fille. Je savais que mes parents n'aimeraient pas nous savoir amoureux; on s'est demandé ce qu'on pouvait faire, on a parlé un bon moment et puis j'ai dit : « Nous, on est d'accord, et je me fous de l'opinion de nos parents. Ton père ne t'entretient pas, et moi, je m'occuperai de toi, tant que j'aurai des sous. »

Mais nous étions bien inquiets.

Le lendemain, Louise a tout raconté à la surveillante et moi, j'en ai parlé au chef cuisinier, un Indien Cherokee métis. Ils en ont discuté ensemble et puis on nous a appelés au bureau. La surveillante nous a laissés nous décider. Nous voulions rester ensemble; alors j'ai appelé la surveillante et je lui ai dit que j'avais décidé d'épouser Louise à l'automne suivant. La surveillante m'emmena au bureau du nouveau Directeur, Mr. Lemmon, un vieillard sage et bon avec une barbe blanche qui lui descendait jusqu'au nombril. Je suis resté dehors pendant qu'elle lui racontait toute l'histoire. Il m'a appelé et m'a posé un certain nombre de questions, comme : « Don, tu penses peut-être t'amuser un peu avec cette petite et puis la laisser tomber, n'est-ce pas? » Mais j'ai répondu : « Non, je crois que nous pouvons nous faire une bonne vie ensemble. »

Il a fini par donner son accord à notre projet. Il semblait que j'avais inscrit mon nom sur le dos de la fille et qu'elle m'appartenait.

Pendant qu'on y était, j'a dit autre chose au Directeur. Le regardant droit dans les yeux, je lui ai dit qu'il devrait mieux nous nourrir; je lui ai fait remarquer que les provisions et les vêtements dans l'entrepôt nous étaient destinés : pourquoi est-ce qu'on ne nous en donnait pas plus? On travaillait dur, on avait besoin de plus. Après ça, on nous a bien donné un peu plus à manger, mais les autres gosses n'ont jamais su que c'était grâce à moi.

En novembre, avant « Thanksgiving » (1), notre

(1) Lit. : Action de grâces. Le 24 novembre, fête qui commémore l'arrivée des Pères Pèlerins (N. du T.).

Officier supérieur a dit à quarante ou cinquante d'entre nous qu'on nous envoyait à l'école de Sherman, l'école hors Réserve à Riverside, en Californie. Notre chef Tewaqueptewa devait aussi aller apprendre la manière de vivre des Blancs. Louise et moi, nous avons décidé d'y aller ensemble.

Avant le départ, j'ai encore été parler au Directeur. Je lui ai dit que Louise et moi, nous étions d'accord pour nous marier, que j'aidais à l'entretenir et que c'était mon droit de coucher avec elle. Je n'avais pas peur de le dire, parce que je savais que pour des amoureux hopi fiancés, c'est une chose habituelle. Le Directeur consentit en partie, mais insista que l'instruction c'était plus important, et dit que Louise devrait quitter Sherman si elle devenait enceinte.

On devait d'abord aller à Oraibi et ensuite à la gare de Winslow. Je suis parti à pied pour Oraibi avec quelques-uns des grands, et les filles suivaient en chariot couvert. A la fin de l'après-midi, quand elles nous ont rattrapés, je suis monté dans le chariot et les filles ont souri, tout en se serrant pour que je m'asseye à côté de Louise. Elle n'avait pas de moufles, alors je lui ai offert mes gants, mais elle a dit qu'ils étaient trop grands et me les a rendus; quand il a fait un peu plus noir, j'ai tenu ses mains dans les miennes pour les réchauffer.

Nous sommes arrivés à Oraibi le Neuf après la tombée de la nuit et pour grimper en haut de la mesa, jusqu'au vieux village, on s'est partagé en petits groupes. Nous marchions ensemble, Louise et moi, et je portais nos deux valises. En route, nous sommes restés en arrière; nous nous sommes arrêtés au bord de la route dans un endroit tranquille et obscur et nous avons fait l'amour.

Nous sommes montés jusqu'à Oraibi et avant de nous séparer, j'ai donné $ 5 à Louise. Le lendemain, avant de partir pour Winslow, j'ai donné à peu près la moité de ce qu'il me restait à mes parents; je me suis seulement gardé $ 10. J'ai aussi laissé mon pistolet à la maison. Je ne l'ai jamais revu.

VI

L'ÉCOLE HORS RÉSERVE

Louise et moi, nous étions ensemble dans le train une partie du trajet, jusqu'à Riverside, Californie, où on est arrivé vers midi, le jour de Thanksgiving. On nous a tout de suite emmenés déjeuner à la salle à manger : il y avait de grosses patates douces, jaunes, que je voyais pour la première fois. J'ai pelé les miennes; j'ai mis du jus de viande, du sel et du poivre dessus, mais je n'arrivais pas à les avaler et j'ai remarqué que les autres se foutaient de moi. La serveuse indienne est venue; elle a bien ri et m'a donné une autre assiette. Après ça, j'ai toujours mangé les patates douces nature et j'ai aussi appris à manger les tomates crues.

On nous a fait ranger nos affaires dans le bâtiment de l'école de Sherman pour Indiens, où nous devions rester trois ans, et puis, le surveillant nous a dit qu'il y aurait un match de football dans le parc, à 3 heures : le lycée de Riverside contre le collège de Pomona, et l'entrée à l'œil. On a décidé d'y aller.

Il se trouvait que Suzy, femme de Frank Siemptewa et sœur cadette de la mère de Louise, était venue à Sherman avec le groupe du Chef Tewaqueptewa, quelques semaines auparavant. Elle est venue, l'air mauvais, prendre Louise à l'école; j'étais mal à l'aise : j'avais peur qu'on lui parle de nos fiançailles et qu'elle se plaigne à nos parents que je faisais l'amour avec ma fille de clan.

Au cours de l'après-midi, j'ai eu marre de la partie

de football brutale et je suis allé avec Louis Hoye, de Moenkopi, voir ce qui se passait à la patinoire. J'y ai vu Hattie, ma sœur de clan aînée de Moenkopi, avec une jolie pépée; Adolphe Hoye, qui en était à sa troisième année de Sherman, s'était arrêté de patiner pour leur parler et j'ai été lui serrer la main. En parlant, mes yeux ont rencontré ceux de la jolie fille et j'ai pensé que ce devait être une Hopi d'un autre village, parce qu'elle a souri à certaines de mes blagues en hopi; quand j'ai parlé à Hattie, on m'a présenté cette fille en anglais, sous le nom de Dezba Johnson, une Navaho de Crystal, Nouveau-Mexique; elle m'a donné la main, elle a souri et m'a serré les doigts : j'en étais tout remué. Adolphe a recommencé à patiner avec sa petite amie et on a décidé d'aller au zoo tous les trois. Dezba a chuchoté quelque chose à propos de moi à Hattie et Hattie m'a dit en hopi qu'elle lui avait dit que j'étais son frère de clan.

On passe devant la cage des chats sauvages et on arrive à celle des singes; je les regarde tout près et je pense qu'ils sont sûrement humains : il y en a un grand comme moi, à l'air intelligent. On leur donne des cacahuètes; il y en a deux qui s'asseyent et se cherchent les poux d'une façon vraiment humaine, et puis, voilà qu'un mâle monte sur une femelle, alors je ris et je dis aux filles : « Eh bien, qu'est-ce que vous en dites, hein? » et Dezba dit : « T'as pas honte! » « Eh bien », que je réponds, « j' trouve pas ça si mal, c'est comme ça qu'on se reproduit »; elle sourit et me tire par le bras : « Allons-nous-en », dit-elle.

Ensuite, on est allé à la cage aux ours; on leur a donné des cacahuètes, jusqu'à ce qu'Adolphe vienne chercher Hattie pour lui montrer les poules bantam; Dezba et moi, on est allé ensemble à l'épicerie acheter deux bouteilles de soda à la fraise, un pain et de la confiture; j'allais payer, mais Dezba a pris une petite liasse de dollars dans son porte-monnaie : « Ça va », dit-elle; elle avait l'air d'avoir du fric.

On a porté la nourriture dans le parc et on s'est assis sur l'herbe sous un arbre; tout en mangeant, elle me posait un tas de questions : sur ma vie, sur le climat. Quand on a fini, elle me demande : « Alors, mon rat, qu'est-ce que t'en dis, on s'aime ? » C'était la première fois que j'entendais dire « mon rat » en amour; ça me plaisait, alors j'ai répondu : « Si t'as pas d'autre ami, sûrement qu'on peut. »

Pendant qu'on parlait d'amour, Esaü, Jacob et Saül sont arrivés. Esaü et Jacob, mes frères de clan, m'ont présenté Saül, qui en était à sa quatrième année à Sherman. Il me tend la main et me dit en hopi : « Faut pas lâcher cette pépée. » Dezba a invité les types à manger et ils allaient s'asseoir avec nous, mais je leur ai crié : « Dites donc, les gars, allez manger ailleurs ! » Ils sont partis en riant et Dezba m'a demandé ce que je leur avais dit; quand je lui ai raconté, elle m'a pris la main pour m'attirer à elle, alors je me suis demandé si j'oserais l'embrasser. Je l'ai fait un peu plus tard, quand on était couché dans l'herbe ensemble, mais quand j'ai voulu l'embrasser plusieurs fois, « Non », dit-elle, « c'est ton premier jour à l'école et je veux pas te donner une mauvaise réputation trop tôt »; alors, on est retourné voir les singes.

Nous étions à côté de la cage quand Louise s'est amenée avec sa mère de clan, Suzy; elle nous a regardés d'un œil perçant. Il y avait une certaine tristesse sur la figure de ma fille de clan et je me suis demandé ce que ça lui faisait de me voir avec une fille inconnue. Suzy avait l'air encore plus mauvais; alors, j'ai pensé qu'il valait mieux laisser tomber Louise, parce que la sœur de sa mère pouvait me faire des histoires; des idées comme ça me faisaient passer mon premier amour. J'ai dit tout bas à Dezba : « Viens, on se taille. » « Je m'en fous », qu'elle répond. C'était la première fois que j'entendais une fille dire des grossièretés, et je l'admirais encore plus.

On est allé à la cage aux ours et puis on a entendu le sifflet de l'école. J'ai demandé à ma nouvelle amie comment je pouvais rentrer dans le bâtiment des garçons : elle m'a mis la main sur le bras et nous avons marché ensemble sur le trottoir. Des Indiennes devant nous se sont retournées : « Dezba », disent-elles, « où as-tu trouvé ce beau garçon ? » « Dans le parc », répond-elle. « On voudrait bien en trouver un aussi. Tu le connaissais déjà ? »

« Bien sûr, ou je serais pas avec lui. »

« T'as de la veine », disent-elles.

Je l'ai quittée devant le bureau du Directeur et je suis retourné dans le bâtiment des garçons, me laver et me peigner avant le dîner.

Je savais que j'oubliais Louise et que je devenais amoureux de Dezba; c'était de la veine.

Au bout de quelques jours, les professeurs nous ont donné un examen de tables de multiplication et j'ai été renvoyé du sixième au quatrième degré; on a mis Ira, mon frère, dans le deuxième degré, et on nous a donné du travail à mi-temps à la boulangerie. On allait en classe régulièrement; on s'est inscrit aux clubs athlétiques et aux sociétés de débats; on allait à beaucoup de réunions dansantes, y compris les « square dances ».

J'ai aussi été emmené à la Y.M.C.A. (1) par deux Hopi, Adolphe Hoye et Harry MacClain : ils m'ont fait entrer dans une pièce et signer mon nom avant que je sache dans quoi je me fourrais; je n'avais pas la moindre idée que je m'engageais au christianisme. Tous les jeudis soirs, il fallait que j'assiste aux réunions : on m'a donné un prix parce que j'avais appris le nom de tous les livres de la Bible; ils m'encourageaient aussi à apprendre par cœur des passages de l'Ecriture; je faisais ça aux fins de semaine et j'ai gagné une Bible.

Aux réunions de la Y.M.C.A., il fallait qu'on se lève et qu'on témoigne de Jésus-Christ : j'avais préparé un petit sermon – je pouvais me lever et réciter : « Eh bien, mes frères, on me demande de dire

(1) Young Men's Christian Association : Mouvement de jeunesse chrétien (N. du T.).

quelques mots en faveur de Jésus. Je suis content d'être venu à Sherman, d'avoir appris à lire et à compter; voilà que je m'aperçois que Jésus-Christ a écrit pas mal de choses, alors je remercie l'Oncle Sam de m'avoir appris à lire, afin que je puisse comprendre les Ecritures et marcher sur les traces du Seigneur. Quand j'aurai clairement compris l'Evangile, je retournerai dans mon pays et je le prêcherai à mon peuple, encore dans les Ténèbres; je lui enseignerai tout ce que je sais sur Jésus-Christ, le Père Céleste et le Saint-Esprit; aussi, je vous conseille à tous, mes Frères, de faire de votre mieux, de prier Dieu de nous donner une bonne compréhension; alors, nous serons prêts pour que Jésus vienne nous prendre et nous faire monter au Ciel. Je ne veux pas que mes amis soient jetés dans le Lac de Feu infernal où la Souffrance et les Tourments sont Eternels. *Amen.* »

En ce temps-là, j'étais demi païen, demi chrétien, et je souhaitais souvent que par un sortilège quelconque, ma peau se change en celle d'un Blanc.

J'ai appris à prêcher, à jurer aussi. Dans la langue hopi, il n'y a pas de jurons, mais à Sherman, même les types de la Y.M.C.A. et les catholiques juraient comme des charretiers : au début, c'était trop, ça me fatiguait, et puis, j'en ai aussi pris l'habitude, alors ça allait bien; quand je voulais quelque chose, je disais : « Tu me le donnes, ce foutu machin. » Mais j'ai bientôt appris quand et où il était bon de jurer.

La Y.M.C.A. nous a donné un livre sur la masturbation : il disait que ça ruinait la santé d'un gars et que ça le rendait fou; mais je voyais les types le faire tout le temps; ça ne leur faisait rien qu'on les regarde. Moi, je ne me suis jamais beaucoup masturbé parce que je ne voulais pas perdre mes forces; mais j'avais des rêves mouillés et je rêvais encore quelquefois à la fille couchée avec moi qui était un garçon; je lui demandais : « Depuis quand es-tu comme ça? »; elle répondait : « Depuis ma naissance. » Je m'arrêtais de la caresser. « Je ne pense pas que je puisse faire l'amour avec toi », disais-je, et cette découverte était toujours une grande déception. Je me réveillais en me demandant si je serais aussi malchanceux pour trouver une amie. Je ne l'ai pas été.

Je voyais toujours Dezba au bal et quelquefois à la cuisine. Un soir de mai 1907, je lui ai donné rendez-vous au premier, dans la réserve, après le repas du soir, quand les autres filles seraient retournées dans leur bâtiment. Quand elle est arrivée, nous nous sommes couchés par terre et nous avons vite fait l'amour, craignant d'être pris. Au bout de quelques semaines, elle est rentrée chez elle et je ne l'ai jamais revue. Elle me manqua beaucoup et bien que j'aie appris par la suite qu'elle était déjà mariée, je pensais encore que c'était une des filles les plus mignonnes que j'aie jamais connues.

L'été, on m'a envoyé de Sherman à Fontana, une ferme éloignée de quelques kilomètres, où j'ai travaillé à charger le foin pour $ 2 par jour. Je me suis bientôt lié avec la cuisinière, Olive, une Mexicaine octavonne de sang indien Klamath, plutôt distinguée. Je ne crois pas que j'aurais osé l'entreprendre si elle ne m'y avait pas invité. Un soir après le dîner, elle m'a demandé de la conduire en chariot à Riverside chercher des provisions; c'était elle qui menait les chevaux parce qu'elle était délurée; elle faisait n'importe quoi. Lorsque nous sommes revenus, nous avons mis les provisions à la cuisine et la charrette dans la grange : quand elle a vu que le contremaître n'y était pas, Olive a suggéré qu'on pourrait rester ensemble dans le foin. On a fait l'amour deux ou trois fois et on s'est entendu pour s'y retrouver d'autres soirs. Une fois, le patron nous a pris dans la grange, mais il n'a rien dit, peut-être parce qu'il se payait aussi du bon temps avec elle; je l'avais vu la peloter à la cuisine et j'avais bien essayé de les surprendre autrement, sans jamais y arriver.

Je ne donnais pas d'argent à cette fille, mais quand on allait à la ville, je lui achetais de jolis cadeaux et je l'emmenais au cinéma. Elle avait à peu près un an de moins que moi, et nos rencontres dans la grange semblaient lui donner autant de plaisir qu'à moi; quelquefois même, l'orgasme lui venait avant. Je l'avais bien dressée; à la fin, je n'avais qu'un signe des lèvres à faire en direction de la grange pendant qu'on lavait la vaisselle, et elle savait que je voulais la retrouver.

Un soir, en sortant de la grange ensemble, Olive et moi nous avons fait une gaffe : j'ai entendu quelqu'un siffler dans le noir et pendant qu'elle rentrait vite à la maison, je me suis mis à fouiller dans les coins sans trouver personne; mais le lendemain, quand on a commencé à charger le foin, le vieil Hollandais qui travaillait avec nous dit : « Alors, Don, t'as eu ta récompense hier soir? » « Bon Dieu », que je lui réponds, « c'est toi qui as sifflé? » et il rit bien. Il me dit : « Je voudrais être jeune de nouveau », et je lui réponds : « T'as qu'à aller à la fontaine de jouvence du nord-ouest te faire arranger. » Il soupire. « Non, la meilleure partie de mon corps se réveillera plus jamais » et puis il me donne un coup sur les fesses : « Au travail », qu'il dit. Après ça, je le blaguais souvent en lui demandant s'il était réveillé. Il me racontait un tas d'histoires qu'il appelait « cochonnes » et que j'emmagasinais dans ma tête, pour les raconter un jour à Oraibi.

Quand je suis revenu à l'école, à l'automne, j'étais tout élégant avec des vêtements de ville; j'avais acheté un complet bien coupé et je m'étais donné l'air sport avec des souliers bas, vernis, un chapeau à la mode, une chemise de velours et une cravate de soie. Je m'étais fait couper les cheveux à l'américaine et j'avais fait une raie à gauche, pas au milieu, parce que j'étais jumeau, avec les cheveux qui partaient dans deux sens au lieu d'un, et qu'il n'y avait pas moyen de faire une raie au milieu. J'arrachais les quelques poils qui me poussaient sur la figure, quelques autres sur mon pubis, et je souhaitais de nouveau trouver un moyen quelconque de devenir blanc.

J'allais au bal, j'aimais les square-dances et je dépendais beaucoup d'argent pour les filles, en billets, en cadeaux, en consommations. Certaines soirées nous coûtaient jusqu'à $ 100 pour nous tous, mais on se poussait à dépenser largement nos gains de l'été en disant qu'on aidait l'Oncle Sam.

Un soir de novembre, j'ai commis une grande faute. On avait reçu une invitation à manger des glaces et des gâteaux, de la Section des Arts Ménagers. On s'amusait après avec les filles, quand Hattie arriva, toute triste : « J'ai eu des mauvaises nouvelles de chez nous », dit-elle. « Viola, notre sœur aînée, est morte il y a une semaine environ. »

Quand je lui demandai comment ça s'était passé, elle dit : « Viola accoucha après trois jours de travail, mais elle garda le délivre. Pendant la nuit, mon père sortit et vit une femme qui fuyait avec un masque de coton sur la figure, comme pour un enterrement. Il la rattrapa et lui dit qu'elle devait être la sorcière qui avait jeté un sort à notre sœur; elle commença par nier, puis l'implora de garder son secret, lui offrant comme récompense un collier et ses faveurs, tout en l'avertissant que s'il la dénonçait, il ne vivrait plus que quatre ans. Il rentra dans la maison; il tenta de faire sortir le délivre, mais notre sœur mourut entre ses bras. »

J'avais la tête courbée de chagrin et de colère à cette nouvelle. J'ai crié : « Ces Deux-Cœurs veulent nous tuer pour qu'ils puissent vivre. Cette sorcière ferait bien aussi de nous tuer tous et d'en finir. Je m'en fous qu'elle me tue, je ne suis pas marié et je n'ai pas d'enfants. »

Hattie avait peur. « Ne dis pas ça », me dit-elle, « elle pourrait te tuer, ce sont des paroles étourdies qui risquent de te faire tomber malade. » Elles le firent, en effet.

J'ai demandé au surveillant si je pouvais quitter la fête, parce que je venais d'apprendre la mort d'une sœur de clan. Comme je partais, il m'a dit : « Te laisse pas trop abattre, Don. » Je lui ai répondu : « Non, nous devons tous mourir. »

J'avais pris froid et je n'arrivais pas à dormir. Le lendemain, j'ai essayé de travailler, mais j'ai dû abandonner et aller me coucher : d'abord j'avais chaud, après j'avais froid.

Le surveillant adjoint m'a fait entrer à l'hôpital. Ils m'ont porté en haut, couché, tâté le pouls, ausculté, pris la température. J'avais mal à la tête et j'allais de plus en plus mal, d'heure en heure. Au bout d'une semaine, ils m'ont mis au deuxième étage, près du bureau de l'infirmière chef, où je suis resté un mois. A la fin de décembre, ils me mirent dans une salle avec les garçons très malades qu'on désespérait de sauver; ils dirent que j'avais une pneumonie et mon nom fut inscrit sur la liste des cas graves. L'infirmière chef dit au docteur : « Don est très malade, rien ne lui fait de bien. Si vous êtes d'accord, nous allons lui donner du whisky dans du jus d'orange. » Je ne voulais pas d'alcool, mais comme on désespérait de ma vie, ils me soulevèrent dans mon lit, me portèrent une tasse aux lèvres et me dirent : « Don, tu te refroidis, ceci va te réchauffer. » C'était vrai. J'étais saoul, j'ai fait des bêtises, j'ai juré, j'ai dit des horreurs aux infirmières. Le matin, quand je me suis réveillé, Ollie Queen me veillait; c'était une jolie Indienne hupa, de Californie, à qui j'avais fait la cour plusieurs semaines.

J'allais de plus en plus mal; je pouvais à peine parler. Des garçons et des filles venaient me remonter le moral. Il y avait une terrible douleur dans ma poitrine, je crachais du sang; je ne pouvais rien manger, sinon un peu de lait par un tube de verre. Je refusais de manger, je demandais aux infirmières de me laisser en paix; je voulais mourir, échapper au mal.

Ils pleuraient et me suppliaient de vivre; ils disaient grand bien de moi. Mais mes pieds se refroidissaient déjà.

Je me suis mis à penser aux Deux-Cœurs, à me rappeler tout ce qu'on m'avait dit sur eux. Je savais que c'étaient des gens très malheureux mais très puissants, membres de toutes les races et nations, organisés en une société mondiale qui parlait une langue commune, et qu'ils pouvaient prolonger leur propre vie en prenant celles de leurs parents. J'avais des raisons de croire que les Deux-Cœurs Hopi étaient les chefs de cette effroyable Société, qu'ils tenaient leur réunion occulte à la mesa de la Falaise Rouge, au nord-est d'Oraibi, et que les Deux-Cœurs à Oraibi étaient probablement les pires. Je les savais mesquins, facilement offensés et toujours en train de faire le mal; je savais bien que j'avais été étourdi, que j'avais parlé imprudemment et que j'en avais probablement offensé.

La veille de Noël, Lily Frazer, une Indienne d'une autre tribu, n'est pas allée à la fête pour pouvoir me veiller. Ce n'était pas ma maîtresse, mais ma meilleure amie : comme une sœur aînée qui semblait s'occuper de moi. Nous avions échangé des cadeaux et nous nous étions fait d'autres gentillesses. Elle parla doucement et me pria de me guérir. J'étais très agité. Vers 9 heures du soir, je levai les yeux sur l'imposte et j'y vis des mouvements : quatre garçons hopi me regardèrent à travers les vitres et me firent des grimaces. Une cinquième figure apparut, me regarda étrangement et chassa les autres : les quatre figures étaient celles de mes camarades de classe et la cinquième celle de Frank Siemptewa, mari de Suzy et lieutenant du Chef à Moenkopi. Je me sentais furieux, mais sans défense.

Et alors, je vis un très grand être humain debout près de mon lit, en costume de Katcina. Il était beau, en kilt de danse avec la ceinture, pieds nus, avec de longs cheveux noirs qui lui pendaient dans le dos. Il avait une plume de prière tendre (*nawakwosi*) dans les cheveux, et il en portait une bleue dans la main gauche, le bleu étant la couleur qui signifie l'Ouest et le pays des morts. Il portait des perles de couleur; il était magnifique, en train de regarder.

Quand les infirmières apportèrent de la nourriture, il dit : « Il vaut mieux que tu manges, mon fils. Tu es arrivé au bout. Tu vas faire un voyage là où vivent les morts, pour apprendre à connaître ce pays. » Je vis la porte lentement se balancer sur ses gonds et s'arrêter enfin, entrouverte; dans tout mon corps, il se glissa une froide insensibilité, mes yeux se fermèrent, je sus que je mourais.

L'étrange être humain dit : « Maintenant, tu dois apprendre une leçon, mon fils. Toute ta vie, j'ai veillé sur toi, mais tu as été étourdi. Tu iras à la Maison des Morts, tu apprendras que la vie est importante. La voie est déjà tracée pour toi, il vaut mieux te hâter : peut-être reviendras-tu avant qu'ils enterrent ton corps. Je suis ton Esprit Tutélaire (*dumalaitaka*). Je t'attendrai ici, je veillerai sur ton corps, mais je te protégerai aussi au cours de ton voyage. »

La douleur disparut, je me sentis bien et fort. Je me levai de mon lit et me mis à marcher; alors, quelque chose me souleva et me fit avancer en flottant, traverser la porte, le vestibule, le *campus* (1) en plein jour. Je fus amené au nord-est par une bouffée de vent, comme si je volais, et bientôt nous atteignîmes les monts de San Bernardino. Là, par un chemin de farine de maïs, je grimpai jusqu'à mi-montagne, où je trouvai une ouverture comme un tunnel faiblement éclairé. J'entendis une voix à droite disant : « N'ayez pas peur, entrez. » Traversant un brouillard au-delà des petites lumières, j'avançai rapidement, pour arriver enfin sur une mesa plate et découvrir que je marchais près des anciens trous d'eau sur la corniche à Oraibi : tout surpris, je pensai : « Je vais rentrer à la maison, manger de la bonne nourriture hopi. »

Quand je passai la porte, je vis ma mère assise par terre, à peigner les cheveux de mon père. Ils ne regardèrent la porte qu'un instant et retournèrent à leurs occupations. Ils ne prononcèrent pas un mot, ce qui me remplit d'étonnement triste. J'errai dans

(1) Terrain sur lequel se trouve l'école ou l'université (N. du T.)

la pièce un instant et m'assis sur une peau de mouton près du poêle pour réfléchir. Je me dis : « Eh bien, peut-être que grand-père va venir et qu'il me donnera à manger. » Après environ une heure de silence, grand-père entra, me regarda un instant et ne dit rien, mais s'assit en face de moi et laissa sa tête se courber comme s'il était inquiet. Alors, je me dis : « Ils ne m'aiment pas; il vaut mieux que je parte et que je les laisse seuls. »

Lorsque je me levai pour partir, ils ne levèrent même pas la tête et ne me dirent pas adieu.

J'allai marcher au bord du bassin asséché près du Rocher d'Oraibi. Il y avait un petit mur de pierre au bord du barrage. Un gros lézard fila par terre et disparut dans le mur. Lorsque je m'approchai, je vis, parmi les rochers, une femme laide et nue, aux traits tirés, aux lèvres sèches. Elle avait l'air fatigué, à demi affamé et très assoiffé. C'était ma vieille grand-mère Bakaibi, la sœur de la mère de ma mère. Puisqu'elle vivait encore, je ne compris pas comment son esprit pouvait être en route pour la Maison du Squelette, mais je crois que mon Ange Gardien l'avait mise là pour m'apprendre une leçon et me montrer qu'elle était Deux-Cœurs. « Petit-fils », me dit-elle, « veux-tu, s'il te plaît, me donner à boire ? » « Non, je n'ai point d'eau », répondis-je. « Alors, je te prie de cracher dans ma bouche pour étancher ma soif », implora-t-elle. « Non », dis-je, « je n'ai rien pour toi. Es-tu celle que j'ai vue en lézard ? » « Oui, mon père est lézard et moi, j'ai deux cœurs. » « Alors, écarte-toi de moi », lui dis-je, « car tu es celle qui a tué notre sœur. »

« Je suis une de celles qui tuent les tiens, mais pas celle qui te tue, toi. D'ici jusqu'à la Maison des Morts, tu verras des êtres comme moi, qui ne peuvent faire qu'un pas par an sur un chemin de tourments. Je te prie de me laisser t'accompagner; toi qui n'as qu'un cœur, tu arriveras sans mal. »

« Tant pis », lui dis-je, et je passai, car je n'avais pas le temps de m'amuser avec cette sorcière.

J'avançai rapidement, ne touchant terre que par

intervalles, jusqu'à ce que j'atteigne la limite ouest de la mesa. Tout le long, je vis beaucoup de visages de Deux-Cœurs qui me priaient de leur donner à manger et à boire, mais je n'en avais pas le temps. Quand j'atteignis le pied du Mont Beauté, le Lieu de Jugement, je levai les yeux et vis de belles marches régulières, d'environ douze pieds de large et douze de haut, de couleur rouge, montant comme un immense escalier jusqu'au sommet. Je commençai à le gravir, mais il me sembla être porté par l'air; mes pieds ne se posèrent que légèrement sur la marche du haut. Là, une cloche sonna de l'ouest, si distinctement que j'entendis des échos chanter sur les murs de la mesa.

Comme elle sonnait plus fort, je regardai. Je vis un homme qui gravissait la montagne de l'Ouest, vêtu de peau de daim, portant une corne, une lance et une cloche. C'était un *Kwanitika*, membre de la société *Kwan* ou Guerrière, qui veille sur les kiva pendant les prières et garde le village pour l'interdire aux étrangers et laisser entrer les morts pendant les rites du *Wowochim*.

Il vint vers moi, mais ne me serra pas la main [si le *Kwanitika* avait touché Don cela aurait signifié qu'il ne reviendrait pas parmi les vivants (1)] parce qu'il était maintenant dieu des esprits, faisant la police pour diriger les bons sur la route lisse et les méchants sur la mauvaise route vers la Maison des Morts. « Mon enfant », me dit-il, « tu arrives juste à temps, dépêche-toi. Regarde vers l'ouest, tu y verras deux routes. Tu prends la large; l'étroite est tortueuse, pleine d'épines de chardons : ceux qui la prennent ont un trajet pénible. Je t'ai préparé cette route large; dépêche-toi et tu trouveras quelqu'un pour te guider. »

Je regardai à gauche, où je vis une large route parsemée de farine de maïs et de pollen. A droite était un chemin étroit d'une largeur d'un pied environ et plein de trous. Sur le bord s'amonce-

(1) Note de Leo Simmons.

laient des vêtements hopi, lâchés par les femmes Deux-Cœurs, qui les avaient reçus des hommes avec lesquels elles avaient couché. Je vis des êtres nus en grande peine qui se traînaient sur le chemin, chargés de fardeaux énormes et d'autres entraves, comme des cactus épineux, attachés aux endroits sensibles de leurs corps. Des serpents dressaient la tête au bord du chemin, dardant des langues menaçantes. Quand ils virent que je les regardais, ils baissèrent la tête, mais je savais qu'ils pouvaient mordre tous ceux qu'ils n'aimaient pas.

Je choisis la route large à droite; je la suivis rapidement, volant presque, et j'arrivai devant une vaste mesa que je franchis comme une flèche, atterrissant au sommet. A ma gauche, je vis des oiseaux d'été qui chantaient et des fleurs épanouies.

Passant rapidement, je longeai le bord de Cole Canyon aux âpres murailles blanches que j'avais déjà vues en allant à Moenkopi. Au loin étaient douze étranges animaux rayés qui se pourchassaient; quand je m'approchai, je vis que c'étaient des clowns (*tcuka*) qui s'étaient peint le corps de raies noires et blanches et faisaient des farces et des cabrioles. Leur chef, qui était du Clan de l'Aigle, allié à mon Clan du Soleil, me dit : « Nous t'attendions, mon neveu; il est tard, il faut te hâter. Nous pensons que tu reviendras, aussi t'attendrons-nous ici. Ton Esprit Tutélaire te protège, mais tu dois vite retrouver ton corps – peut-être vivras-tu longtemps si tu reviens. »

Avec un certain effroi, je m'engageai rapidement sur la route de gauche. J'atteignis le sommet d'une mesa escarpée et fus porté jusqu'en bas. Devant moi se dessinaient les deux pistes allant vers l'ouest, à travers la faille entre les montagnes. A droite était le mauvais chemin étroit, aux cactus et aux serpents lovés, grouillant de malheureux Deux-Cœurs qui lentement s'avançaient à grand-peine. A gauche était la belle grand-route lisse, où il n'y avait plus personne en vue, puisque tous l'avaient si vite parcourue. C'est celle-ci que je pris; je passais devant bien des ruines et des maisons abandonnées pour arriver à la montagne. J'y pris une vallée étroite et traversai une faille pour arriver de l'autre côté; j'arrivai enfin à un grand canyon où mon voyage semblait s'achever, et là, je restai au bord, ne sachant que faire. Je regardai au plus profond du canyon; j'y vis quelque chose de brillant, comme un fil d'argent, traçant sa voie sinueuse sur le fond et je pensai que ce devait être le Petit Colorado. En haut des murailles, de l'autre côté du Canyon, étaient les maisons de nos ancêtres, avec de la fumée qui montait des cheminées et des gens assis sur les toits.

Après un court moment, j'entendis une cloche à l'ouest, au fond du Canyon, et une autre un peu derrière moi. Ce même *Kwanitika* qui m'avait guidé sur le Mont Beauté, portant une couverture, vêtu d'une cape et de mocassins de daim blanc comme neige, gravit la côte en hâte. Un autre *Kwanitika* s'avança rapidement en sonnant sa cloche. Le premier dit : « Nous t'avons attendu toute la matinée. Mon compagnon et moi, nous avons fait la course pour t'avoir. J'ai gagné et tu m'appartiens. Tu as été étourdi et tu ne crois pas à la Maison des Squelettes, où vont les hommes de ton pays lorsqu'ils meurent. Tu penses que les gens, les chiens, les ânes et les autres animaux meurent, et puis que c'est fini. Suis-nous. Nous t'enseignerons une leçon sur la vie. »

Je suivis le premier *Kwanitika* vers le sud-ouest, précédant le second qui écartait les esprits maléfiques. Nous sommes arrivés devant une maison où nous avons vu un *Kwanitika* aux mocassins de daim rouge qui préparait de la mousse de yucca rouge dans une grande terrine. Auprès de lui était un autre *Kwanitika* de l'Ouest aux mocassins blancs, qui préparait de la mousse blanche. Chacun remuait sa mousse avec un bâton, qui faisait s'élever un nuage de vapeur. Puis l'un d'eux dit : « Voici, nous sommes prêts, fais ton choix. De quelle terrine veux-tu qu'on te lave? » et je choisis la mousse blanche. « C'est bien, tu as de la chance », dit le *Kwanitika.* « Ainsi, tu pourras retourner par la Voie hopi et retrouver la vie. » Je m'agenouillai, pour qu'il puisse me laver les cheveux et les rincer à l'eau claire. « Lève-toi et viens », me dit-il enfin. « Nous devons nous dépêcher parce que le temps passe vite. »

Les *Kwanitika* m'amenèrent au sud-ouest, vers la fumée qui montait au loin. Comme nous approchions, je vis une grande foule de gens qui regardaient un feu sortant de terre. Au bord même de la fosse flamboyante se tenaient quatre êtres nus, chacun devant un autre individu qui portait des vêtements. Je distinguais ces gens aussi nettement qu'en plein jour, même leurs sexes, mais je n'en reconnaissais pas un seul. Depuis longtemps, longtemps, longtemps, ils voyageaient en avançant d'un pas par an et venaient d'arriver là. Je remarquai, venant de quatre directions, des chemins qui menaient au trou. Tout près, je vis un autre *Kwanitika* qui rechargeait le feu dans un four creusé profondément, comme ceux où l'on fait cuire le maïs sucré.

« Regarde-bien », dit un *Kwanitika.* « Ceux qui sont devant sont des Deux-Cœurs. Ils ont tué ceux qui se tiennent derrière eux et maintenant, c'est leur tour de souffrir. Ces foules de gens sont venues de la Maison des Morts pour voir punir les Deux-Cœurs. Regarde! » et il cria : « Prêts! Poussez! »
La femme au nord poussa son Deux-Cœurs dans la fosse et je voyais les flammes le boire et cracher des spirales de fumée noire. Puis l'homme à l'ouest poussa sa femme nue, la femme au sud son homme et des masses de fumée montèrent de la fosse. Enfin, l'homme à l'est poussa sa femme et c'en était fait de tous. Des Deux-Cœurs, aucun ne dit un mot; ils ne semblaient rien sentir.

Le *Kwanitika* dit aux gens : « Maintenant, retournez d'où vous venez. »

« Eh bien, petit », me dit le *Kwanitika,* « viens

regarder dans la fosse. » Je m'approchai du bord et je vis un trou vide, aux murs parcourus d'un réseau de fentes, larges de 4 centimètres, d'où jaillissaient des flammes de feu. Au centre, au fond, étaient quatre scarabées noirs rampants, dont deux portaient les deux autres sur leurs dos. Le *Kwanitika* me demanda : « Que vois-tu? » « Des scarabées », répondis-je. « C'est la fin de ces Deux-Cœurs et le destin de tous ceux de leur espèce. Ils resteront à jamais scarabées, sauf pour faire des visites à Oraibi de temps à autre et faire du mal un peu partout dans le village, les jours de brouillard. »

Alors, les *Kwanitika* me ramenèrent sur le trajet que nous avions parcouru, jusqu'à la corniche abrupte où la route s'était arrêtée.

Je m'y étais déjà arrêté, à regarder, par-delà le Canyon, la muraille en face où les gens étaient assis sur leurs terrasses. Le Canyon à présent était plein de fumée et lorsque j'y plongeai mon regard, je vis une créature atroce, de forme humaine, qui gravissait la falaise. Elle faisait de longs pas, avec ses luisantes jambes noires aux grands pieds; sur son épaule se déployait une vieille guenille de couverture tandis qu'elle s'avançait, vite, une massue à la main. C'était le grand Masau'u noir à la tête sanglante, dieu de la Mort, qui venait me prendre. L'un des *Kwanitika* me poussa et cria : « Si tu tiens à la vie, sauve-toi et ne te retourne pas, car si Masau'u t'attrape, il te fera prisonnier dans la Maison des Morts. »

Je me détournai et courus vers l'est tandis qu'ils me poussaient de leurs baguettes ou de leurs lances, si bien que je m'élevai à une vingtaine de centimètres du sol et mon vol me porta plus rapidement que jamais, auparavant, je n'avais voyagé.

Quand j'atteignis Cole Canyon, les clowns m'attendaient debout, en ligne droite, vers l'ouest, en se tenant par les épaules comme dans un jeu d'enfants. Tandis que j'arrivais si vite, ils crièrent : « Saute! Masau'u te rejoint. » Je sautai, retombai sur la poitrine de leur chef et le renversai. Ils éclatèrent de rire, ils poussèrent des cris de joie; ça ne leur faisait rien, semblait-il, parce que les clowns sont toujours heureux. « Tu es arrivé juste à temps », dirent-ils, « tu nous appartiens maintenant. Retourne-toi et regarde! » A l'ouest, je vis Masau'u qui repartait en regardant par-dessus son épaule, tout en courant.

Alors, le chef des clowns dit : « Maintenant, tu as appris ta leçon. Sois attentif, sage et bon; sois juste envers tous. Si tu l'es, ils te respecteront et t'aideront à te tirer d'affaire. Ton Esprit Tutélaire t'a puni pour que tu puisses voir et comprendre. Tu es aimé de beaucoup. Nous sommes tes oncles et nous veillerons à ce qu'il ne t'arrive aucun mal : tu as longtemps à vivre encore. Retourne à l'hôpital, dans ton lit : tu verras quelqu'un de laid couché là, mais n'en aie pas peur, mets tes bras autour de son cou et réchauffe-toi, tu te ranimeras bientôt. Seulement, dépêche-toi avant que ces gens ne mettent ton corps dans un cercueil et ne clouent le couvercle, parce qu'alors, il sera trop tard. »

Je me détournai et partis en courant, retracer les cercles de mon chemin vers la montagne, sous les tunnels, par-dessus les falaises jusqu'à l'hôpital. J'entrai vite et vis mon Esprit Tutélaire et une infirmière à mon chevet. Il m'accueillit tendrement : « Eh bien, tu as de la chance », me dit-il, « tu arrives juste à temps : glisse-toi vite au pied du lit, sous la couverture; allonge-toi à côté de ton corps, mets tes bras autour de ton cou et reste immobile. »

Mon corps froid n'était guère autre chose que des os, mais j'obéis à l'ordre et restai là, agrippé à son cou. Bientôt, je me réchauffai, j'ouvris les yeux, levai mon regard sur le plafond et l'imposte. Il y avait des infirmières autour du lit et l'infirmière chef me tenait par la main; je l'entendais dire : « Son pouls bat. » Je croyais entendre bourdonner des abeilles, mais c'était la musique d'un orchestre : c'était le matin de Noël et les élèves allaient d'un bâtiment à l'autre en chantant.

J'appelle : « Père, Mère. » « Nous voilà », dit une

infirmière. L'infirmière chef dit : « Petit, tu es décédé la nuit dernière, mais tu ne t'es pas refroidi tout à fait, comme un mort; ton cœur continuait à battre lentement et ton pouls battait un peu; aussi, nous ne t'avons pas enterré, et maintenant, nous aurons le mérite de t'avoir sauvé la vie. »

Toutes les infirmières me serraient la main comme si j'étais parti depuis longtemps : « On s'est donné du mal pour toi », disaient-elles, « parce que tes parents ne savaient pas que tu étais malade et on voulait que tu puisses leur revenir. On t'aime plus que les autres, parce que tu as bon cœur; tu es comme un frère pour nous. »

Ma meilleure amie, Ollie Queen, me prit par la main; les larmes aux yeux, elle me dit : « Eh bien, t'as passé un mauvais moment, mais te voilà de nouveau en vie; maintenant, je te garderai à jamais. » L'infirmière chef dit : « On avait commandé ton cercueil, il est peut-être même en route, mais t'en auras pas besoin. Regarde ce qu'il t'a apporté, le Père Noël! »

Au pied du lit, il y avait des cadeaux de bonbons et de fruits, un uniforme neuf et un bouquet de fleurs. Je me suis aperçu qu'on m'avait lavé la figure et peigné les cheveux, tout prêt pour le cercueil, et que l'uniforme devait me servir de linceul.

Je me sentais vraiment plein de gratitude, mais tout d'un coup, je me suis apitoyé sur moi-même et des plaintes me sont venues du fond du cœur; je me disais : « J'ai appris une leçon, et dorénavant je prendrai soin de faire ce qui est bien. » Les infirmières m'ont fait des massages vigoureux pour me réchauffer et me fortifier, puis j'ai demandé à manger; on m'a donné un peu de lait et de pain grillé. J'avais le vertige et j'ai demandé un peu plus à manger, même en petites quantités, mais les infirmières m'ont calmé, elles m'ont dit d'attendre. A midi, elles m'ont donné un vrai repas et je me suis senti tout à fait bien.

Après le déjeuner, mon Ange Gardien m'est apparu. D'une voix douce, il me dit alors : « Petit, tu as été étourdi et tu as appris une leçon. Maintenant, si tu ne m'obéis pas, je te punirai de nouveau, mais il ne te reste que quatre épreuves, et alors, je te laisserai mourir.

« Je t'aime, et c'est pourquoi je veille sur toi. Mange et reprends des forces; un jour tu seras un homme d'importance dans les Cérémonies : à ce moment-là, tu feras une paho pour moi avant tous les autres, car je suis ton Esprit Tutélaire, qui te guide et te protège. Beaucoup de gens ne voient jamais leur guide, mais je me suis montré à toi pour t'apprendre cette leçon. Maintenant, je vais te quitter. Sois bon. Sois sage. Réfléchis avant d'agir et tu vivras longtemps. Mais je te maintiendrai légèrement, comme entre deux doigts, et si tu me désobéis, je te lâcherai. Adieu. Bonne chance. » Il fit un pas et disparut.

Alors, je vis une plume votive tendre qui montait du sol, passait la porte et disparaissait. Tout haut, je dis : « Maintenant mon Guide est parti et je ne le verrai plus. » « Quel Guide ? » demande l'infirmière assise à mon chevet.

« Le Guide qui me protège et m'a ramené à la vie. »

« Quelle idiotie », répond-elle. « C'est nous qui t'avons protégé et ramené à la vie. »

Je n'ai pas discuté. J'ai seulement redemandé à manger.

Cette nuit-là, Ollie Queen est restée assise à mon chevet, dans un fauteuil à bascule. Elle disait qu'elle avait peur que je meure de nouveau et me réveillait de temps en temps pour voir si j'allais bien. Le lendemain matin, je me sentais mieux. Le Chef Tewaqueptewa m'a rendu visite à l'hôpital et quand je lui ai raconté mon voyage de mort, il a dit que c'était vrai, car c'étaient les mêmes choses que les Anciens disaient avoir vues lorsqu'ils visitaient la Maison des Morts.

Après environ un mois d'hôpital, j'ai pu me promener d'une salle à l'autre et aller jusqu'à la Section des Arts Ménagers pour prendre mes repas. Un samedi après-midi, quand la plupart des infirmières n'étaient pas de service, Ollie Queen fait sa tournée, puis elle m'invite dans sa chambre, à jouer aux cartes. Elle m'installe dans un fauteuil à bascule, on parle un peu de la vie chez nous, elle m'apprend des tours et puis, elle gagne la partie. Elle se met à rire doucement, à respirer plus vite, elle m'attire à elle un instant et va fermer la porte. On fait l'amour, ensuite plusieurs parties de cartes, et puis on fait l'amour de nouveau avant de regagner nos salles.

J'ai pu la revoir une fois avant d'être libéré de l'hôpital. Je suis revenu un samedi après-midi passer la visite et j'ai pu aller dans sa chambre; mais elle a bientôt trouvé un autre ami et je ne l'ai plus vue toute seule. Elle avait le teint clair; c'était une fille ravissante.

Je suis resté à l'école jusqu'au début du printemps de 1908, quand on a envoyé bon nombre des garçons récolter les cantaloups dans la Vallée Impériale. En juin, nous sommes revenus à Sherman passer nos examens, retournant ensuite travailler aux champs de cantaloups jusqu'en juillet. Notre peau est devenue brun foncé, presque comme une peau de nègre.

Quand on est venu à bout des cantaloups, notre Surveillant, Mr. Singleton, nous a envoyés travailler à la ferme laitière près de San Bernardino. Cet endroit ne me plaisait pas et j'y suis seulement resté deux semaines; il fallait se lever trop tôt le matin, je n'aimais pas traire les vaches, le patron était trop dur et il m'avait pris en grippe parce que j'étais le plus lent. Je ne pouvais pas supporter d'être brimé sans arrêt. Un jour, après le petit déjeuner, je vais le trouver : « Patron », que je lui dis, « je m'en vais, j'aime pas vos rosseries; jamais mes parents m'ont traité ainsi. Je suis presque un homme maintenant et je le supporterai pas. » Il avait l'air furieux, mais il m'a fait un chèque de $ 19,50.

J'ai été à Colton à pied, prendre le train pour Riverside, et je suis arrivé à l'école à l'heure du dîner. Le surveillant est venu vers moi : « Tiens,

Don! Et pourquoi es-tu revenu si tôt? » Je lui ai répondu que je ferais mon rapport après le dîner. Plus tard dans la soirée, j'ai été frapper à la porte de la maisonnette sur le campus où il habitait avec sa famille. Il m'a invité à entrer et il m'a avancé une chaise devant la table, pour que je puisse prendre une tasse de café avec lui. Je me suis conduit comme un monsieur; je lui ai raconté toute l'histoire et ce soir-là, nous sommes allés ensemble à Arlington toucher le chèque. Je lui ai permis de garder $ 10 pour moi.

De plus en plus, je me sentais devenu un homme prospère. Je m'habillais bien; au bal, j'offrais des consommations aux filles et je mettais mon argent dans une poche secrète de ma ceinture à la mode. Je possédais un bon couteau, une valise convenable; je portais une montre de $ 5 et je venais d'acheter une bicyclette d'occasion. Je n'étais pas bon vacher, mais pour charger le foin je valais n'importe qui, et j'avais eu le courage de dire à un Blanc que je ne supportais pas l'injustice.

Après une semaine environ, on m'a renvoyé à la ferme de Fontana où travaillait Olive. Elle lavait la vaisselle à la cuisine et semblait heureuse de me revoir.

Le restant de l'été, je l'ai passé là, à sarcler les mauvaises herbes, à labourer avec un attelage de mules, à couper l'alfa avec une moissonneuse mécanique et à retrouver Olive dans la grange. Elle semblait attendre, et chaque fois qu'elle me voyait me balader par là à la tombée de la nuit, elle arrivait, dès qu'il faisait noir. Je ne m'occupais pas des deux autres filles; elles avaient des amants blancs.

A la rentrée d'automne, on nous a emmenés en virée à Los Angeles, Californie, et jusqu'à Long Beach, voir l'océan Pacifique. C'est là que je suis allé en bateau pour la première fois; ça m'a bien plu.

J'étais passé dans le sixième degré à l'école et j'étais membre très actif de la Société de Débats de notre classe. C'était drôlement dur de se tenir debout, de réfléchir et de donner des preuves de tout ce qu'on disait. Au début, je m'énervais, mais j'ai fini par aimer ça.

Et puis le jour malheureux est arrivé où on m'a choisi pour parler dans la grande salle, devant six ou huit cents étudiants. J'ai senti que je n'en étais pas capable et j'ai refusé de le faire. On a appelé le surveillant adjoint : il m'a offert de choisir entre le débat et une raclée. J'ai tenu bon et j'ai choisi la raclée. Il m'a mené au sous-sol. Deux costauds m'ont déculotté et m'ont empoigné. Après environ quinze coups de lanière de cuir brut, bien tassés, je me suis effrondré en pleurant. J'ai très peu dormi cette nuit-là et j'ai eu mal pendant plusieurs jours, mais on ne m'a jamais plus demandé de parler dans la grande salle.

Il y avait plus d'un an qu'on travaillait à la boulangerie, Ira et moi : j'en avais plein le dos et j'ai demandé qu'on me transfère à l'atelier de confection où je suis resté huit semaines : j'ai fait deux pantalons. Après ça, mes yeux sont devenus malades et ils m'ont fait portier dans le bureau du Directeur, avec deux autres sous mes ordres.

J'ai pas mal joué au base-ball; ça me plaisait beaucoup. On se donnait des surnoms quand on jouait : « le Coq », « le Saint-Esprit », « Franc-Tireur », « Tête de Lard. » Moi, on m'appelait « Don Poulet »; au début, je râlais, mais je m'y suis habitué. Je n'aimais pas le football parce que c'était trop brutal et je n'y jouais jamais. J'ai commencé à aller au bal avec une fille de Moenkopi qui s'appelait Mettie et tout le monde l'appelait mon amie.

En mai 1909, on nous a envoyés, Ira et moi, avec les autres à Hazel Ranch, travailler à charger le foin. On était nourri, logé et on nous donnait $ 2 par jour. Le deuxième jour, notre Chef est venu; il nous a dit de revenir à Sherman et de nous préparer à retourner à Oraibi. Le soir du troisième jour, le patron nous a donné nos chèques, a attelé sa charrette et nous a ramenés à l'école. On a pris un bain et on a emballé nos affaires pour rentrer à Oraibi.

De bonne heure le lendemain, au lieu d'attendre le petit déjeuner, Ira et moi, nous avons été à Arlington, à environ deux kilomètres de l'école; on a touché nos chèques et déjeuné dans un restaurant chinois. En rentrant, on a changé nos uniformes du Gouvernement contre des vêtements civils et on s'est préparé à partir. Je ne pouvais pas emporter ma bicyclette, alors je l'ai donnée à un copain de la boulangerie.

Les garçons sont allés à pied à la gare d'Arlington et les filles en chariot. J'ai été à l'entrepôt acheter un énorme sac d'oranges pour 10 cents. Quand le train est arrivé, nous sommes montés avec toutes nos possessions; on était une bonne foule, de quoi remplir douze ou quinze wagons. Mettie, ma petite amie, s'est assise avec Philippe, de la deuxième mesa, alors, je suis resté assis tout seul et j'ai mangé mes oranges. Plus tard, je suis allé aux toilettes et quand je suis revenu, j'ai trouvé Irène, du Clan Masau'u, à ma place. Son grand-père était le vieux Chef Lolulomai. C'était une jolie fille. A l'école, je n'avais pas du tout fait attention à elle, mais je savais bien que souvent des garçons du Clan du Soleil épousaient des femmes du Clan du Feu. Je me suis assis à côté d'elle et je lui ai offert des oranges; tout en les mangeant, j'ai un peu blagué avec elle; je lui ai demandé ce qu'elle penserait d'être ma femme un jour; ça l'a fait rire : « Eh bien, si Mettie ne t'attrape pas la première, ça pourrait se faire », qu'elle répond, « mais il faudra que tu la laisses tomber d'abord. » J'aimais beaucoup mieux Mettie.

On s'est arrêté pour déjeuner à Needles, en Californie. Des Indiens Mohave sont venus nous proposer des colliers de perles de couleurs et toutes sortes de bijoux. J'ai acheté deux colliers : un pour moi, un pour Irène, qui l'a accepté timidement. Mettie est venue me demander de lui en acheter un aussi : j'ai dit que je voulais bien, mais que j'avais peur que son ami Philippe prenne ça mal, parce qu'il n'avait pas d'argent. Elle m'a imploré, alors j'ai eu pitié d'elle et je lui ai acheté des perles. Je suis retourné m'asseoir à côté d'Irène et on a mangé des oranges et bavardé tout l'après-midi. Puisque je ne pouvais pas être avec Mettie, j'ai tâché de tirer ce que je pouvais de la compagnie d'Irène.

Quand la nuit est tombée, le contrôleur a appelé toutes les filles pour les mener dormir dans les wagons de tête; elles sont revenues le lendemain matin, et puis un vendeur ambulant est passé avec des fruits. Mettie est venue me trouver pour me dire qu'elle avait faim. J'ai acheté des fruits en boîte et on a pris le petit déjeuner ensemble. Mettie mangeait mes fruits quand on a traversé Williams et qu'on est arrivé à Flagstaff. Vers 9 heures du matin, on a atteint Winslow.

A la descente du train, nous avons trouvé nos parents qui étaient venus nous chercher avec leurs chariots. Un homme qui ressemblait à un Navaho, avec un costume sport, est venu demander Chuka; il m'a trouvé et s'est présenté : « Je suis Frank, le nouveau mari de Gladys », me dit-il, « je suis venu te chercher pour t'emmener à Shipaulovi. » Ça m'ennuyait bien de rentrer avec lui, parce que je pensais aller en chariot avec Mettie. Il a pris nos deux valises et Ira et moi, nous avons porté le sac d'oranges à son camp à l'ouest de la ville, où il y avait les autres gens de la deuxième mesa. On a allumé du feu et bu du café. Frank était inquiet parce que sa sœur Sophie, qui revenait de Sherman, voulait aller à Oraibi avec les autres filles : elle a eu ce qu'elle voulait, comme la plupart des filles hopi. Frank a expliqué que ma mère lui avait demandé de nous emmener, Ira et moi, dans son chariot, pour faire des économies. Après le déjeuner, j'ai demandé : « Eh bien, beau-frère, quand est-ce qu'on s'en va? » « Demain », répond-il, « j'ai un Blanc à emmener en terre hopi. »

Je lui ai demandé d'aller en ville avec moi, acheter un fusil. Nous sommes allés au magasin de William Dagg et nous avons regardé un fusil de

22 millimètres à $ 2,50. « Il vaut rien, beau-frère », dit Frank, « achète celui à $ 5; je t'en donne $ 2. » On l'a acheté.

Je lui ai dit que j'allais aux nouvelles au Camp d'Oraibi. Un type d'Oraibi est venu me trouver avec des couvertures que ma mère avait envoyées pour le retour : « Garde-les », je lui dis, « il se pourrait bien que je passe la nuit ici. » Je suis allé voir le feu de camp où Mettie mangeait avec son oncle et d'autres gens. Pendant que l'oncle parlait, Mettie m'a chuchoté : « Où vas-tu, Don, avec ce fusil? »; je lui ai dit que j'allais chercher du gibier près de la rotonde, alors elle m'a dit tout bas qu'elle allait me suivre. Je suis bientôt parti avec mon fusil et je me suis un peu baladé jusqu'à ce que je la voie arriver. On est allé ensemble vers la voie ferrée, on s'est assis au milieu de buissons et on est resté là presque tout l'après-midi. C'est là que j'ai pris Mettie pour la première fois; ça ne me faisait pas peur, parce qu'on était revenu chez nous.

Nous nous sommes promenés dans la broussaille et j'ai tué trois lapins; quand nous sommes rentrés au camp, j'ai tendu les lapins à Mettie et je lui ai dit de les faire cuire, mais elle avait l'air confus et intimidé par le sang; alors, c'est l'oncle de Mettie qui s'en est chargé et les a assaisonnés; on a mangé de bonne heure, puis j'ai dit à Mettie que j'allais porter une couverture à Ira au camp de Shipaulovi, mais que je laisserais la mienne avec elle.

Je suis retourné au chariot de Frank, donner sa couverture à Ira. Après dîner, on est retourné en ville faire le tour des boutiques encore ouvertes, puis on a été au cinéma.

Quand nous sommes sortis, j'ai dit aux autres que j'allais au camp d'Oraibi et j'ai suivi une bande de filles qui rentraient.

Au camp, les hommes avaient allumé un grand feu et dansaient leurs danses de Katcina. Il y avait trois ans que je vivais en dehors de tout ça et je ne savais plus les airs.

Après minuit, nous nous sommes couchés; j'ai

pris ma couverture et je me suis mis à côté de Mettie. Son oncle m'a vu, mais n'a rien dit. Trois fois pendant la nuit nous avons fait l'amour, et nous entendions les autres le faire aussi, comme on était très rapproché. Tous les gars avaient retrouvé leurs amies, car maintenant nous étions libres des autorités scolaires, revenus parmi nos oncles et nos pères.

Avant l'aube, j'ai murmuré à Mettie que je la retrouverais à Oraibi et j'ai filé avec ma couverture rejoindre le groupe de la deuxième mesa. Frank n'y était pas, alors je me suis couché sur son lit, en attendant l'heure d'allumer le feu et de préparer le déjeuner. Et puis, j'ai laissé Ira s'occuper du feu et j'ai été en ville acheter six pains, des saucisses, des pommes de terre, du maïs et des oignons; j'ai aussi acheté deux livres de bœuf salé et une livre de lard fumé. Quand je suis arrivé au camp, Frank était là avec ses chevaux: « Tu vois », lui dis-je, « nous sommes instruits, mais nous ne savons pas faire la cuisine en plein air. » Il rit, prit un couteau et éplucha les pommes de terre. Après le petit déjeuner, on a attelé et on est allé chercher notre passager blanc, Mr. Kirkland, un dépôt. C'était un charpentier qui s'en allait en terre hopi.

On a chargé le chariot et on est parti sur la vieille route. Frank avait de bons trotteurs et à midi, on arrivait aux coteaux de la mesa, au sud des Buttes hopi. On s'y est arrêté pour déjeuner, puis on est reparti gravir la corniche de la mesa, on l'a traversée et cette nuit-là on a campé à l'est, auprès de la source.

Après dîner, j'ai parlé de mon éducation au Blanc; comment nous jouions au football et que nous battions presque toutes les écoles de la Californie du Sud; j'ai parlé jusqu'à ce qu'il ait l'air fatigué et puis nous nous sommes couchés, et Frank s'est mis à nous apprendre, à Ira et à moi, le chant Katcina des Longs Cheveux.

Couché sur ma couverture, j'ai repensé à l'école et à tout ce que j'avais appris. Je savais parler comme un monsieur, lire, écrire et compter; je savais les noms et les capitales de tous les Etats des Etats-Unis, les noms de tous les livres de la Bible, citer cent strophes de l'Ecriture, chanter plus de deux douzaines de cantiques chrétiens et de chants patriotiques, prendre part aux débats, brailler aux matches de football, faire les figures des square-dances, faire le pain, coudre assez bien pour faire un pantalon et raconter des histoires cochonnes indéfiniment.

C'était important d'avoir appris à vivre avec les Blancs et à gagner de l'argent en les aidant, mais mon expérience de mort m'avait appris que j'avais un Guide spirituel hopi que je devais suivre si je voulais vivre. Je voulais redevenir un vrai Hopi, chanter les chères vieilles chansons de Katcina, me sentir libre de faire l'amour sans craindre le péché ni le fouet.

Je me suis demandé où campaient Mettie et les gens d'Oraibi cette nuit-là et j'ai décidé de la voir plus souvent chez nous.

VII

RETOUR AU PAYS HOPI

On s'est réveillé dans le désert, on s'est lavé la figure à la source et, après un petit déjeuner rapide, on a suivi la falaise jusqu'à la deuxième mesa. Juste avant le coucher du soleil, notre passager s'est arrêté à l'externat de Toreva et a offert de payer son voyage : Frank a étendu deux fois les doigts d'une main pour indiquer $ 10, mais ensuite, il m'a dit en hopi de demander $ 5 de plus, alors je l'ai forcé à se taire en lui expliquant que chez les Blancs il n'y a qu'une manière bien élevée, c'est de dire le prix total tout de suite.

On est arrivé à Shipaulovi à la nuit. On a trouvé ma sœur Gladys et son bébé Delia qui nous attendaient, avec un bon repas hopi de pain frit, de piki et de ragoût. On a parlé de l'école, on a chanté des chansons de Katcina jusqu'à minuit et puis je me suis endormi sur la terrasse. De bonne heure le matin, on a mis Gladys et son bébé dans le chariot et on est parti pour Oraibi au trot.

Notre mère a failli pleurer quand je lui ai serré la main, mais elle ne m'a pas embrassé; ce n'est pas la vieille manière hopi. Mon grand-père et le vieux Naquima nous ont accueillis avec tendresse, mais mon père était à son champ de Batowe. Les gens nous ont donné à manger ce qu'ils avaient de meilleur : du piki blanc, du ragoût de mouton, de la compote de pêches sèches. J'ai regardé au sud-ouest à travers le désert et j'ai vu douze chariots couverts qui s'approchaient en caravane, avec Mettie dans l'un d'eux.

Ira et moi, on a rempli d'oranges un sac à farine et on l'a porté à notre « mère » Nuvahunka (la sœur de ma mère); elle est venue vers nous en courant : « Que je suis heureuse de vous voir, mes fils », dit-elle. « Où sont les autres? » On s'est assis par terre avec elle et on a mangé du piki, du maïs grillé, du mouton séché et des oignons. On lui a dit comme on était heureux d'être revenu et de manger la bonne nourriture hopi. On parlait encore quand les chariots sont entrés dans le village et se sont arrêtés devant la maison du Chef, où le banquet devait avoir lieu. Mon oncle Talasquaptewa, qui faisait fonction de Chef en l'absence de Tewaquep-tewa, nous a serré la main et nous a invités à manger. Toute la journée, on est resté à parler de l'école et à écouter des histoires de bergers, de champs et de ramassage de bois. Tout le monde était si amical qu'on pensait que la discorde et les conflits étaient finis à Oraibi. Nos parents n'avaient plus aucun rapport avec les Hostiles à Hotavila et on nous a dit de ne pas y aller.

Le soir, j'ai été chez Claude James où logeait Mettie et j'ai serré la main à sa famille; on a parlé jusqu'à minuit passé, mais je n'ai pas pu causer seul avec mon amie, alors j'ai dormi sur le toit avec Claude, et Mettie a dormi en bas.

Je me suis réveillé à l'aube et je suis resté sur le toit à regarder le lever du soleil, ainsi que mon père me l'avait enseigné dans mon enfance; bientôt, Perry, mon frère âgé de dix ans, m'a appelé pour que j'aille manger. J'ai taquiné Naquima : je lui ai rappelé le jour où je l'avais frappé avec une flèche. On est resté assis par terre dans la maison de ma mère et on a parlé jusqu'à ce que mon père arrive, avec son âne chargé de mouton frais. A midi, je parlais encore, toujours de l'école. Je racontais aussi à mes parents l'histoire de ma maladie et de ma mort, comment j'étais revenu à Oraibi, et où je m'étais assis sous leurs yeux sur ma peau de mouton, et j'ai dit comme j'étais parti déçu pour mon voyage à la Maison des Morts et que j'avais découvert que j'avais un esprit guide pour me protéger. Mon père et ma mère en pleuraient; ils disaient qu'ils ne m'avaient vu à aucun moment, qu'ils n'avaient pas non plus rêvé que je mourais, et ma mère m'a rappelé sa propre mort et son long voyage. De nouveau, mon grand-père a prédit que je deviendrais un homme important dans les cérémonies.

L'après-midi, Louis Hoye et moi on a chassé le lapin avec mon fusil neuf; on a tué neuf lapins et je les ai donnés à ma mère à mettre en ragoût pour la danse de Katcina du lendemain. Pendant le dîner, je pensais tout le temps à Mettie et après, je suis allé chez Claude retrouver sa famille qui mangeait dehors, sur le premier toit. Pendant que Claude racontait des histoires sur l'école et sur son travail chez les Blancs, Mettie cherchait mon regard pour me faire un clin d'œil. Quand elle est allée se coucher, j'ai remarqué où elle mettait sa couverture et j'ai grimpé avec Claude sur le deuxième toit. Quand ils ont tous eu l'air de dormir, je suis descendu à pas de loup, j'ai touché le pied de Mettie et je lui ai soufflé : « Suis-moi dans un endroit tranquille. » On est monté en douce sur le deuxième toit, on s'est couché sur ma peau de mouton et pendant que Claude ronflait, on a fait l'amour deux fois.

Quand Mettie est retournée sur sa couverture, je me suis endormi, mais je me suis réveillé quand les coqs ont chanté et je suis vite passé sur le toit de notre maison à nous; ça ne me disait rien d'être bloqué par quelqu'un qui nous aurait entendus.

Quand l'aube jaune est venue, je me suis assis, j'ai prié et j'ai regardé les Katcina entrer sur la plaza.

Nous, à Oraibi, nous avons passé toute la journée ensemble, à regarder les danses et à inviter les amis à venir manger avec nous. A midi, Frank est venu de Shipaulovi avec ses sœurs Sophie et Jane; d'autres pays, il venait à Oraibi des Hopi, des Navaho, des agents du Gouvernement, à pied, en chariot, ou à cheval. Je regardais les danses et j'avais envie d'être Katcina de nouveau et de chanter les vieilles chansons. Les clowns faisaient des farces pour amuser les gens et vers le coucher du soleil, je pensais que les Katcina Fouetteurs allaient venir les fouetter pour purifier leurs cœurs et apporter la pluie, mais une femme a parlé au Père des Katcina, lui demandant un second jour de danses; le Chef des Katcina a agité ses hochets de calebasse pour dire oui, et le Père les a saupoudrés de farine de maïs; ensuite, il les a menés à la kiva Mongwi passer la nuit, séparés de leurs femmes et de leurs amies.

Cette nuit-là, j'ai revu Mettie, mais je n'ai pas voulu dormir avec elle parce qu'elle avait ses règles. J'ai parlé à Sophie et à Jane et puis j'ai dormi seul sur le toit de ma mère, pendant que les filles couchaient à l'intérieur pour être à l'abri des gars en maraude qui voudraient faire l'amour.

Le lendemain, Frank a attelé pour remmener sa famille, et il a demandé à Ira ou à moi d'aller l'aider à garder le troupeau. Comme d'habitude, Ira a mis longtemps à répondre, alors j'y suis allé et j'ai manqué la danse. Sophie et Jane me faisaient des avances tout au long, mais j'ai dormi seul cette nuit-là, car je connaissais peu les gens de Shipaulovi et je faisais attention, pour qu'on ne me fasse pas une mauvaise réputation. Un ou deux jours après, j'ai pris un âne et je suis allé garder le troupeau avec Howard, le neveu de Frank; ça m'a valu de la fatigue, des douleurs et des coups de soleil. On a dormi au ranch, et le cinquième jour, Frank nous a relevés et nous a renvoyés à la maison avec des ânes chargés de mouton. J'étais si crevé que j'ai dormi le restant de la journée et toute la nuit. Le lendemain matin, je suis allé avec Howard biner les plants de pastèque et mettre des petits écrans de broussaille autour pour les protéger du vent et du sable; le jour suivant, on l'a passé à pulvériser les plants de maïs avec Howard et Frank. On a ramassé près de dix livres d'excréments de chien desséchés et quelques racines d'une plante spéciale, et puis on a mélangé les excréments et les racines avec de l'eau de la source Burro; avec un balai trempé dans la solution, on a aspergé les plants de 15 à 20 centimètres pour les protéger des lapins et d'autres animaux. Après une nuit de plus passée à la maison des champs, je suis retourné garder les troupeaux quatre jours, avec Howard.

Quand on est rentré à Shipaulovi, les hommes répétaient dans la kiva pour préparer la danse *Niman*, et ils m'ont invité à y prendre part. La date de la fête *Niman* approchait, alors je suis allé à pied à Oraibi, chercher une tenue de danse; j'ai déjeuné avec ma mère et je suis revenu en charrette avec Mr. Miller, l'Agent de Keams Canyon. Il m'a posé un tas de questions sur mes parents, mon éducation et ma profession. Je me suis redressé, je l'ai regardé dans le blanc des yeux et je lui ai répondu la vérité sans me vanter, car, maintenant, je savais parler aux Blancs comme un monsieur. Il avait l'air de me trouver sympathique; il a dit qu'il pourrait peut-être me trouver du travail à l'Agence.

Ce soir-là, on a répété dans la kiva pour la *Niman* jusqu'à minuit. Ensuite, je suis allé au sud de la mesa, j'ai étendu ma couverture sur la corniche et je me suis vite endormi. Tout d'un coup, je sens quelque chose de froid et de mouillé sur ma figure, je bondis et je trouve Jane qui m'arrose, parce qu'il y a longtemps que le soleil est levé. En riant et en m'essuyant, je la menace de lui en faire autant, un jour.

Il devait y avoir une danse *Niman* à Oraibi une semaine après. Ce jour-là, avec Sam, un oncle de clan à peu près du même âge que moi, on a sellé nos ânes et on est arrivé à Oraibi vers midi. Vite on a mis les ânes au corral, on est grimpé sur le toit d'une maison et on a regardé les Katcina danser sur la plaza. Sur un autre toit, j'ai aperçu Elsie et Mettie de Moenkopi, et j'ai poussé Sam du coude : « Tiens, v'là ma pépée avec Elsie », lui dis-je, « on va les voir ce soir. » On a traversé pour aller leur serrer la main, j'ai pris rendez-vous avec Mettie et je me suis penché pour dire tout bas à Elsie : « On peut aller chez toi ce soir? » « Peut-être que Sam ne veut pas de moi », répond-elle. « T'en fais pas », lui dis-je.

Le soir, après le dîner, Sam et moi on va se promener près de la citerne du Clan des Coyotes et on voit nos pépées sur le bord de la mesa qui regardent le coucher du soleil avec d'autres gars. On traverse et on va s'asseoir à côté de Mettie et d'Elsie, mais Sam reste plutôt timide; à la nuit, presque tout le monde rentre au village et je vais avec Mettie tout à fait au bord de la mesa : on descend sur une petite corniche et on trouve un endroit; je l'embrasse et je la pelote un peu, puis je prends la couverture sur son épaule pour nous installer une petite couche où faire l'amour.

Après, j'ai retrouvé Sam et on a raccompagné nos amies au village. Pendant la nuit, on s'est glissé dans la chambre des filles et on a dormi avec elles presque jusqu'à l'aube, mais au lever du soleil, on dormait sur nos terrasses à nous. J'ai mené Sam dans ma famille; on y a mangé sept ou huit fois avant de seller les ânes et de partir pour Shongopavi. En route, on s'est senti si crevé et affaibli, faute de sommeil, qu'on a décidé d'entraver les ânes et de dormir un peu dans un vieux cabanon. On s'est réveillé tard dans l'après-midi et on est arrivé à Shongopavi après le coucher du soleil; on est tout de suite allé se coucher.

La *Niman* de Shipaulovi approchait. Les hommes ont porté leurs masques à la kiva pour les décorer; ils ont demandé à Sam, à Jacob et à moi de prendre cinq ânes pour aller chercher des branches de cèdre. Nous avons emporté des plumes à prière, de la farine de maïs consacrée, du tabac de montagne et une pipe. Une fois arrivés près du cèdre, nous en avons cassé une branche; assis auprès d'elle, nous avons fumé et échangé nos liens de parenté, puis nous avons adressé des prières pour la pluie aux Hommes-Nuages-aux-Six-Points. Alors, nous avons rempli les sacs de branches et nous sommes rentrés à Shipaulovi avant midi. Le Père des Katcina, qui est toujours membre de la société du Powamu, est venu à notre rencontre sur la plaza; il nous a menés à la kiva et nous a fait fumer de nouveau, tandis que les chefs louaient notre travail : ils disaient qu'il apporterait la pluie. Après dîner, nous sommes encore revenus fumer et on nous a dit de rester loin des filles, parce que nous avions cueilli le cèdre sacré.

Fig. 23. – *Un prêtre repeint les statues avant la cérémonie.*

Cette nuit-là, nous avons dormi, mais la nuit suivante nous sommes restés éveillés dans la kiva pour chanter quatorze chants, fumer et prier. A 4 heures du matin, nous avons porté nos costumes au sanctuaire et lieu de repos des Katcina au bout du village, semant de la farine de maïs dans les six directions, et puis nous sommes revenus sur la plaza. Nous avons formé une file au nord, et pendant que les gens dormaient encore, nous avons dansé. Les dignitaires sont sortis d'une kiva et ils ont déposé des offrandes votives au sanctuaire de la plaza. Quand cette danse a été terminée, le Père des

Katcina a dit : « Je suis heureux que vous soyez venus et que je sois le seul à vous avoir vus. Retournez à votre lieu de repos jusqu'au matin et apportez des cadeaux pour qu'on fasse la fête. » Nous sommes retournés au lieu de repos, habillés en Katcina, et à l'aube, le premier a tracé un sentier de farine de maïs sur lequel il a posé une plume votive tendre et duveteuse. Nous dansions devant cet autel quand le soleil s'est levé; alors, nous avons mis nos masques et en longue file on nous a amenés dans le village. Après avoir dansé sur la plaza, nous avons été menés à la kiva du *Powamu,* pour danser et nous faire saupoudrer de farine de maïs par les femmes membres de la société du *Powamu,* et puis nous sommes retournés sur la plaza avec des cadeaux pour les enfants – arcs, flèches, poupées, plants de maïs sucré, etc. Après les avoir distribués, nous sommes retournés à notre lieu de repos, et nous avons attendu que les femmes de nos familles apportent notre déjeuner.

Plusieurs fois au cours de la journée, nous sommes allés danser sur la plaza, puis nous sommes retournés nous reposer.

Il y a une règle que les Katcina ne doivent pas boire d'eau avant midi, à moins qu'il ne pleuve, et ma gorge et mes lèvres étaient desséchées d'avoir chanté et dansé dans la chaleur et la poussière. A midi, les femmes ont apporté de la nourriture et de l'eau à notre lieu de repos. L'après-midi, pendant que je dansais, j'ai jeté un coup d'œil à travers mon masque et j'ai vu Jane et Sophie sur une terrasse avec leurs amies Esther et Lillian; j'ai remarqué qu'elles parlaient et j'ai vu Jane me montrer du doigt. Avant le coucher du soleil, les membres du Powamu sont sortis de la kiva; ils nous ont parsemés de farine de maïs et ils nous ont donné des baguettes votives et des plumes-prières tendres, que nous avons attachées à nos ceintures. Et puis, à la fin de la dernière danse, le Père des Katcina nous a dit de partir pour la saison et de porter nos plumes votives aux Hommes-Nuages-aux-Six-Points, tout en priant pour la pluie. Avant de quitter la plaza, tous les hommes et les garçons se sont précipités vers nous; ils ont cassé les branches de sapin qui pendaient autour de notre taille pour les planter dans leurs champs, avec des prières pour une bonne récolte.

Le lendemain matin, Frank a sellé son cheval, emportant avec lui une branche de sapin et les plumes-prières que j'avais reçues des membres du Powamu et qu'il allait planter dans son champ. Avant de partir, il m'a rappelé que je ne devais coucher avec aucune fille pendant quatre jours.

Je suis allé chez Sophie et j'ai invité Esther et Lillian à manger avec nous; sans arrêt, elles me regardaient, se regardaient et éclataient de rire; ça m'inquiétait. Elles ont fini par admettre qu'elles savaient quelque chose à mon sujet, mais elles ne voulaient pas me le dire avant d'aller à Oraibi pour la danse de la Flûte.

Le Crieur de Shipaulovi a annoncé une chasse au lapin. Quatre jours plus tard, on a rassemblé tous les chevaux et l'après-midi, on s'est réuni près de la source Burro où on a fait un feu de camp. Jay, qui était le premier chasseur, a dessiné un cercle de farine de maïs; au centre, il a mis des crottes de lapin pour représenter les bêtes, il a jeté de l'herbe dedans pour leur nourriture, il a allumé une allumette – autrefois il aurait frotté deux silex – et il a allumé un autre feu, ce qui signifiait que les femmes devaient attendre de la viande fraîche.

Nous chasseurs, nous tenions nos baguettes de lapin dans la fumée pour avoir de la chance, puis nous avons formé un cercle de plus de deux kilomètres de diamètre et nous avons marché vers le centre en tapant dans les buissons et en hurlant. Des lapins couraient dans tous les sens et quand il s'en échappait un, il était poursuivi par un cavalier. A cheval, je ne savais pas frapper les lapins avec un bâton courbe, aussi j'étais monté sur un âne, mais ensuite, je me suis tellement énervé que j'ai couru à pied après les lapins et il y en a qui l'ont échappé belle. Quand on s'est arrêté de tuer, beaucoup de chasseurs tenaient des lapins dans leurs mains, certains jusqu'à dix. Moi, j'en ai tué trois, en plus de celui qu'un chien a attrapé. On a fait encore six battues pendant la journée; mon âne était tout chargé de lapins, parce que Frank, qui était bon chasseur, m'a aidé à cheval. Quand on est rentré, les femmes étaient rudement contentes; elles nous ont remerciés et se sont mises à préparer les lapins. Frank, Sam et moi, on a aidé ma sœur Gladys.

Le lendemain, nous avons fait un festin du lapin qu'on avait fait cuire dans un four extérieur, à l'ancienne mode. Sophie et Jane ont mangé avec nous; elles voulaient me faire des agaceries et m'exciter, mais je regardais Frank et je ne bougeais pas. Le soir, Sam et moi nous sommes allés dormir sur la corniche et nous avons chanté les chants de Katcina que nous avions utilisés pour la danse *Niman*. J'avais très envie de les apprendre parfaitement, mais j'avais l'esprit troublé par le secret qu'Esther et Lillian avaient promis de me dire à Oraibi.

J'en avais assez de vivre à Shipaulovi et de trimer si dur pour Frank. Il avait un sale caractère et quelquefois il m'engueulait plus que si j'avais été son propre neveu. J'aimais bien Jane et je voulais coucher avec elle, mais j'avais peur que ses parents me forcent à l'épouser et à vivre là, à Shipaulovi, aux ordres de Frank; il avait de l'influence, parce qu'il était du Clan de l'Ours et que son oncle était Chef. Je voulais aussi aller à Moenkopi gagner de l'argent et voir Mettie.

Le jour de la danse de la Flûte à Oraibi, Frank était parti. J'ai dit à Gladys que j'allais danser, mais que je reviendrais avant de partir pour Moenkopi. Jane m'a vu passer sur la plaza; elle a deviné que je partais pour Oraibi, et elle m'a dit avec un large sourire : « Fais toutes mes amitiés à Esther et Lillian. » J'étais ennuyé et je me suis demandé ce qu'elles savaient sur mon compte.

Je suis parti à pied, mais j'allais si lentement que

j'ai enlevé mes chaussures, me les accrochant autour du cou, et je suis arrivé à Oraibi avant midi. Il y en avait beaucoup qui étaient allés à la Source Loloma, avec les membres de la société Flûte Grise, porter des offrandes pour les morts.

J'ai déjeuné avec ma mère, qui m'a dit qu'Esther et Lillian avaient répandu le bruit à Oraibi que Jane était mon amie; ça m'a fait faire de la bile et j'étais content que Mettie ne soit pas à Oraibi. Je suis resté à la maison, à me demander ce que j'allais faire à propos de cette histoire, et puis les enfants ont annoncé que les membres de la Flûte étaient arrivés à la Source d'Oraibi; alors, je suis sorti regarder la course au flanc de la mesa pour obtenir de la pluie. Ayant vu les membres de la société Flûte Grise danser près de la kiva *Marau* et aller déposer leurs offrandes à leur sanctuaire, je suis allé chez ma mère et j'ai dîné presque sans mot dire.

Au coucher du soleil, je vais au sanctuaire de l'Antilope et je vois Esther et Lillian qui me font signe des rochers au bord de la mesa. Je les rejoins; alors, elles se mettent à plaisanter : « Jane prétend que t'es son amant, et elle nous en a dit bien d'autres. » Moi, je réponds que ce n'est pas vrai, qu'il ne faut pas en parler à Mettie, et je rentre, bien inquiet, faire mon lit sur la terrasse de ma mère.

Le lendemain, je suis retourné à Shipaulovi et après dîner, j'ai été chez Jane; je suis allé m'asseoir sur la terrasse avec elle au crépuscule et je lui ai posé des questions sur ce que racontaient les filles; elle a baissé les yeux et semblé si près de pleurer que je lui ai pris la main et je lui ai dit très doucement de ne plus y penser, que je n'avais jamais songé qu'elle me voulait comme amant. Après minuit, j'ai essayé de partir, mais elle me serrait la main si fort que je me suis couché à côté d'elle. Ses parents savaient qu'on était ensemble, alors je l'ai embrassée plusieurs fois, je l'ai caressée, mais je ne l'ai pas prise, car je savais que j'étais un mari désirable pour elle et j'avais peur de me faire coincer; je voulais rester libre pour Mettie et j'avais peur de Frank. A la fin, on s'est endormi sous des couvertures séparées. Je savais maintenant que sa famille voulait me garder, mais je n'avais pas peur d'être pris avec elle; comme on n'avait pas fait l'amour, je sentais que je pouvais dire la vérité tranquillement, quand il faudrait que je me défende contre ce mariage.

Le lendemain, les parents de Jane nous ont trouvés ensemble. Ils nous ont blagués; ils ont apporté de l'eau dans une seule cuvette pour nous laver la figure et ils nous ont fait asseoir côte à côte au petit déjeuner, comme des jeunes mariés. Quand je leur ai dit que j'allais à Moenkopi, ils m'ont posé un tas de questions pour savoir quand je reviendrai. Je suis enfin arrivé à faire mes adieux et je suis allé faire un bon repas chez ma sœur, car j'avais été trop intimidé pour manger beaucoup. Gladys me regardait sous le nez pendant que je mangeais et elle s'est bien aperçue qu'il s'était passé quelque chose. Quand je lui ai tout raconté, elle m'a dit : « C'est à toi de décider; après, si c'est une garce, tu t'en prendras pas à moi. » Elle m'a aussi dit qu'on racontait que Jane couchait avec des hommes mariés et que ce genre de belle-sœur, ça ne lui plaisait guère. Elle a un peu pleuré; elle ne voulait pas que je quitte Shipaulovi parce que j'aidais bien Frank.

J'ai emballé mes affaires et je me suis arrêté chez Jane en passant. Quand je lui ai dit au revoir, elle m'a serré la main très fort, elle m'a attiré à elle, les larmes aux yeux, et m'a embrassé devant tout le monde sur la joue droite. Je suis resté tranquille et doux et je l'ai priée de faire attention à elle.

Il m'a semblé en descendant la mesa que je venais de passer d'un sentier très étroit sur une large route; je me sentais libéré de prison, et me souriant à moi-même, j'ai pensé : « Maintenant me voilà avec deux pépées; il faudrait peut-être qu'elles me partagent en deux : la veinarde aurait la moitié du bas »; ça me faisait de la peine pour l'autre, mais j'avais peur que les gars m'appellent *kahopi,* de toute façon.

J'ai fait tout le chemin à pied et je suis arrivé à Oraibi dans l'après-midi, si affamé et fatigué que ma mère m'a fait frire un œuf.

J'ai passé la nuit sur la terrasse de ma mère, avec l'impression d'être un oiseau qui venait d'échapper à un piège. Les grillons semblaient me dire de laisser tomber Jane et de prendre Mettie, et je voyais les étoiles sourire et m'encouragr à une lune de miel à Moenkopi. J'avais hâte d'être parti et j'ai appris le matin que Masauyestewa, le mari de la sœur de ma mère, avait l'intention de partir le lendemain pour Moenkopi avec quatre ânes. Après une journée qui n'en finissait pas et une nuit encore, on est parti, montés sur deux des ânes et menant les deux autres avec leur chargement. Je m'étais débarrassé de ma valise malcommode et j'avais roulé mes vêtements dans un sac à farine. Je pensais à mon amie, pas à pas, kilomètre à kilomètre; je me demandais si elle serait à sa porte, la main sur le front pour se protéger les yeux, me guettant à la dernière côte – ou aurait-elle un autre ami et serait-elle furieuse de me voir?

Nous sommes arrivés à Moenkopi après le coucher du soleil et nous avons mené nos ânes à la maison de ma grand-mère Iswuhti et de ma tante Frances. Mon père rituel Sekahongeoma habitait là aussi. D'abord il ne m'a pas reconnu, puis il s'est précipité sur moi, me tenant longtemps embrassé. « Mon enfant, mon enfant », disait-il, « je ne t'ai pas reconnu, tu es resté si longtemps parti à l'école. »

Tard dans la nuit, la famille m'a posé des questions sur la vie scolaire et je n'ai pas pu voir mon amie, mais mon grand-père Roger, le mari de ma tante, qui était aussi frère de mon père rituel, m'a taquiné à son sujet, et ma tante a dit qu'elle allait me prendre pour son amant à elle et chasser son vieux mari de la maison. Finalement, j'ai grimpé sur le toit avec mon père rituel et nous avons dormi ensemble.

Le lendemain matin, Jackson, un copain de Sherman, m'a mené à l'Agence navaho de Tuba City demander du travail à la boulangerie; quand on nous a dit de revenir le lendemain pour le rendez-vous avec le Directeur, on s'est baladé dans le village et on est entré dans la boutique. J'étais complètement fauché, alors Jackson m'a prêté $ 5 pour que je puisse m'acheter une boîte de tabac et avoir un peu d'argent de poche.

On est rentré à Moenkopi, on a été voir Louis Hoye et passer toute la journée avec sa famille à raconter des histoires sur la vie à l'école.

Après dîner, je vois mon amie sur le seuil de sa maison; passant tout près, je murmure : « Salut, Mettie. » Elle sourit et répond : « Où vas-tu? » Je lui dis tout bas : « Par ici, mais j'en ai pas pour longtemps. » Un petit moment après, je reviens et je lui dis : « C'est pas convenable qu'on me voie ici avec toi, où est-ce qu'on peut se retrouver quand la nuit sera tombée? » Elle me promet de dormir juste devant la porte.

Je suis rentré à la maison, j'ai mangé un melon avec Louis et sa famille puis j'ai été me coucher avec Louis sur le toit. Je lui ai raconté que j'avais vu ma pépée et que j'avais un rendez-vous à une heure tardive avec elle, alors il m'a dit qu'on irait ensemble, parce qu'il avait rendez-vous avec son amie Elsie qui habitait à côté de chez Mettie et dormait souvent avec elle.

Quand tout a été éteint et tranquille, avec nos couvertures on est descendu à pas de loup; on s'est glissé jusqu'au bout de la cour, on s'est étendu par terre, et puis on s'est laissé rouler jusqu'aux filles. Ma tête est arrivée à côté d'Elsie qui m'a chuchoté que Mettie était de l'autre côté; j'y suis passé, je me suis glissé sous sa couverture en restant calme et silencieux un bon moment, puis on a commencé à parler tout bas, à s'embrasser et à se retrouver avec nos mains, sans faire attention à Louis et Elsie. Nous avons fait l'amour trois fois et quand la lune s'est levée, on s'aimait encore, mais j'étais inquiet et je me suis penché vers Louis en lui disant : « On s'en va. »

On a bien dormi sur le toit avant le lever du soleil; on a roulé nos couvertures, on est descendu déjeuner, puis on est parti d'un bon pas pour Tuba City avec notre déjeuner sous le bras, tout en échangeant nos impressions de la nuit passée.

Le Directeur nous a envoyés cueillir les pêches à $ 1 par jour; au bout de quelques semaines, on m'a nommé contremaître de l'équipe et je n'ai plus été obligé de tant travailler. Mettie aussi avait un boulot à Tuba City, à mi-temps, à faire la lessive et le ménage pour les Blancs. J'ai commencé à cueillir les fruits à l'Agence au milieu d'août et j'ai fini dans la troisième semaine d'octobre, vivant chez ma tante jusqu'à ce qu'elle aille à Oraibi en septembre pour la cérémonie *Marau.* A ce moment-là, j'ai été habiter chez la sœur de ma mère Tuwamungsie, mais je me suis mis à coucher dans la kiva, avec les hommes célibataires et les garçons, parce que les nuits devenaient plus froides. On restait partenaires, Louis et moi, et on voyait nos amies une ou deux fois par semaine, habituellement dans un grenier où elles dormaient souvent. Tout le monde savait qu'on était amants, Mettie et moi; ça faisait plaisir à ses oncles mais ça donnait du souci à sa mère. Au début, j'ai essayé de faire attention de ne pas rendre Mettie enceinte, parce qu'elle voulait retourner à l'école. J'évitais de la prendre trop souvent, surtout vers le moment de ses règles. Plus tard, quand je me suis aperçu que sa mère était tellement contre ce mariage, j'espérais qu'elle serait enceinte, pour me donner prise sur la mère, puisque d'habitude les mères veulent que leurs filles épousent le père de leur enfant.

D'autres filles m'ont intéressé, même pendant que je pensais épouser Mettie; elles semblaient avoir confiance en moi parce que je m'étais fait une bonne réputation à Moenkopi, en me surveillant et en ne prenant jamais une fille de force comme beaucoup de gars : quand les filles revenaient de se promener ensemble le soir, les types les attendaient, les veinards attrapaient leurs pépées, les emmenaient à l'écart et exigeaient leurs faveurs. C'était surtout comme ça après la danse du Serpent, mais ce n'était pas rare à d'autres moments; aussi, les parents étaient obligés de surveiller leurs filles de près, s'ils voulaient les protéger.

J'étais à la maison un soir, quand deux ou trois filles sont venues moudre le maïs avec ma sœur de clan Meggie. Il y avait Eva, du Clan du Bambou, une fille bien roulée avec des bras et des jambes lisses, des hanches larges et rondes et une jolie figure aux joues roses, aux yeux brillants. Beaucoup de gars lui couraient après et on m'avait dit qu'elle ne protestait pas quand on la prenait en main. Pendant qu'elle moulait le maïs avec Meggie, les gars étaient restés dehors devant la fenêtre à la blaguer. Quand elle a été prête à rentrer, elle m'a appelé : « J'ai peur de ces gars, veux-tu me raccompagner, s'il te plaît? » J'ai accepté et soufflé à Meggie : « Va dire aux gars qu'y a un melon à manger dans la cour. Pendant qu'ils seront en train de manger, je me taillerai avec Eva. »

Pendant qu'ils dégustaient leur melon, je me suis enveloppé dans une couverture pour ressembler à une fille et je me suis faufilé par la porte de devant avec Eva. Je lui dis : « Laisse-moi mettre ma tête sous ton châle et mon bras autour de tes épaules pour qu'on ait l'air de deux filles. » Tout en marchant, je lui chuchote : « T'es mignonne. » « Pas si mignonne que Mettie », répond-elle.

Les gars se sont aperçus qu'Eva était partie; ils se sont précipités après nous, arrachant le châle, empoignant la fille et la faisant crier; je n'ai pas lâché son poignet jusqu'à ce que les gens se précipitent dehors et ordonnent aux types de lui foutre la paix. Je l'ai accompagnée jusqu'à sa porte et je lui ai demandé s'il y avait moyen qu'on se retrouve cette nuit-là; elle me dit : « Couche-toi près de la porte; dans le noir, quand tout le monde dormira, je viendrai te retrouver. » Je suis vite parti, puis je suis revenu attendre, et quand le village a été enfin tranquille, j'ai senti une main sur mon épaule. « On monte sur le toit du deuxième étage », murmure Eva. Elle me mène dans la pièce du haut, avec une peau de mouton sous le bras. Je l'ai trouvée si souple et amoureuse que j'ai pris rendez-vous pour une autre nuit, et je me suis seulement décidé à partir quand les coqs ont chanté.

Mettie et Elsie moulaient le maïs dans une autre maison où on allait souvent les rejoindre, Louis et moi, mais un jour, l'Agence a envoyé Louis à Flagstaff chercher de la marchandise. Ce soir-là, j'ai passé

Fig. 24. – *Meules. Ce sont de minces plaques de grès (environ 6 cm d'épaisseur), posées obliquement dans les 3 compartiments. Trois femmes y travaillent : la première écrase le grain, la seconde le broie, la troisième le réduit entièrement en poudre. La base du compartiment est en basalte pour la première, en grès pour les autres.*

un moment à chanter des chants de Katcina dans la kiva, puis je suis monté au grenier où j'ai trouvé Elsie toute seule. Elle m'a expliqué que Mettie avait ses règles et ne se sentait pas bien, alors j'ai eu l'air déçu et je me suis plaint que moi aussi, j'allais rentrer sans me sentir bien. Elsie a ri doucement en disant : « Attends un peu. » Je me suis couché sur la peau de mouton avec ma tête près de la meule et je lui ai raconté des histoires pendant qu'elle travaillait, lui passant la main sur le bras de temps en temps, alors elle me disait : « Laisse-moi tranquille, je travaille »; aussi, j'ai fini par lui demander si elle voulait vraiment que je la laisse tranquille. « Non », répond-elle, « fais comme tu veux, mais ça m'ennuie de tromper Mettie. » Un peu plus tard, elle a versé la farine dans une jarre, en disant qu'il était temps de se coucher; je me suis levé et j'ai fait semblant de partir, mais elle est arrivée à la porte avant moi et l'a fermée à clef. « Je me suis disputé avec Louis et il y a deux jours qu'il m'a plaquée », dit-elle.

Je suis allé m'étendre sur sa couverture; à ma surprise, elle s'est déshabillée complètement, m'a aidé à enlever mes vêtements et puis s'est couchée près de moi. Aucune fille n'avait jamais fait ça et je n'avais jamais eu tant de chair douce et tiède contre la mienne : elle s'était même épilé le pubis, comme les femmes hopi autrefois. Je pensais que je pourrais l'aimer pour toujours et je lui ai demandé de m'épouser sur-le-champ. Elle m'embrassa partout et me demanda de mettre ma langue dans sa bouche : c'était encore une nouvelle expérience pour moi. Quand je l'ai fait, elle l'a sucée et mordue fort dans l'orgasme, pendant que je me débattais de douleur pour me libérer; enfin, je me suis couché sur le dos en gémissant un peu, avec la langue qui saignait et Elsie qui riait. Après, c'est sa langue que j'ai prise dans ma bouche, ce qui était plus agréable pour moi. Malgré la douleur, je l'aimais et je voulais encore l'épouser.

Quand les coqs ont chanté, je dormais à poings fermés, alors elle m'a réveillé pour me faire partir.

Quelques jours plus tard, je causais de femmes avec Louis et je lui demandais si jamais une fille s'était complètement déshabillée pour lui. « Non », dit-il, « et toi? », alors je réponds que oui, mais sans préciser. Je souriais en dedans et je me félicitais d'en savoir plus long que lui sur sa pépée. Après, j'ai donné une bague de $ 5 à Elsie.

Vers le 1er octobre, j'ai décidé avec Louis de monter une danse paiute pour nous faire bien voir dans le pays. On est allé trouver le Chef Crieur pour lui demander d'appeler les hommes et les garçons à la kiva, puis on a allumé nos lanternes, fait un feu et attendu. Le Chef Crieur m'a prié de dire nos intentions aux gens, alors je leur ai expliqué que Louis et moi, nous voulions danser pour rendre les gens heureux et faire venir la pluie, avant que les garçons et les filles retournent en classe. Ils ont été d'accord et j'ai choisi deux garçons, Clarence et Walter, pour surveiller les filles et s'assurer qu'on ne fasse pas l'amour pendant les répétitions. Ils ont tous promis de faire de leur mieux et de ne pas se disputer, ce qui gâterait la danse et serait cause de sécheresse. Frank Siemptewa, le gouverneur de Moenkopi, m'a demandé quel genre de danse je voulais et j'ai répondu une danse paiute; tout le monde a sauté et crié pour montrer comme ils étaient contents.

La plupart des gens sont partis, mais Frank et les autres officiants sont restés pour fumer et prier. Cette nuit-là, j'ai dormi à la kiva avec Louis, parce que nous étions responsables de la danse; le lendemain, nous sommes retournés travailler à Tuba City.

Le soir, Clarence et Walter ont réuni les filles et les ont amenées dans la kiva en leur disant de se choisir chacune un danseur parmi les garçons; elles murmuraient à Clarence le nom de celui qu'elles prenaient. Elsie a pris Walter et tout le monde a crié pour faire voir qu'on l'approuvait; Sadie a pris Louis : selon la coutume, chaque garçon était choisi par une tante réelle ou rituelle et c'est Euella, fille de la sœur de clan de mon père, qui m'a choisi.

On a demandé aux hommes de composer des chants pour la danse et on a pris nos places pour répéter, avec les couples les plus grands devant. Je les faisais rire : on me disait que je dansais comme un Mexicain, parce qu'il y avait longtemps que j'étais parti. Quand ç'a été au tour de Mettie de se mettre à côté de moi, les gars ont rigolé et l'ont blaguée, sachant que c'était mon amie.

Nous répétions tous les soirs et le jour nous travaillions à Tuba City.

Au bout d'une semaine environ, Louis, Walter, Clarence et moi nous avons mis tout notre argent en commun pour acheter deux moutons, du café et du sucre pour la fête; on avait déjà engagé deux ciseleurs pour faire de grands boutons d'argent pour les filles, on a acheté du velours pour leur faire des ceintures et du drap rouge pour leurs jupes. La sœur de Louis a fait le costume de sa cavalière et j'ai embauché ma tante pour faire le costume de la mienne; deux filles différentes porteraient ces costumes dans chaque danse. Louis, Walter, Clarence et moi, nous avons décidé de nous surveiller pendant cette période pour rester purs : si l'un de nous avait manqué à la règle de chasteté, les vents forts, le froid et la sécheresse auraient pu s'abattre sur nous tous.

Pendant la répétition, la veille de la danse à minuit, je suis sorti du rang et je leur ai dit : « Ecoutez-moi : avec Louis, nous allons choisir quatre garçons qui viendront avec nous, aider à apporter la nourriture à la kiva. » Nos familles attendaient avec du ragoût et du café; nous avons porté cette nourriture à la kiva dans cinq grandes terrines et nous l'avons posée sur une bâche au centre de la kiva. Les filles ont mangé d'abord et puis elles ont chanté pendant que les garçons mangeaient; Louis et moi, nous avons mangé les derniers, parce que nous étions les initiateurs.

Quand la kiva a été remise en ordre, tous les danseurs sont rentrés chez eux chercher des cadeaux pour les filles : des bonbons, des cacahuètes, des plats, tout ce qu'ils avaient pu acheter; ils ont aussi fait des cadeaux aux frères et aux pères de leurs cavalières. J'en avais acheté pour $ 10 à Euella et ses plus proches parents.

Ensuite, quelques garçons ont quitté la kiva costumés et sont revenus faire une danse rituelle, la danse du Buffle, avec deux petites filles : les chanteurs sont entrés les premiers dans la kiva, avec leurs pistolets, en tirant en l'air et en hurlant comme des guerriers ennemis : ils ont réussi une si bonne danse surprise que nous nous sommes demandé si nous pourrions en faire autant le lendemain. Je me suis levé et je les ai remerciés, les invitant à revenir et à recommencer. Enfin, je suis sorti de la kiva attendre les premiers signes de l'aube et quand le ciel est devenu jaune, je suis redescendu dans la kiva et j'ai dit : « Allons danser sur la plaza. »

Les quatre danseurs de la première série ressemblaient à de très vieux Paiute.

Après nos danses, nous sommes retournés à la kiva, nous avons remis nos vêtements ordinaires et sommes rentrés chez nous prendre le petit déjeuner.

J'ai été le premier à revenir à la kiva et Louis m'a suivi de près. « Eh bien, partenaire », lui dis-je, « surveillons-nous, soyons calmes et gentils et ne disons rien de déplaisant. » « C'est ça », dit Louis, « aujourd'hui, on va être polis. » Connaissant sa réputation, j'avais peur que Louis se laisse aller à dire n'importe quoi.

On avait désigné deux vieillards qui devaient préparer les coiffes pour les danseuses; ils avaient cherché des plumes d'aigle pour les coiffures guerrières et ils avaient habillé les deux filles qui devaient danser les premières, leur mettant de la peinture rouge sur les joues et tressant leurs cheveux; ils ont orné leur coiffure de boutons d'argent et leur ont mis des ceintures d'argent autour de la taille; chaque fille portait une coiffe guerrière et tenait une flèche à la main pour la danse. Les garçons étaient costumés en guerriers paiutes, portant des revolvers et des boucliers de guerre décorés de franges rouges et de plumes d'aigle. Tous les autres hommes sont sortis de la kiva en frappant sur leurs tambours et en chantant; les filles sont grimpées sur le toit de la kiva, et nous avons chanté des chants comanche.

Fig. 25. – *Jeunes filles costumées pour les rites de puberté. Elles ont la coiffure « en fleur » exigée pour toute cérémonie.*

Les deux premiers danseurs ont mené leurs partenaires sur la plaza; ils ont dansé dans les quatre directions, chantant et dansant très lentement d'abord, puis très vite ensuite; c'était merveilleux. Des Navaho et des Blancs sont venus regarder.

Pour la première danse, j'étais avec les chanteurs et je n'étais pas costumé pour ma danse rituelle. Quand nous sommes retournés à la kiva, c'était le tour de Tewanimptewa et le mien de mener. Les deux mêmes hommes ont vêtu nos danseuses des costumes des danseuses précédentes; moi, j'étais costumé de façon à ressembler à un très vieux Paiute, avec la figure peinte en noir et en rouge, du bout de mon nez à la racine de mes cheveux; j'ai enlevé mon pantalon pour aller jambes nues, à part un petit pagne à la mode ancienne; en dessous des genoux, je portais des guêtres découpées dans un vieux tapis de selle, attachées en haut et en bas avec un lacet de peau de daim. J'ai chaussé un pied d'un vieux mocassin paiute et j'en ai attaché un autre à ma ceinture; je portais une perruque, un collier de coquillages autour du cou, un chapeau à l'ancienne mode et un revolver de 45 comme un cowboy. Tewanimptewa était habillé en jeune Paiute « sportif ».

Nous sommes entrés les premiers sur la plaza avec nos danseuses et nous avons dansé, accompagnés par les chants des hommes et le martèlement de tambours; les gens riaient à gorge déployée, ce qui me faisait plaisir. Pendant qu'on dansait, ma tante Talayesmin s'est précipitée sur la plaza; elle s'est arrêtée devant sa fille Euella et lui a dit que c'était elle qui allait me prendre, et puis Polehongsie, la sœur aînée d'Euella, s'est précipitée elle aussi, écartant sa mère pour danser avec moi. La vieille mère est revenue, m'a serré dans ses bras et m'a embrassé plusieurs fois sur la bouche pour montrer qu'elle était jalouse de sa fille; c'est ainsi qu'une bonne tante doit agir. J'étais content de faire voir aux gens combien mes tantes m'aimaient, mais, bien entendu, il fallait que je leur achète quelque chose à chacune après la danse.

Nous sommes enfin sortis de la plaza, en dansant, pour retourner à la kiva. Après ma danse spéciale, je me suis de nouveau costumé en guerrier comanche et j'ai repris ma place avec les autres, aux côtés des premiers couples. Au coucher du soleil, nous avions dansé neuf danses et nous sommes retournés à la kiva nous déshabiller; la journée avait été belle et calme, sans mauvais vent ni temps froid, ce qui prouvait que le cœur de Louis et le mien étaient sans reproche.

Avant de nous disperser, j'ai dit : « Eh bien, danseurs, êtes-vous d'accord pour que je reconduise Euella chez elle vêtue du costume rituel ? » et ils ont tous dit oui, et m'ont aidé à la parer de nouveau, puis je l'ai menée chez elle devant tout le monde et je lui ai offert le costume tout entier pour la récompenser de m'avoir choisi comme danseur. Ensuite, on a tout emporté de la kiva et les dignitaires nous ont renvoyés, mais ils nous ont conseillé, à Louis et à moi, de dormir dans la kiva et de rester purs pendant quatre nuits.

Fig. 26. – Dessin sur une poterie. Femme agenouillée, coiffée « en fleur ». Elle tient probablement un épi de maïs à la main gauche. Le bas de son corps se termine en ailes et en queue d'oiseau.

Le lendemain matin, on a annoncé du haut d'un toit une moisson collective pour le gouverneur de Moenkopi. Le Chef Crieur a prié tous ceux qui avaient pris part à la danse d'aller au champ du gouverneur moissonner son maïs. Les hommes et les garçons sont allés chercher leurs chevaux; j'en ai choisi un doux, parce que chaque danseur devait revenir du champ avec sa partenaire en selle derrière lui, les cheveux coiffés en fleur. On a attelé le chariot pour emmener les filles au vieux champ Mormon à 8 kilomètres, et les dignitaires, à pied, nous y ont menés; nous faisions la course sur nos chevaux, revenant sur nos pas, puis repartant. A la lisière du champ, les prêtres se sont assis pour fumer du tabac de montagne et prier; puis, nous avons poussé un grand cri de guerre, nous ruant avec nos chevaux à travers le champ avant de nous mettre au travail. Je portais un sac blanc pour mettre le maïs et Euella travaillait avec moi. Quand la moisson a été terminée, le Chef nous a parlé avant de nous laisser partir : « Nous sommes heureux que vous ayez fait ce beau travail pour votre mère et votre père, notre gouverneur et sa femme; rentrons chez nous le cœur gai. » Montés sur nos chevaux, nous avons formé un grand cercle autour des filles qui s'étaient réunies près d'un gros tas de maïs, puis le gouverneur a dit : « Maintenant, mesdemoiselles, puisque les chariots sont tous chargés de maïs, chacune de vous peut choisir un garçon qui vous ramènera à cheval. » J'ai serré la sous-ventrière de mon cheval et j'ai pris Euella derrière moi. Les garçons qui n'avaient pas de filles devaient poursuivre Robert Talas qui portait une peau de daim blanche; nous venions de partir quand les garçons ont tiré des coups de revolver pendant la poursuite et ont fait peur à mon cheval. J'ai sauté à terre, j'ai mis Euella en selle et je suis remonté derrière elle, écartant du chemin mon cheval nerveux pour que les coureurs puissent passer; on a essayé de trotter, mais Euella ne tenait pas bien en selle, alors on est resté loin derrière les autres. En chemin, Euella m'a dit comme la danse lui avait plu et comme ses parents avaient été contents de recevoir tant de cadeaux; il paraît qu'ils l'avaient taquinée, lui disant qu'elle pouvait me choisir comme mari, et elle m'a rappelé en riant que je n'avais pas le droit de refuser, puisqu'elle était ma tante. Quand on a perdu de vue les dignitaires qui ramenaient les gens au village, Euella s'est mise à faire des coquetteries, à rire beaucoup, à essayer de me faire flirter; j'avais les bras autour de sa taille pour l'empêcher de tomber, mais je pouvais jouer librement avec mes mains et je l'embrassais dans le cou sans arrêt. Tout d'un coup, quand il n'y a eu personne en vue, elle s'est serrée fort contre moi; elle avait le souffle court et rapide et elle s'est mise à trembler d'excitation : je la tenais fermement avec un sourire intérieur, me rappelant que je devais rester pur pendant quatre jours.

Nous sommes rentrés au village les derniers, tandis que les femmes préparaient le festin chez le gouverneur et étalaient la nourriture par terre en longues rangées. Les gens ont ri et nous ont blagués : « Voilà un couple qui est bien en retard. »

Après le festin, j'ai été raccompagner Euella chez elle et puis je suis monté à cheval pour rejoindre les cavaliers qui pourchassaient toujours Robert Talas avec sa peau de daim : ils étaient en train de descendre la côte, en chargeant comme des Navaho sur le point d'attaquer. Le père de Robert m'a conseillé de rentrer à la maison et d'attendre, puis Robert est arrivé au galop et m'a jeté la peau de daim; je l'ai prise, je suis entré dans la maison en courant et la course était gagnée.

Fig. 27. – *Mocassin d'homme.*

Pendant quatre nuits, j'ai dormi dans la kiva, scrupuleusement. Le cinquième jour, du haut d'un toit, le héraut a appelé les gens à se rassembler à la kiva; lorsque nous y avons été réunis, le gouverneur a annoncé : « Mes frères, il va y avoir une danse du Papillon à Oraibi, j'aimerais y emmener des danseurs paiute divertir les gens pendant la nuit où ils veillent et répètent. Irons-nous? »

Nous avons tous crié que oui; il fallait donc quitter Moenkopi dans deux jours. Je me suis arrêté de travailler à Tuba City et j'ai passé mon temps à me préparer une coiffure de guerrier et un costume de cérémonie. J'ai emprunté une paire de mocassins indiens et un collier à l'épicier; il m'a aussi prêté un carquois de peau de lion de montagne, avec la queue qui tenait encore.

Cette nuit-là, la cinquième après la danse, comme j'étais libre de faire l'amour de nouveau, je me suis échappé de la kiva et j'ai retrouvé Mettie dans une pièce vide où elle avait l'habitude de moudre le maïs avec Elsie. J'ai eu ma récompense pour ma longue abstinence rituelle et j'ai tiré des plans pour accompagner mon amie à Oraibi, mais elle m'a dit que sa mère n'était pas contente qu'on se fréquente et l'avait prévenue qu'il ne fallait pas m'épouser; aussi, pour se venger de sa mère, elle avait tout à fait décidé de retourner à Sherman, ce qui était une mauvaise nouvelle pour moi.

Quand je suis retourné à la kiva, j'ai trouvé le gouverneur qui fumait son tabac de montagne et priait; j'ai fumé avec lui, mais du tabac du commerce, parce que je ne valais plus rien pour la prière après avoir fait l'amour. Quand le gouverneur est sorti, j'ai fait mon lit, et je dormais quand Louis est rentré. Il m'attrape le bout du nez et le tord un bon coup; je me réveille terrifié, pensant que j'étais aux prises avec un esprit maléfique, et puis je l'entends rigoler; je l'engueule et il rit de nouveau : « C'est la cinquième nuit après la danse », qu'il me dit, « on est libre et j'arrive de chez ma pépée. » « Laquelle? » « Sadie. » « Combien de fois? » « Sept », répond le tantard, « et je suis drôlement crevé. »

Au bout d'un moment, il se met à ronfler, mais il m'avait si bien réveillé que moi, je ne dormais pas encore quand les coqs ont chanté. J'étends le bras pour lui pincer le nez, mais il continue à dormir, alors je lui tire le prépuce, j'y attache un bout d'une ficelle, et je noue l'autre à un barreau de l'échelle. Je prends aussi de la suie dans le poêle et je lui fais de grands cernes noirs autour des yeux, pour montrer aux gens comment il avait passé sa nuit.

Bientôt, je l'entends crier : « Aïe », alors je lui dis : « Qu'est-ce qu'il y a? » d'un air innocent. J'avais fait le nœud si serré qu'il a été obligé de se servir d'un couteau pour se dégager, et après on s'est un peu bagarré. Au lever du soleil, on s'est habillé et on a été chez lui; tout le monde s'est foutu de lui, jusqu'à ce qu'il regarde dans la glace et voie ses grands yeux noirs; alors il s'est tourné vers moi : « Couillon! » me dit-il. Ses parents se marraient bien, et il ne leur a pas raconté comment il avait été attaché.

Après le petit déjeuner, on a emporté notre literie de la kiva et on a bridé les chevaux pour le voyage à Oraibi. Le gouverneur a répandu de la farine de maïs sacrée par terre pour faire une « route » sur laquelle on devait passer avant de partir.

« Mes enfants », dit-il, « allez à Oraibi, dansez pour notre Chef et rendez son peuple heureux. »

Nous sommes partis, chevauchant par deux; j'ai guidé mon cheval auprès de Mettie, qui était montée avec son oncle : on avait l'air d'une bande guerrière à trotter ainsi, avec ces costumes et ces coiffures, chacun portant son chargement de pastèques. Henry et moi, nous venions derrière Mettie et son oncle Billy; pendant le déjeuner, Billy m'a dit en douce : « Quand on partira, je m'écarterai et tu pourras prendre ma place avec Mettie. »

Quand je suis arrivé à côté de Mettie, Henry m'a donné une bonne bourrade dans les côtes : « Fais gaffe », me dit-il. Mettie avait l'air gêné et les gars ont éclaté de rire, alors tout le monde nous a regardés et ils ont crié. En haut de la mesa de Bow, Mettie m'a dit tout bas : « Don, j'ai besoin de pisser », alors j'ai fait passer le message à son oncle, qui a répondu : « Tu peux y aller avec elle. » On a mené les chevaux à l'écart en attendant que les autres gars soient passés; ils rigolaient : « Tu vois le jeune couple? » J'ai mis pied à terre, j'ai aidé Mettie à descendre et je l'ai embrassée dès qu'elle a été prête à repartir; avant de rejoindre les autres, on s'est donné rendez-vous à Oraibi après la tombée de la nuit. En chemin, elle pleurait un peu en m'expliquant qu'elle se faisait de la bile parce que sa mère ne voulait pas qu'on se marie; je la plaignais et je lui ai promis de lui rester fidèle pendant qu'elle était à l'école. « Si t'en épouses une autre pendant que je suis là-bas », dit-elle, « eh bien, je reviendrai et je la ferai filer parce que tu étais à moi en premier; celle qui t'épousera, il faudra qu'elle te partage avec moi, et tant pis pour ce qu'en disent les Hopi. » On a fini par partir au galop, dépassant les autres cavaliers et atteignant Oraibi avant le crépuscule.

J'ai dîné avec ma mère, puis j'ai emprunté à Ira des grelots de cuivre que j'ai enfilés sur une cordelière pour les attacher au bas de mon pantalon pour la cérémonie; j'ai mangé un melon et je suis retourné chercher notre équipement, pendant que les hommes de Moenkopi fumaient et priaient avec les hommes d'Oraibi dans la kiva.

Avant de commencer la répétition, je suis allé chez Claude, où logeait Mettie. Il y avait longtemps que je n'avais pas vu Claude; il m'a serré la main bien fort en chuchotant : « C'est ta femme, Mettie ? » J'ai répondu : « Oui » et on a ri. Il a promis de me dire où Mettie faisait son lit.

Nous avons arrangé nos costumes et nous sommes descendus dans la kiva où il y avait un festin; ensuite, nous avons regardé les garçons apporter leurs ca-

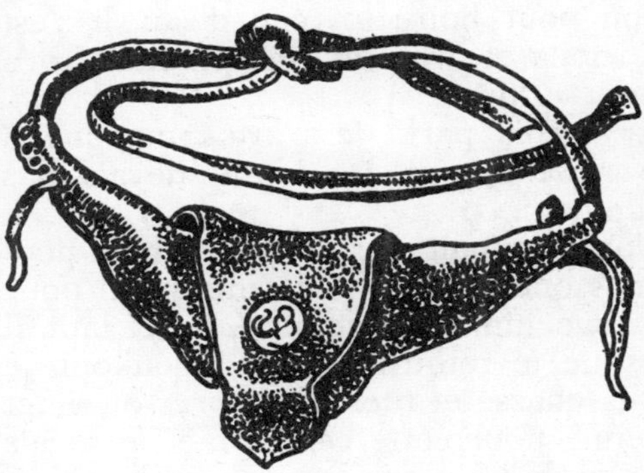

Fig. 28. – *Ceinture à bourse de cuir. Pochette de type compliqué, avec des coutures.*

deaux aux filles, à leurs frères et à leurs oncles. Les gens d'Oraibi avaient emprunté les costumes que nos jeunes filles avaient portés pour la danse paiute et dont j'en avais donné un à Euella. Vers minuit, nous avons mis nos costumes; moi, avec mon pantalon de costume à grelots, un gilet blanc et une coiffure d'aigle guerrier, ma peau de daim qui pendait de ma ceinture jusqu'à mi-cuisses, je brandissais un revolver de 45 millimètres.

Quand nous avons été prêts, on a joué du tambour et nous nous sommes avancés, les uns derrière les autres, vers la kiva, en chantant des chansons comanche et en tirant à blanc en l'air. J'allais le premier; je suis entré dans la kiva, vif comme un oiseau, en poussant un grand cri de guerre et en bondissant dans tous les sens. Pendant qu'on dansait, j'ai vu Claude derrière l'échelle; il me dit : « Mettie a fait son lit dans la deuxième pièce. »

Nous avons fini de chanter et mis nos costumes dans leurs sacs que nous avons rangés pour la nuit; j'ai mangé un melon, j'ai été chez Claude et j'ai écouté à la porte; j'ai enlevé mes chaussures, je suis entré, je me suis faufilé comme un chat à travers la pièce; j'ai tâté par terre pour arriver jusqu'à l'épaule de Mettie : alors, elle a rabattu la couverture.

Pendant qu'on était ensemble, Claude est entré dans la maison pour boire un peu d'eau; il s'est glissé près de nous et avec un ricanement, il m'a appelé tout bas : « Don! »

Finalement, je suis parti; je n'avais manqué à aucune règle rituelle, puisque je ne devais pas danser le lendemain.

Pendant qu'on déjeunait chez ma mère, mon père m'a dit que mes oncles avaient décidé qu'on nous initierait au Wowochim en novembre, Ira et moi. Il a dit que lorsque je retournerais à Moenkopi, je devais aller à la chasse et tuer dix lièvres ou vingt lapins de garenne pour cette cérémonie. Je savais que c'était une règle hopi que les garçons franchissent ce pas important pour devenir des hommes; certains de mes oncles m'avaient dit que si je n'étais pas initié, les gens me traiteraient de gosse toute ma vie. Ils disaient que mon nom d'enfant, Chuka, me resterait toujours et que les femmes ne me considéreraient pas comme un homme. Je n'étais pas sûr de vouloir être initié maintenant, mais je craignais, si je refusais, que tous mes oncles et parents se retournent contre moi.

Je suis rentré à Moenkopi avant les autres, pour peindre la grange du missionnaire : on venait de m'embaucher pour le faire. Ce soir-là, Euella est venue chercher notre jeune sœur de clan Meggie, pour aller l'aider à moudre le maïs. Meggie m'avait blagué en public à propos d'Euella et je l'avais prévenue qu'il fallait qu'elle se taise ou qu'alors j'aurais l'œil à ce qu'elle faisait, et nous ne nous amuserions ni l'un ni l'autre.

Je suis bientôt allé retrouver les petites et je suis resté un moment à bavarder; j'ai pu demander à Euella de venir me retrouver dans un endroit tranquille; elle me dit : « Vas-y en premier et je te suivrai. » Meggie a entendu ce qu'elle disait, mais je lui ai fait signe de se mêler de ses affaires.

Dans le noir, j'ai descendu la côte et je me suis couché sur un tas de sable dans un endroit abrité; j'ai attendu et bientôt, j'ai entendu le pas d'Euella; alors, j'ai sifflé doucement. Après s'être caressés un peu, on a fait l'amour très vite pour rentrer avant que sa famille s'aperçoive de son absence. Je faisais l'amour avec ma petite « tante » : c'était ce qu'il y avait de moins risqué, bien sûr, puisqu'on ne pouvait pas penser que je l'épouserais. Quand je suis rentré, Meggie était là, avec l'air d'en savoir long; elle riait, prête à éclater de son secret, mais je lui ai soufflé : « C'est ton tour maintenant, je ne dirai rien. »

Je suis retourné à Moenkopi le soir, après avoir passé la journée à peindre la grange du Missionnaire. Robert Talas arrivait d'Oraibi; il m'a tapé sur l'épaule : « Mais pourquoi donc es-tu parti? On devait te marier avec Mettie; son oncle Billy avait pensé vous marier cette nuit-là; il avait pensé vous faire laver la tête ensemble le troisième jour. » « Eh bien, je suis content que ce ne soit pas arrivé : j'aurais eu sa mère comme ennemie. »

A cette nouvelle apportée par Robert, je me suis demandé si je me marierais jamais, et j'y ai pensé pendant plusieurs jours, tout en peignant la grange. Il y avait des pensées pour le mariage, et d'autres qui les détruisaient.

La quatrième nuit, Elsie m'a dit qu'elles devaient partir pour l'école le lendemain et que Mettie voulait me retrouver dans le vieux grenier. Cette nuit-là, Mettie m'a dit : « Tu sais que j'ai un beau-père, que ma mère a pris à ta mère de clan; elle doit penser que si on se marie, son mari reverra sa première femme aux repas de noces et voudra retourner avec elle. » Mettie voulait me faire promettre de l'attendre; on a parlé, parlé, et pleuré un peu et fait l'amour; puis on a fini par s'endormir profondément, aussi, quand je me suis réveillé, la pièce était pleine de soleil. J'ai bondi, je me suis habillé, j'ai pris mes souliers sous mon bras et j'ai filé par la porte de derrière; le vieux Billy m'a vu, il a souri mais je ne me suis pas arrêté.

Après le petit déjeuner, je suis retourné travailler à la grange de la Mission, tout en surveillant la route attentivement. J'étais en train de peindre le toit quand j'ai vu les filles quitter le village, marchant devant les chariots; je suis descendu et je suis allé au bord de la route, leur serrer la main et leur dire que j'étais triste de les voir partir. Mettie et Elsie qui marchaient derrière me pressaient de les accompagner, mais je leur ai dit que je devais obéir à mes oncles et être initié. Je les ai priées de faire attention à elles et de ne pas prendre d'autres amants, puis j'ai glissé ma main dans ma poche et j'ai tiré $ 3 pour Elsie et $ 5 pour Mettie. Quand je lui ai serré la main, elle avait les larmes aux yeux et moi la gorge si serrée que je pouvais à peine parler. Je lui ai dit au revoir et m'en suis retourné à la grange, le pas lourd, en me disant : « Hélas, comme je vais avoir la vie dure. »

VIII

RITES D'INITIATION

Je ne pouvais pas remettre l'initiation au *Wowochim* à plus tard. Mes père, grand-père et deux grands-oncles me poussaient à oublier l'école et à devenir un homme; ils disaient que ça ferait plaisir aux dieux, me préparerait à accomplir les rites, me donnerait le droit de devenir Chef du Clan du Soleil et me rendrait digne d'une place plus élevée dans la vie après la mort.

Talasvuyauoma, le Grand Chef Guerrier, m'a conseillé de devenir membre de la société des hommes sans plus tarder. Mes père rituel, pères de clan, mère, grand-mère, marraine, mères de clan et autres parents m'y encourageaient et ils laissaient entendre qu'un garçon qui ne cherchait pas à devenir membre du *Wowochim* se montrait soit incompétent, soit *kahopi*: ils disaient que seuls des infirmes comme Naquima ou des jeunes gens perdus par le christianisme avaient omis de franchir ce pas important vers l'âge d'homme.

Peu de temps après le départ de mes compagnes pour Sherman, j'ai emprunté un vieux fusil et j'ai chassé le lapin deux jours de suite, revenant bredouille. Le troisième jour, Tewanietewa, le fils rituel de mon père, m'a tapé sur l'épaule pendant que nous prenions le petit déjeuner. « Frère », me dit-il, « j'apprends que tu n'as pas réussi à tuer tes lapins pour la cérémonie; viens à mon corral et nous t'aiderons, mon frère et moi. »

Nous avons sellé un mulet et nous sommes partis;

en quelques heures, nous avions tué dix lapins. L'aîné se vantait de son adresse, aussi, on lui a dit de faire attention de peur de perdre notre chance; mais on en a encore tué trente, quelques-uns pour d'autres gars; on les a attachés derrière nos selles et on est rentré à la maison. Ma mère de clan, Tuwamungsie, les a écorchés et fait cuire pour les conserver pour la cérémonie.

Ce succès m'a remonté le moral et j'ai été retrouver Euella cette nuit-là, pour faire l'amour un peu.

Nous sommes bientôt partis pour Oraibi dans quatre chariots. La première nuit de campement, le vieux Yuyaheova m'a blagué sur le nouveau nom que je recevrais à la cérémonie du Wowochim; il a dit qu'on m'appellerait Massaki, ce qui veut dire Echelle de Tombe, parce que mon père rituel était du Clan de la Sauge Blanche et que les échelles de tombe sont faites en sauge blanche. L'idée de m'appeler « Echelle de Tombe » faisait rire tout le monde – et puis il a dit que si on ne m'appelait pas Massaki, on pourrait peut-être m'appeler Mashyie, ce qui signifie « Sauge Morte Pendante », et il m'a expliqué que cela signifierait que mon sexe était mort, sec et pendant. Tout le monde se tordait, mais la fille du vieux l'a attrapé.

En arrivant à Oraibi, je suis allé tout droit chez ma mère avec mon chargement de lapins et un sac de pommes. Le deuxième jour, après le petit déjeuner, on a envoyé les candidats se baigner à la source pour la cérémonie. Je suis rentré un peu inquiet à la maison, mais mon père m'a assuré qu'on ne me ferait pas mal – comme les coups de fouet de l'initiation Katcina – et m'a dit de rester à la maison jusqu'à ce qu'on m'appelle. Bientôt, mon père rituel vient jeter un coup d'œil : « Mon fils est-il ici? nous devons nous assurer que nos enfants sont prêts. »

Ma mère m'a fait déshabiller, mettre un kilt de danse, m'envelopper dans une couverture et attendre. Mon père rituel est arrivé bientôt et m'a mené à la kiva Mongwi, ce qui m'a inquiété, car cela signifiait que j'allais peut-être devenir dignitaire, alors que je préférais être initié comme membre ordinaire aux sociétés *Kwan*, *Tao* ou *Ahl*; aussi, je suis resté un peu à la traîne jusqu'à ce qu'il me fasse presser le pas. Ma mère m'avait donné de la farine de maïs à saupoudrer sur l'emblème (*natsi*) de la société, posé sur l'ouverture de la kiva; je devais aussi en jeter sur le nouveau feu rituel qu'on avait

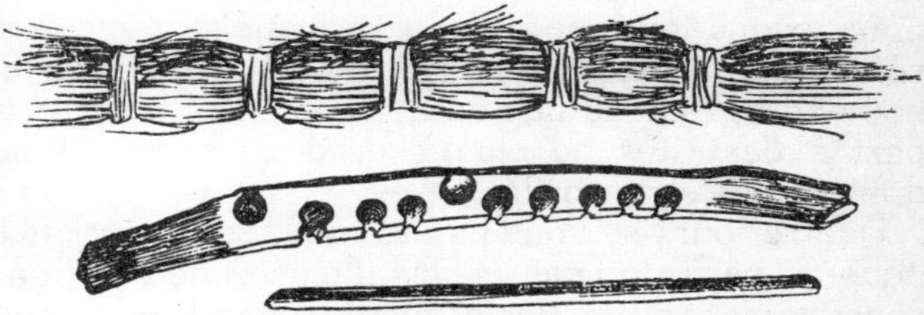

Fig. 29. – *Foret à faire le feu et matière inflammable. On fait tourner le foret sur la tablette. L'écorce de cèdre sert d'amadou. Pour le rite du feu nouveau, la partie inférieure est en grès : coutume unique dans l'histoire du feu.*

allumé par frottement dans la kiva. Les officiants m'ont fait asseoir avec huit autres garçons; on nous a dit que maintenant nous étions de jeunes éperviers (*keles*) et qu'il fallait crier Kele, Kele, comme les petits faucons qui demandent à manger, chaque fois qu'un père rituel venait à l'ouverture de la kiva. On savait d'avance que rien ne serait salé, aussi on s'était entendu secrètement pour s'entraider à manger tout ce qu'on nous apporterait; vers le soir, mon père rituel m'a apporté un plat de beignets hopi et plusieurs petits pains de *piki* blanc en me promettant de m'apporter quelque chose de meilleur si j'arrivais à tout manger. Nous nous sommes gavés, mais sans nous sentir satisfaits ni forts, ce qui prouve qu'il n'y a pas de vigueur sans sel.

Il fallait rester éveillés : des membres de la Société Wowochim nous ont enseigné les chants spéciaux; mon grand-père Polyestewa les rythmait avec son tambour, chantonnait et répétait l'air jusqu'à ce que nous l'ayons retenu. Son chant m'émut le cœur et se fixa fermement dans mon esprit. D'autres membres, à tour de rôle, nous enseignèrent pendant toute la nuit.

A l'aube grise, un membre Ahl nous a fait sortir de la kiva et nous a menés, avec des initiés d'autres sociétés, aux coteaux en dessous de l'extrémité sud-ouest de la mesa. Là, nous avons lancé de la farine de maïs au soleil levant, avec des prières pour une vie longue et heureuse. Revenus à la kiva, nous avons regardé nos père rituels tisser nos vêtements neufs, nous avons répété nos chants et nos danses, mangé nos nourritures sans sel et pris part à des rites de chants et de danses qui ne doivent pas être révélés.

Quatre jours se sont passés ainsi et l'expérience nous a paru longue et fastidieuse; nous étions constamment surveillés et même, quand un garçon était obligé de sortir, nous devions tous aller ensemble, avec un guide. Pendant quatre nuits, j'ai dû dormir sous la couverture de mon père rituel, pour qu'il puisse m'élever à l'âge d'homme, de même qu'étant enfant je dormais sous la couverture de ma mère.

Le matin du cinquième jour, de bonne heure, nos pères rituels nous ont lavé les cheveux dans de la mousse de yucca, puis nos frères, oncles et neveux de clan ont répété l'opération. Des membres de clans alliés, Sauge Blanche et Bambou, m'ont aussi lavé les cheveux, parce que mon père rituel appartenait à ce groupe. Nous nous sommes mis en rang devant la kiva pour recevoir des noms nouveaux : chaque membre du Clan de l'Ours proposait un nom pour Louis, le premier de la file, et on lui a choisi celui qui lui allait le mieux. Quand mon tour est arrivé, Sekahongeoma a tenu un épi de Mère du Maïs devant moi en disant : « Je t'adopte maintenant, pour que ta vie soit longue et que tu sois fort et heureux. Tu t'appelleras Talayesva. J'appartiens aux Clans Sauge Blanche et Bambou; la Sauge Blanche a une houppe comme le bambou, aussi le nom signifie « Houppe Assise », pour les deux plantes. » Tout le monde a applaudi : on s'est immédiatement mis à m'appeler Talayesva; mon vieux nom, Chuka, semblait oublié et j'étais tout surpris d'un changement si brusque.

Nous sommes retournés à la kiva où nos pères rituels nous ont vêtus des nouveaux costumes *Kele* : deux capes blanches et une ceinture arrangée de telle manière que le bas des capes restait libre, comme les ailes d'un épervier; à la tête, on nous a attaché une plume à prière tendre. Les membres plus anciens avaient aussi revêtu leurs costumes, dénoué leurs cheveux et attaché autour de leur tête des ornements ressemblant à de l'épinard sauvage. Le tambour nous a menés dehors et on nous a placés, les neuf *Kele*, en fer à cheval à l'est de la kiva. On nous a dit que nos plumes d'aile étaient presque poussées et que nous étions prêts à nous envoler du nid (enfance). Nous tenant par la main, nous avons dansé, accompagnés par les chants et le tambour; à pas glissés de côté, nous sommes entrés sur la plaza, faisant le tour de toutes les kiva, figurant le tracé des frontières de la terre hopi; ensuite, nous sommes revenus à la kiva répéter d'autres chants et nous avons dansé un cercle plus petit, pour représenter la vallée où se trouvent nos champs : nous chantions pour que la pluie réveille nos récoltes et renouvelle nos vies.

Le sixième jour, avant le lever du soleil, on nous a menés prier à l'extrémité est de la mesa, informer le soleil de nos noms nouveaux, car nous n'étions plus des enfants; l'officiant nous dit que ce geste confirmait notre âge d'homme et nos noms à jamais : nous appeler encore par nos noms d'enfant serait comme une gifle; seuls, mes grands-pères oseraient m'appeler Chuka maintenant, et en plaisantant encore.

Pendant quatre jours, nous avons tracé les cercles de danses, et puis, le huitième jour de la cérémonie, nous avons revêtu le costume *kele*, et, parés de bijoux, nous sommes allés la nuit fumer, prier et danser dans les autres kiva; tout enfants, on nous avait percé les oreilles pour que nous puissions porter les précieuses boucles à cette occasion. Nous avons dansé toute la nuit.

Au lever du soleil, nous avons prié à l'extrémité est de la mesa et nous sommes revenus à notre kiva; mon père rituel a pris ma couverture et le nouvel épi de Mère du Maïs qu'il m'avait donné pendant la cérémonie; puis il m'a mené à la maison de ma mère par un sentier de farine de maïs sacrée qu'il répandait devant moi. Il a fait quatre marques de farine de maïs par terre devant la porte, tout en disant à ma mère : « J'ai ramené notre fils; c'est un homme maintenant. Il s'appelle Talayesva. »

Elle l'a remercié; elle a reçu de ses mains l'épi de maïs et la couverture, puis Sekahongeoma est retourné à la kiva fumer une dernière fois. Plus tard, j'ai enlevé mon costume *kele*; je me suis habillé de vêtements ordinaires, je suis allé à la maison de notre père rituel et je l'ai invité chez nous pour le festin de lapin que j'avais apporté avec moi de Moenkopi. J'avais près de vingt ans et j'étais fier qu'on me traite comme un homme.

Le premier Katcina de la saison est entré sur la plaza pendant l'après-midi : il venait ouvrir la kiva Mongwi pour la grande cérémonie du *Soyal*; il venait du sud-est par-dessus la falaise, en tâtonnant, en claudiquant comme un petit vieux, vêtu d'une chemise de coton déchirée, d'un kilt de danse, d'une ceinture et d'un vieux lambeau de couverture. Son masque était vert et bleu avec des traits noirs aux yeux et un toupet de crin rouge. Il a fait le tour de la kiva Mongwi; il a fait un pas de côté à droite en répandant du maïs de chaque côté, puis il s'est arrêté devant l'entrée, en agitant deux fois ses hochets. Un homme est sorti de la kiva avec une corbeille et un paho qu'il a parsemé de farine de maïs; le vieux Katcina a pris le paho, est entré sur la plaza, a répandu le maïs sur le sanctuaire; il a traversé le village vers le sud-ouest et il a disparu.

On avait dit aux *Kele* de poser des pièges en pierre à l'ancienne mode pour prendre des souris et des rats qu'on utiliserait pour la fête, quatre jours plus tard. Nous sommes aussi allés deux fois à la chasse en criant Kele, Kele, en poursuivant le gibier et nous avons porté nos prises à nos pères rituels. Nous avons suspendu les lapins au plafond de la kiva; certains rangs touchaient terre et traînaient même sur quatre ou cinq pieds, tandis que le mien arrivait tout juste au sol, parce que je courais mal; mais j'avais pris beaucoup de souris et de rats dans mes pièges.

Le quatrième jour, il y avait un festin et une bataille pour rire avec nos pères. Nos parents ont fait cuire les lapins, mais les souris et les rats, il fallait les porter chez le Chef, les faire cuire nous-mêmes avec une sauce sans sel. Nous sommes entrés dans la kiva avec un plat et nous nous sommes assis aux côtés de nos pères rituels. Le mien a pris un morceau de souris et l'a mangé prudemment sans sauce; pendant que je regardais ailleurs, il m'a flanqué un grand coup dans le dos, ce qui donnait à tous les pères rituels le signal de se bagarrer avec leurs fils. Un père a attrapé le plat et l'a vidé sur nos têtes; on s'est débattu, précipité dehors et on a bloqué l'ouverture avec une charrette pour emprisonner les pères. Ils ont bien fini par s'échapper et se jeter sur nous, mais on les attendait avec des poignées de boue toute prête dans des seaux; j'en ai barbouillé la figure et le cou de mon père; j'ai attrapé une grande écorce de pastèque que je lui ai mise sur la tête, ce qui le faisait ressembler à Masau'u à la Tête Sanglante. Nous avons lutté jusqu'à ce que je le renverse; alors, il m'a soufflé : « Remplis ma bouche de terre pour faire rire les gens. » Pendant que je le faisais, les autres se bagarraient avec leurs pères rituels tout autour de moi et les gens riaient et criaient de joie. A la fin de la bagarre, on s'est tous précipités à l'ouest, vers des trous d'eau dans les rochers où tout le monde a pris un bain en se vantant de ses bons coups; il y en avait même qui avaient réussi à arracher les pagnes de leurs pères rituels.

Nous avons porté le ragoût de lapin et le *piki* à la kiva pour nous régaler avec nos pères; après, nous étions libres de faire l'amour, mais moi, je m'en suis passé, puisque je n'avais pas d'amie particulière à Oraibi.

Avant le commencement du *Soyal* – seize jours après l'apparition du vieux Katcina – mon oncle Talasquaptewa m'a demandé de garder le troupeau à sa place pour qu'il puisse accomplir ses devoirs rituels de Grand Prêtre. Il est allé à la kiva avec les dignitaires, fumer, prier et passer la nuit. Le matin, ils ont pris le petit déjeuner dans la kiva et commencé les préliminaires de la cérémonie : faire des

Fig. 30. – *Prêtre fumant devant l'autel, le huitième jour, après l'avoir reconstruit.*

paho à déposer devant les sanctuaires. Quand je suis revenu de garder les troupeaux, les prêtres se préparaient à passer une autre nuit dans la kiva.

Le matin du premier jour du *Soyal*, mon grand-père Poleyestewa a pris un plateau chargé de farine et de paho; il les a déposés devant l'autel sur le toit où le Chef fait ses annonces, puis il a informé les gens que le *Soyal* avait commencé.

Avant de retourner à mon troupeau, j'ai vu l'oncle entrer dans la kiva avec les éléments des paho : plumes, baguettes, farine de maïs, fil de coton, herbes. Toute la journée, les dignitaires l'ont passée à filer et carder le coton et préparer ce qu'il fallait pour l'autel.

Le deuxième jour du *Soyal*, j'ai pris une pincée de maïs, j'en ai saupoudré l'emblème rituel sur l'ouverture et je suis descendu dans la kiva manger avec les autres *Kele*. Il s'est passé peu de choses ce jour-là et le lendemain, sinon qu'on cardait et filait le coton pour les paho : nous prenions garde d'éviter les discussions et de troubler en aucune façon les esprits des dignitaires, par crainte de gâter la cérémonie.

Le quatrième jour, après le petit déjeuner dans la kiva, Talasvuyauoma, le Chef de Guerre (*Kaletaka*), nous dit : « Allez vous baigner dans la source et faites-vous laver les cheveux à la mousse de yucca pour être prêts au Rite de la Médecine. » Pour les purifier en vue de ce rite important, on a lavé les cheveux de tous les membres du *Soyal* : je savais que la médecine magique doit être préparée avec une grande rigueur pour être efficace et sans danger; un rite d'une telle gravité n'admet pas d'être accompli à la légère.

Quand je suis revenu à la kiva pendant l'après-midi, il y avait des sacs contenant des racines, des herbes, des os et des coquillages par terre, près d'un vieux plateau à médecines; l'équipement du dieu de la Guerre – bouclier, arc et tomahawk – était suspendu au mur par un crochet, les prêtres filaient le coton, fumaient et préparaient les offrandes votives de plumes d'aigle, de plumes de faucon et de plumes de dindon. Quand nous avions ôté tous nos vêtements à l'exception de nos pagnes, Talasvuyauoma, le Chef de Guerre, prit cinq plumes à prière, de la farine de maïs et une vieille calebasse et alla à la Source de la Flûte faire une offrande et chercher de l'eau pour la médecine. Quand il revint, il fuma la pipe, mâcha un morceau de racine et s'en frictionna le corps pour se protéger, puis il mouilla une vieille corbeille de vannerie pour la rendre imperméable et l'employer comme coupe à médecine, et fuma au-dessus de plumes d'aigle qu'il entoura d'enveloppes de maïs et posa sur un plateau.

Le Chef du *Soyal* fit d'autres paho, prépara quatre paquets d'enveloppes de maïs contenant du miel et de la farine, fuma au-dessus et les posa sur un vieux plateau. Il partagea les plumes à prières en trois tas, fuma, pria et cracha du miel dessus. Puis il s'accroupit face à l'assistant avec un plateau de paho entre eux; ils répandirent tous les deux de la farine de maïs et crachèrent du miel sur le plateau et dans l'air alentour.

Ils fumèrent un moment, puis se frottèrent les mains de farine de maïs et agitèrent le plateau de haut en bas tout en priant à voix basse; alors, on emporta les paho et on les enterra à l'endroit où un prêtre prenait l'argile blanche qui servait à la cérémonie. Un autre prêtre consacra d'autres paho qu'il alla déposer sur l'autel de la Femme-Araignée.

Le Chef de Guerre répandit de la farine, à partir des Six Directions, dans l'angle nord-ouest de la kiva, et posa la coupe à médecine au centre du cercle d'enveloppes de maïs; il jeta aussi des cailloux, des os, des pointes de flèche et des lances dans la coupe et sur les six traits de farine, puis il plaça une plume d'aile d'aigle noir sur chaque trait et versa de l'eau de la calebasse dans la coupe, six fois : une fois de chacune des directions. Je le vis mâcher des racines et cracher dans la coupe, et l'on dit aussi qu'il mêla à la médecine un peu de poudre

Fig. 31.
Dieu de la Guerre.

de cervelle d'ennemis tués autrefois au combat.

Le Chef de Guerre prit alors son *natsi* (douze flèches ou pointes de lance liées à un bâton), et s'assit du côté sud-est de la kiva, pour se faire parer et équiper comme le grand dieu de la Guerre, Pookon. Son front fut peint en rouge et on dessina des traits blancs sur ses joues, sa poitrine, son dos, ses bras et ses jambes. On lui tendit un épi de maïs blanc, des mocassins, des bracelets, pour les genoux et les chevilles, tomahawk de prière, bouclier, arc et flèches, deux calots, le *natzi* et une bandoulière contenant, disait-on, les entrailles sèches d'ennemis tués dans des combats passés.

Ainsi vêtu, le dieu de la Guerre s'assit au nord de

la coupe de médecine et fit signe à l'assistant de s'asseoir à l'est. Il plaça ensuite le calot supplémentaire sur la tête de l'adjoint, répandit de la farine sur la coupe et tendit le *natsi* à l'adjoint. Celui-ci plaça le *natsi* dans la coupe avec les flèches et les pointes de lance, le tenant à deux mains, dressé. Quelques-uns des dignitaires étaient accroupis près de la coupe et nous, encore presque nus, nous étions assis à l'ouest et au sud du groupe, nous préparant à chanter les neuf puissants chants magiques qui doivent rester secrets, de peur qu'il n'advienne des malheurs aux Hopi.

Le dieu de la Guerre avec l'arc, les flèches et le vieil épi de maïs dans la main gauche répandit de la farine et de la poussière de maïs, dont il prit un peu pour en frotter la figure du Chef adjoint, puis il fuma avec les autres, soufflant la fumée sur le *natsi*. Pendant que nous chantions le premier et le deuxième chant, il ne cessa de répandre de la farine et de prier; pendant le troisième chant, il saisit les six longues plumes noires une à une et les plongea dans la coupe en disant : « Pooh », les retira toutes ensemble et les tendit au Chef du *Soyal* qui les lia et les lui rendit. Pendant que nous chantions le quatrième chant, il versa encore de l'eau dans la coupe à médecine et battit la mesure avec les plumes, les trempant dans l'eau et aspergeant autour de lui, puis il cria fort dans la coupe : « Hai aih aih hai ahi », remua les cailloux et la médecine avec sa main et en fit tomber du bout de ses doigts. Pendant le cinquième chant, le Prêtre à l'Ecran se plaça en face de lui, tenant de la main droite une vieille pointe de lance en pierre qu'il avait prise dans la coupe et de la main gauche un bouquet de plumes. Tous deux oscillaient tandis que nous chantions et le prêtre feignit de poignarder le dieu, tandis que notre chant devenait de plus en plus sauvage. Soudain, le dieu de la Guerre s'arrêta et frappa le sol du bout de son bouclier, en tapant en même temps sur le bouclier avec son tomahawk. Le Prêtre à l'Ecran frappa le bouclier du dieu avec sa pointe de lance enchantée et nous poussâmes tous notre cri de guerre que nous répétâmes six fois.

Certains des prêtres fumèrent pendant le huitième chant; au neuvième, le dieu de la Guerre fuma et plaça la cigarette d'enveloppe de maïs dans la bouche du Chef adjoint, qui maintenait encore le *natsi* dans la coupe de médecine. Certains des officiants envoyèrent quatre bouffées vers le *natsi*, et le dieu de la Guerre fit une prière. Il enleva le calot de l'adjoint et lui reprit le *natsi* qu'il frotta, ainsi que le bras et l'épaule de l'adjoint, avec de la médecine puisée dans la coupe; puis il enleva son propre calot, prit une gorgée de la forte médecine, pêcha quelques cailloux, os et coquillages, les suça et les serra contre son cœur. Puis nous avons tous bu, puisant dans la coupe avec nos mains ou un coquillage, suçant des cailloux ou des os, les serrant ensuite à notre cœur pour nous rendre forts.

Nous avons tous gardé la médecine forte et amère dans nos bouches, nous avons pris un morceau d'argile et nous sommes rentrés chez nous, où nous avons humecté l'argile avec de la médecine, pour en frotter un peu sur la poitrine, le dos et les membres de tous nos parents, pour leur assurer un an de vie.

J'espérais ne jamais être Chef de Guerre du *Soyal*, parce que je me rendais compte comme le malheur pouvait nous accabler tous si je faisais une erreur et gâtais la médecine. En d'autres temps, quand un homme allait être guerrier, il jeûnait pendant quatre jours, restait assis par terre, encerclé de farine, pendant quatre jours et plus tard, tuait et scalpait un ennemi.

Nous sommes rentrés à la kiva, nous nous sommes habillés et nous avons dîné copieusement du ragoût qui devait être notre dernière nourriture salée pendant quatre jours. Bientôt, nous avons commencé à répéter nos chansons et nos danses sans masques ni costumes, mais avec des hochets en écaille de tortue à la jambe droite et tenant des hochets de calebasse de la main droite. La répétition signifiait que nous priions nos ancêtres Katcina de revenir danser pour nous le neuvième jour.

Après quatre ou cinq danses, des membres *Kwan* et *Ahl* sont venus; ils se sont postés devant la kiva pour chasser les intrus, tandis que nous nous apprêtions à accomplir l'importante cérémonie de l'Aile. On sortit une paire de cônes de bois et deux bouquets de plumes de faucon qui ressemblaient à des ailes. Le Prêtre du Faucon et de l'Arc mit son kilt de cérémonie et se plaqua d'argile blanche, sur les épaules, les avant-bras, les pieds et les mains. Nous avons écrasé certaines herbes entre nos dents, craché dans nos mains et frictionné notre corps pour nous protéger. Talasvuyauoma revêtit de nouveau le costume de guerre pour représenter Pookon et s'assit près d'un tas de sable humide dans la partie nord-est de la moitié surélevée au sud de la kiva; nous, nous nous sommes assis par terre sur les côtés est, nord et ouest de la moitié nord, plus basse. Le Prêtre du Faucon prit les cônes, un plateau de farine et une vieille peau de belette, s'approcha de l'échelle et pria. Il plaça la peau sur le tas de sable, dessina un chemin de maïs triangulaire dans la partie profonde de la kiva et posa les deux cônes aux deux angles du triangle, écartés d'environ huit pieds à l'est et à l'ouest et près du centre de la kiva. Après avoir fumé, nous commençâmes nos chants de prière secrets, accompagnés par les hochets, pendant deux heures. Juste après minuit, nous priâmes. Le Prêtre du Faucon enleva la peau de belette et le cône, ramassa les plumes de faucon et passant à l'est de l'échelle, les agita de haut en bas, tandis qu'il chantait doucement; puis il longea la rangée de chanteurs de droite à gauche, nous touchant les pieds avec ses ailes; passant à l'ouest de l'échelle, il agita de nouveau les ailes et longea la rangée de gauche à droite, en faisant passer les ailes sur nos genoux; il revint sur ses pas en touchant nos épaules, retourna, en caressant nos visages et passa enfin en frôlant nos têtes. Quand il s'est assis au coin nord-est de la kiva, nous avons tous craché dans nos mains et frotté nos bras, jambes et corps. Ainsi se termina le Rite de l'Aile.

Nous nous sommes réveillés dans la kiva, à l'aube grise, le cinquième jour du *Soyal*. Le Chef de Guerre et le Prêtre du Faucon nous ont menés, vêtus seulement d'un pagne et de mocassins, au coteau sud-est, pour y répandre notre farine de maïs sacrée et prier le dieu Soleil. Alors le dieu de la Guerre a porté son *natsi* à la poitrine de chaque homme et le Prêtre du Faucon nous a touchés de ses ailes. Nous sommes rentrés, tremblants, à la kiva; nous nous sommes habillés et nous avons pris un petit déjeuner sans viande et sans sel. Les dignitaires ne pouvaient rien manger jusqu'au coucher du soleil et je les plaignais bien.

J'ai été porter du coton à mon grand-père Homikniwa, lui demandant de le carder et de le filer pour mes paho, puisqu'il me fallait garder les bêtes de mon vieil oncle Kayayeptewa, dont l'aide particulière était nécessaire au travail de la kiva.

Le soleil était couché quand je suis arrivé chez moi. J'ai porté ma nourriture sans sel à la kiva où je l'ai mangée avec les autres membres du *Soyal* : nous n'avions pas de goût pour cette nourriture sans vie, mais il fallait respecter les règles pour que les Hommes-Nuages-aux-Six-Points écoutent nos prières et enrichissent nos vies. Mon oncle, Chef du *Soyal*, avait terminé seize courts paho simples et un certain nombre de paho plus longs, fait de baguettes minces; on rassembla du sable encore et les autres éléments rituels; on fila beaucoup de coton et on apporta quatre bottes de dix ou douze paquets d'enveloppes de maïs contenant des graines, des herbes et des feuillages. Quand nous, *Kele*, et les membres ordinaires avons eu fini de manger, nous avons chanté nos chants de Katcina pendant que les dignitaires achevaient le long jeûne de la journée, puis nous avons répété les danses de Katcina dans la partie basse de la kiva, jusqu'à ce que les étoiles de la Grande Ourse soient presque au-dessus de nous et que l'heure du Rite du Faucon soit arrivée.

Le Prêtre à l'Ecran et son Assistant ont mis leurs kilts et caché des sifflets d'os dans leurs bouches, tandis que le Chef de Guerre s'habillait et prenait sa place près du tas de sable pour garder la kiva. Nous avons tous mâché un brin de sapin, craché dans nos mains et frictionné nos corps. On a amené quatre femmes dans la kiva – Punnamousi, femme du Chef du *Soyal*, Nasinonsi, femme du Chef Tewaqueptewa, Sadie, sa fille adoptive et Ada, fille de son frère. Portant des épis de maïs blanc, elles répandirent de la farine sur le tas de sable, mâchèrent un brin de sapin et s'assirent sur un banc de pierre au côté est du mur de kiva. Les cônes de bois et la peau de belette furent remis à leurs places primitives et les prêtres fumèrent des cigarettes indigènes de tabac de montagne entouré d'enveloppes de maïs. Le Prêtre du Faucon adjoint quitta la kiva, portant quatre boulettes de maïs larges de 4 centimètres environ : nous attendions en silence, et soudain nous entendîmes un cri perçant comme celui du faucon. Le Prêtre du Faucon dans la kiva lui répondit, tandis que les femmes criaient : *Yunyaa* (entre). Le Prêtre du Faucon adjoint entra, tenant les deux ailes, s'accroupit sur la partie élevée de la kiva à l'est de l'échelle, se tourna vers le nord et poussa plusieurs fois des cris perçants. Quand nous avons commencé à chanter et à agiter nos hochets, il battit très vite des ailes et cria vers l'ouest, le sud et l'est, jusqu'à ce que notre chanson s'achève et que les femmes disent : *Askwali* (merci). Au commencement du deuxième chant, il descendit dans la partie plus basse de la kiva, fit le tour du cône est, suivit le trait de maïs vers l'angle nord-ouest, posa les ailes par terre et quitta la kiva, mais on l'entendit bientôt pousser des cris stridents. Le Prêtre du Faucon répondit de nouveau et les femmes dirent : *Yunyaa.* L'adjoint revint et fut saupoudré de farine par les femmes; il se dirigea à grands pas vers l'angle nord-est, où il cria; les grelots sur ses jambes tintèrent; il saisit les ailes et les éleva lentement au-dessus de sa tête en les faisant vibrer; il s'avança en rampant, sauta deux fois par-dessus chaque cône, retourna dans l'angle nord-est et posa les ailes, tandis que les chants cessaient et que les femmes disaient : *Askwali.*

Bientôt, le Prêtre du Faucon cria de nouveau, se tourna vers le nord, et martelant la mesure des chants avec ses pieds, virevolta en poussant des cris stridents, saisit une aile de chaque main et les glissa derrière sa ceinture; il éleva et abaissa les deux bras comme un oiseau bat des ailes, plongea plusieurs fois, ramassa un arc de la main droite et une flèche de la gauche, se tourna vers le nord en poussant le cri perçant, éleva l'arc tendu du nord à l'ouest à des angles différents, puis répéta le geste au sud et à l'est. Il fit alors passer l'arc dans sa main droite et la flèche dans la gauche, dansa, plongea, fit passer l'arc d'arrière en avant entre ses pieds, le posa par terre, alla poser les ailes dans l'angle nord-est et quitta la kiva, tandis que les femmes criaient : *Askwali.*

Pendant une brève pause, on retira les cônes de bois et le Prêtre du Faucon revint, reprit les ailes et s'en servit comme un oiseau qui vole, tandis qu'il piétinait et poussait des cris aigus. Sadie, la *Soyalmana* (vierge du *Soyal*), vêtue d'une robe de cérémonie blanche, le suivait de près en imitant ses gestes, mais elle tenait un épi de maïs blanc au lieu d'ailes. Finalement, elle s'assit, comme épuisée, tandis qu'il décrivait une fois de plus sa trajectoire et posait les ailes par terre.

Au début d'un autre chant, il saisit de nouveau les ailes tout en les agitant vigoureusement, s'avança accroupi jusqu'au tas de sable, poussa le cri strident et enfonça les ailes dans le sable. Il les ressortit presque tout de suite et se dirigea courbé vers la *Soyalmana*, avec des mouvements vibrants des ailes, vers le bas et vers le haut, il en toucha la *Mana* de chaque côté, lui caressant les pieds, les genoux, les épaules et la tête, puis répéta le geste pour lui-même dans l'ordre inverse, trois fois.

Quand nous avons commencé un autre chant, il est retourné au tas de sable, battant rapidement des ailes et poussant des cris stridents; il saisit entre ses dents la vieille peau de belette que le Chef de Guerre agitait au-dessus du tas de sable, puis il s'avança vers l'angle nord-est de la kiva où un autre prêtre prit la peau, tandis que les femmes répétaient : *Askwali.*

Au bout de quelques minutes, le Prêtre du Faucon s'accroupit à l'extrémité nord de la kiva, face au mur, et tint les ailes entre ses mains, les pointes touchant le sol, jusqu'à ce qu'on souffle de la fumée au-dessus de lui; puis il poussa son cri perçant et s'avança accroupi vers l'est de l'échelle, suivi de la *Soyalmana* qui l'imitait : tous deux quittèrent la kiva pour revenir bientôt, sans leurs ailes.

Le Chef Assistant entra dans la kiva avec les ailes, s'accroupit à l'est de l'échelle, poussa le cri aigu, agita les ailes du haut en bas en les faisant vibrer et s'avança en planant, suivi de la *Mana* qui martelait le sol avec ses pieds. Ils s'assirent tous les deux à côté du foyer; il fuma et pria, puis il passa à l'est de l'échelle, battit des ailes tout en chantonnant, alla et revint quatre fois le long de la rangée d'hommes en nous touchant les pieds, les genoux, les épaules et les têtes. Après avoir craché dans nos mains, nous nous sommes frictionnés, puis nous avons conclu la cérémonie pour la nuit. Nous avons préparé nos lits et nous nous sommes couchés, confiants que nos prières avaient atteint les Hommes-Nuages-aux-Six-Points.

Le sixième jour, après avoir prié au bord de la mesa comme d'habitude et mangé de la nourriture sans sel dans la kiva, je suis parti à pied pour le corral de mon oncle Kayayeptewa à 15 kilomètres. Après une ennuyeuse journée de gardiennage, je suis rentré à pied, j'ai porté ma nourriture à la kiva et j'ai mangé avec les autres. Ils avaient fait d'autres préparatifs pour l'autel, découpé dans du bois tendre des fleurs artificielles pour la coiffure du prêtre des Etoiles, fumé et prié; on n'avait parlé qu'à voix basse ou en murmures. Nous avons répété les chants et les danses de Katcina, puis nous avons suivi les deux heures du même rituel du Faucon, de prière à nos Esprits ancestraux.

Le septième jour s'est passé à faire des paho. Après avoir prié le dieu Soleil et avoir déjeuné, les hommes dénouèrent leurs longs cheveux. Nous nous dévêtîmes entièrement, à l'exception de notre pagne ou dans certains cas d'un kilt, puis nous nous rangeâmes dans la basse partie de la kiva où nous commençâmes à fabriquer des paho en plumes, fil indigène, herbe et baguette de saule. Je n'avais jamais fait ce travail auparavant et dus être instruit par mon père rituel, qui parlait en murmures à cause de la présence des Esprits ancestraux. Je fis d'abord la flèche empoisonnée, puis les plumes de prière tendre pour mon Esprit Tutélaire, la Femme-Araignée, Masau'u, les dieux Jumeaux de la Guerre, le soleil, la lune, les étoiles et pour tous les océans, sources et fleuves dont j'avais jamais entendu parler. Ensuite, je fis des offrandes votives aux Hommes-Nuages-aux-Six-Points pour les êtres chers récemment disparus et pour tous les autres membres de ma famille, mes amis particuliers, le bétail, chiens, chats, maisons, arbres et autres choses de valeur. Je pensais à chaque dieu, esprit, personne ou objet tout en faisant son paho : j'appris que c'était le travail le plus important au monde, que les dieux et les esprits tendent les mains pour recevoir les paho et que si le *Soyal* échouait, ce serait peut-être la fin des Hopi. On nous apprit à garder nos esprits purs et remplis de ces pensées tandis que nous travaillions et souhaitions intensément la pluie, les bonnes récoltes et une longue vie. S'il m'était venu une pensée sexuelle, je m'en serais débarrassé et je n'en aurais pas parlé à un autre, même pour le soulager du hoquet – car c'est un excellent remède en d'autres occasions.

Une fois les paho et les plumes à prière terminés,

on les a posés par terre, on a craché un peu de miel dessus, puis ceux qui les avaient faits ont fumé au-dessus, avant de les lier en petits paquets et de les pendre au mur de la kiva. Quand notre travail a été terminé, au coucher du soleil – car c'est une règle que la fabrication des paho doit cesser à cette heure – nous avons balayé le sol, recueillant soigneusement les déchets que nous avons saupoudrés de farine de maïs et jetés dans une ravine, d'où les pluies pouvaient les entraîner dans la vallée sur nos terres. Nous avions travaillé toute la journée sans manger et les dignitaires n'avaient rien mangé depuis la veille au soir; lorsque nous avons terminé notre repas sans vie, on a apporté de la nourriture pour les prêtres et nous avons chanté comme les autres nuits, pendant qu'ils mangeaient. Puis nous avons répété nos chants et danses de Katcina, tout en surveillant les étoiles de la Grande Ourse.

Certains membres du *Soyal* se mirent au travail : faire des *hihikwispi* (choses sur lesquelles on souffle) avec quatre enveloppes de maïs, liées par une ficelle à la pointe et à la base, écartées d'environ 30 centimètres; à la pointe de chaque enveloppe, on attachait une plume prière d'aigle ainsi qu'une plume de six autres oiseaux; les quatre enveloppes furent rangées à l'intérieur les unes des autres, la longue ficelle roulée dans la dernière et les paquets mis de côté pour le lendemain.

Quand les étoiles de la Grande Ourse ont atteint la bonne position, nous avons de nouveau chanté nos chants de prière pendant deux heures, comme la nuit précédente quand les femmes y prenaient part. J'étais si fatigué et somnolent qu'ils m'ont appelé « le dormeur » et m'ont arrosé d'eau pour me tenir éveillé jusqu'à la fin de la cérémonie.

Le huitième jour du *Soyal* était une tâche longue et fatigante. De bonne heure le matin, le Chef du Soyal portait les paho noirs aux autres kiva, et chaque personne qui avait préparé un *hihikwispi* le saupoudrait de farine de maïs et de pollen, l'élevait vers le soleil levant et disait : « Souffle dessus », puis il le portait dans la maison de ses parents pour leur permettre de souffler dessus, pour se protéger des maux de gorge et de la toux. Après avoir prié au bord de la mesa et après avoir déjeuné dans la kiva, on nous a envoyés nous baigner à la source, puis à la maison nous faire laver la tête. Dès que ma mère a eu fini de me laver les cheveux, j'ai cherché des épis de maïs et de la farine chez les voisins et je les ai portés à la kiva où les prêtres fumaient et se séchaient les cheveux. On avait érigé le grand cadre de l'autel à l'extrémité nord de la kiva, derrière une plaque de sable large d'un mètre et profonde de quatre-vingts centimètres. Un prêtre fit des trous dans le sable humide, souffla une bouffée de fumée dans chaque trou et le referma. On avait dessiné des arcs de cercle et des lignes sur le sable pour représenter la pluie; beaucoup d'objets sacrés, y compris un *tiponi* (emblème sacré de l'autorité) de quartz, étaient disposés autour de l'autel; des épis de maïs de couleurs différentes étaient entassés derrière le cadre de l'autel. Les dignitaires prirent un peu de pollen de maïs, le portèrent solennellement à leurs lèvres et le répandirent sur l'autel et les emblèmes sacrés.

Vers midi, nous avons revêtu nos costumes *Kele* et nous nous sommes préparés à commencer nos chants de prière. La *Soyalmana* est entrée, vêtue d'une couverture rouge, blanche et bleue, d'une robe de cérémonie brodée et de pendants de turquoise aux oreilles : elle s'est assise sur le banc à l'est, puis quatre jeunes gens ont commencé à s'habiller de costumes Katcina rituels avec ceinture, kilt et colliers, se coiffant de plumes de couleurs vives, puis on leur a enduit les pieds, les mains, les épaules et les cheveux d'argile blanche. Le Chef du *Soyal* et d'autres prêtres se sont assis devant l'autel près d'un plateau de paho; ils ont fumé, puis craché du miel sur l'autel et les objets sacrés, et dans leurs mains pour s'en frictionner le corps.

Deux prêtres ont agité les hochets de calebasse pendant une demi-heure, tandis qu'un troisième répandait de la farine de maïs et du pollen; puis l'un d'eux a soufflé dans un sifflet d'os, face à l'autel, plusieurs ont fumé et nous, nous sommes restés assis en silence, jusqu'à ce que les quatre hommes costumés s'appuient l'un après l'autre contre l'échelle avec de violents mouvements, comme pour copuler avec l'échelle, et qu'ils repartent chercher d'autres épis de couleur pour l'autel.

Le Chef adjoint érigeait un petit autel dans l'angle sud-est de la basse moitié de la kiva pendant que beaucoup de membres du *Soyal* allaient chercher de la farine dont on plaça une partie sur quatre grands plateaux rangés entre le foyer et le grand autel. Sur les plateaux on posa de minces paho noirs et entre eux, des bottes de *hihikwispi*. Quelques prêtres chantaient autour du plus petit autel. Des dignitaires, venus d'autres kiva, entrèrent avec leurs candidats à l'initiation et deux membres *Kwan* costumés répandirent de la farine sur les autels, s'assirent en face de l'échelle et fumèrent des cigarettes indigènes, ayant chacun passé un bras autour du plus proche montant de l'échelle. Le Chef de Guerre, avec bouclier, arc et tomahawk, était assis au sud-est de l'échelle; il fumait et gardait l'entrée de la kiva. Nous, *Kele*, étions assis dans la partie élevée de la kiva.

Fig. 32.
Katcina Mastop.

Trois femmes désignées, qui avaient assisté aux cérémonies précédentes, entrèrent et s'assirent à leurs places, tandis que la *Soyalmana* resta sur le banc est. Quand on a recommencé à chanter et à agiter les hochets au petit autel, les quatre messagers qui avaient ramassé le maïs ont pris les grands plateaux de farine et de paho; suspendant les bottes de *hihikwispi* à leur épaule gauche, ils ont décrit un cercle quatre fois autour de la kiva, puis ils sont grimpés à l'échelle; une fois dehors, ils ont décrit un cercle quatre fois, puis ils sont partis en file vers la Source d'Oraibi pour y déposer les offrandes. Pendant qu'ils accomplissaient cette course, deux Katcina marqués (*Mastops*), le corps peint en noir, couvert d'empreintes de mains blanches, sont arrivés de la kiva *Kwan*. Ils portaient de vieux kilts en peau, des couronnes d'herbe sèche autour du cou, d'immenses masques noirs décorés de points blancs, des signes crochus, des pendentifs de maïs aux oreilles, deux dessins de grenouille blancs sur le dos avec un bouquet de plumes d'aigle et de crin rouge par-dessus. A leur ceinture pendaient des rangs de sabots de vache qui s'entrechoquaient quand ils couraient parmi les spectateurs, empoignant les femmes par-derrière avec un vigoureux simulacre de copulation. Après chaque conquête, un Katcina entrait dans la kiva en courant, prononçait des paroles étranges d'une voix déguisée et ressortait attraper une autre femme. Enfin, ils entraient dans la kiva et s'asseyaient à l'est de l'échelle, où beaucoup de membres du *Soyal* les saupoudraient de maïs et leur donnaient des plumes à prière pour avoir de la pluie. Les Katcina mirent les offrandes dans un sac et ils partirent. Les chants et les hochets ne cessaient pas au petit autel et un homme sifflait sans arrêt dans une coupe d'eau dans l'angle sud-est. Le Chef de Guerre nous tendit un cristal à sucer quatre fois et à porter à nos cœurs, tandis qu'il enlevait des morceaux de racine avec ses dents, les mâchait et les recrachait sur son bouclier comme s'il le peignait. Dans une main, il tenait un épi de maïs blanc et les six vieilles plumes d'aigle employées pour la cérémonie de la médecine. Les quatre messagers sont revenus de la Source et nous les avons remerciés.

Vers le coucher du soleil, les prêtres d'autres kiva ont apporté leurs châsses de paho et les ont posées près du grand autel. Après avoir fumé, l'assistant frotta ses mains de farine de maïs, prit son *tiponi*, le frotta de farine, passa au nord des quatre plateaux vides rapportés par les messagers, répandit de la farine sur les paho, agita son *tiponi* au sud-est et pria. Nous avons tous répondu : *Kwaikwai* (1), craché dans nos mains, frictionné nos corps et terminé la longue cérémonie, nécessaire pour que nous, Hopi, ne disparaissions pas de la face du monde.

Les Chefs des sociétés *Kwan*, *Ahl* et *Tao* ont remmené leurs initiés dans les kiva. Nous avons enlevé nos costumes *Kele*, nous nous sommes habillés et sommes rentrés chez nous manger du ragoût, salé cette fois, car le jeûne était rompu. La viande était excellente et fit briller nos yeux de santé. Les prêtres mangèrent après nous à l'étage au-dessous, puis nous invitèrent à descendre manger de nouveau, ce qui signifiait qu'à la moisson prochaine, nous aurions assez à manger et des réserves encore. On mit les restes soigneusement de côté pour symboliser notre frugalité. Le soir, nous avons de nouveau célébré notre rite de médecine du quatrième jour, suivi du rite du Faucon du cinquième jour avec des additions.

Juste après minuit, l'assistant et la *Soyalmana* quittèrent la kiva. Bientôt le Prêtre à l'Ecran et son adjoint apportèrent une grande peau de daim tendue sur un cadre; l'image de Muyingwu, dieu de la Germination, était peinte sur l'écran; dans la main droite, il tenait une tige de maïs en croissance, dans la gauche un emblème d'autorité (*Monwkuru*). Sur sa tête étaient des symboles de nuages, de pluie et

(1) « Merci » pour les hommes. (Note de Simmons.)

d'éclairs; sous la tige de maïs un symbole de la lune, et de l'autre côté de Muyingwu, un symbole du soleil. On avait attaché des fleurs artificielles des deux côtés de l'écran, et au bas des graines de pastèque, de melon muscat, de courge, de coton, de potiron, de maïs, et d'autres encore. Des plumes d'aigle en dessous et du crin rouge sur les côtés et la base représentaient les rayons du soleil.

On entendit des cris stridents dehors et le Chef adjoint entra avec la *Soyalmana* vêtue d'un costume compliqué; une couverture de cérémonie retenue par une ceinture nouée, un kilt d'homme Katcina passé par-dessus l'épaule gauche, d'innombrables colliers autour du cou et du fil autour des poignets. L'adjoint s'assit à l'est de l'échelle puis s'avança, s'accroupit, poussa un cri perçant et agita les ailes; la *Mana* suivait debout et tous deux progressaient autour de l'écran. On tendit un plateau avec deux épis de maïs, de la farine et des paho au Chef du *Soyal* qui pria dessus. Les prêtres fumèrent et un prêtre souffla de la fumée derrière l'écran. Le Chef du *Soyal* reçut le plateau après que quatre autres prêtres eurent fumé dessus; il se baissa et, rassemblant les graines avec un épi de maïs, les fit passer de l'écran sur le plateau, ainsi que les fleurs artificielles sur les bords. Quand il se leva pour prier, l'adjoint mena la *Mana* hors de la kiva, on retira l'écran et on posa le plateau près de l'autel.

Le Chef de Guerre prit la coupe de médecine et quitta la kiva, mais revint bientôt avec le Prêtre du Soleil et des Etoiles. Nous nous sommes tous levés quand ils sont entrés et le Chef de Guerre a répandu de la médecine puisée dans la coupe, tandis qu'un roulement étouffé du tambour résonnait. Des hommes d'autres kiva sont entrés en costume. Le Prêtre des Etoiles représentant le dieu du Soleil, que j'avais vu en rêve étant enfant, était pieds nus, vêtu d'un kilt de Katcina avec une ceinture, des bracelets de cheville et des hochets d'écailles de tortue à chaque jambe, des bracelets verts aux bras, une peau de daim et d'innombrables

Fig. 33.
Prêtre des étoiles.

colliers. Son corps ne portait aucune peinture, sauf des séries de points blancs montant de la pointe du gros orteil au-devant et autour de l'avant de la jambe; depuis le talon par-dessus le mollet; depuis le pouce, suivant l'intérieur du bras, jusqu'à l'épaule, redescendant jusqu'aux tétons et depuis les mains, suivant l'intérieur des bras jusqu'à l'épaule, redescendant des deux côtés du dos. Sa coiffure consistait en une armature de bandes de cuir, une étoile à quatre pointes était attachée devant et, sur les côtés, des fleurs artificielles. Dans sa main droite, il tenait une longue houlette au milieu de laquelle était lié un épi de maïs noir, dans la gauche, il tenait sept épis de maïs. Il dansa d'avant en arrière, tout en faisant des discours rapides et incohérents. Le Chef du *Soyal* était à l'ouest du foyer, tenant un paho et un plateau de farine dont il se servait pour saupoudrer le dieu du Soleil; à sa gauche se trouvait le Chef adjoint, en couverture blanche, la figure peinte en blanc. D'un seul coup, le dieu du Soleil bondit vers le Chef du *Soyal*, lui tendit la houlette et l'épi de maïs et reçut du Chef adjoint un symbole solaire en peau brute, attaché à une baguette qu'on avait cachée sous la couverture blanche. Le dieu s'empara de la baguette des deux mains, l'agita et dansa au nord du foyer, d'est en ouest latéralement et revint en faisant rapidement tourner le symbole solaire dans le sens des aiguilles d'une montre.

Quelqu'un poussa un cri et on commença à chanter. La pulsation du tambour devenait de plus en plus forte, tandis que le dieu du Soleil dansait et bondissait d'une manière merveilleuse. Comme le chant se terminait, il bondit vers le Chef du *Soyal* et grimpa à l'échelle. Les dignitaires se mirent à fumer au-dessus de l'épi et de la houlette que le dieu avait laissés au Chef du *Soyal.*

Peu de temps après, des officiants d'autres sociétés sont venus chercher leurs paho qui avait été consacrés sur l'autel et pendant la cérémonie, Lomavuyaoma, du Clan du Feu, s'est apprêté à porter une offrande spéciale au sanctuaire de Masau'u, voyage qui exigeait un cœur courageux; il s'assit près du feu et fuma, tandis que chaque membre du *Soyal,* même nous Kele, plaçait un paho sur une vieille châsse pour Masau'u. On posa également sur la châsse du piki spécial fait par des membres du Clan du Feu ainsi qu'un morceau de lapin cru, du tabac de montagne et de la farine de maïs. Quand Lomavuyaoma a soulevé la châsse pour partir, nous lui avons tous dit en chœur: « Porte nos paho là-bas, le cœur ardent et joyeux, et transmets notre message à Masau'u. » Lorsqu'il est revenu de sa mission, nous avons dit : « *Kwaikwai.* » Il s'est assis, il a fumé, puis il nous a raconté comment, lorsqu'il avait déposé la châsse et prié, il avait entendu un souffle puissant qui sortait du sanctuaire, ce qui signifie que Masau'u qui protège notre village avait entendu notre pétition et reçu nos offrandes.

Peu de temps après, des Katcina (*Quoqulum*), en masques jaunes à crin rouge, sont venus de la kiva *Ahl* danser pour nous. On a envoyé un prêtre avec des offrandes au sanctuaire du Soleil (*Tawaki*), au sommet d'une haute mesa, à 5 kilomètres environ au sud-est d'Oraibi : ce voyage allait lui être pénible, car il devait courir vite, présenter l'offrande juste au moment où le dieu du Soleil apparaissait à l'horizon, puis revenir sans s'arrêter. Cette offrande votive était d'une grande importance, parce que le dieu du Soleil est maître de tout et donne la chaleur et la lumière, sans lesquelles il n'y aurait point de vie.

Mon père rituel m'emmena dans la maison de sa sœur Solemana, me faire laver la tête de nouveau et recevoir un autre nom. Elle tint l'épi de Mère du Maïs devant moi et dit : « Mon amour, je te donne maintenant le nom de Tanackmainewa, ce qui signifie : « Les plumes luisantes du Coucou. » Prends ce nom, lève les yeux vers notre dieu Soleil et crie-le très fort à celui qui est ton oncle. » Mais ce nom ne me resta pas attaché comme celui du Wowochim, qui semblait m'être collé.

Avant l'aube, nous avons porté nos offrandes votives à nos parents qui s'étaient lavé la tête et étaient prêts, tout joyeux, pour la cérémonie de plantation des paho. Au lever du soleil, le village tout entier, y compris les bébés sur le dos de leurs mères, se réunit à l'extrémité est de la mesa et enfonça des centaines de paho dans le sol en les parsemant de farine. Les gens qui appartenaient au clan de mon père placèrent leur paho dans un endroit appelé « Bow le Haut » (*Awatobi*), parce que le clan du Sable venait d'Awatobi, un village maintenant en ruine.

Beaucoup d'hommes et de garçons, y compris moi-même, ont posé des paho sur l'autel de l'Antilope pour être heureux chasseurs. En rentrant au village, on voyait des centaines de baguettes de saule de trois à quatre pieds de haut, auxquelles étaient attachées sept ou huit plumes tendres de dindon, de faucon, d'aigle et d'autres oiseaux, à 7 ou 8 centimètres les unes des autres. On n'employait jamais de plumes de poulet ou de corbeau. Les pères qui avaient des fils âgés de moins d'un an plantaient en leur nom de petits paho tordus, afin que leur vie fût prospère, heureuse et longue. La plupart des plumes à prière étaient attachées aux longues baguettes pour nos chers disparus, les paho courts et doubles étaient pour tous les morts et pour les Hommes-Nuages-aux-Six-Points qui envoient la pluie. Selon notre croyance, les esprits dieux et nos ancêtres viennent les mains tendues chercher les paho, apportant en échange les bénédictions de la santé et de la longévité, et s'ils n'en trouvent point, ils s'en retournent douloureusement. Nous savons qu'ils n'emportent avec eux que les âmes des paho.

Fig. 34. – *Autel de l'Antilope à Mishongnowi.*

Nous avons déjeuné chez nous et distribué nos plumes votives parmi nos amis; nous les avons aussi attachées à des bêtes et à d'autres objets de valeur. J'ai donné des paho à plusieurs personnes; je les ai attachés aux masques Katcina, au plafond de notre maison, aux cous des chiens et des ânes, aux branches des arbres fruitiers. Pendant l'après-midi, on a peint des masques Katcina, on a descendu et rangé l'autel et saupoudré de farine le sable de la kiva, qu'on a jeté ensuite dans une ravine pour qu'il se répande sur nos champs.

Au début de l'après-midi, quinze ou vingt Katcina

Qoqulum et cinq ou six « femelles » sont entrés au village, venant du sud. Ils sont entrés dans toutes les kiva, où l'un d'eux dessinait quatre traits de farine et des chemins de farine partant dans quatre directions : c'était pour ouvrir la kiva et réveiller les Esprits Katcina de leur long sommeil afin qu'ils nous visitent de nouveau. Les Katcina *Qoqulum* ont chanté et dansé plusieurs fois, puis ils ont tracé des chemins de farine, menant du village vers le sud-est, tant qu'ils ont eu de la farine. Quand les chemins furent terminés, ils sont revenus et le Père des Katcina (membre du *Powamu*) a retiré les hochets de leurs jambes, les a saupoudrés de farine de maïs et a donné à chacun une plume-prière tendre à porter aux Hommes-Nuages-aux-Six-Points. Ils partirent vers le sud, par-dessus la falaise, vers le sanctuaire Katcina où ils déposèrent les plumes, se déshabillèrent et revinrent à la kiva *Ahl* en cachant leurs masques aux enfants.

Nous, membres du *Soyal*, nous sommes rentrés à la kiva, où le dignitaire a fumé et fait des plumes votives pour une chasse au lapin. Ils les ont faites pour les mères divines des lapins et des faucons, parce que ces divinités sont bonnes chasseresses. Le père rituel de la *Soyalmana* était Chef Chasseur; il passa dans les kiva pour annoncer l'endroit où l'on construirait le feu rituel et où l'on commencerait la chasse. Nous avons fumé et sommes rentrés dîner chez nous, mais nous sommes revenus dormir à la kiva, parce qu'il était tabou de faire l'amour pendant quatre jours encore.

Nous avons chassé le lapin pendant trois jours, laissant le gibier dans la maison de la *Soyalmana*. Le quatrième, nous nous sommes levés, puis nous sommes allés prier à l'est de la mesa; nous sommes revenus nous habiller à la kiva, puis nous sommes allés chez nous, nous faire laver la tête selon la règle hopi : nous croyons que celui qui se lave les cheveux ce jour-là sera parmi les premiers à goûter les melons mûrs de l'été. Le dieu du Soleil avait atteint sa maison d'hiver depuis quatre jours quand nous avons planté les paho, et il retournait maintenant à sa maison d'été, nous entraînant sur sa voie.

Au milieu de l'après-midi, nous nous sommes apprêtés pour la douche et le festin; nos parents ont préparé de la sauce sans sel que nous avons portée à la kiva avec nos costumes de danse. Là, nous nous sommes peint le corps de rayures au blanc de chaux, nous avons mis nos costumes de Katcina et nous nous sommes alignés, portant la sauce dans de petites châsses. Le père rituel de Sadie (la *Soyalmana*) prit une terrine avec deux lapins cuits, visibles en partie, et mena une quarantaine d'entre nous à la maison de la *Soyalmana*. De chaque côté de la porte, il y avait deux baquets d'eau avec une femme debout derrière chacun, une châsse à la main. Nous nous sommes vite déshabillés et nous avons couru entre les baquets où les femmes nous ont aspergés d'eau froide pour enlever la peinture blanche. Après notre bain, nous sommes rentrés dans la maison et nous avons jeté de grandes quantités de nourriture aux spectateurs qui se bousculaient. Le bain signifiait les pluies, la distribution de nourriture, une bonne récolte. Nous sommes rentrés à la kiva nous sécher et nous habiller, puis nous avons fait un festin de lapin. Après le repas, mon vieil oncle Kayayeptewa a raconté un épisode interminable de notre histoire que nous devions écouter avec une attention scrupuleuse, mais certains des hommes semblaient plutôt penser à faire l'amour et plaisantaient à mi-voix – ils étaient libérés de la cérémonie et pouvaient aller retrouver leurs femmes et leurs amies.

J'avais appris une grande leçon : je savais maintenant que les rites qui nous étaient transmis par nos pères signifiaient la vie et la sécurité, maintenant et pour l'avenir. J'étais plein de remords de m'être jamais inscrit à la Y.M.C.A. et je pris la décision de m'opposer au christianisme une fois pour toutes.

Je voyais que les Anciens avaient raison quand ils

insistaient que Jésus-Christ, ça pouvait aller pour des Blancs modernes sous un climat convenable, mais que les dieux hopi nous avaient apporté le bonheur dans le désert depuis que le monde était monde.

IX

JEUX DE CLOWNS
LE RITE DES HARICOTS

Puisque j'avais du mal à me trouver une pépée à Oraibi, et qu'en plus j'étais salement fauché, j'ai sauté sur l'occasion de retourner à Moenkopi avec des parents. En janvier, après la première danse de Katcina, on est parti avec quatre chariots à travers une tempête de neige. Moi, j'étais à dos de mulet; on se foutait de mon nouveau nom, et du nom que j'aurais pu recevoir : « Sauge pendante. » Quand on a dételé à Moenkopi, à la fin du deuxième jour, j'étais rudement content de voir Euella debout dans le crépuscule, à l'angle de la maison. Elle est entrée chez nous pendant qu'on mangeait et m'a donné une bonne poignée de main; Meggi a souri, mais je l'ai avertie d'un clin d'œil, et plus tard j'ai fait signe en douce à Euella qu'elle sorte par-derrière pendant que je passais par-devant. On s'est rencontré au coin et je lui ai dit tout bas : « Ça sera fermé à clef chez toi ce soir? » « Bien sûr que non », me répond-elle, et elle repart en courant. J'ai pris ma couverture et je suis allé tout droit à la kiva, mais je suis sorti pendant la nuit et j'ai été frapper doucement à sa porte. Euella l'a ouverte, m'a pris par la main et m'a mené à son lit; on n'y a pas perdu de temps, après des semaines de retenue. Quand on s'est détendu, elle m'a posé un tas de questions sur le *Wowochim* et le *Soyal* – je lui ai raconté des choses entre deux étreintes, mais pas les secrets qui étaient sacrés. J'étais heureux maintenant d'être hopi et je n'aurais jamais plus honte d'être Indien à peau rouge. Quand le premier coq a chanté, j'ai soupiré : « Eh bien, petite tante, il faut que je retourne à la kiva. » On s'était tant embrassé que j'ai dit en riant : « J'en ai pour toute la vie », mais j'avais tort, et j'ai pris l'habitude ensuite de me servir de cette expression.

Quand je me suis réveillé dans la kiva, un vieux m'a dit : « Jeune homme, je t'ai vu sortir d'ici hier soir, as-tu trouvé ce que tu cherchais ? » J'ai dit la vérité, sans dire le nom de la fille, et je lui ai raconté comment un vieil Hollandais m'avait surpris une fois dans la grange avec Olive; j'ai aussi raconté certaines des histoires cochonnes du Hollandais : elles ont fait rire tout le monde dans la kiva. Le vieux répétait les meilleures, comme s'il les apprenait par cœur.

Alors que j'étais en route pour Tuba City, en quête d'un boulot quelconque, un homme est arrivé derrière moi et m'a couvert les yeux avec ses mains; c'était Adolphe, le type chrétien qui m'avait embobiné dans la Y.M.C.A. à Sherman. Il s'en était tiré maintenant, mais il n'appartenait pas non plus au *Wowochim*, n'était ni chair ni poisson, ni Blanc ni Hopi. On est allé au bureau de l'agence navaho où on nous a conseillé de voir le contremaître au barrage. J'ai rendu les sandales et le carquois moderne que j'avais empruntés au marchand et je lui ai dit que maintenant, j'étais membre du *Wowachim* et du *Soyal*, homme hopi complet. Il m'a félicité et m'a offert un cigare – signe qu'un Blanc a de la sympathie pour un Indien; il a dit qu'il pensait qu'on trouverait du travail au barrage, mais que si ça ne marchait pas, il me proposait de me donner de la vaisselle à laver.

A midi, Robert, Ira et moi on est allé au barrage. Mr. Sears mangeait son déjeuner à quelque distance des Navaho; je lui ai serré la main et je lui ai expliqué pourquoi j'étais venu. Ça a eu l'air de l'intéresser : sept de ses ouvriers navaho arrivaient en retard et passaient tellement de temps au jeu qu'il leur donnait leurs billets de marche. Je croyais qu'il voulait dire qu'il les mettait en vacances, mais c'était qu'il les vidait. L'expression « billet de marche » me plaisait bien, et je l'ai employée ensuite dans mes conversations. Il nous dit de trouver trois autres gars et de revenir le lendemain. On a regardé les Navaho travailler dans un fossé : ils bougeaient lentement, comme s'ils étaient crevés, et s'arrêtaient de travailler chaque fois que le patron ne les regardait pas. Robert me demande en hopi : « C'est comme ça que ça travaille, un Navaho? » Je lui réponds : « Oui, on va pouvoir se mettre à leur place. » Le lendemain, on a trouvé trois autres gars; on est arrivé au barrage avant le contremaître et on l'a attendu. « Les copains », que je dis, « aujourd'hui on en met un coup et demain on pourra se la couler douce. » On s'est mis dans le fossé et on s'est aperçu que c'était drôlement dur de sortir la terre gelée à 3 mètres de profondeur. Au début, le contremaître ne nous quittait pas des yeux, comme on regarde les danseurs Katcina. De temps en temps, je racontais des bonnes histoires pour le faire rire, mais sans m'arrêter de creuser. A la fin de la journée, il a dit : « Vous avez bien travaillé, les gars, c'est pas la peine d'en faire autant demain. »

On avait décidé de faire une danse de Katcina le samedi soir. Pendant la répétition, parce que j'étais grand, on m'a demandé de mettre le costume de Katcina Géant et de faire peur aux enfants. J'ai hésité, sous prétexte que je n'étais pas de Moenkopi, puis j'ai fini par accepter. Pendant les nuits de répétition, je n'ai pas fait l'amour, parce que je voulais garder ma bonne réputation et ne pas faire courir le bruit que Talayesva couchait avec les filles quand la danse était en répétition. J'ai demandé à mon frère rituel Tewanietewa de me peindre un masque de Katcina Géant. Un matin, je suis allée à la maison de Frank Siemptewa le gouverneur; j'ai choisi un masque, je l'ai enveloppé dans mon manteau et je l'ai porté à la kiva avant d'aller travailler. Le soir, quand je suis entré dans la kiva, ils ont tous ri : « Voici venir Talayesva le Géant. » Mon masque était prêt, une tête massive aux cheveux longs et noirs, de grands yeux jaunes, un long bec, la bouche rouge et des dents comme des scies. Je l'ai regardé et j'ai dit : « Mon ami le Géant a l'air d'avoir faim. » « Oui », répondit le Chef de la danse, « je m'en vais le nourrir. » Il lui a mis de la nourriture dans la bouche et lui a barbouillé les lèvres de miel. J'ai fumé, rassemblé mon équipement de danse et me suis préparé à répéter. Talasvuyaoma, le Chef de Guerre du *Soyal,* m'a enseigné comment je devais me conduire en Géant Katcina. Il m'a prévenu aussi qu'il ne fallait toucher aucun enfant, parce que ça pourrait lui faire trop peur et le rendrait prisonnier des effroyables Esprits Katcina Géants.

A l'heure de m'habiller pour la danse de nuit, je me suis badigeonné la poitrine de lait de chaux, je me suis peint les mains et les bras en rouge sang jusqu'aux coudes, j'ai mis des mocassins et un pantalon de peau de daim et je me suis passé une peau de daim sous un bras et par-dessus l'autre épaule. Puis j'ai mis le masque géant, j'ai enfilé un panier sur un bras et j'ai pris une hachette de la main gauche. Nous avons quitté la kiva pour aller à l'Ouest du village, où nous avons répandu de la farine de maïs en faisant part de la danse aux Hommes-Nuages-aux-Six-Points, en priant leurs Esprits de venir pénétrer nos corps. Ainsi, nous pensions nous transformer en véritables Katcina, comme ceux qui visitaient le village autrefois et aidaient les gens. Puis, nous avons fait des bruits katcina pour prévenir les gens de notre arrivée; nous sommes allés vers la kiva, derrière le chef qui agitait ses hochets. On a décrit un cercle quatre fois autour de la kiva, puis le Chef a crié par l'ouverture : « Nous sommes venus vous divertir, devons-nous entrer? » Le Père des Katcina répondit : « Entrez. » Les Katcina sont entrés en faisant toutes sortes de bruits. Debout à l'entrée, j'ai jeté un coup d'œil à l'intérieur et j'ai dit sévèrement : « Je vois que vous avez de méchants enfants là-dedans. » Le

Chef qui avait préparé la danse répondit : « Géant Katcina, nous ne t'attendions pas. Nous voulons garder nos enfants, quoiqu'il y en ait de très méchants. » « J'ai un rapport sur leurs mauvaises manières; je vois bien qu'ils sont très gras et je suis venu les chercher pour nous en régaler. » « Je vous en prie, laissez-nous nos enfants », plaidait le Chef, « ils seront plus sages quand ils seront grands. » Je discutais hardiment : « On m'a demandé de venir ici ce soir, et maintenant vous devez me laisser entrer. » Dégringolant l'échelle, j'ai fait un bruit de crécelle et j'ai grogné pour faire peur aux enfants, qui pleuraient et se cachaient sous les couvertures de leurs mères.

Le Chef m'a prié d'attendre jusqu'à la fin de la danse. Le Père des Katcina a saupoudré les danseurs de farine, puis il leur a donné le signal de commencer. J'ai dansé aussi, à grands pas; tout en regardant dans les coins, je sautais dans un sens puis dans l'autre, je rejetais mes longs cheveux en arrière, je bondissais en avant pour dévisager tout enfant qui oserait passer le bout du nez sous la couverture de sa mère.

A la fin de ma danse, j'ai voulu monter à l'étage au-dessus où les gens étaient assis, mais le Père des Katcina m'a demandé d'attendre; il a saupoudré les Katcina de farine et leur a demandé de danser de nouveau. Quand ils ont quitté la kiva, j'ai dit à voix forte et grincheuse : « Eh bien, méchants enfants, on m'avait demandé de venir ici vous chercher. Maintenant, je vais vous emporter et vous manger. Parents, livrez-moi vos enfants. »

La femme du gouverneur s'est levée pour dire : « Je ne vous permets pas de les emporter; puisqu'ils vous ont vus, ils vont être plus sages et deviendront bons et utiles quand ils seront grands. »

Une autre vieille dame s'est levée pour dire : « Géant, si tu tiens à emporter quelqu'un avec toi pour vous régaler, j'ai un vieux mari qui ne sert plus à grand-chose maintenant et qui ne veut pas travailler. Tu peux le prendre. » « Mais il n'a pas fait de mal, et puis il est vieux et coriace, trop coriace pour être mangé ». « Je pense pas », dit-elle, « j'ai vu tes dents pointues et je suis certaine que tu pourrais le mastiquer »; alors, j'ai examiné le vieux et j'ai dit : « Il me faut de la viande tendre. »

Les mères se sont levées pour rentrer chez elles, laissant les enfants, encore bouleversés et sanglotants avec des amis. Elles sont bientôt revenues remplir mon panier de nourriture, en me disant : « Voilà, Géant, prends ça et laisse nos enfants tranquilles. » J'ai examiné la nourriture; j'en ai tiré un morceau de pain que j'ai regardé d'un œil critique : « Qu'est-ce que c'est que ça? Une pierre? » « Non », répondent-elles, « c'est un aliment fabriqué avec du blé, que l'on appelle pain. » J'ai examiné la viande et j'ai dit : « Voilà du chien, voilà du chat, et ça, c'est un morceau de vieux bifteck d'âne coriace. » Elles m'ont assuré que ce n'était pas vrai, que la viande était de la venaison : « Ne voyez-vous pas les cornes? » demandaient-elles. Mon panier était plein à craquer et les enfants sortaient leurs têtes pour voir.

Je suis sorti de la kiva pour aller rejoindre les autres Katcina qui attendaient dehors et glissaient un œil pour voir ce qui se passait. En riant, ils m'ont tapé sur le dos; ils m'ont dit que j'avais fait un bruit épouvantable et qu'ils avaient eux-mêmes eu un peu peur. Un groupe de Katcina *Coyemsie* est entré danser dans la kiva. Ils ont chanté des chansons comiques qui amusaient les gens et ils avaient des cadeaux dans leurs sacs pour les enfants, les adultes et même les Navaho qui étaient là. J'ai porté ma nourriture chez ma mère de clan; je suis revenu à la kiva et j'ai attendu dehors. Finalement, avec un vacarme terrible, les Katcina *Hehelele* sont arrivés; ils ont dansé et puis on a fait une danse katcina mixte. Je suis entré de nouveau et j'ai refait pleurer les enfants, alors le Père des Katcina m'a dit : « Eh bien, Géant, on t'a donné de la viande pour que tu t'en ailles, pourquoi es-tu revenu? »

J'ai insisté qu'il me fallait encore de la nourriture

et que j'emmènerais les enfants si on me la refusait. Quand mon panier a été plein, j'ai prévenu les enfants que s'ils n'obéissaient pas à leurs parents, je reviendrais des monts de San Francisco, je les capturerais et je les emporterais pour en faire un festin.

Parmi les spectateurs, j'ai vu des filles costumées pour la danse du Buffle; tout en les dévisageant, je les ai averties que les danses indigènes gâtaient les jeunes filles et en faisaient des épouses indésirables; les mères ont emmené les petits enfants et deux garçons et deux filles ont dansé. Je les regardais tout près; je tournais autour d'eux, plié en deux, en me tirant les cheveux sur la figure, puis je leur ai montré que leurs danses me touchaient le cœur; je me suis mis entre un garçon et une fille et j'ai dansé avec eux, alors les gens ont ri : « Géant, on t'a pris au piège. » Ils ont emporté ma nourriture, ma hachette, ma robe, mais ils n'ont pas touché à mon masque, qui était sacré. Ils ont dit : « Voilà, on t'a pris tes possessions et on va te renvoyer chez toi. Dis à tes Hommes-Nuages que notre terre est sèche et notre bétail maigre; demande-leur de vite nous envoyer de la pluie pour nous permettre de vivre. » J'ai fait oui de la tête, puis j'ai dit : « Le voyage est trop long en passant par-dessus les montagnes, je vais retourner dans les monts de San Francisco par la voie souterraine. » Je suis allé au *sipapu* (un trou dans le sol de la kiva qui représente l'entrée du monde souterrain) et je me suis assis à côté avec une plume à prière et de la farine de maïs. J'ai prié silencieusement, mais avec ferveur, pour la pluie et le bonheur des Hopi. J'ai mis la plume à prière dans le trou, je l'ai saupoudrée de maïs, et j'ai retiré mon masque, ce qui signifiait que l'Esprit Katcina Géant était retourné chez lui, dans la montagne.

On a étalé par terre la nourriture de mon panier et on a envoyé un garçon chercher le premier panier de viande que les femmes ont rendue, toute chaude du four. Les gens m'ont remercié du festin et félicité de ma représentation; ils disaient que ma tête arrivait presque aux poutres de la kiva et que ma voix avait fait peur à tout le monde et améliorerait sûrement la conduite des enfants.

Quand le festin fut fini, nous avons fait nos lits pour dormir. J'étais fatigué et agité et j'ai rêvé que j'étais encore un Katcina Géant en train de marchander les enfants. Je tendais la main pour attraper un enfant et je le touchais; le petit tendait les mains vers moi, il pleurait et m'implorait de le libérer. Plein de pitié, je l'ai convaincu d'être sage pour se libérer de l'Esprit Géant. Je me suis réveillé angoissé, la gorge serrée, avec un fracas de cloches dans les oreilles, puis j'ai craché quatre fois et j'ai décidé que si jamais j'étais Géant de nouveau, j'aurais un plus joli masque et je parlerais plus doucement.

On a passé presque toute la journée du lendemain à se reposer et à traîner. Le soir, j'ai été dîner chez Euella : on m'a fait des compliment de mon Géant et j'étais bien content. Le père d'Euella, Naseyouaoma, qui était mon « grand-père », m'a traité en blaguant de flemmard et de mauvais chasseur qui ne trouverait jamais de femme; Euella et sa mère prenaient ma défense en disant que j'étais un garçon débrouillard et que si elles m'avaient pour mari, elles seraient mieux servies. Devant lui j'ai souri, mais en dedans je riais bien, parce qu'il ne savait pas que je couchais avec sa fille.

Le quatrième jour, le héraut a convoqué les hommes sur la place pour préparer une autre danse. On a répété les chants ce soir-là, mais pas les danses. Pendant la nuit, j'ai été frapper à la porte d'Euella; je l'ai prise une fois seulement, puis elle m'a dit que je lui faisais mal, alors on a pensé qu'elle allait avoir ses règles et on s'est arrêté; j'avais peur de la rendre enceinte, et il fallait que je fasse très attention, parce qu'elle était encore à l'externat.

Tous les soirs, jusqu'au samedi, on a répété la danse de Katcina du Canard Blanc. Je me sentais très fatigué pendant la représentation et quand la danse a été terminée, je me suis couché dans la kiva et j'ai repensé à tous mes gestes pour découvrir la cause de ma fatigue. Je me suis rappelé que j'avais été avec Euella la quatrième nuit après la première danse et la première nuit de la répétition de la seconde danse, alors qu'elle allait avoir ses règles. Il n'en était rien sorti de bon. J'ai demandé pardon aux esprits et je me suis promis de ne jamais plus faire l'amour avant d'être complètement libéré de mes devoirs rituels.

Un soir, le héraut a annoncé une réunion à la kiva pour préparer une nouvelle danse. J'y suis allé, mais je n'ai pas pris part à la répétition. Adolphe, Logan et moi, on s'était mis d'accord pour être clowns dans la danse du jour; on est resté à blaguer dans la kiva et j'ai dit que j'avais eu un rêve étrange la veille, où on était clowns, Adolphe, Logan et moi; j'ai aussi dit que dans le rêve je sentais que je faisais un travail très important en répandant de la farine de maïs. C'était un mensonge. Mes partenaires m'ont regardé d'un air surpris et certains des officiants ont souri. Après la répétition, on s'est réuni et on a discuté de ce qu'on ferait si on nous demandait d'être clowns. Adolphe, l'ex-rabatteur de la Y.M.C.A., a proposé qu'on capture une vieille « dame » Katcina pour donner une démonstration de postures nouvelles pour faire l'amour; on pouvait aussi se servir d'un âne docile. J'étais d'accord que c'était une bonne idée, à moins que le principal de l'école se trouve là; je leur ai raconté qu'on m'avait dit qu'un jour, un clown s'était servi d'un chien comme ça dans la plaza et que les Blancs l'avaient mis en taule. Tous les soirs, tout en rentrant du travail, on en discutait et on s'amusait bien à faire nos projets.

Les gens ont décidé de faire une danse supplémentaire le samedi soir. Ils l'ont bien réussie, avec des chants qui m'ont touché le cœur et qui m'ont fait regretter que je n'y participais pas. Kewalecheoma dansait sur le côté; il a bien travaillé : il entrait et sortait de la kiva à toute vitesse et prenait des attitudes drôles qui allaient avec les paroles du chant. Il savait composer plus de chants qu'aucun homme que j'aie connu, et il éclatait en plaisanteries et en mots expressifs que les Blancs appelaient « grossiers »; sa figure était toujours souriante et je ne l'ai jamais vu malheureux.

Après la danse de nuit, Logan, Adolphe, Harry et moi, on est allé à l'endroit où on dormait et on a trouvé qu'Ira et Robert n'avaient pas non plus pris part à la danse, parce qu'il n'y avait pas assez de masques. On a fumé ensemble, on s'est souhaité une bonne journée de danse et on est allé se coucher vers minuit. Un homme est entré avec une lanterne nous dire : « Debout, le soleil se lève. » On voyait qu'il faisait encore nuit et on a pensé que c'était une ruse. « Eh bien, les gars », dit-il, « on m'a envoyé vous chercher parce qu'on a des masques en plus; on vous demande à la kiva, Talayesva, Adolphe, Logan et Harry ».

Il nous a menés dans la kiva, nous a fait asseoir autour du feu; il a allumé une pipe de tabac de montagne, en a tiré quatre bouffées, puis il me l'a tendue. J'ai fumé et je l'ai fait passer, tout en remarquant que les hommes de la kiva souriaient. Quand on a eu terminé, le chef a souri, il a baissé la tête et dit : « Eh bien, nous sommes contents de vous voir ici. Demain, vous irez manger sur la plaza. » Harry s'est levé et il a répondu : « Je me rendais pas compte, ça me dit rien de faire le clown. » Adolphe s'est penché vers moi pour murmurer : « Qu'est-ce qu'on fait, Don? » « Tu la boucles; quand je parlerai, tu me soutiendras. » Lorsque mon tour est venu, j'ai dit : « Eh bien, mes pères, oncles et frères aînés, nous nous sentons honorés d'être appelés, nous réunirons nos cœurs, prierons les Hommes-Nuages et attendrons joyeusement le jour à venir. »

Nous sommes rentrés au gîte; nous avons fumé et pensé à nos clowneries avant de retourner nous coucher. Quand je me suis réveillé, j'ai pincé le nez d'Adolphe, puis j'ai découvert Logan pour lui attraper le pénis. Quand il s'est réveillé en protestant, j'ai dit : « Eh bien, il faut qu'on s'habitue à ces farces, maintenant qu'on est clowns. »

Au petit déjeuner, ma « mère » (la sœur de ma mère), m'a dit : « Mon fils, je me fais du souci pour toi parce que tu n'es pas d'ici et que tu n'es pas encore marié; j'ai peur que tu fasses des clowneries trop brutales et que tu choques les filles ou que tu leur fasses peur. Fais bien attention à ne pas montrer ton pénis aux gens. » Je lui ai répondu : « C'est pas sérieux, je pense; ils ont regardé au fond de mon cœur et décidé que j'avais un caractère heureux avant de me choisir comme clown; maintenant je n'ai pas le droit de gâcher mon travail : si je me montre insuffisant, ils ne me choisiront plus. »

Meggie a moulu du maïs pour moi; elle m'a aussi cousu un petit sac pour le mettre dedans et puis elle a fait une cordelière plus forte pour tenir mon cache-sexe en disant : « Je veux pas qu'il se défasse sur la plaza. »

Je suis entré dans la kiva avec Adolphe et Logan et j'ai trouvé les Katcina alignés, attendant que le Père les saupoudre de farine. L'homme responsable de la danse se tenait au pied de l'échelle en disant : « Maintenant, le cœur joyeux, allons à la Maison du gouverneur. » Le Père des Katcina a saupoudré sa farine et les a menés sur la plaza. Les membres du *Powamu* (Pères et Mères des Katcina) les ont saupoudrés de farine. Après trois danses dans des endroits différents, le Chef de danse a dit : « Mes amis, je suis heureux que vous soyez ici en train de danser pour notre peuple, pour nous rendre heureux. » Le Père des Katcina a parlé aussi : « Mes amis, je vous ai amenés sur la plaza; vous êtes invités à apporter de la nourriture pour les gens, et à danser jusqu'au coucher du soleil. Maintenant, vous irez à votre lieu de repos, puis vous reviendrez. »

Il les mena au sanctuaire katcina et nous, les clowns, on est revenu à la kiva. On s'est peint des rayures sur le corps et on a attaché nos cheveux au-dessus de nos oreilles, pour qu'elles ressemblent à des cornes. Les Katcina ont dansé quatre fois pendant la matinée, mais on n'a pas dansé avec eux.

Quand les Katcina sont revenus sur la plaza, vers midi, je suis allé au pied de l'échelle et j'ai dit : « Partenaires, allons là-bas le cœur gai; si on a de la chance, certains nous voudront du bien; réunissons nos cœurs et prions les Hommes-Nuages-aux-Six-Points de nous donner de la pluie. »

Nous avons couru vers l'ouest autour du village; nous avons grimpé sur le toit, puis nous avons avancé en rampant. Quand nous sommes arrivés au bord qui surplombait la plaza, nous avons sauté en criant et en nous laissant retomber quatre fois, pour représenter les nuages qui s'élevaient dans les quatre directions. La quatrième fois, on est resté planté là à regarder dans tous les sens et à faire des petits discours. J'ai dit : « Voyez cette belle vallée et ces fleurs ravissantes, quel merveilleux spectacle! » On avait de la chance, car les gens ont crié et ri; j'espérais qu'ils riraient toute la journée, car je savais que parfois les clowneries faisaient très peu rire, et que c'était considéré de mauvais augure.

Quelqu'un m'a tendu une corde et je me suis glissé en bas la tête la première, suivi des autres clowns. Yuyaheova, qui s'était foutu de mon nouveau nom, a composé des chansons comiques; il y en avait une qui racontait qu'on était des sauterelles qui allaient chercher de l'eau dans leurs jarres et qu'on avait entendu la voix d'une jeune fille qui criait qu'elle avait un enfant dans son ventre et que nous étions ses pères. Nous avons dit dans nos chants : « C'est une bonne nouvelle que cette dame porte notre enfant, merci, merci. »

Puis on a vu un Katcina qui dansait près de nous, on a dit : « Que voilà donc un beau garçon, que fait-il? » Il a hoché la tête et tapé du pied pour montrer qu'il dansait; il a aussi indiqué par ses gestes qu'il y en avait d'autres. On s'est précipité vers les Katcina pour essayer d'en encercler autant que possible avec nos bras; chacun de nous disait : « J'en ai tant. » On a aperçu un danseur de côté, qu'on est arrivé à attraper; il tremblait de peur pendant qu'on le complimentait, qu'on le caressait, qu'on lui passait la main sur le corps pour le rendre doux. Je me suis précipité vers le Chef Katcina et j'ai dit : « Eh bien, nous voici enfin; on a passé la nuit avec nos bonnes amies, on est en retard, mais il est pas encore midi. C'est vous le Chef des Katcina? » Il fait signe que oui, alors, je lui dis que je suis le Chef des Clowns. « Nous allons danser et être gais jusqu'au coucher du soleil, alors apportez-nous de la bonne nourriture », et on lui a dit les noms de friandises américaines qui ont pris un double sens chez les Hopi, comme « bonbons fourrés », « puits d'amour », et « tartes », pour les relations sexuelles; tout le monde riait quand on les a demandés. Tandis que les Katcina quittaient la plaza, on les a saupoudrés de farine en les encourageant : « Apportez la nourriture, on est venu manger. »

Pendant que les Katcina étaient partis, j'ai rappelé à mes partenaires que j'étais Chef des Clowns et qu'ils devaient m'obéir. J'ai annoncé que nous allions construire une maison et je leur ai ordonné d'apporter des poutres des montagnes de San Francisco. Ils ont couru à un tas de bois chercher des bûches : « Ça va pas », je leur dis : « C'est pas des poutres, c'est des cendres, apportez des bûches maintenant », mais, tout bas, je leur dis d'apporter le contraire, des cendres. Ils courent au tas d'ordures et apportent des cendres. Je chante un chant magique, singeant ceux qu'on chante quand on construit les maisons, et je dessine le contour d'une maison, faisant des signes pour représenter les bûches et les pierres; puis, je tire une poupée de chiffons de ma ceinture, je la mets dans la pièce et je dis : « Maintenant qu'on t'a fait une maison, petite sœur, mets-toi au travail, fais-nous à manger; s'il vient quelqu'un, prends soin de bien le traiter. »

On a déroulé les couvertures qui étaient autour de nos tailles et on les a mises dans la « maison ».

Nos tantes sont venues avec des masses de nourriture – en plus de mes vraies tantes, j'avais beaucoup de tantes rituelles à Moenkopi, qui appartenaient aux Clans de la Sauge Blanche et du Bambou.

Euella et sa mère ont apporté des tas de choses. Je les ai remerciées, j'ai embrassé la mère et je me suis mis à embrasser Euella, mais elle avait l'air tellement gêné que je l'ai laissée partir. Les Navaho se sont foutus de moi, mais c'était un bon tour de clown; quelquefois on ne faisait que taper sur l'épaule d'une tante et lui dire : « T'es ma bonne petite amie. » Quand j'ai vu les Katcina revenir sur la plaza, j'ai dit : « Je suis tout honteux parce que je vois que les gens n'arrêtent pas de rire quand on est là », alors Logan répond : « C'est pour ça qu'on est ici, pour que les gens soient gais, pour les faire rire. « Ah, excusez-moi, alors », que je dis, et ils rient de plus belle.

Pendant que les Katcina dansaient, nous avons mangé. J'ai ramassé un œuf coloré et on l'a tous regardé avec curiosité; tout d'un coup, je l'ai tapé sur la tête d'Adolphe pour le casser, Adolphe m'en a cassé un sur la tête et Logan a cassé le sien sur la tête du Père Katcina, ce qui a bien fait rire les gens. Pour finir, les Katcina ont distribué des mets de choix aux gens, nous les clowns, nous avons tendu la main et j'ai reçu un bout d'épi de maïs-sucré bouilli : comme les Hopi appelaient autrefois le maïs-sucré des Katcina « petit cheval », je me suis collé l'épi entre les jambes et j'ai trotté comme un cheval; les autres clowns ont aussi reçu des épis de maïs et fait la même chose. J'ai vu rire Euella et je me suis senti heureux.

Comme les clowns retournaient à leur lieu de repos, j'ai vu deux Katcina comiques harnachés, qui tiraient un chariot; il y avait un troisième vieux Katcina, assis sur le siège, qui tenait les rênes. Quand les chevaux se sont « cabrés », le charretier leur a donné un coup de fouet en jurant comme un homme de la première mesa. Un des « chevaux » nous a chuchoté de les dételer; on l'a fait, puis on leur a donné un coup sur le flanc pour les faire partir. Le charretier a essayé de nous fouetter, mais on l'a chassé de la plaza. Ce vieux m'a appelé dans la kiva et m'a dit : « Je vais m'habiller en Katcina femelle et jouer aux échecs avec toi. Je gagnerai et je te ferai enlever ton soulier droit, puis le gauche, puis le sac de farine, les vêtements, et pour finir, tes cheveux, à moins que tes tantes s'y opposent. » Quand je suis revenu sur la plaza, Adolphe dit : « Etais-tu avec ta bonne amie, femme du monde souterrain? Tu dois être sorcier; il t'arrivera malheur avec ton amour des femmes. » Les gens se tordaient.

Les Katcina sont retournés à leur lieu de repos et nos tantes ont encore apporté de la nourriture; on mangeait, on mangeait, comme des oisillons, mais on n'était jamais rassasié. C'est un mystère comment les clowns peuvent tant manger et si longtemps, et toujours avoir faim. Pendant qu'on mangeait, on a vu la vieille « dame » Katcina entrer avec une pierre plate sur l'épaule; il y avait un ancien échiquier hopi taillé dessus. Elle nous a lancé un défi et promis que si on gagnait, elle nous récompenserait de ses faveurs. On a commencé et elle nous a battus, jeu après jeu; on a joué jusqu'à ce qu'on ait tout perdu, sauf nos cheveux et nos pagnes, et puis la vieille Katcina a gagné nos cheveux, mais quand elle a tiré les ciseaux de son sein pour les couper, nos tantes se sont précipitées sur la plaza, les lui ont arrachés, et nous ont sauvés.

La vieille dame nous a prévenus que si elle gagnait de nouveau, elle nous prendrait nos pagnes. On a joué et perdu : elle a saisi la cordelière pour me l'arracher, alors j'ai jeté un coup d'œil pour voir s'il y avait des employés du gouvernement : je vois le principal de l'école qui nous regarde en fronçant les sourcils et je murmure : « Arrête, y a le principal, il a pas l'air content. » La vieille Katcina répond à mi-voix : « Ce foutu Blanc n'a qu'à rester chez lui s'il peut pas supporter ça », mais « elle » a lâché mon pagne et elle a dit : « Bon, alors on fait la course; si vous gagnez, vous pouvez faire de moi ce que vous voulez, mais si je gagne, je l'aurai, ton pagne. »

On a accepté la course, mais on avait peur que le Blanc la gâte aussi. On devait courir en relais; je suis parti le premier parce que j'étais le plus mauvais coureur, quoique le plus grand des clowns. On a compté jusqu'à 4 et la course a commencé. La vieille Katcina courait comme un cheval; elle m'a dépassé en trombe, avec ses tresses qui se relevaient derrière et ses jupes qui volaient. Adolphe l'a rattrapée à son relais et ils ont couru côte à côte. Logan est arrivé avec une avance d'un pas environ; la vieille s'est effrondrée en gémissant : « Qu'est-ce que je peux faire pour me sauver la vie? Abusez de moi comme vous voulez, mais laissez-moi la vie sauve. » Le principal regardait toujours, mais on a décidé de prendre notre récompense malgré lui. On a tiré la « dame » à l'écart et on l'a étendue sur une peau de mouton. Je me suis adjugé le premier tour en tant que Chef des Clowns. Je me suis préparé, puis j'ai jeté un coup d'œil alentour : j'ai vu que le Blanc s'était mis à une meilleure place et se penchait en avant pour voir; les gens ont ri, mais j'étais furieux.

On a abandonné la démonstration et on a mené la vieille Katcina dans notre « maison »; on lui a donné du maïs et on lui a dit de porter nos prières aux Hommes-Nuages-aux-Six-Points. Elle a eu l'air très content; elle a dit : « C'est bien, votre récompense sera la pluie. »

Puis, je me suis tourné vers mes compagnons et je leur ai dit : « Je vais lui passer quelque chose, à ce Blanc. » Je suis allé le trouver, je lui ai serré la main et je lui ai dit en hopi : « Eh bien, Blanc, tu veux voir ce qui se passe, hein? T'as esquinté nos prières et peut-être qu'il pleuvra pas. Tu trouves ça grossier, mais pour nous, cela a une signification sacrée : cette vieille Katcina représente la vierge du Maïs, aussi nous devons la féconder pour que notre maïs augmente et que notre peuple vive dans l'abondance. Si c'était mal, on le ferait pas. Tu es censé être un homme instruit, mais tu ferais mieux de retourner à l'école et d'en apprendre un peu plus long sur la vie hopi. »

Il a eu l'air gêné, il a tiré un demi-dollar de sa poche et m'a dit : « Tiens, prends ça, achète-toi du tabac. » Je l'ai remercié et j'ai envoyé un gars chercher du tabac.

Les Katcina étaient revenus sur la plaza et dansaient de nouveau. Je me suis précipité vers eux pour les saupoudrer de farine de maïs, puis j'ai cherché des yeux quelqu'un pour nous fouetter et nous purifier avant la fin de la danse. Je suis entré à la kiva; j'y ai trouvé la vieille Katcina, toute seule, qui m'a dit qu'il n'y avait personne pour nous fouetter. Il se faisait tard et les Katcina distribuaient leurs rangs de maïs-sucré bouilli, ce qui signifiait que la mois-

Fig. 35. - *Vierge du Maïs (Shalako-mana). Dans les rites hopi, les dieux peuvent être représentés par des statues ou des peintures, au lieu d'êtres humains. Tel est le cas de la vierge du Maïs, dont voici l'image de cérémonie.*

son serait abondante. Après la danse, le Père des Katcina leur a donné des plumes à prière et a fait le discours d'adieu : « Rentrez chez vous et envoyez-nous de la pluie, afin que ni la faim ni la maladie ne nous surprennent et que nous vivions dans la paix et l'abondance. » Nous les avons saupoudrés de farine sacrée et ils sont partis vers le nord. J'ai enfilé ma poupée dans ma ceinture, j'ai ramassé ma nourriture et j'ai pris le tambour, que j'ai frappé tout doucement, tout en allant à la kiva fumer et prier avec le Père des Katcina pour conclure la danse rituelle.

Nous avions mangé toute la journée, mais j'avais encore faim au dîner. Les gens parlaient de nos clowneries et, pendant plusieurs jours, ils nous en ont fait des compliments. Ma mère de clan était contente; elle disait qu'elle n'aurait plus peur maintenant quand je voudrais faire le clown. Les Navaho qui m'avaient vu danser m'appelaient « le Clown ». La cinquième nuit, j'ai vu Euella et j'ai reçu, dans l'intimité, ses louanges et ses récompenses.

J'ai travaillé pour l'Agence à $ 2 par jour, jusqu'au début de février, quand mon oncle Talasqueptewa m'a fait dire de rentrer à la maison aider à la cérémonie du *Powamu*. Quand je suis arrivé à cheval à Oraibi, avec un cadeau de pommes sèches et d'oignons pour ma mère, on m'a donné un déjeuner tardif et on m'a dit d'aller trouver mon oncle à la kiva Mongwi. Il m'a souhaité la bienvenue : « Mon neveu », me dit-il, « je suis heureux que tu sois venu. Le Grand Prêtre de la société *Powamu* a apporté ses offrandes votives ce matin; il a fumé et nous a informés qu'il était temps de planter les haricots dans la kiva et de prier pour la pluie, les bonnes récoltes et une riche moisson. Vous planterez vos haricots aujourd'hui. »

Il me dit qu'on avait choisi Herbert et moi pour aider les jeunes filles aux Haricots à porter les jeunes plants sur la plaza; mon père m'a conseillé de planter des haricots de Lima, parce qu'ils ont meilleur aspect et deviennent plus grands. J'ai mis du pisé dans un bidon de dix litres, je l'ai presque rempli de sable, j'ai planté mes haricots, puis j'ai posé le bidon sur un banc, au nord de la kiva. Alors, je me suis assis pour fumer avec les prêtres en échangeant les termes de parenté et en priant.

Le lendemain, avec cinq chariots, nous sommes allés ramasser de la sauge blanche pour alimenter le poêle de kiva, qui devait brûler nuit et jour pour faire pousser les haricots. J'avais projeté de rentrer à Moenkopi travailler, jusqu'à ce que les haricots soient prêts à être récoltés, mais mon oncle m'a demandé de rester pour surveiller leur croissance, comme c'est le devoir d'un *Kele* d'arroser les plants et de nourrir le feu. C'était un rude travail de gravir la mesa avec l'eau que j'apportais de la source, et de recharger le poêle, la nuit. Il y avait beaucoup de cérémonies particulières au *Powamu* que je ne connaissais pas.

On initiait les enfants aux sociétés *Powamu* et Katcina. Le soir du cinquième jour, on faisait entrer les jeunes candidats dans la kiva avec leurs parrains rituels, et on donnait à chacun un épi de Mère du Maïs blanc. Ils assistaient aux prières, voyaient les autels et la mosaïque de sable; ils étaient instruits des secrets de la société *Powamu*, étant avertis qu'ils ne devaient jamais raconter ce qu'on leur avait révélé. Pendant la soirée, la Mère des Katcina a chanté au Rocher et les Katcina ont parcouru le village en criant.

Le sixième jour, j'ai arrosé les haricots de la kiva Mongwi tandis que les hommes, assis autour du poêle, sculptaient des poupées, des arcs, des flèches et des hochets, comme cadeaux pour les enfants. Pendant la soirée, les parrains menèrent les jeunes garçons et filles désignés pour l'initiation à la société Katcina dans la kiva *Marau*, où il leur permit de voir les emblèmes sacrés; ils furent instruits des secrets de la société, confrontés avec Muyingwa, dieu de la Germination, tenus sur la mosaïque de sable sacrée et fouettés par les Katcina. Ma sœur Mabel, âgée de sept ans, faisait partie du groupe : je la plaignais en me rappelant ma propre grande épreuve, mais je me rendais compte qu'à la longue ça lui ferait du bien.

Je ne prenais aucune part à cette cérémonie, parce que j'étais un jeune homme qui ne s'était pas encore montré d'un caractère irréprochable, car seules de telles personnes sont dignes d'être choisies comme pères rituels pour les enfants dans la société Katcina.

Le septième jour, dans la kiva *Powamu*, eurent lieu les habituelles cérémonies de prière, mais il se passa peu de chose dans notre kiva, sauf le soin des haricots et la préparation de cadeaux pour les enfants. Le soir, nous avons de nouveau répété les danses de Katcina et on ne nous a pas permis de manger de nourriture salée, ni de manquer aux règles de continence. Le huitième jour, on n'accomplissait dans notre Kiva que les obligations routinières, mais dans la kiva *Powamu* on achevait les cérémonies de prière et les officiants subissaient les rites de purification qui sont secrets.

Le neuvième jour était très important pour les enfants. Vers 3 heures du matin, on coupait les tiges des haricots pour les emporter dans nos maisons ou les attacher aux cadeaux des enfants; on cachait la terre des bidons, car on leur disait que les Katcina apportaient les tiges de haricots de la montagne, comme ils le faisaient réellement autrefois. Avant le lever du soleil, on entendit un bruit : Hu-hu-hu-hu-hu, au nord du village. Un Katcina *Hahai-ki*, habillé en femme, s'approchait en soufflant dans un sifflet d'os et en faisant du bruit tous les cinq ou six pas : « Elle » entra sur la plaza, où les femmes et les enfants la saupoudrèrent de farine et prirent sur son plateau des germes de maïs et des brindilles de pin. « Elle » se dirigea vers la kiva *Powamu* rejointe par un Katcina *Aototo* et un Katcina *Aholi* de la kiva *Mongwi*. L'*Aototo* portait un masque de toile indigène, barbouillé d'argile blanche, avec une peau de renard attachée au bas et quelques plumes sur le dessus; il était vêtu d'une ceinture et d'un kilt sur lequel il portait une vieille chemise blanche de toile indigène brodée de dessins de nuages, de plantes et de fleurs. Dans la main droite, il avait un sac de farine de maïs sacrée, dans la gauche, un petit bouquet de maïs vert.

Le Katcina *Aholi* portait un kilt, une ceinture et des mocassins. Par-dessus son épaule, il avait une vieille couverture de toile indigène brodée de dessins de nuages; au centre de la couverture était le dessin d'une tête humaine sur le corps d'un grand oiseau. Son masque était fait de feuilles de yucca recouvertes de toile indigène, avec des plumes sur le dessus et une peau de renard au bas. Il tenait un bâton, symbole d'autorité, dans la main droite; une clochette de cuivre, un sac de farine de maïs et du maïs vert, dans la gauche.

L'*Aototo* dessina un symbole de nuages sur le sol et l'*Aholi* posa dessus le bout de son bâton, retraçant de droite à gauche la partie supérieure, en poussant un cri aigu; puis les deux se dirigèrent vers une ouverture dans le sol de terre battue, où ils déposèrent un paho et de la farine de maïs; ils dessinèrent des traits de farine et versèrent de l'eau dans le trou en se tenant aux points cardinaux, puis ils rejoignirent le *Hahai-ki* à la kiva, et répétèrent la cérémonie de la farine et de l'eau à l'ouverture de la kiva. Des prêtres *Powamu* sortirent de la kiva, soufflèrent de la fumée sur les trois Katcina, les saupoudrèrent de maïs, reçurent le plateau et leur rendirent de la farine, à déposer sur l'autel katcina. Des Katcina sont venus en courant d'autres kiva, distribuant par les rues des cadeaux aux enfants. Pendant la journée, beaucoup de Katcina sont apparus, parmis lesquels le Katcina *Haa* (Mère des Katcina) habillé en femme, avec des étoiles d'enveloppe de maïs attachées à sa robe, ses cheveux coiffés en fleur de melon d'un côté, pendants de l'autre. Derrière sa tête était un disque qui représentait un scalp auquel étaient attachées des plumes de corbeau. Elle blaguait avec les autres Katcina. Moi aussi, habillé en Katcina, je courais partout, distribuant des cadeaux aux enfants. L'après-midi, les Katcina Géants (*Cooyoktu*) entrèrent au village et firent peur à certains enfants.

Vers le coucher du soleil, les dignitaires du *Powamu* allèrent à un sanctuaire au nord-est du village; il s'appelait *Pohki* (chenil) : on disait que les chiens y habitaient, avant d'être venus s'installer au village avec les gens. Habillés en vieux Katcina, ils amenèrent au village cinq vierges aux Haricots, masquées, dont les cheveux étaient enroulés; elles étaient drapées de châles de cérémonie rouges, blancs et bleus. Elles étaient venues récolter les haricots pour les porter, le lendemain, sur la plaza. Les Katcina chantèrent leur chant et le Père des Katcina donna des plumes votives aux mâles et les renvoya. La Mère des Katcina mena les vierges aux Haricots passer la nuit dans une maison.

Les futurs initiés devaient rester dans les maisons de leurs tantes rituelles, jusqu'à ce que les kiva soient prêtes pour la danse qui durait toute la nuit. Nous répétions nos chants et préparions nos costumes quand Seletzwa, le Chef du *Powamu*, entra dans la kiva et nous dit de nous peindre le corps. Il revint plus tard nous dire : « Habillez-vous maintenant, sans les masques. » Il allait sans cesse de kiva en kiva, jusqu'aux approches de minuit, pour dire aux Katcina ce qu'ils devaient faire ensuite. Il vint enfin nous dire : « Maintenant, sortez. » Nous avons pris nos hochets pour aller prier au sanctuaire Katcina, tandis que les mères rituelles menaient leurs enfants dans la kiva. Nous Katcina, répartis en quatre ou cinq groupes, allions en dansant d'une kiva à l'autre.

Les Katcina de la société du Powamu étaient magnifiquement vêtus de kilts brodés et de ceintures, de pendentifs verts aux oreilles, d'innombrables colliers de perles, de fleurs de melon artificielles sur la tête; ils portaient aux pieds des mocassins verts, des hochets d'écaille dans la main droite et des jeunes sapins dans la gauche. Il y avait de jeunes garçons habillés en fille, avec des ceintures, des mocassins et des couvertures de cérémonie; leurs cheveux étaient relevés et enroulés quand c'était possible et ils étaient parés de bijoux avec des soleils attachés au front. On leur avait frotté la figure de farine de maïs, enduit les bras et les mains d'argile blanche et ils portaient des brindilles de pin à la main gauche. Certains Katcina étaient habillés en femmes vieilles et décrépites avec des masques profondément ridés; elles portaient des poupées mâles et femelles, à demi cachées derrière les branches de pin. Les femmes qui voulaient des enfants jetaient des pincées de farine aux poupées : à une femelle pour avoir une fille, à un mâle pour un garçon.

Lorsque je dansais dans la kiva Howeove où Mabel était assise, je me suis rappelé ma propre détresse en découvrant que les Katcina n'étaient que des gens, mes parents. J'ai détourné les yeux de son regard et j'ai craint qu'elle ne soit longtemps malheureuse.

Quand nous sommes retournés à la kiva Mongwi, Polyestewa, habillé en vieille femme, se payait la tête des autres Katcina; il traitait les mâles de flemmards, mauvais chasseurs, impuissants, les « femelles » de bigleuses, mauvaises cuisinières, dames qui courent après les étrangers mais qui ne prennent jamais de bain. « Moi », se vantait-il d'une voix de femme, « moi j' suis chrétien et j' fais jamais rien de mal. »

Quand la représentation a été terminée, Talasvuyaoma, le Chef de Guerre, s'est levé. Il a dit aux futurs initiés : « Vous, garçons et filles, vous avez vu que les Katcina, ce sont vos oncles et vos pères. Je vous avertis qu'il ne faut jamais en parler aux autres et pas même entre vous. Si vous le faites, des Katcina Fouetteurs viendront vous punir, peut-être même vous tuer. »

Alors, les tantes rituelles emmenèrent les enfants, pleins de sommeil, chez eux, leur lavèrent rituellement les cheveux avant le lever du soleil et leur donnèrent un nom.

Le dixième jour, après le petit déjeuner, Herbert et moi nous nous sommes habillés dans la kiva *Mongwi*, pour aider les Jeunes Filles aux Haricots à porter leur chargement. La Mère des Katcina a chanté et aligné les autres, les a fait sortir de la kiva et tourner quatre fois autour. Le dignitaire de la société du *Powamu* est venu nous prévenir qu'il était temps que les Katcina se mettent en colère et chassent les gens dans leurs maisons, pour que les hommes puissent récolter les haricots. La Mère des Katcina est grimpée sur le toit et elle a agité son carquois et ses flèches pour avertir tout le monde qu'il fallait rentrer chez soi et fermer les fenêtres. Des Katcina de toutes les kiva parcouraient les rues en grondant et se postaient pour qu'aucun des jeunes enfants ne voie ce qui se passait : ils auraient rossé celui qui serait sorti dans la rue. Les travailleurs dans les kiva ont coupé les plants et les ont posés sur de grandes corbeilles d'osier avec quatre poignées en jonc; on nous disait que les tiges tendres devaient être maniées avec grand soin et qu'un jour, il y a très longtemps de ça, les Katcina avaient trouvé beaucoup de tiges cassées et qu'ils avaient fouetté tous les membres de la kiva, dont certains avaient réchappé de justesse. On a porté les corbeilles au sanctuaire katcina où se trouvaient les vierges aux Haricots. Nous étions masqués, Herbert et moi, vêtus du costume katcina de Neige, et nous avions belle allure. Les vierges aux Haricots ont essayé de soulever les corbeilles et l'une d'elles a dû prier qu'on lui en donne la force. J'en ai suivi une pour la soulager; lorsque nous approchions du village, les autres Katcina ont afflué autour de nous, répétant sans cesse à Herbert et à moi : « Demande à la Vierge si elle est fatiguée », alors, je lui demandais : « Es-tu fatiguée ? » Quand une jeune fille se lassait, elle faisait un signe de tête pour qu'on prenne sa place.

Il y avait une foule de gens, aux abords de la plaza, pour nous regarder. En tête de la procession étaient les Officiants du *Soyal* et du *Powamu*, y compris le Chef du Village, le Chef du *Soyal*, le Chef du *Powamu*, le Chef Crieur et le Chef de Guerre. Ils nous menèrent à la kiva du *Powamu* autour de laquelle nous avons décrit un cercle, quatre fois. La vierge aux Haricots que je suivais était très forte et avait peu besoin d'être aidée – on estime signe de chance qu'une jeune fille porte sa charge sur la plaza sans être aidée, mais la règle oblige le Katcina à la recevoir sur la plaza. A la fin du trajet, la vierge s'est retournée et m'a fait signe de la prendre. Les prêtres ont retiré les tiges de haricot des cinq paniers. Le héraut a appelé les femmes à cacher les petits enfants sous leurs châles, puis nous, Katcina, nous nous sommes sauvés dans les kiva en emportant les corbeilles. Quand on découvrait les enfants, il ne devait rester que deux vieux Katcina sur la plaza qui recevraient un paho du Chef du *Powamu* et partiraient sans hâte vers l'ouest. Les Chefs Tewaqueptewa et Frank Siemptewa, qui tenaient les rôles pour la première fois, oublièrent et s'enfuirent avec les autres. Quand on a découvert les enfants, leurs mères leur ont dit que les Katcina s'étaient envolés; elles disaient : « Regarde le ciel, tu les verras voler. »

Après avoir fumé dans la kiva, la grande cérémonie du *Powamu* était terminée et nous nous étions assurés contre la défaillance de la récolte. Les Katcina se déshabillèrent, rangèrent leurs costumes dans des sacs et cachèrent leurs masques. On me dit que mes plumes de *Kele* étaient entièrement poussées maintenant et que je pouvais voler comme un faucon, où je voulais, sans danger. Je compris l'importance de la cérémonie du *Powamu* pour la réussite des cultures. Les Anciens me firent des éloges sur mon travail, disant que lorsqu'on n'accomplissait pas cette cérémonie dans les règles, il venait des famines : ils disaient aussi que ceux qui tenaient leurs rôles avec indifférence risquaient de mourir peu après ou de perdre un parent.

Je résolus de ne jamais négliger cette cérémonie ni de mal l'accomplir.

X

MARIAGE ET MAGIE

Je me suis tapé 60 kilomètres à pied en sept heures pour rentrer à Moenkopi. Dans le temps, l'oncle de mon père se levait avec les poules, courait là-bas cultiver sa terre, et rentrait le soir en vitesse. Eh bien moi, j'ai senti dans mes pieds que c'était bien vrai ce que tout le monde disait, que les mœurs blanches étaient en train d'amollir les Hopi.

Ils étaient nombreux chez ma mère de clan et j'aurais été obligé de payer ma part des provisions; alors, j'ai décidé de loger chez ma tante Frances pour faire des économies et m'acheter un cheval.

Le samedi, Secaletscheoma a fait danser les Katcina pour être agréable aux dieux et se faire guérir les yeux. Je les ai regardés toute la journée, et ce soir-là, j'ai couché avec Euella. Le lendemain, Secaletscheoma m'a demandé de faire le clown, mais j'aurais été malhonnête d'accepter : je risquais de gâter la fête avec un souffle impur, et puis, si ses yeux ne guérissaient pas, on aurait pu dire que c'était ma faute. Comme ma tante était étonnée, je lui ai expliqué pourquoi. « Je m'en vais lui flanquer une raclée, à cette Euella qui prend ma place », me répond-elle. « Mais t'es bien puni, de toute façon : je t'aurais apporté un bon dîner et maintenant, tu l'auras pas. »

On blaguait souvent comme ça, mais on n'avait jamais fait l'amour ensemble : c'était la nièce de mon père et la femme de Roger, frère de mon père rituel. En plus, elle était bien plus vieille que moi, mais même plus jeune et sans mari, je n'y aurais pas touché parce qu'elle était du Clan du Sable, comme mon père; je pouvais faire l'amour tant que je voulais avec la nièce de l'un ou l'autre de mes grands-pères, comme Euella, par exemple, mais pas avec les parents proches de mon père. Je pouvais blaguer avec les tantes, mais jamais faire l'amour avec une femme du Sable.

Les deux clowns, Freddie et Pierce, ont quitté le village avec Secaletscheoma. Ils ont suivi les Katcina à la trace, jusqu'à leur sanctuaire, pour les ramener à la plaza : c'était le rite qu'il fallait accomplir parce que leur Père les avait renvoyés la veille.

Je suis resté sur un toit à regarder les danses des Katcina; je chantonnais leurs chansons avec eux, en pensant à Euella. Ils ont bien travaillé, les clowns, et il n'y avait pas de mauvais vent, ce qui prouve que leur cœur était pur.

Le lendemain, j'ai travaillé au barrage et j'ai encore été voir Euella. Pendant qu'on était couchés ensemble, voilà que je sens que je vais éternuer; je me frotte le nez bien fort pour m'arrêter, mais ça ne marche pas et je suis forcé de me fourrer sous la couverture et d'éternuer deux fois. La mère d'Euella arrive à la porte et demande : « Qui est là? » « Personne », répond Euella. « C'est bien ta voix », dit sa mère, « mais pas ton éternuement »; alors, elle revient avec une lampe, me découvre la figure et me demande en souriant : « Et comment es-tu arrivé là? » Elle avait une expression qui me donnait du courage, alors je lui ai dit : « Puisque tu m'appelles toujours ton « bon ami », j'ai pensé que c'était le moment de venir. » Elle a ri et m'a chahuté un peu, mais elle a ajouté : « Moi, on m'a élevée à la dure, j'aime mieux qu'Euella profite de la vie. Reste, va, mais tâche que son père te prenne pas. »

On n'avait pas à s'en faire, puisqu'il passait la nuit à la bergerie.

Je me suis mis à voir Euella un jour sur deux,

puis on a eu peur qu'elle soit enceinte; il aurait fallu qu'elle quitte l'école, et moi, je risquais des ennuis avec le Gouvernement, et même, peut-être, d'aller en taule. On a décidé de ne plus se voir qu'une fois par semaine.

Au mois de mai, on nous prévient d'Oraibi que nous, *Kele*, on doit rentrer pour la fête de la cueillette des épinards.

J'emprunte un cheval à Harry Kopi et je rentre, apportant des oignons verts, des plants de menthe et d'autres légumes à partager avec ma mère et à donner aux jeunes filles, pendant la fête. Je ne savais pas ce qui m'attendait.

A l'entrée du village, un brave vieux, le père de Claude, me dit : « Eh bien, amant de Polehongsie, je suis content de te voir. » Je lui demande des explications et il m'apprend que je couche avec cette fille et que je dois l'épouser bientôt. Je lui dis que j'ai bien une amie à Moenkopi, mais pas Polehongsie, une vieille fille qui était sœur de clan de mon copain Louis.

Quand je passe devant la kiva du Serpent, Nashingeptewa, du clan Masau'u, me crie : « Eh, là! Polehongsie, t'arrives de Moenkopi? » « Oui, me voilà. » Je continue ma route et je me demande de qui vient ce bobard.

Je m'arrête devant la maison de ma mère et je cause avec Robert Talas; le Chef Tewaquaptewa traverse et vient me taper amicalement sur le dos, et puis, voilà que mon père rituel arrive aussi et me dit : « Talayesva, mon fils, j'ai une chose désagréable à te dire; Billy nous apprend que tu vas épouser Polehongsie et qu'elle vient à Oraibi pour le mariage, aussitôt après la fête. » « Elle peut bien venir si ça lui plaît, ce sera autant de gagné pour moi. »

Il me met la main sur l'épaule et dit : « Elle est beaucoup plus vieille que toi, cette fille; elle est encore belle, mais c'est une coureuse qui te fera une mauvaise femme. Crois-moi, laisse-la tranquille. »

Du coup, Robert prend ma défense. « Entre

copains, on connaît ses bonnes fortunes : Don et moi, on est toujours ensemble; c'est vrai qu'il a une amie à Moenkopi, mais c'est pas cette rombière. »

Je ne voulais pas m'en faire, mais ça me travaillait. Je ne parlais pas pendant le déjeuner, alors ma mère me dit : « Mange, petit; moi aussi, je me suis fait du mauvais sang; si tu la veux vraiment, cette fille, j'ai rien à dire, mais si tu me dis que c'est pas vrai, je te croirai. »

Le Chef mangeait avec nous et blaguait tout le temps, comme d'habitude, pour nous faire rire.

Après déjeuner, le héraut annonce qu'il faut aller à la Source nous préparer à cueillir les épinards sauvages. En suivant une ruelle, je vois Irène, du Clan du Feu, sur un toit. Elle se penche et me dit tout bas : « Polehongsie, Polehongsie. » J'essaye de sourire et je continue mon chemin.

C'était une des rares filles d'Oraibi qui m'aurait convenu, mais depuis le jour où elle avait mangé mes oranges et accepté un collier que je lui offrais dans le train en revenant de Sherman, je ne l'avais presque pas revue. Elle venait d'être malade et ne pouvait pas nous accompagner, parce qu'elle avait perdu presque tous ses cheveux et ne pouvait pas les relever en forme de fleur, à la mode traditionnelle.

Ira était resté fidèle à sa sœur de clan, mais moi, je n'avais pas d'amie à Oraibi.

Sur mon passage, on m'appelait Polehongsie de tous les côtés. Robert me rattrape près du Rocher et m'envoie une bonne tape sur les fesses en me disant : « Alors, Polehongsie, tu m'attends pas? »

Moi, je lui flanque un grand coup sur le dos et je lui réponds : « Laisse tomber, salaud, fais pas la commère aussi », alors, ça le fait rire : « Mais t'as rien à y perdre, amuse-toi un peu et plaque-la après. »

Quand on a rejoint les filles à la Source, elles ont souri en me regardant et elles m'ont traité de Polehongsie à m'en faire éclater les oreilles.

On a suivi les officiants pour aller cueillir les

épinards sauvages. Quand on est arrivés aux dunes, le héraut a annoncé qu'on pouvait se reposer et qu'il fallait offrir aux filles les épinards qu'on avait cueillis. Je devais dire à l'une d'elles : « Voici mes épinards »; elle les acceptait en me remerciant et les mettait dans son châle; en échange, elle me donnait de la nourriture. La cueillette, les temps de repos et les échanges avaient lieu quatre fois. En plus, j'ai pris des bottes d'oignons verts dans mon sac, pour les donner aux filles au lieu d'épinards.

Au quatrième et dernier arrêt, j'avais vidé mon sac d'oignons et reçu tant de nourriture que mon sac était plus lourd qu'en partant.

C'est la coutume, à la dernière halte, qu'une fille choisisse un amant et lui présente un gâteau de maïs en gage de fidélité : c'est gênant à recevoir devant la foule, mais je n'avais rien à craindre; à cause des ragots, aucune fille d'Oraibi n'aurait été me choisir, et de toute façon, Irène n'était pas là. Claude a reçu un gâteau d'Alice, et plus tard, il l'a épousée.

Enfin, le héraut a donné l'ordre de rentrer le cœur gai, mais moi, je n'avais pas le cœur gai.

Nous sommes rentrés, nous avons dîné et les Katcina sont arrivés. Ils ont dansé près des kiva et le Père les a renvoyés. Il n'y avait personne pour jouer le rôle de Masau'u parce que le vieux qui le faisait autrefois était parti avec les Hostiles pour Hotavila.

J'essayais d'être gai; j'avais décidé de rentrer à Moenkopi tout de suite puisque je ne me trouverais pas de femme à Oraibi, à cause de toutes ces histoires. Ma famille m'a demandé de rester jusqu'au lendemain et d'oublier les ragots, mais cette nuit-là, couché sur le toit, je me suis senti pris au piège. Il faudrait peut-être que j'épouse Polehongsie, surtout si les autres filles me prenaient pour son amant et m'évitaient. Ça ne me disait rien de traîner cette créature le reste de ma vie.

Le lendemain, je reprends mon cheval, je fais mes adieux et je m'en vais. De son toit, mon père rituel me fait signe de l'attendre au Rocher. Là, il me donne des conseils : « Ecoute-moi bien, mon garçon, méfie-toi de Polehongsie. » Je lui prends la main et je l'assure que je n'ai jamais couché avec elle; je lui promets de ne pas rôder près de sa maison après la tombée de la nuit.

Près de l'autel de Masau'u, je vois Logan et Jackson à cheval et je les dépasse au galop. Ils me crient : « T'es bien pressé, Polehongsie », et je leur réponds que j'en ai marre de ce nom; alors, ils me demandent la vérité et je leur dis que c'est un coup monté.

Un moment après, je reconnais un type qui nous poursuit à dos de mulet; c'est Billy, ce bavard qui a fait courir le ragot. Je leur dis : « Le voilà, le salaud; les gars, c'est le moment de lui régler son compte! » Quand il arrive près de nous, il dit : « J'ai eu bien du mal à vous rattraper. » Alors, moi, je lui réponds : « Et tu ne crois pas que j'en ai bavé à cause de toi? on va s'expliquer un peu. Pourquoi que t'as fait courir ce ragot sur Polehongsie et moi, hein? »

Alors, il rit comme un crétin et ça me donne envie de lui casser la gueule. « C'est pas moi », qu'il dit, « j'ai fait que répéter ce que les voisins disaient; alors, c'est vrai? »

Du coup je me calme un peu, mais je lui dis : « T'aurais quand même dû me demander si j'avais couché avec elle, avant de le crier sur les toits : pour ce qui est de trouver une femme à Oraibi, je peux me brosser maintenant. »

Voilà qu'il fait semblant d'être obligé de s'arrêter. Je dis tout bas aux copains de le planter là, et on repart au galop.

Quand on est arrivés à Moenkopi, j'ai été rendre mon cheval à Harry et j'ai offert de le payer : il me fait un clin d'œil et me répond : « Garde tes sous pour Polehongsie. »

J'ai appris que le bruit courait partout dans Moenkopi, mais que la plupart des gens étaient de mon côté. Mes tantes n'en finissaient pas de m'interroger et de maudire la famille de Polehongsie.

Chaque fois que je voyais Polehongsie, elle me regardait et puis elle souriait, comme si elle me tenait déjà, aussi je prenais grand soin de l'éviter. Il y avait toujours Mettie qui m'écrivait toutes les semaines, seulement, elle avait un Navaho, en plus de deux Hopi, à ce qu'on disait. Sa mère était au courant de l'histoire du Navaho; ça ne lui disait rien pour sa fille, tandis que moi, elle m'aurait pris, si j'avais bien voulu attendre que Mettie revienne de l'école; mais je ne voulais pas attendre.

Je suis retourné chercher du travail au barrage. Un jour, un homme a offert un dollar et demi à quatre d'entre nous; il fallait qu'on creuse une tombe, une tombe de Mormon. Ira, Robert, Adolphe et moi on s'est entendus pour le faire. Pierce, lui, il a refusé; il a dit qu'il était trop petit pour sortir la terre du trou; pourtant, de nous tous, c'était le meilleur terrassier. Moi, je savais qu'il avait peur.

Le Mormon et sa femme sont venus au cimetière en chariot, avec le cercueil. Il était tout recouvert de velours riche, le cercueil. Ils pleuraient comme des madeleines : ce gars de dix-sept ans, c'était leur fils unique qui était venu de Salt Lake City avec eux.

Des employés du Gouvernement ont chanté : « Plus près de Toi mon Dieu » et « Nous réunirons-nous au Fleuve? » Les parents me faisaient de la peine, alors j'ai chanté aussi.

On a mis de la terre plein le trou et on a mis des pierres aux deux bouts. Ça ne me disait rien d'être enterré dans un cercueil, même luxueux, en velours : c'était trop bien fermé, il n'y avait pas moyen de s'en échapper.

Au bout de trois semaines environ, je suis rentré à Oraibi aider mon père. J'avais acheté un petit cheval à Harry Kopi pour $ 17,5, mais je l'ai laissé à Moenkopi manger de l'alfalfa et je suis parti en chariot avec Marc, un oncle à Mettie qui portait des pommes au marché. En route, il me pose des questions sur Polehongsie : « Tu vas quand même pas épouser c' te vieille traînée? Attends plutôt le retour de Mettie. » Je lui réponds : « C'est long d'attendre; si je peux pas trouver une autre amie, il faudra peut-être bien qu'on se marie. »

Quand je suis arrivé, j'ai d'abord été dire bonjour à ma mère. Je lui ai demandé ce qu'elle avait comme nourriture de Blanc – rien qu'un peu de café et de farine; alors, j'ai été à Oraibi le Neuf acheter huit sacs de 25 livres de farine, 5 livres de café, 5 de sucre et plusieurs boîtes de levure en poudre. Ça lui a fait rudement plaisir; Ira, qui était plutôt radin, ne lui en donnait jamais autant.

J'ai cherché un boulot à Moenkopi quand mon père a été à jour. Ça n'a pas marché, alors j'ai aidé les Hopi aux champs pendant une semaine, à $ 1 par jour. J'ai retiré mon argent de la caisse d'épargne de l'Agence navaho et je me suis acheté une selle neuve pour $ 35. Jusqu'à ce que je tombe malade, je n'ai jamais trouvé que du travail temporaire.

Un jour, en me peignant, je me regarde dans la glace, et je vois un lézard mort attaché au pan de ma chemise. Je l'enlève et je le montre à ma tante Frances. Elle a l'air inquiète et me fait ôter ma chemise et la brûler tout de suite; elle m'explique que c'est la seule manière d'empêcher le poison de se glisser à travers tout mon corps. Je mets le lézard mort dans une boîte de fer-blanc et je l'enterre sous une pierre, derrière la kiva.

Le soir en rentrant du travail, je me lave et je vais à l'endroit où j'avais laissé le lézard; je m'assure que personne ne me regarde, j'ôte la pierre et je jette un coup d'œil dans la boîte. Il n'y est plus. Il n'a pas laissé de traces. Tout d'un coup, j'entends la voix de Ponyangetewa, le mari de ma mère de clan : « Que cherches-tu ? » demande-t-il; alors je lui raconte l'histoire du lézard et il dit : « Ce doit être Polehongsie. »

Voilà qu'au bout de quelques jours je me sens dolent et malade, et je m'aperçois que je perds la mémoire. On fait venir un bon médecin hopi, Arpa, du Clan des Taupes, de la première mesa, pour m'examiner. Quand il a terminé son repas, il me fait étendre devant lui sur une peau de mouton; il me regarde de près, sourit, met l'oreille à mon cœur et écoute. Enfin, il me demande si j'ai du plaisir avec les filles, et je lui réponds : « Pas beaucoup. » Il réfléchit un moment et me dit : « Il y a deux filles qui s'intéressent à toi, l'une est bien, l'autre pas. Elle t'a pris au piège comme un oiseau; elle a rempli tes vêtements de pollen d'astragale pour te rendre fou d'elle. » Il m'examine encore et ajoute : « Mon garçon, tu as le cœur malade. Pendant que tu dormais, un tourbillon est venu le nouer et moi, je vais le dénouer. » Il me masse la poitrine, me fait déchausser et frotte légèrement la plante de mes pieds du bout de ses doigts; on aurait dit qu'il courait un animal minuscule sous la peau. Il agite deux doigts : « Je n'arrive pas à l'attraper », dit-il.

A la fin, il extrait quelque chose qu'il pose sur sa main gauche et me fait voir une minuscule queue de lézard frétillante; il en attrape une seconde dans mon pied gauche; alors il me regarde dans les yeux et me dit gravement : « Mon garçon, tu vas peut-être mourir. On t'a empoisonné avec les terribles queues du lézard et c'est une des pires maladies, mais ton cœur n'a pas encore été atteint par le mal, qui se trouve maintenant dans tes cuisses. »

J'étais si secoué que j'ai cru que je devenais fou. D'un seul coup, j'ai su que Polehongsie était sorcière, sans quoi elle n'aurait pas pu me faire ça. J'avais peur de ce qu'elle me ferait quand elle perdrait tout espoir de m'épouser, et je ne l'épouserais jamais, c'était certain.

Pour finir, le médecin m'a demandé ce que je savais des lézards. Je lui décris le lézard mort sur ma chemise et je lui raconte l'histoire de Polehongsie. Il baisse la tête et prend l'air inquiet : « Je suis désolé d'apprendre ça », dit-il. « Polehongsie a dû mettre le lézard dans ton lit pendant que tu dormais. Fais-moi voir tes yeux. » Il leur a trouvé un drôle de mouvement; dans chacun d'eux, il a enlevé quelque chose qu'il a reconnu comme étant des flèches empoisonnées : c'étaient peut-être les yeux du lézard.

Enfin, il m'a dit qu'il m'avait sauvé de la mort, mais qu'il ne fallait pas que je reste à Moenkopi. « Tu feras bien de partir pour Oraibi demain matin; en route, tu verras peut-être des lézards avec des queues comme celles-ci. Si tu as sommeil, ne te couche pas, car tu seras peut-être pourchassé. Je te suivrai, d'ici un jour ou deux, pour aller te voir chez toi. »

De bonne heure le lendemain, j'ai pris mon cheval et je suis parti au petit trot; je suis arrivé au galop à Oraïbi, avant d'avoir eu sommeil. L'idée d'avoir échappé à cette créature me rendait tout joyeux, et je croyais, à ce moment-là, que jamais je ne voudrais retourner à Moenkopi.

J'ai raconté toute l'histoire à ma mère : elle a pleuré en pensant au danger que j'avais couru. Je l'ai regardée en face et j'ai dit : « Jamais je n'ai couché avec Polehongsie; elle n'a aucun droit sur moi. »

Deux jours plus tard, le médecin s'est arrêté à Oraibi. Il a dîné avec nous, et après le repas il m'a examiné. Il m'a trouvé presque guéri, mais il a voulu faire une incantation spéciale pour me purifier.

Dans une coquille de palourde, il composa une potion, il chanta dessus et me la fit boire jusqu'à la dernière goutte. Se tournant vers ma mère, il lui dit : « Tu te souviens de l'endroit où ton fils est né. Va y recueillir un peu de poussière, là où il est tombé de ton ventre, mêles-y de l'eau et fais-la-lui boire. Il sera ainsi libéré de la puissance du tourbillon qui a pris possession de ses vêtements et de son corps. »

Il me dit, à moi : « Maintenant, tu es guéri, mais il te faut du repos pour reprendre tes forces. »

Ma mère l'a remercié plusieurs fois, en pleurant un peu : « Si vous n'aviez pas été à Moenkopi, il serait mort maintenant : je vous en fais don, en fils véritable. » Le médecin m'a pris par la main :

« Maintenant, tu es à moi, et personne ne pourra t'arracher à moi. Sois bon et fort. »

Il allait se lever, quand je lui ai dit : « Attendez. » J'ai pris un billet de $ 5 dans ma poche et je le lui ai tendu, car ma vie comptait plus que mon argent.

Quand j'ai repris mes forces, j'ai aidé mon père aux champs, à garder les troupeaux et à porter le bois; j'étais à Oraibi au moment des danses Niman de juillet, mais je ne pouvais pas danser à cause de ma maladie. J'étais sur un toit, en train de les regarder, quand le Chef Tewaquaptewa s'est amené avec une étoile à sa veste et un revolver à sa ceinture : on venait de le nommer Agent de la Police du Gouvernement. Il tenait un papier à la main et me dit qu'il avait quelque chose à m'annoncer : « Regarde là-dessus si t'y vois ton nom. » Je le trouve et je trouve le nom de Louis et le nom d'autres qui s'étaient inscrits à la Y.M.C.A., à Sherman. Le missionnaire d'Oraibi le Neuf avait reçu la liste de Sherman et avait donné l'ordre au chef d'empêcher les gars chrétiens d'aller aux danses de Katcina. « Le missionnaire m'a dit de vous faire quitter la fête; vous irez vous réunir à la Mission du Soleil. » « L'Agent du Gouvernement aussi, il t'a donné cet ordre, ou si c'est seulement le missionnaire? » « Seulement le missionnaire », me répondit-il. « Alors tu peux te torcher avec », que je lui dis.

Les Anciens et mon Esprit Tutélaire m'avaient amené ou *Wowochim* et au *Soyal* : je savais que je ne valais plus rien pour le Saint-Esprit : j'avais oublié d'observer le Sabbat, j'avais adoré les « idoles » hopi. Et pourtant, j'honorais encore mon père et ma mère, je n'avais pas volé, je n'avais tué personne, ni commis l'adultère.

Un jour, il s'est mis à pleuvoir pendant que je travaillais aux champs. Comme il était presque midi, j'ai été m'allonger dans la cabane de mon père pour déjeuner. Je regarde à gauche et je vois un serpent lové; tête dressée, il me regarde droit dans les yeux et darde la langue plusieurs fois. Je reste absolument immobile, je pense fort et je prie. Quand la pluie s'arrête, le serpent rampe vers moi, me touche la pointe du pied, puis se retire. Il revient, s'approche de mon genou et de nouveau se retire. Il semble réfléchir un peu, il rampe le long de mon corps jusqu'à mon menton et me lèche la figure et le nez : je suis terrifié et en sueur, mais j'essaye de ne pas trembler. Je parle au serpent d'une voix très calme et douce : « Mon père, je suis fils du Serpent et du Lézard. Tu es venu regarder mon cœur pour apprendre quel homme je suis : je ne suis qu'un homme moyen, sans bonté ni sagesse particulières, je te prie de ne pas me faire de mal »; alors, le serpent s'enroule à moitié autour de mon cou où il reste un petit moment, immobile. Je pense : si ce serpent sacré veut me faire du mal, je n'y peux rien.

Il a fini par s'éloigner comme s'il était content de moi; s'il avait trouvé mon cœur mauvais, il aurait été moins doux, aussi j'étais heureux qu'il soit venu. J'ai deviné l'œuvre de mon Esprit Tutélaire, et je me suis senti en sécurité entre ses mains. Je me suis rappelé que j'avais ramassé une pierre pour tuer un serpent qui m'avait presque étouffé et je savais maintenant que c'était mon Esprit Tutélaire qui m'avait retenu juste à temps. Lorsque j'avais creusé un trou pour y mourir, on m'avait sauvé au bord même de ma tombe. Je n'étais pas près d'oublier non plus comme les serpents baissaient la tête en me voyant au cours de mon voyage de mort, ni comment mon Esprit Tutélaire m'avait rendu la vie et promis sa protection. J'avais toutes les preuves que les esprits ancestraux approuvaient ma conduite et voulaient que je suive la Voix du Soleil hopi.

Un jour, l'envie m'a pris de retourner à Moenkopi, au moins pour une courte visite; mes parents m'ont averti que si j'y tenais vraiment, il fallait que je revienne vite et que je prenne garde à ne pas m'endormir près d'une source, à cause des lézards maléfiques.

Ma tante Frances m'a reçu joyeusement et m'a posé un tas de questions. Je lui ai raconté toute l'histoire de ma maladie et comment j'avais failli mourir, et elle a fondu en larmes. Elle m'a conseillé de ne plus voir Euella en cachette, mais je l'ai assurée que ma petite tante était de mon côté et que j'avais très envie de lui rendre visite. Roger, le mari de Frances, est entré pendant que je mangeais. Il me donne une bonne poignée de main et me demande de mes nouvelles; alors, je lui dis que je pourrai seulement rester dix jours. Il me répond : « T'as été bien assez puni et je pense pas que tu sois malade de nouveau; sois heureux, traite bien les autres et on t'aimera; dans ce cas, si quelqu'un se tournait contre toi, tu aurais du monde de ton côté. »

Cet homme était bon, sage et patient; il se mettait rarement en colère et ses paroles douces et pacifiques faisaient du bien.

Il m'a appris la bonne nouvelle que les gens de la première mesa allaient venir danser à Moenkopi dans cinq jours; alors, j'ai offert de lui donner un coup de main pour qu'il puisse regarder les danses toute la journée.

Cette nuit-là, je me suis enveloppé dans ma couverture et je me suis couché dans la cour; j'ai chanté des chansons de Katcina pour qu'Euella sache que j'étais revenu. Quand tout a été tranquille depuis un bon moment, j'ai filé en douce jusqu'à sa chambre et j'ai poussé la porte; le loquet était déplacé et elle a cédé facilement. J'entre à pas de loup, je me glisse sous la couverture et je trouve Euella endormie : je lui passe la main sur le genou, je remonte et je traîne, par-ci, par-là; je finis par la frotter vigoureusement, alors elle se réveille en sursaut; elle est sur le point de crier quand je lui souffle : « Tais-toi, c'est ton ami d'Oraibi. » Elle s'est vite calmée et a paru très heureuse. Je lui ai demandé si elle avait eu un amant en mon absence, alors elle m'a répondu : « J'ai attendu ton retour. » Je savais bien qu'elle en avait eu un autre, puisque

Marc m'avait raconté à Oraibi qu'il avait vu mon copain Louis quitter sa chambre. Louis était mon meilleur ami et Euella était ma tante que je ne pouvais pas épouser; aussi, la nouvelle ne me faisait pas de peine, mais ça m'aurait étonné qu'Euella l'avoue, car ce n'aurait pas été convenable qu'elle me parle d'un autre garçon. Je n'avais couché avec aucune femme depuis mon départ de Moenkopi et je n'ai pas pu me décider à la quitter avant que le ciel devienne clair à l'est; je suis allé me recoucher dans la cour et je dormais à poings fermés quand le soleil s'est levé. Roger m'a arrosé d'eau froide et on a lutté jusqu'à ce que les gens viennent nous regarder.

Pendant deux jours, j'ai aidé mon « grand-père » Roger à cultiver les haricots et le maïs, puis je suis de nouveau tombé entre les mains de la vieille Bakabi, la Deux-Cœurs. Je l'ai trouvée un soir, chez ma mère de clan Singumsie. J'ai mangé avec elles, puis je me suis étendu par terre pour reposer mon dos qui me faisait mal. La sorcière m'a bien regardé; elle m'a demandé si j'étais malade et elle a offert de me soigner. Comme un imbécile, j'ai accepté son offre sans réfléchir; avec son poing, elle m'a frotté et tapé le dos, des épaules à la taille, en m'assurant que je me sentirais mieux, mais au lieu de m'améliorer, j'allais bien plus mal. Le lendemain, j'ai accompagné Roger au barrage d'irrigation pour boucher des fuites, mais je me sentais tellement malade que j'étais obligé de me coucher et de me reposer. En revenant, Roger me demande : « Qu'est-ce qui va pas, petit? As-tu fait l'amour de la manière malsaine? » et je réponds : « Non, jamais. »

Je suis resté couché par terre tout l'après-midi chez ma tante Frances. Euella est venue s'asseoir sur une peau de mouton à côté de moi. Frances lui dit : « Euella, tu n'es qu'une paresseuse, bonne à rien; tu m'as fauché mon amant. » Euella rit et rougit : « Eh bien, et toi : tu le gardes ici chez toi et tu le prends quand tu veux; maintenant, c'est mon tour d'en profiter. »

Pendant que Frances était partie faire une course, j'ai demandé à Euella de me frotter le dos et je lui ai raconté l'histoire de la vieille Bakabi. Elle a dit : « Cette vieille a l'air d'une mauvaise femme; je suis pas médecin, mais je crois bien qu'elle t'a démis les côtes. »

Elle se couche à côté de moi et me caresse un peu, puis elle s'endort. A son retour, ma tante vient nous regarder et me dit en souriant : « Pourquoi tu la caresses pas ? » « Ça y est »; j'ai répondu en mentant, parce que je me sentais trop malade pour que ça m'intéresse beaucoup. Et voilà la mère d'Euella qui entre; elle rit, puis elle se plaint : « Voilà encore ma fille qui dort avec son amant, et mon tour, alors ? » Du coup, je lui dis de se coucher de l'autre côté, ce qu'elle fait, à ma surprise, et elle m'appuie dessus avec son bras et sa grosse jambe. On s'est caressé jusqu'à ce qu'elle me serre assez fort et m'embrasse passionnément. J'étais un peu gêné. Quand Euella s'est réveillée, sa mère lui a dit de rentrer préparer le dîner.

Je suis sorti quand mes tantes sont parties et j'ai vu arriver des gens de la première mesa en chariot et mon médecin Arpa avec eux. Euella et sa mère m'ont apporté à manger parce qu'elles avaient couché avec moi. Roger, qui était revenu du travail, me dit en blaguant : « C'est une bonne petite tante, cette Euella; à ta place, je l'épouserais. » Frances jette un coup d'œil perçant à son mari et répond : « T'es bien trop vieux pour ça. »

Roger est allé trouver les gens de la première mesa pour prévenir le médecin que j'étais de nouveau malade. Il est venu aussitôt en demandant où était son fils.

Il m'a rappelé que je lui avais désobéi en revenant à Moenkopi; je lui ai expliqué que j'avais maintenant un mal différent : ce n'était plus le cœur, mais le dos. Il m'a examiné et m'a demandé qui m'avait déplacé les côtes; j'hésitais à lui répondre, mais j'ai fini par lui nommer la vieille Bakabi. Inclinant la tête, il dit : « C'est grand dommage. Tes côtes sont démises et il y en a deux qui s'enfoncent dans l'estomac. » Il m'a prévenu que ce serait une opération pénible et a demandé à Roger de me maintenir couché pendant qu'il remettait les côtes en place : je criais et je me débattais à cause de la douleur très vive. Lorsque tout a été terminé, Arpa m'a dit : « Mon fils, cette vieille Deux-Cœurs tue sans cesse. Masau'u l'a appelée et elle devait mourir, mais elle tient à la vie et a détruit un grand nombre de tes parents pour prolonger sa propre vie. »

Je lui ai raconté comment j'avais vu la vieille Bakabi, de mes propres yeux, nue sur la Voie de la Mort, et comment elle m'avait demandé à boire, me priant même de cracher dans sa bouche. Il a fait un signe de compréhension et m'a dit : « Je vais te raconter quelque chose. Ta « grand-mère » était Deux-Cœurs quand elle était jeune et jolie et elle laissait souvent les hommes coucher avec elle; moi-même, je l'ai fait. C'est pourquoi tu l'as vue nue sur la Voie de la Mort. »

De colère, j'ai dit sottement : « Quand j'irai mieux, je la fouetterai, cette vieille imbécile qui tue les miens et me fait tant de mal. »

Alors, le médecin m'a prévenu qu'il ne fallait pas y toucher et m'a rappelé qu'aucun homme ordinaire ne peut se mesurer avec un pouvoir magique.

Le lendemain, en regardant les danses, j'aperçois Nash, un de mes vieux copains de l'école; je lui crie : « T'es marié? », alors, il se plaint qu'il n'a pas réussi à se trouver une femme, et je lui conseille de ne pas perdre de temps parce que toutes les jolies filles s'enlèvent comme des petits pains. Je lui dis : « J'en connais une borgne, qu'est pas encore mariée; tu peux l'essayer. » C'était une blague qu'on se faisait souvent.

On s'est rappelé l'arrivée à l'école et la nuit où on avait dormi tous les deux dans le même lit. J'ai raconté à ma tante comme on était de bons copains en ce temps-là; on avait un seul cœur pour nous deux.

En allant rejoindre mes parents pour manger, on

est tombé sur la vieille Bakabi : je l'ai regardée de près et elle a fini par dire : « Veux-tu que je te frotte encore le dos? » « Je ne crois pas. » Elle a eu l'air étonnée et j'ai ajouté : « Un jour, tu sauras pourquoi. » Elle a baissé la tête sans rien dire. On est vite retournés sur la plaza, s'asseoir à l'ombre contre le mur d'une maison.

Les clowns sont bientôt arrivés à dix ou douze, de la première mesa. J'ai reconnu Edwin qui avait été Surveillant à l'école de l'Agence et qui avait reçu quarante coups de fouet pour avoir été rejoindre son amie au dortoir, en passant par la fenêtre. Après la danse, les Katcina comiques sont arrivés sur la plaza : deux garçons et leur « mère ». La Mère Katcina rudoyait ses fils et leur rappelait qu'ils étaient assez grands pour s'arrêter de courir après les filles, et qu'ils devraient se choisir une femme et faire une fin. Ils protestaient que la seule vie qui vaille la peine d'être vécue, c'était de connaître des tas de filles; il y en a un qui s'est levé et s'est mis à courir, en chantant : « Oh! oh! oh! », ce qui voulait dire qu'il se plaisait bien avec ses amies et qu'il n'avait pas l'intention de s'en passer. La Mère Katcina l'a grondé ferme et j'ai donné un coup de poing à Louis, qui était près de moi : « Ecoute la Mère, Louis, et laisse les filles tranquilles »; il m'a répondu tout bas : « Ça, jamais, c'est ce qu'y a de meilleur dans la vie. » Les Katcina comiques se sont installés pour manger et les clowns se sont groupés autour d'eux. Le clown Edwin a dit à la Mère qu'elle avait donné de mauvais conseils à ses fils, parce qu'après le plaisir de manger, celui de l'amour est le meilleur de l'existence; elle lui a donné un coup sur la tête, en lui répliquant : « T'es aussi mauvais garçon que mes fils, je te connais, tu t'es fait fouetter par un Blanc pour avoir été trouver une fille, en passant par la fenêtre. » Les gens ne s'arrêtaient pas de rire.

La Mère Katcina a informé les clowns qu'elle avait toujours eu beaucoup de succès avec les hommes, mais qu'elle avait réussi à conserver sa vertu. Elle a dit enfin qu'il était tard et qu'ils allaient se coucher; avant de s'étendre sur sa peau de mouton, elle a pris une cloche à vache dans son châle rituel, pour être avertie si un malotru venait lui faire l'amour; nous, on était tout yeux.

Bientôt, un autre clown Katcina est apparu, à pas de loup; il s'est approché en rampant, puis s'est laissé rouler jusqu'à la « dame ». Il a vu le signal d'alarme et, après avoir rendu le battant silencieux, il a enlevé la cloche avec des précautions infinies, l'a tendue à un clown, a fait l'amour avec la belle endormie et s'est sauvé. Quand la Katcina s'est réveillée et s'est aperçue que la cloche avait disparu, elle a réveillé ses fils violemment et les a envoyés à la poursuite du coupable. Les clowns sont tombés sur ce salaud tout près de la plaza et lui ont demandé comment ils pourraient trouver le coupable; il leur a suggéré ingénument de prendre l'empreinte exacte des pieds de l'intrus et de la comparer avec les pieds de tous les hommes sur la plaza, jusqu'à ce qu'ils trouvent le coupable. Les clowns sont venus parmi nous mesurer nos pieds, et chacun de nous craignait d'être pris; puis, ils ont mesuré leurs propres pieds, mais aucun d'entre eux ne s'adaptait parfaitement. Ils ont fini par attraper le Katcina lui-même et lui mesurer le pied, qui était juste de la bonne longueur; alors, les clowns et les fils de la Mère Katcina lui ont donné une bonne raclée.

Les Katcina de la première mesa ont dansé trois jours sur la plaza et le quatrième, ils sont rentrés chez eux. Ils ont été bien traités par les gens de Moenkopi. Avant de partir, le médecin m'a de nouveau examiné et m'a conseillé de rentrer chez moi, tout en me permettant de revenir à Moenkopi pour de courts séjours. Il m'a déconseillé d'épouser une fille de Moenkopi car, m'a-t-il dit, les gens de Moenkopi aiment mieux marier leurs filles à des hommes de chez eux. Je suis resté encore deux ou trois jours; j'ai donné quelques cadeaux et de l'argent à Euella et je suis rentré à Oraibi.

J'ai fait le va-et-vient entre Oraibi et Moenkopi pour de courtes visites. Un soir, à Moenkopi, j'ai voulu faire le voyeur comme les autres hommes hopi. Une jeune femme donnait un spectacle agréable en se déshabillant et j'ai eu très envie d'elle; j'ai fait un pas vers la porte, mais je me suis arrêté net, quand quelque chose en moi a dit : « Non », tout d'un coup; ça devait être la voix de mon Esprit Tutélaire.

J'ai revu cette fille plus tard et je lui ai parlé de la nuit où j'avais passé devant sa fenêtre : je lui ai demandé si j'aurais pu entrer sans risques; elle a rougi, mais je l'ai assurée qu'elle ne devrait pas avoir honte d'être si bien faite. Elle a baissé la tête timidement en protestant qu'elle n'était pas très jolie; je lui ai donné $ 5 et, plus tard, j'ai trouvé sa porte ouverte.

Au mois de septembre, je me trouvais à Oraibi, où j'ai aidé les missionnaires à creuser un puits et à construire une nouvelle maison de mission. Les missionnaires ont essayé de me faire accepter le christianisme et de me faire baptiser. Ils louaient ma force de caractère et prétendaient que je ferais un bon chrétien; je leur ai dit que si mon Esprit Tutélaire me guidait vers le christianisme, je l'accepterais, mais sinon jamais, car j'avais déjà une bonne piste à suivre : la Voie du Soleil hopi. Je voulais bien être ami avec eux, pourvu qu'ils me foutent la paix avec leurs histoires de Saint-Esprit et qu'ils ne disent pas de mal des dieux hopi. Je leur ai dit, poliment, que personne ne me forcerait à être chrétien.

Les arpenteurs du Gouvernement arrivaient au bout de leur travail et nous devions recevoir notre part de terres, fin septembre. Huit ou neuf hommes de Moenkopi sont venus assister aux réunions de partage; on suivait l'officier qui en était chargé, comme des chiens, chacun de nous essayant d'obtenir de la bonne terre arable et de bons pâturages. Moi, je n'étais pas dignitaire à Oraibi et je n'avais pas le droit de choisir ma part en priorité, mais on m'avait désigné pour représenter mon père, ma mère, mes frères et mes sœurs auprès du Gouvernement. L'interprète hopi, Robert Selema, a décidé de quitter sa place et me l'a offerte : il gagnait $ 3 par jour, avec $ 1 de plus les jours où il portait le courrier des arpenteurs. C'était une bonne planque et je l'ai prise.

Un soir, j'étais rentré du camp des arpenteurs et j'étais en train de dîner, quand mon vieux copain Louis est arrivé de Moenkopi. On était rudement contents de se voir; il me dit que je lui avais bien manqué et qu'il aurait fait n'importe quoi pour me retrouver, même si je m'étais enfoui dans la terre comme un chien de prairie. Ce soir-là, il avait autant envie d'aller voir les filles qu'autrefois et il m'a demandé de lui en suggérer une, alors je lui ai dit que je n'étais pas au courant des filles d'Oraibi et que c'était pour ça que je m'y plaisais moins. « J'ai déjà fait l'amour avec Iola, du Clan du Feu », dit Louis, « mais elle m'aime pas trop, maintenant. »

Je savais qu'elle logeait chez sa sœur de clan Irène, dont les parents étaient partis pour leur maison des champs à la Source Loloma. Puisqu'on n'arrivait pas à penser à d'autres pépées disponibles, Louis a dit : « On la prend de force. » Moi, je voulais le décourager; je lui disais que je n'avais jamais pris une fille de force, que je ne connaissais pas Irène intimement et que ça pourrait me faire des ennuis. Je savais que je pouvais épouser Irène, mais je ne savais pas si elle me voulait ou non. Puisque Louis avait déjà eu Iola, il pouvait s'en tirer comme ça, tandis que moi, je courais trop de risques à violer Irène, mais Louis m'a tant poussé que j'ai fini par accepter.

On a trouvé les filles en train de moudre le maïs et on a décidé de se glisser chez Irène et d'attendre dans le noir, et puis, quand les deux sont entrées, Louis a attrapé Iola et soufflé la lumière. Moi, j'attrape Irène et je lui dis vite qu'elle n'a rien à craindre; elle reste immobile et silencieuse tandis qu'Iola se débat un peu, puis se calme et devient très entreprenante; alors, ils s'en vont dans un coin. Je mets mes bras autour d'Irène, je l'attire à moi et je lui demande : « A quoi penses-tu ? » alors elle dit : « T'en as parlé à tes parents ? » « Non, mais je vais le faire bientôt. » On a causé à mi-voix un moment et quand on a entendu que Louis et Iola faisaient l'amour, j'ai voulu avoir Irène avec des mots tendres et des promesses de mariage. A la fin, elle a dit : « Fais comme tu veux » je l'ai menée dans un autre coin de la pièce sur une peau de mouton où elle est restée passive, mais très douce. Au bout d'un petit moment, elle a dit : « Maintenant, il faut que tu parles à tes parents de notre mariage. Allons-nous-en, loin de ce type affreux, ce Louis. »

Je lui ai dit d'être sage; je lui ai donné un joli bracelet et j'ai filé en douce; je suis allé dormir sur le toit de la maison de ma mère sous les étoiles.

Le lendemain, c'était dimanche; alors, comme je travaillais pour le Gouvernement, je suis allé à la boutique à Oraibi le Neuf, j'ai traînaillé et j'ai « respecté le Sabbat ». J'avais un bon boulot maintenant; aussi, il m'arrivait souvent de penser à me marier. Le lundi soir, quand je suis rentré du camp, les parents d'Irène étaient revenus. Je suis allé chez eux après le dîner; ils m'ont offert à manger et ensuite le père m'a demandé s'il pouvait me rendre un service – alors j'ai demandé la main d'Irène. Il me répond : « Elle n'est pas jolie ma fille; si tes parents sont d'accord, tu peux bien la prendre. » Je lui ai dit que j'avais le consentement de mes parents et qu'ils étaient bien contents; ce n'était pas vrai, mais nécessaire pour pouvoir passer la nuit avec Irène. Ils ont accepté et nous ont laissé la pièce à côté. On s'est trouvés très bien; je lui ai rappelé notre voyage en chemin de fer et comme elle m'avait blagué sur Polehongsie ensuite et je lui ai demandé si elle me voulait déjà pour amant à ce moment-là. Elle a ri et elle a dit que oui, mais que j'avais une autre amie et, qu'après tout, c'était à moi de lui demander en premier. « Qu'est-ce que t'aurais fait si je te l'avais dit ? »

Alors, je lui ai répondu que j'aurais poussé un cri de joie, et puis on s'est embrassés, indéfiniment; on ne se disait que des gentillesses et je pensais que jamais on ne se disputerait. Quand le coq a chanté, je suis rentré dormir sur mon vieux toit.

Au petit déjeuner, j'ai abordé le sujet : « J'ai passé la nuit chez Huminquima, et maintenant, je veux épouser sa fille Irène. » « Qu'est-ce qu'ils ont dit ? » a demandé ma mère alors je l'ai assuré que les parents d'Irène avaient déjà consenti. Mon frère Ira a souri : il était fiancé avec Blanche, la sœur de clan d'Irène, et pensait se marier à l'automne. Mon père a parlé : « Eh bien, je ne m'y opposerai pas, parce que tu penserais que je t'en veux. T'es pas beau et elle est pas belle, alors je pense que vous resterez ensemble et que vous vous traiterez bien; une jolie femme néglige son mari, parce que c'est si facile d'en trouver un autre. »

Je me sentais bien en train quand je suis parti travailler. En dégringolant la mesa à cheval, j'ai fait un signe d'adieu à Irène, j'ai poussé un cri de guerre et j'ai fait partir mon cheval au galop. Je pensais que je serais toujours heureux.

Toute la journée, on a travaillé à arpenter et à répartir le terrain. Je restais là à faire l'interprète; la plupart du temps, je disais oui, non, ça va. On s'est arrêté de bonne heure, mais j'ai reçu la paye d'une journée complète; je trouvais ça merveilleux, de bien gagner ma vie sans y dépenser toute ma force; je voyais que de savoir une langue, c'était très important pour avoir une vie peinarde, et je commençais à apprendre de nouveaux mots anglais. A la fin de l'après-midi, j'ai été à cheval chercher le courrier au bureau de poste, je suis rentré dîner, j'ai pris ma couverture et j'ai été rendre visite à Irène. Elle a écouté toute l'histoire du consentement de mon père et elle a eu l'air satisfait. La nuit a passé très vite.

Jour après jour, on travaillait à répartir les terres de cultures et de pâturages; j'essayais de procurer les meilleures terres à mes parents; j'ai même réussi à en obtenir un bout pour Naquima. J'ai conservé le boulot jusqu'à fin octobre, et quand la répartition a été finie, j'ai aidé mon père à la moisson et j'ai un peu gardé les bêtes.

Dennis, le frère d'Iola, et moi, on est devenu grands copains et on dormait ensemble, tandis que sa pépée Ada s'entendait bien avec Irène. C'était un arrangement bien commode, puisque ça nous permettait de voir nos amies souvent, si souvent que je me suis demandé si Irène était enceinte.

Un jour, le bruit a couru qu'Ira se mariait en novembre et que mon tour viendrait quatre jours après, pour faire une double noce. Nos deux fiancées étaient du Clan de Masau'u ou du Feu, et c'est leurs parents qui avaient fait ce projet, mais mon frère était inquiet; il se plaignait : « Notre père est pauvre; il pourra pas supporter les frais d'une double noce, qu'est-ce qu'on va faire ? » Puis il s'est rappelé que notre grand-oncle Talasquaptewa avait approuvé nos mariages et qu'il achèterait peut-être une peau de daim à l'un de nous ou qu'il nous donnerait des moutons pour le banquet; alors, j'ai répondu : « S'il le fait pas, on refuse de garder ses troupeaux. »

Mon père a pris $ 30 ou $ 40 de mon argent pour l'aider à acheter les peaux de daim.

Un soir, après la fin des récoltes, Blanche, la fiancée d'Ira, a été amenée chez nous par sa mère. Elle a moulu le maïs agenouillée, pendant trois jours, restant chez nous la plupart du temps; mais Ira avait le droit de coucher avec elle. Moi, je gardais les troupeaux, et on m'avait dit de rester loin d'Irène parce qu'elle moulait du maïs blanc, chez elle, pour notre famille.

Le soir du troisième jour, les parents du clan de Blanche sont venues passer la nuit chez nous, et moi, je suis allé coucher chez Dennis. De bonne heure le matin, ces femmes lavèrent les cheveux d'Ira et nos parents lavèrent ceux de la mariée, mettant les cheveux de la mariée et ceux du marié ensemble dans une seule cuvette de mousse de yucca, puis les mêlant ensemble en une seule torsade, parce que nous croyons que cela les liera l'un à l'autre, comme la chair adhère au noyau d'une alberge.

Nos femmes baignèrent les bras et les jambes de la fille et ses parentes à elle enlevèrent tous les vêtements d'Ira, sauf son pagne, et le lavèrent de la tête aux pieds. Ensuite, Ira et Blanche allèrent au bord est de la mesa, prier au lever du soleil.

La nouvelle mariée passa toute la journée à moudre le maïs et, cette nuit-là, Ira coucha avec elle dans notre maison.

Le lendemain matin, Iola, la sœur de Dennis, m'appela : « Lève-toi et va voir ce qu'il y a chez toi : j'apprends que tu as un aigle apprivoisé. »

J'ai trouvé Irène, qui moulait le maïs de toutes ses forces. Elle avait été amenée la veille par sa mère; comme je restais à la porte à la regarder, j'avais l'impression de rêver et je me grattais la tête en cherchant ce que je pouvais dire. Ma mère a souri en me disant : « Talayesva, fait pas l'idiot. » Je suis sorti, tout intimidé, et je suis allé retrouver Dennis qui dormait encore; alors, je lui ai arraché sa couverture en lui disant : « Lève-toi, flemmard, c'est ton tour; maintenant, je suis un homme marié. »

Iola s'est foutue de moi; elle m'a dit que j'étais tellement coureur que mes parents étaient obligés de me caser. Je ne suis pas retourné chez ma mère de toute la journée et, plus tard, Irène m'a dit que ça l'avait inquiétée.

Les tantes de clan de mon père et des clans de mes pères rituels et de mes médecins se sont liguées et elles ont monté une bataille de boue formidable avec les hommes de ma famille. Elles ont attrapé mon père Homikniwa et l'ont barbouillé de boue de la tête aux pieds; elles ont aussi arrosé mon père de boue et d'eau et elles ont essayé de lui couper les cheveux, pour m'avoir permis d'entrer dans le Clan du Feu par mon mariage. Elles se sont payé la tête d'Irène de toutes les façons : la traitant de bigleuse, de flemmarde, de sale, de mauvaise cuisinière; puis, elles ont fait de grands éloges de moi, affirmant qu'elles me voudraient bien comme mari. La bonne vieille Mesenimka, ma marraine, a jeté de la boue sur mon père et mes oncles, en disant qu'elle me voulait pour amant : cette bataille de boue devait montrer qu'elles m'aimaient beaucoup et qu'elles pensaient qu'Irène faisait un bon choix.

Le troisième jour, j'ai commencé à m'inquiéter de mon bain, parce que j'étais très chatouilleux et que je ne savais pas si je pourrais rester tranquille entre les mains de tant de femmes. Peu de temps après le coucher du soleil, ma mère a dit à Irène de s'arrêter de moudre le maïs bleu et de s'asseoir auprès du feu dans un endroit doux.

Je ne l'avais pas beaucoup vue depuis qu'elle était venue dans ma maison et quand on parlait, c'était d'habitude en murmures. Bientôt, ses parents sont venus passer la nuit – c'étaient les mêmes femmes qui avaient déshabillé et baigné Ira. Je pensais que je n'avais jamais vu tant de femmes; même celles que j'avais connues toute ma vie me semblaient un peu étrangères. Je n'avais pas grand-chose à dire de toute la soirée et à l'heure de me coucher, j'ai pris ma couverture et je suis allé vers la porte : « Attends un peu, Talayesva », dit mon père, « où dors-tu? je veux pouvoir te trouver demain matin. »

Quand je lui ai dit que je dormais avec Dennis, il a répondu : « Fais bien attention de pas fermer la porte à clef, pour que je puisse te réveiller de bonne heure. »

J'étais inquiet. Quand je suis arrivé chez Dennis, Iola m'a regardé et je l'ai fait rire. Pour me remonter le moral, Dennis m'a dit qu'il était dans le même pétrin et qu'il devait se marier bientôt. On a discuté de la question jusqu'à minuit; j'ai fini par m'en arranger en disant : « Eh bien, il faut prendre ça bravement; si on se défile, les gens nous appelleront *kahopi.* »

Mon père gratta une allumette et dit : « Lève-toi, fils, viens vite; ils sont en train de préparer la mousse de yucca », puis il a réveillé Dennis pour lui demander de me faire partir.

Pendant que je m'habillais, Dennis a dit : « Alors, te v'là parti vers la bonne vie, vieux marié. »

Quand je suis entré dans la maison, j'ai vu beaucoup d'yeux qui me dévisageaient : il y avait la mère d'Irène et ses sœurs, la mère de Blanche et ses parentes; en somme, toutes les femmes du Clan du Feu et aussi les femmes du Clan du Coyote et du Coyote d'Eau et la plupart de mes tantes, réelles et rituelles : elles s'étaient réunies pour me donner un bain. Ma mère aidait la mère d'Irène à préparer la mousse de yucca; j'étais si intimidé que je faisais des pas de 2 centimètres. « Presse-toi », dit ma mère. J'ai rabattu mon col de chemise et je me suis agenouillé, avec Irène, devant une cuvette de mousse de yucca. Mes parentes ont lavé les cheveux d'Irène et ses parentes ont lavé les miens, puis elles ont versé toute la mousse dans une seule cuvette; elles ont mis nos têtes ensemble, mêlé nos cheveux et les ont tordus en une seule mèche, nous unissant pour la vie. Beaucoup de femmes nous ont rincé les cheveux en versant de l'eau froide dessus.

Lorsque ce fut terminé, la mère d'Irène me dit de me déshabiller. Je me sentais si peu sûr de mon pagne que j'ai trouvé une excuse quelconque pour sortir; j'ai couru derrière la maison et je l'ai soigneusement vérifié. Quand je suis revenu, j'ai ôté mes vêtements et la mère d'Irène m'a mené dehors. Mes vraies tantes ont essayé de me baigner les premières, pour rire, et elles se sont chamaillées avec les parents d'Irène; puis, la mère d'Irène m'a baigné de la tête aux pieds. Toutes les femmes m'ont baigné, tour à tour, tandis que je grelottais de froid, et il fallait que j'aie l'air doux et bon et que je dise à chacune : « Je vous remercie beaucoup. » Elles m'ont assuré qu'elles avaient lavé toutes les traces de jeunesse qui me restaient et avaient préparé ma chair à l'état d'homme marié.

Je me suis précipité dans la maison, enveloppé d'une couverture, et je suis resté debout jusqu'à ce que les parentes d'Irène me disent de m'asseoir près du feu. On avait coiffé les cheveux d'Irène à la manière des femmes mariées et sa mère lui conseillait d'être bonne ménagère.

Nous avons pris ensemble une pincée de farine de maïs sacrée; nous sommes allés à l'est de la mesa et tout en portant le maïs à nos lèvres, nous avons prié en silence, puis nous l'avons répandu vers le soleil levant. Nous sommes rentrés à la maison sans parler et ma mère et ma sœur ont préparé notre déjeuner. Avant de partir, la mère d'Irène a allumé du feu sous la pierre à piki; après le petit déjeuner, Irène a préparé la pâte et a mis le piki à cuire.

Je suis retourné quelques instants chez Dennis. Il a poussé notre cri de guerre et il a tâté ma tête mouillée : « Te voilà bien marié », me dit-il, « reste chez toi » et j'ai répondu : « Oui, c'est fini le bon temps. »

Mon père a distribué du coton brut à tous nos parents et amis, leur demandant d'enlever les graines et de le rendre. Au bout de quelques jours, nous avons tué deux moutons, et, du haut d'un toit, on a annoncé qu'on allait carder et filer le coton dans la kiva, pour les nouvelles belles-filles de mon père. Les termes de l'invitation étaient que celui qui n'avait pas grand-chose à faire pouvait venir nous aider.

J'ai gardé les moutons pour mon oncle Talesquaptewa, pour qu'il puisse surveiller le filage pour Irène dans la kiva *Mongwi*, tandis que mon père était chargé du filage pour Blanche dans la kiva *Howeove*. Je rentrais le soir de la bergerie, je dînais avec Irène et ma famille, et puis j'allais carder le coton à la kiva; je n'avais jamais très bien appris à filer et pas du tout à tisser. Il y avait beaucoup d'hommes pour nous aider : mon grand-père était un médecin hopi fameux et les gens qu'il avait guéris étaient bien contents de venir nous aider pour lui faire plaisir et le récompenser de ses soins. Mon père rituel m'aidait à filer, mais ne savait pas tisser; il y avait aussi le vieux Naquima, l'infirme, qui enlevait les graines du coton. A la fin, on m'a blagué en me disant qu'il était l'heure de se coucher et que je ferais mieux de m'en aller. Nous avons dormi ensemble dans une pièce à part, chez ma mère; je pensais que je n'en aurais jamais assez de coucher avec Irène et elle était d'accord que c'était la bonne vie.

Les mariées sont restées dans notre maison pendant le restant du mois de novembre et tout le mois suivant, car on considérait que ça leur porterait malheur de rentrer chez elles en décembre. Les gens étaient étonnés qu'on ait fini de filer si tôt. Les femmes ont été chercher de l'eau et nous avons monté plusieurs chariots pleins de bois pour le banquet de noce juste avant le *Soyal.* Irène et Blanche moulaient du maïs presque tous les jours; la veille du banquet, on a coupé beaucoup de bois et tué 16 moutons : 10 du troupeau de mon père, 4 de celui de mon oncle Talasquaptewa, 2 de celui de mon oncle Kayayeptewa. Kalnimptewa, le frère de mon père, nous en a donné 2, qu'on a décidé de garder jusqu'à ce que les mariées soient prêtes à rentrer chez elles.

Pendant la journée, il est venu beaucoup de monde chez nous. Frank et ma sœur sont arrivés de Shipaulovi l'après-midi, mais personne n'est venu de Hotavila, et seulement la fille de Solemana de Bakabi, parce qu'on n'avait plus de rapports avec ces gens; quelques-unes de mes mères de clan sont venues de Shongopavi.

Les femmes ont fait cuire le piki toute la journée et les hommes ont fini de filer; on a raconté beaucoup d'histoires et de plaisanteries, tard dans la nuit. Ira et moi, on a eu chacun une chambre pour dormir avec nos femmes, tandis que Frank et Gladys dormaient avec mes parents.

Le matin, longtemps avant le lever du soleil, on s'est levé pour allumer des feux sous les terrines, dehors, et on a fait cuire le ragoût de mouton : il y avait des terrines sur le feu tout autour de la maison et presque tout Oraibi au déjeuner de noce.

Ensuite, les hommes se sont réunis dans les kiva pour tisser. Deux de nos oncles de Shipaulovi ont remporté du fil de coton pour tisser les ceintures. Pendant qu'on travaillait dans les cinq kiva d'Oraibi, Ira et moi on allait garder les troupeaux pour nos oncles. Jour après jour, le tissage continuait et le travail avançait d'une manière quasi miraculeuse.

Un jour, je suis allé au bureau de poste avec le Chef Tewaqueptewa; il y avait cinq lettres pour moi; il n'en revenait pas. On est repartis pour Oraibi et, en route, on s'est assis pour les lire : il y avait une lettre du principal de Sherman, une autre du chef boulanger; tous deux me pressaient de revenir passer mon examen; ils promettaient de m'obtenir une place de boulanger à Riverside quand j'aurais mon diplôme.

Le Chef a dit qu'il espérait qu'il n'avait pas eu tort de nous retirer de l'école si tôt.

La troisième lettre était de Meggie, ma sœur de clan, qui venait d'aller à Sherman; elle racontait que lorsque Mettie avait appris que je me mariais, elle avait pleuré toute la journée, bien qu'elle ait trois amants à l'école et que sa réputation ne vaille pas cher aux yeux des Blancs.

Il y avait aussi une lettre de ma petite tante rituelle Eva, que j'avais aimée dans la chambre du haut à Moenkopi.

La cinquième était de Mettie :

« Mon Cher Ami,

« J'ai le cœur brisé d'avoir appris ton mariage, je sanglote toutes les nuits et je voudrais quitter l'école. Tu étais mon amant en premier et quand je reviendrai je te reprendrai malgré ta femme et le scandale dans le pays. Tu ne m'échapperas jamais.

« Ton Amie qui t'aime,

« METTIE. »

Quand j'ai lu ça, j'ai levé la tête pour respirer un bon coup. « Qu'est-ce qui va pas, Don? » demande le chef. « Dans cette lettre, Mettie me dit que je lui appartiendrai toujours. » Je la lui ai lue et il a souri. « Je crois que c'est bien ça qu'elle veut dire. Quand elle reviendra, à ta place, j'irais la voir pour la consoler un peu. »

Je pensais que mon mariage m'aurait fait plus d'effet si c'était Mettie que j'avais épousée.

J'ai rappelé au Chef que Louis et Robert étaient retournés à l'école la semaine d'avant et je lui ai demandé s'il pensait que j'avais tort de rester. Il m'a répondu : « Je vois bien que l'école c'est important; si tu veux y retourner, fais-le; j'essaierai pas de te persuader, dans un sens ni dans l'autre. »

« Mais, Chef, je suis pris au piège, j'ai une squaw maintenant. Je vais voir ce qu'elle vaut et si elle me traite mal, peut-être que je m'échapperai et que je retournerai à l'école. »

J'ai détruit la lettre de Mettie, parce que je savais qu'elle ne ferait pas plaisir à Irène.

Quand je me suis assis près de l'endroit où elle moulait le maïs, elle me dit à mi-voix : « T'as eu une lettre de Mettie ? » Je réponds que non et je lui montre les quatre autres, alors elle dit : « Je suis sûre que Mettie t'a écrit, puisque ces autres lettres parlent d'elle. » J'ai encore nié, mais elle me l'a demandé sans cesse pendant des semaines, et j'ai fini par admettre la vérité. Elle a pleuré, elle a dit que je lui appartenais à elle et que je devais cesser d'écrire à Mettie; j'ai dit à Mettie de ne plus m'écrire, mais que je serais heureux de la voir.

Les costumes de noce furent terminés en janvier. Pour chaque mariée, il y avait deux couvertures blanchies au kaolin, une ceinture finement tissée et une paire de riches mocassins en peau de daim blanc. Des plumes à prière étaient attachées aux coins des couvertures. Chaque mariée devait porter la grande et rouler la petite dans un étui de roseau quand elle rentrerait chez elle. La petite couverture devait être soigneusement conservée et drapée autour d'elle quand elle serait morte, pour lui servir d'ailes qui la porteraient vite vers les siens dans la

Maison des Morts. La belle ceinture devait servir à guider la mariée dans son vol symbolique, comme la queue pour l'oiseau.

Il y a eu un banquet pour nos proches parents, le jour où les hommes ont terminé les costumes de noce. Les femmes ont fait les desserts et nous avons tué et fait cuire les deux moutons que Kalnimptewa nous avait donnés. Nous nous sommes réunis au coucher du soleil et les mariées se sont donné beaucoup de mal pour se montrer bonnes hôtesses et s'assurer que tout le monde était bien nourri et heureux. Après le repas, elles ont tout débarrassé et nos grands-oncles Talasquaptewa et Kayayeptewa leur ont fait des discours.

Fig. 36. – *Femme mariée en costume de cérémonie.*

« Nous, gens du Clan du Soleil, nous vous rendons grâces d'être entrées dans nos foyers et de nous avoir si bien soignés. Vous avez prouvé que vous étiez de bonnes ménagères en nous rassasiant. Les costumes de noce sont terminés et demain vous rentrerez chez vous. Maintenant, nous appartenons à une même famille; nous sommes sœurs, frères, oncles et tantes les uns pour les autres. Regardez le bon côté de chaque journée, traitez bien vos maris et profitez de vos vies. Venez souvent nous voir, pour que nous soyons heureux. »

Les mariées devaient répondre : « Nous vous remercions beaucoup d'avoir travaillé à nos costumes de noce. »

Kayayeptewa se retourna et dit : « Eh bien, maintenant il est temps de prévenir nos neveux » mais Talasqueptewa lui rappela qu'il fallait attendre et nous prévenir quand les mariées partiraient.

Les mariées et leurs parents ont préparé de la nourriture à emporter chez nous ce soir-là. Vers le coucher du soleil, elles sont venues avec leurs mères, apportant un grand baquet plein de nourriture. Quand elles sont retournées chez elles, on a invité nos propres parents à venir manger. C'était le moment de recevoir des conseils. Notre grand-oncle Talasquaptewa a parlé le premier.

« Merci, mes neveux. Vous n'êtes pas très beaux et je pensais que vous ne vous marieriez jamais. Je suis content que vous ayez choisi des femmes aussi remarquables. Vous savez que toutes les femmes détestent un homme paresseux, aussi, vous devez travailler dur et aider vos nouveaux pères aux champs et à garder les troupeaux. Quand ils verront que vous êtes serviables, ils seront contents et vous traiteront en fils véritables. Quand vous tuez du gibier ou trouvez des épinards ou d'autres plantes comestibles dans les champs, apportez-les à vos femmes, elles les recevront avec joie. Faites semblant que votre femme est votre mère véritable, soignez-la, traitez-la justement et ne lui faites jamais de reproches. Si vous aimez votre femme, elle vous aimera, vous rendra heureux et vous nourrira bien. Même quand vous serez inquiets et malheureux, cela vaudra la peine de lui présenter un visage rayonnant. Si votre mariage est un échec, ce sera votre faute. Je vous en prie, montrez-vous dignes membres de votre clan. »

Le lendemain, mes parents ont tué encore deux moutons; ils ont fait un ragoût et porté un énorme baquet de nourriture aux familles de nos femmes. Irène et Blanche ont invité tous leurs parents à venir manger et c'est alors que leurs oncles les ont conseillées sur leurs devoirs de famille.

Après le banquet, dans les maisons des mariées, c'était le moment pour elles et leurs parentes de préparer les cadeaux de farine de maïs, en échange des costumes de noce. Les mariées et leurs parentes ont moulu du maïs pendant plusieurs jours; des petites filles de sept ou huit ans aidaient à moudre. On a porté chez nous un grand nombre de châsses de fine farine pleines jusqu'au bord, vingt boisseaux peut-être, à distribuer parmi les parents qui nous avaient aidés. Ainsi s'achevaient les obligations du mariage.

La coutume veut que le mari choisisse le moment où il va s'installer chez sa femme. Je suis resté chez moi pendant deux semaines environ, rendant visite à Irène toutes les nuits. Ira, lui, est resté trois semaines de plus. Il fallait que j'aille bientôt vivre avec Irène, parce que son père Huminquima n'était pas un travailleur bien fameux. Avant de partir, j'ai été leur chercher du bois, en gendre consciencieux. J'ai aussi pris part à la cérémonie du *Soyal* en observant les règles de continence. Après le *Soyal* j'ai emprunté l'attelage et le chariot de Frank et j'ai été chercher un chargement de bois particulièrement lourd, sans en dire mot à Irène. Je suis rentré à la fin de l'après-midi; j'ai arrêté le chariot devant la porte de ma femme et j'ai détellé. La mère d'Irène égrenait le maïs pour mes chevaux pendant que je déchargeais le bois. Irène est venue sur le pas de la porte, me demander comment je voulais mes œufs; j'avais envie de filer à la maison en douce, mais sachant que c'était impensable, je suis entré timidement manger un peu d'œufs brouillés; au bout d'un petit moment, j'ai dit que je n'avais pas très faim et je suis vite sorti, en emportant le maïs égrené et le sentiment que les gens du Clan du Feu étaient bien distingués.

J'ai ramené le chariot à la maison et j'ai demandé à manger à ma mère, ce qui l'a bien faire rire.

Vers le coucher du soleil, Irène est venue m'appeler : « Viens manger »; selon la coutume, elle a invité toute la famille, qui a refusé, comme il se doit. Docilement, j'ai suivi ma femme et je me suis installé avec sa famille devant un plat de *tamales* (1) chauds, enroulés dans des enveloppes de maïs et liés avec des tiges de yucca, mais je mangeais si lentement que la mère d'Irène défaisait les *tamales* et les mettait en rang devant moi. Je pensais : elle a bien bon cœur, cette vieille dame, peut-être qu'elle fera toujours ça pour moi; mais pas du tout, je me trompais; au petit déjeuner, il m'a fallu défaire mes *tamales* tout seul et j'ai été obligé de travailler pour les parents de ma femme.

(1) *Tamale :* le *tamale* se mange dans tous les pays d'influence espagnole. Au Nouveau-Mexique, il se compose de viande hachée et de maïs broyé assaisonné de piment; on l'enroule dans une enveloppe de maïs. (N. du T.)

XI

LA VIE DANS LE DÉSERT

Avec le mariage, une vie de labeur a commencé pour moi et je me suis aperçu que l'instruction m'avait enlevé les moyens d'assurer ma subsistance dans le désert. Je n'étais pas endurci au travail de force dans la chaleur et la poussière; je ne savais pas faire venir la pluie, diriger les vents, ni même prédire le temps, bon ou mauvais. Je ne savais pas cultiver les jeunes plants dans les dunes de sable sèches, harcelées par les vents, infestées de vers; je ne savais pas non plus guider un troupeau à travers l'orage, la famine et la maladie. Il se pouvait même que j'amène ma famille au dénuement et que je sois réputé l'homme le plus pauvre d'Oraibi, sain de corps, mais incapable d'entretenir une femme.

Je me suis tourné vers mes oncles et mes pères et je leur ai demandé comment faire pour gagner ma vie. Voici à peu près ce qu'ils m'ont répondu : « Talayesva, tu dois rester ici et travailler dur comme nous tous; les méthodes modernes sont d'un certain secours, mais les Blancs n'ont qu'un temps, tandis que nous, Hopi, sommes toujours là. Le maïs est notre Mère, principal soutien de nos vies et, seuls, les Hommes-Nuages-aux-Six-Points peuvent envoyer de la pluie pour le faire pousser : mets ta confiance en eux. Ils viennent de six directions pour examiner nos cœurs. Si nous sommes bons, ils se réunissent au-dessus de nous avec les masques de coton, en robes blanches, et laissent tomber la pluie qui étanche notre soif et nourrit nos plantes. C'est de pluie que nous avons le plus grand besoin et quand les dieux le jugent bon, ils peuvent la verser sur nous. Mets les mauvaises pensées derrière toi et fais face au soleil levant, l'esprit joyeux, comme au temps de l'abondance. La pluie tombait alors sur le pays tout entier, mais de nos jours maudits, elle ne tombe que sur les champs des fidèles. Travaille sans répit, observe les rites, vis paisiblement et unis ton cœur aux nôtres pour que nos messages atteignant les Hommes Nuages. Il se peut alors qu'ils nous prennent en pitié et laissent tomber la pluie sur nos champs. »

Fig. 37. – *Bracelet de cuir, orné de plumes de dinde. Sert à protéger le poignet lorsqu'on tire à l'arc.*

Nous parlions des pratiques hopi jour après jour, tout en gardant les troupeaux, en cherchant le bois et en cultivant nos terres. Je pensais que je voudrais retourner à la vie hopi la plus primitive, porter des vêtements indigènes et chas-

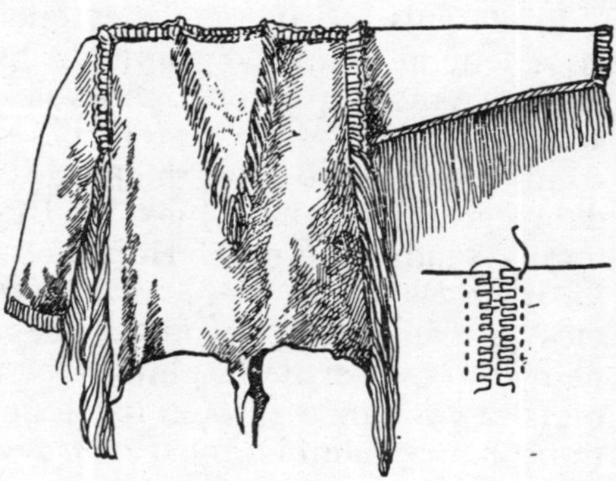

Fig. 38. – *Chemise de style primitif, en peau de daim.*

ser le daim : je me suis laissé pousser les cheveux, que j'ai noués sur la nuque, et j'ai rangé mes vêtements de citadin dans un sac de toile de jute. Je mangeais les vieilles nourritures hopi, je répétais les danses de Katcina et du *Wowochim* et je charriais du sable jusqu'en haut de la mesa dans ma couverture, pour commencer une plantation de maïs dans la kiva.

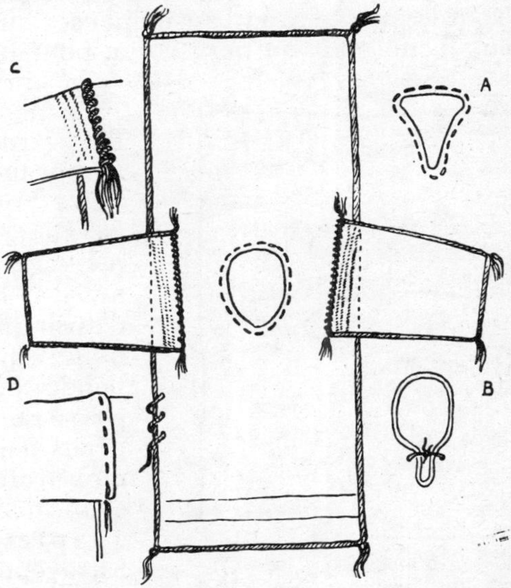

Fig. 39. – *Chemise en tissu. Le daim se faisant rare, on a employé le tissu, d'abord en poncho, puis avec l'addition de manches.*

Pendant la cérémonie du *Powamu*, j'ai observé les règles de continence, arrosé les haricots, accompli mes obligations rituelles et fait un effort pour ne faire ni penser quoi que ce soit qui puisse troubler l'esprit des dignitaires, gâchant ainsi la cérémonie et nos espoirs d'une bonne récolte. Nous avons emmené Naquima, le vieil infirme, dans la kiva pour le faire fumer et prier avec nous, car nous pensions que ses prières étaient meilleures, puisqu'il avait une grande volonté et qu'il était seul, diminué et moins susceptible d'être corrompu par l'amour.

« Naquima », dirent les hommes, « bien que tu sois un vieillard faible et infirme, tes prières sont plus fortes que les nôtres. »

Mon oncle Talasquaptewa m'a donné vingt moutons et son frère Kayayeptewa m'en a donné quatre. J'étais content de commencer un troupeau, car mes oncles et mes pères m'encourageaient et mon grand-père prédisait que le prix de la laine serait élevé. Tout le monde avait l'air de penser que la vie était plus facile pour un berger que pour un cultivateur.

Fig. 40. – *Dessin de mouton sur une poterie ancienne. Les dessins de mammifères sont rares dans les céramiques hopi. Celui-ci atteste la présence et l'importance du mouton dans la vie hopi.*

Ça allait bien de garder les troupeaux des autres, quand il faisait beau, mais c'était une autre histoire d'avoir une famille qui dépende de mon propre troupeau. J'ai joint mon troupeau à ceux de Talasquaptewa, de Kayayeptewa et de Salnimptewa – trois vieillards – et il me fallait aller les garder par les pires temps, sous le grésil, la neige, la pluie et, les jours où il faisait trop froid pour aller à cheval, où le berger et son troupeau étaient obligés de courir pour se réchauffer. Les vents forts me soufflaient du sable dans la figure et les yeux, m'en remplissaient les oreilles et le nez, et rendaient difficile de manger mon déjeuner sans grincer des dents. Mes vêtements étaient souvent lourds de sable et m'arrachaient la peau quand je marchais, mes cheveux étaient si pleins de terre que je pouvais à peine atteindre le cuir chevelu avec mes ongles. J'allumais du feu dans les ravines ou bien je m'étendais par terre derrière les coupe-vent. Quelquefois, je m'endormais et je perdais toute trace de mes moutons. La poussière et les tempêtes de neige disséminaient mon troupeau et m'obligeaient à chercher les bêtes perdues pendant des journées entières. J'en trouvais à demi dévorées par les coyotes et j'arrachais un peu de laine aux carcasses décomposées.

Les tempêtes de grêle, provoquées par les Deux-Cœurs, étaient les plus terrifiantes : des nuages noirs se précipitaient de la montagne, comme des guerriers sur le sentier de la guerre, et s'unissaient avec la foudre, le tonnerre et les mauvais vents qui précipitaient des grêlons sur mon troupeau, dispersant les moutons et les chèvres en petits tas sous les sauges, les faisant pleurer de terreur. Tout ce que je pouvais faire sous la tempête, c'était me recroqueviller en cachant ma tête sous une couverture, et attendre que la furie se calme.

Souvent, elles s'abattaient sur des brebis en travail ou les chassaient de leurs agneaux nouveau-nés : les petits étaient cinglés et souvent tués par la grêle, l'eau et le vent. Je recueillais dans mes bras des agneaux trempés et grelottants et je les enterrais jusqu'aux yeux dans le sable tiède et sec d'une dune abritée. J'observais les nuages et je faisais très attention à mes rêves pour éviter d'être pris par l'orage, trop loin d'un abri.

J'avais grand besoin d'être instruit de mon métier de berger. J'ai vite appris à limiter les naissances en attachant des tabliers de canevas ou de croisé aux béliers et aux boucs pour empêcher les saillies intempestives. J'essayais de châtrer les mâles, mais je n'en avais pas le courage, car j'aimais mes moutons et je connaissais la figure de chacun. Eux aussi semblaient me connaître et avoir confiance en moi. Je les faisais châtrer par d'autres, mais je saupoudrais les blessures de sel pour en chasser les mouches et je jetais les testicules aux chiens – comme n'importe quel Blanc. Je taillais moi-même la queue des agneaux et je faisais ma marque à l'oreille de chaque bête : trois demi-cercles au bord supérieur de l'oreille gauche et un V horizontal à la pointe de la droite. J'ai aussi appris à mettre du sel dans les yeux malades de mes moutons et à couper une veine sous l'œil pour examiner leur sang et contrôler leur santé : si le sang était jaune ou noir épais, je faisais une entaille en dessous des deux yeux pour le faire s'écouler. J'ai appris que lorsqu'un mouton ouvrait la bouche et avait le souffle court, c'est qu'il avait besoin d'une saignée. J'écrasais aussi les racines de certaines plantes, je les mouillais d'urine et j'en badigeonnais les moutons pour les protéger des maladies.

La saison des agneaux était un moment critique. Le berger devait surveiller son troupeau de près, chasser les chiens et les coyotes, aider les mères à mettre bas, quelquefois les débarrasser du délivre et porter les agnelets jusqu'à ce qu'ils soient assez forts pour suivre le troupeau. Je suis devenu habile à passer à cheval, à me pencher de ma selle et à ramasser les agneaux. Je me sentais bien lorsque je menais mon troupeau au corral le soir, les bras pleins d'agneaux nouveau-nés et de chevreaux. Quelquefois, je les mettais dans un sac, percé de trous pour passer leurs têtes, et je les portais derrière ma selle. Quand un mouton mettait bas des jumeaux, je remportais le plus chétif à la maison et je le tuais pour en faire un festin, parce que c'est une trop lourde charge pour la mère d'allaiter des jumeaux. Je me suis avisé que c'était une bonne idée de marquer la mère et l'agneau à la peinture, ou à la graisse d'essieu, ou avec un fil de couleur, pour pouvoir les apparier sans me tromper quand ils étaient mélangés dans le corral et surtout quand une mère refusait de reconnaître ou d'allaiter son rejeton.

Les agneaux de lait posaient bien des problèmes. Il fallait souvent entraver la mère et tenir l'agneau au pis, de force; je faisais gicler du lait sur son corps et je le saupoudrais de sel pour amener la mère à lécher son agneau et à l'aimer. Tous les agneaux avaient besoin d'une tétée chaque jour, avant que je les parque dans la fosse aux agneaux pour la nuit et que j'allume un feu de crottes de mouton séchées pour faire peur aux coyotes.

Les agneaux qui naissaient pendant la nuit dans le corral étaient souvent gelés, mutilés, ou écrasés. Un jour, j'ai trouvé un agneau dans le champ avec une jambe cassée : j'ai taillé des attelles et essayé de la remettre. Quand j'ai replacé la pauvre bête dans le corral, elle s'est mise à gambader, ce qui m'a fait grand plaisir. Quand les agneaux suivaient le troupeau, les jours de grande chaleur, c'était un rude boulot de tourner autour du troupeau pour l'empêcher de s'éparpiller et d'aider les petits à sortir des ravines et à passer les endroits difficiles. Il arrivait souvent aux moutons adultes de rester enlisés dans la boue; il me fallait prendre grand soin de sortir la paille et la boue durcie enfoncés dans les sabots des moutons et des chèvres aussi.

Je suis devenu habile boucher : on tuait deux fois par mois. J'attachais les quatre pattes de la bête avec une corde courte ou un bandeau; je m'accroupissais derrière elle, en appuyant les genoux contre son corps. Je lui ramenais la tête en arrière pour tendre sa gorge, je lui coupais le cou avec mon couteau, et je recueillais le sang dans un bol, pour mon chien. Fendant la peau jusqu'au ventre, je l'enlevais d'une saccade, j'ouvrais l'estomac, je sortais les boyaux, j'arrachais le foie, les poumons et le cœur et j'accrochais le mouton à un pieu pour qu'il sèche; puis, je nettoyais les boyaux et je les enroulais comme une torsade de mariée. Je suis arrivé à tout terminer en une demi-heure, et parfois moins. Je ne pouvais pas châtrer une bête sans défense, mais ça m'était égal de lui couper le cou, parce que je savais qu'on l'avait mise là pour nous servir de nourriture.

Je surveillais mon troupeau de près et chaque fois que je trouvais un mouton très malade, je lui coupais la gorge et je faisais couler le sang chaud avant qu'il se durcisse dans son corps et gâte la viande. J'ai appris à examiner le foie, les poumons, le cœur et la vésicule biliaire, et à jeter tout organe malade. Un jour, j'ai trouvé une pauvre chèvre moribonde; je lui ai vite coupé la gorge et ouvert le ventre pour récupérer la viande. Elle avait le cœur plus gros qu'un cœur de vache et plein d'un liquide jaunâtre, mais la viande était parfaite.

Pour que la journée au pâturage semble plus courte, je faisais souvent de petits sommes, je ramassais du bois mort pour allumer le feu, je cherchais du miel d'abeilles sauvages dans les trous de rats, je chassais les coyotes à cheval ou je tirais les lapins : souvent je rentrais avec quatre ou cinq lapins attachés à ma selle ou par-dessus mon épaule. C'était très agréable, parce qu'il n'y avait pas une femme à Oraibi qui ne soit contente de recevoir un lapin. J'ai appris à mon chien à chasser et à m'apporter le gibier, en lui faisant des compliments et en lui arrosant le nez d'urine pour lui donner du flair. Pendant que je gardais mes moutons, j'avais habituellement un bâton à la main ou un hoyau sur l'épaule pour déterrer les lapins des trous de chien de prairie ou de rat. Je suis aussi devenu habile à sortir les lapins avec des bâtons fourchus et si le lapin se débattait et poussait des cris, je lui rappelais poliment que les dieux hopi l'avaient mis là pour nous servir de nourriture. Chaque fois que je prenais du gibier, je m'étais astreint à dire : « Je remercie mes dieux hopi. »

Pour la chasse au lapin, mes meilleurs amis étaient les faucons. Je les guettais et je les priais de m'aider. Quand je voyais un faucon piquer et rester en bas, je me précipitais dans l'espoir de lui trouver un lapin entre les griffes. Je rattrapais le lapin et je disais : « Merci, Faucon, vous avez écouté ma prière : je vous ferai un paho au *Soyal* ». Si le même faucon tuait trois lapins pour moi dans la journée, je lui laissais le troisième, car je savais qu'on les avait mis ici-bas aussi bien pour nourrir nos parents faucons que nous-mêmes. Un jour que mon chien poursuivait un lapin de garenne, un faucon resta perché sur un arbre sans y faire attention; quand je me suis approché, l'oiseau s'est envolé un peu plus loin, laissant un lièvre à moitié dévoré; je lui ai dit : « Ce n'est pas étonnant que vous ne vouliez pas m'aider, vous aviez déjà un festin; je vous ferai une plume à prière et je souhaite que vous fassiez preuve, la prochaine fois, d'une plus grande amitié. »

On tondait en avril. Irène et sa mère sont allées au corral en chariot; nous y avons tué une chèvre et passé la nuit dans un abri. De bonne heure le lendemain matin, nous avons étalé de la terre sèche dans le corral pour que la laine reste propre, nous avons attaché les pattes des bêtes et nous les avons passées à la tondeuse. Irène aidait à la tonte, mais ne faisait jamais rien d'autre pour le troupeau, bien que quelques femmes hopi gardent les bêtes quand leurs maris sont malades. Il fallait prendre garde à ce que la laine soit sèche, sans sable, et tenue sous une couverture pour que le vent ne l'emporte pas. Nous l'avons portée au comptoir pour l'échanger contre de l'épicerie, de la toile et d'autres commodités. J'avais tondu mon chien à longs poils et mélangé sa laine à celle du troupeau, ce dont le marchand ne s'est pas aperçu.

C'était la culture que je trouvais le plus pénible. En mars et en avril, les jours où je n'étais pas berger, j'ai défriché un champ de chaume et de broussaille, j'ai planté des piquets et travaillé pendant plusieurs jours à faire une route pour l'Agence, contre du fil barbelé : je voulais faire une bonne clôture pour ne pas entendre crier du haut d'un toit que l'âne d'untel était dans mon champ de maïs; je ne voulais pas non plus couper l'oreille ou la queue d'une bête pour la punir. J'ai décidé que si je trouvais un cheval ou un âne dans le champ d'un autre, je l'en chasserais et je préviendrais le propriétaire pour qu'on dise du bien de moi.

Je prenais part aussi à presque toutes les danses

katcina et j'aidais à la cueillette des épinards sauvages pour montrer que mon cœur était juste. Je savais que je ne dansais pas pour mon plaisir, mais pour favoriser les récoltes. « Pense à la pluie pendant que tu danses », conseillaient les Anciens.

J'avais planté un carré de maïs-sucré précoce, en avril. Il fallait creuser des trous de 12 centimètres de profondeur et couvrir les graines d'une épaisseur de 6 centimètres de terre, en laissant un petit creux au-dessus de la graine, comme une poche, pour saisir les rayons de soleil. Les souris et les rats-kangourous ont déterré une grande partie des graines : nous avions beaucoup de petites souris brunes, nouvelles venues dans le désert et les Anciens disaient que c'était le Diable chrétien qui les avait apportées. J'installais des petits coupe-vent d'herbe et de brindilles autour de chaque plante ou bien je ramassais de vieilles boîtes à conserve que j'ouvrais aux deux bouts et que je posais sur les jeunes pousses. Les boîtes étaient ce qu'il y avait de mieux, puisqu'elles protégeaient aussi les plantes des souris et des vers.

Je voulais que le maïs soit mûr pour la danse *Niman* en juillet.

Fin avril, on nous a dit que le soleil s'était levé du point de l'horizon qui convenait pour planter les melons, les courges, et les haricots précoces. En mai, j'ai planté des melons muscats, encore des pastèques, et des haricots de Lima. Le 20 juin, on a fait de grandes semailles de maïs, avec l'espoir que ce serait assez tard pour échapper aux mauvais vents et aux pires tempêtes de sable. Plusieurs types m'ont donné un coup de main, à charge de revanche. On semait douze à quinze graines de maïs dans des trous profonds de 18 à 26 centimètres, écartés de 5 mètres, en se servant de plantoirs de sauge blanche, car les vieux cultivateurs nous prévenaient que les tiges de fer faisaient mal à la terre. Nous semions le maïs blanc, bleu et varié, dans différentes parties du champ et avec un vent tel qu'il fallait enfoncer des pieux pour ne pas perdre les rangées. J'étais tellement accablé de chaleur, de fatigue et de courbatures que je semais à genoux.

Quand des plants avaient poussé, on tassait la terre autour d'eux pour qu'elle soit si dure que les vers n'y pénètrent pas; c'était aussi une bonne pratique de faire des courses près des champs de maïs, pour encourager les jeunes plants à pousser vite. Bien entendu, aucun cultivateur n'aurait fait l'amour dans un champs de maïs, car cela aurait

Fig. 41 – *Tête de vierge du Maïs. On reconnaît les symboles de la mesa, des nuages de pluie; elle a un épi de maïs sur le front, des ailes stylisées, un vêtement de plumes.*

offensé les Esprits de la vierge du Maïs qui protègent la récolte; nous ne nous lancions rien, car c'eût été cause de grêle; celui qui avait touché un cadavre ne travaillait pas dans un champ de maïs pendant quatre jours. Beaucoup de cultivateurs avaient des autels dans leurs champs, mais moi, je n'en avais pas. Les Anciens se tenaient à la lisière de leur champ, insultaient les nuages, et leur ordonnaient d'apporter la pluie, mais moi, je n'y réussissais pas très bien.

Peu après les semailles, j'ai pris mon cheval pour

aller au champ de mon père à Batowe, au nord-ouest d'Oraibi, dans l'espoir de trouver des épinards sauvages. Je n'ai pas pu en trouver, alors je suis allé au nord, à la recherche de jeunes faucons. J'ai trouvé un nid dans un grand cèdre, j'y ai grimpé et j'ai pris un faucon. Plus loin, j'ai trouvé deux faucons dans un autre arbre et j'en ai pris un; ensuite, j'ai aperçu trois faucons dans un arbre; j'en ai fait envoler deux que j'ai attrapés et puis le troisième, je l'ai pris au lasso sur une branche. Je leur ai fait des berceaux de brins de cèdre, j'ai enveloppé mes faucons dans du tissu et je les ai liés aux berceaux avec des tiges de yucca. Chaque faucon avait l'air d'un bébé indien, pendu à ma selle. Je suis rentré tout doucement, en essayant de ne pas cahoter mes jeunes oiseaux. Dans mon émotion, j'avais laissé ma corde attachée au dernier arbre et j'y ai repensé trop tard pour pouvoir retourner sans faire de mal aux faucons.

Je suis enfin arrivé à la maison des champs de Masahongneoma, le fils de mon oncle. Tout le monde l'appelait « l'Homme Agréable », parce qu'une putain de Winslow lui avait fait beaucoup de compliments de sa verge très longue et l'avait appelé un « homme agréable ». Il m'a aidé à délier les oiseaux de leurs berceaux et les a attachés sur son toit pour les reposer; il nous a invités à passer la nuit chez lui, mon cheval et moi.

J'ai porté les faucons à ma mère, le lendemain, pour qu'elle puisse leur laver la tête dans de la mousse de yucca, comme à des nouveau-nés, et leur donner des noms. J'ai donné un faucon à mon petit frère Perry, un autre à Ira et j'en ai gardé trois. On les a attachés sur le toit de notre maison du Clan du Soleil et on leur a attrapé des rats, des souris et des sauterelles.

Au bout de quelques jours, mon oncle Talasquaptewa a tué un mouton, il a pris son équipement à paho et il s'en est allé à la maison du Clan du Soleil préparer des baguettes de prière pour le solstice d'été. C'était une cérémonie importante pour notre Clan du Soleil : elle devait nous assurer de bonnes récoltes. Nous avons fait un festin; les hommes ont fumé et prié, et mon oncle a préparé les paho qui ont été placés sur l'autel du soleil, de bonne heure le lendemain matin.

Quand les plantations se sont mises à pousser, j'ai emprunté les mules de Frank, à Shipaulovi, une fois, pour cultiver mon champ; et puis, j'ai sarclé les mauvaises herbes jour après jour, en gardant les moutons un jour sur deux, pour me reposer le dos et les bras. Les jours de grande chaleur, je chantais ou je sifflais pour me ragaillardir, je dansais un peu, ou bien je dormais à l'ombre d'un buisson. Je repensais à ma vie facile à l'école et à l'argent que j'avais gaspillé en filles et je travaillais sans répit parce que nous avions besoin de nourriture. Je voulais que mon champ de maïs soit beau; je souhaitais acheter un châle fantaisie à ma femme, des chevaux et des bijoux pour moi et puis, j'avais aussi besoin de m'assurer une réputation de travailleur, pour que ma femme puisse tenir la tête haute.

Fig. 42. – *Houe large en fer, imitée des Espagnols. Traditionnellement, les houes sont en pierre, mais celles-ci sont traitées comme des objets sacrés (wiki).*

Avec de la pluie à suffisance et point de vent, de vers ni de rats pour détruire nos récoltes, ni de mauvaises herbes pour les étouffer, nous n'aurions jamais besoin de tant peiner. Mais chaque fois que des nuages amis s'amoncelaient au-dessus de nous, des vents hostiles les dispersaient. Les hommes avaient l'air fatigués et inquiets et se croisaient sur la route sans rien dire, sachant ce que l'autre avait dans le cœur : le découragement et le désir qu'il pleuve. J'ai bien dû faire vingt-cinq fois le parcours jusqu'à mon champ pour repiquer, sarcler, empoisonner les rats, poser des pièges à lapin et arroser mes plants d'un mélange d'intestins en poudre, de racines séchées, d'excréments de chien et d'eau.

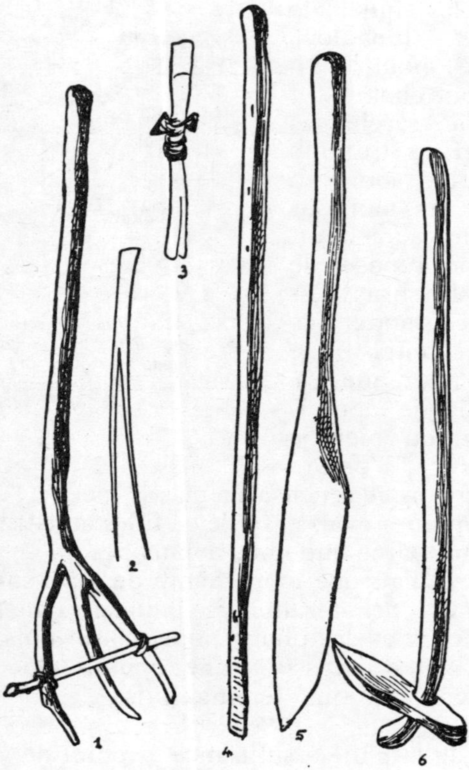

Fig. 43. – *Instruments agricoles. 1. Sorte de fourche-râteau, servant à débroussailler. C'est une branche de cèdre, sans l'écorce, renforcée par une barre transversale; 2, 3. Pinces de bois (natcha), pour cueillir les figues de Barbarie. On les roule dans le sable jusqu'à ce qu'il n'y ait plus d'épines; 4. Plantoir à pointe effilée; 5. Plantoir à lame; 6. Houe en bois, fréquemment employée.*

J'étais tellement épuisé de garder le troupeau et du travail des champs qu'au lieu de faire l'amour tous les deux jours, je ne pouvais plus le faire qu'une fois par semaine.

Mon carré de melons me donnait beaucoup de mal. Quand le soleil s'était levé au « point de la semaille des melons », en mai, j'avais porté des graines dans un champ sablonneux, je les avais semées à cinq pas les unes des autres et j'avais recouvert chaque monticule d'une épaisse feuille de papier pour le protéger des rats-kangourous. Le papier était fiché dans le sol avec de grands bâtons pour que je puisse le retrouver de nouveau sous les dunes et l'enlever quand les plantes émergeraient. Malgré cette précaution habituelle, les rats ont détruit la moitié des graines.

J'en ai semé d'autres et puis, un mauvais vent a soufflé pendant quatre jours, détruisant encore beaucoup d'autres monticules. J'ai découvert quelques jeunes plants et j'en ai replanté une seconde fois et il y a eu une nouvelle tempête.

Lorsque j'avais déterré les plants et fabriqué de nouveaux coupe-vent en brindilles pour les protéger, un troisième vent en a réduit beaucoup en lambeaux et a brûlé les autres. Cinq jours après, une quatrième tempête de sable a soufflé qui m'a obligé à déterrer les plants, de nouveau.

Environ dix jours plus tard, j'ai arraché les mauvaises herbes et posé des pièges pour prendre les rats qui mangeaient les pousses tendres : un tourbillon a renversé la plupart des pièges et endommagé d'autres plants. Le sable les a recouverts deux fois de plus et un lièvre leur a rendu des visites nuisibles.

Pour finir, un vent d'est a complètement embrouillé les feuillages avant la sortie des jeunes melons.

En juillet, j'ai été heureux d'apporter quelques tiges de maïs-sucré au village pour la danse *Niman*. J'ai fait des poupées, que j'ai attachées à des tiges de massette, pendant que ma mère préparait de petites châsses, larges de 8 centimètres. Nous avons monté toutes ces choses sur la terrasse pour les offrir aux faucons le jour du *Niman*. Toute la journée, on a mangé et dansé et offert du maïs-sucré, des poupées et d'autres cadeaux aux enfants.

Au coucher du soleil, on a renvoyé les Katcina avec d'urgentes prières pour qu'il pleuve sur nos plantes assoiffées; presque tous, hommes et garçons, nous avons cassé un brin de sapin pour le planter dans nos champs de maïs. Le lendemain matin, nous avons étouffé les faucons pour les renvoyer chez eux; nous les avons plumés, nous avons attaché des paho à leurs cous, ailes, et pieds, nous les avons portés dans la direction d'où ils étaient venus et nous les avons enterrés avec de la farine de maïs.

Fig. 44 – *Poupées Katcina.*

Un jour, j'ai eu un accident, sans le savoir sur le coup. Ira a trouvé un cheval mort dans un champ, frappé par la foudre et il s'est trouvé devant la carcasse avant de se rendre compte de ce qui avait causé sa mort : il a attrapé ainsi la maladie de la foudre, qui rend les gens craintifs, nerveux et excitables, surtout lorsqu'il y a de l'orage. Un membre de la société *Ahl* aurait dû aller y purifier la terre, mais ce n'avait pas été fait. Quelques semaines après, j'ai passé devant l'endroit, sans le savoir; sur le coup, je n'ai ressenti aucun effet nocif, sauf un mal de tête, mais l'étrange pouvoir m'avait pénétré le corps.

Pendant la dernière semaine d'août, mon père s'est préparé à faire le long voyage pour aller chercher du sel. Bien entendu, il était membre du *Wowochim* et avait fait des paho qu'il avait déposés au sanctuaire des dieux Jumeaux de la Guerre au dernier *Soyal*, ce qui le qualifiait pour le voyage au Grand Canyon, à la demeure de nos chers disparus.

Le sel se trouve dans un territoire dangereux et, il y a longtemps, les Jumeaux avaient fait des sanctuaires et établi des règles pour diminuer le péril du voyage pour les Hopi.

Mon père a fait annoncer, du haut d'une terrasse, par le héraut, que l'expédition du sel était projetée et que tous ceux qui désiraient y participer devaient rapiécer leurs mocassins, préparer des sacs à sel et rassembler leurs ânes. J'ai décidé de les accompagner jusqu'à Moenkopi. Avec trois ânes chargés de vivres, montés sur deux autres, nous sommes partis; pour nous assurer un bon voyage et empêcher la fatigue, mon père s'est arrêté près du sanctuaire de Masau'u; il a tracé un sentier de maïs, vers l'ouest, sur lequel il a posé une plume à prière avec sa ligne de souffle dans cette direction-là.

Tout en trottant vers Moenkopi, nous regardions en arrière de temps en temps, pour voir si d'autres suivraient, mais il n'est venu personne.

Nous sommes arrivés à Moenkopi après le crépuscule et nous sommes allés coucher chez la tante

Frances où on nous a parlé d'une Danse du Papillon qui aurait lieu le lendemain. Je suis entré dans la kiva regarder la répétition, aider aux chants et partager la nourriture. Euella et son partenaire Marc menaient la danse. Pendant le banquet de nuit, j'ai pris la main d'Euella, mais en faisant attention à ne pas la serrer, car je ne voulais pas la gâter avant la cérémonie. Ils ont dansé toute la journée suivante, avec des chants qui m'ont ému le cœur.

A midi, j'ai été invité chez Hattie et j'ai vu sa sœur Polehongsie; pendant qu'on mangeait, j'ai senti ses yeux fixés sur moi et je lui ai fait un clin d'œil : ça l'a fait sourire et j'étais content. A la fin du repas, au lieu d'aller tout droit à la porte, j'ai fait le tour de la pièce d'une air désœuvré, j'ai passé devant le coin où se tenait Polehongsie et je lui ai tendu la main pour lui permettre de me la serrer, ce qu'elle a fait. On a un peu bavardé ensemble, puis on s'est aperçu que les gens souriaient, alors on est sorti. On a passé tout l'après-midi sur la plaza où il y avait presque tout le monde, en train de regarder les danseurs, mais Polehongsie et moi, on se regardait, de terrasses différentes. A la nuit, j'ai eu envie d'aller la voir, mais j'avais peur que ses parents aient encore une dent contre moi, alors j'ai passé la nuit chez mon père rituel.

Le lendemain, il y avait une course de chevaux entre les Indiens Havasupai et Navaho. Je suis allé prendre le petit déjeuner avec Marc chez ses parents et je me suis arrêté chez la mère de Mettie, qui a été très aimable. De là, on est allé à la course. Les Havasupai avaient de belles peaux de daim à miser sur leurs chevaux contre ceux des Navaho. Moi, j'avais $ 1 en poche : j'ai parié sur un cheval navaho et j'ai gagné. J'ai gagné pari sur pari et vers le milieu de l'après-midi, j'avais $ 16. A chaque pas que je faisais, des dollars d'argent tintaient dans ma poche et je me sentais millionnaire.

Vers la fin de l'après-midi, j'avais les poches si lourdes que je suis allé me mettre dans un coin de corral paisible, je me suis assis et j'ai compté

$ 38,85. Il m'était poussé une petit fortune autour de $ 1. J'ai attaché mon fric dans un chiffon, je l'ai collé dans ma poche-revolver et je suis allé chez Frances, où j'ai appris que mon grand-père Roger avait gagné $ 83 et qu'il était riche maintenant.

Pendant qu'on mangeait et qu'on parlait des courses, voilà qu'arrive ma mère de clan Tuwanungsie, femme de Talasvuyauoma, le Chef de Guerre. « Fils » me dit-elle, « ton père veut que tu viennes chez nous. Si tu veux faire l'expédition du sel, tu ferais mieux de venir maintenant. »

Je l'ai trouvé avec le Chef de Guerre et des hommes de Shipaulovi. Ils étaient en train de faire des plumes à prière pour pouvoir aller au canyon chercher de l'argile jaune, l'argile spéciale qu'on emploie toujours pour faire les paho. Pendant que Talasvuyauoma était occupé à faire une plume à prière, il m'a dit que personne ne semblait prêt à se joindre à eux et m'a demandé d'y aller, alors j'ai accepté. Le Chef de Guerre m'a montré comment préparer mes plumes votives et m'a dit combien il m'en fallait. Chacun de nous a enveloppé ses plumes dans des sacs de papier séparés, puis nous avons fumé le tabac de montagne, tout en échangeant nos termes de parenté. Quand je me suis levé pour partir, ma mère de clan a dit : « Fils, tu as déjà préparé tes plumes votives pour l'expédition du sel, alors, il faut rester loin des filles, ce soir. »

J'étais bien déçu; avec de l'argent plein les poches, j'avais envie de voir Polehongsie.

Au petit matin, on a sellé les ânes, chargé les vivres, porté de la farine de maïs-sucré grillé avec nos plumes à prières et on est parti, en rappelant à nos parents de garder des cœurs joyeux, pour assurer notre retour.

Le Chef de Guerre a tracé une piste de farine devant le village, il y a placé une plume votive, dont la ligne de souffle pointait vers l'ouest et a dit :

« Voyageons le cœur gai. »

Chacun de nous a posé le pied sur le signe de piste et l'expédition a commencé.

Nous sommes arrivés à la hauteur d'une source sacrée et nous avons déposé une plume en face de l'endroit; passé une autre source, avec un sacrifice semblable, nous avons atteint le sanctuaire des Moutons de Montagne à 14 ou 15 kilomètres de Moenkopi, où nos ancêtres allaient chasser dans le

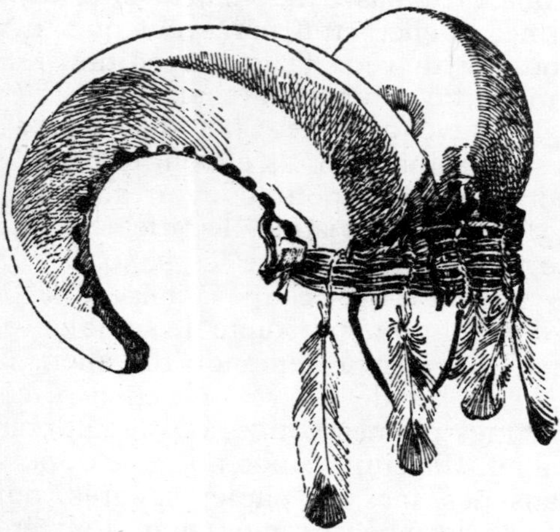

Fig. 45. – *Cornes de mouton de montagne. Devenu très rare, le mouton de montagne occupe une place importante dans les rites hopi. Ces cornes composent la coiffure portée par les prêtres Alosaka à Walpi pour le rite du feu nouveau.*

temps. Il y avait des empreintes de pieds d'antilope imprimés dans la boue tendre que les Jumeaux de la Guerre avaient transformée en pierre. Nous y avons déposé des plumes votives, en priant les Moutons de Montagne de nous donner bonne chasse et en leur demandant de revenir, pour qu'on puisse de nouveau les chasser.

Deux kilomètres plus loin, nous avons atteint le sanctuaire où les chercheurs de sel hopi taillent leurs emblèmes de clan dans les rochers. Génération sur génération de nos ancêtres avaient été chercher le sel et il y avait des centaines d'emblèmes de clan, taillés dans la base rocheuse du sanctuaire. Chaque voyageur, à chaque voyage successif, avait taillé un autre symbole à la gauche du précédent. Mon père avait taillé onze dunes de sable au cours de sa vie et Talasvuyauoma avait taillé dix têtes de coyote. J'ai choisi une surface lisse, tout près et j'ai taillé mon symbole du Soleil,

Fig. 46. – *Dessin de mouton de montagne sur une poterie préhistorique.*

en y ajoutant mes initiales, mais cela, je l'ai tenu secret, de peur que mes compagnons s'y opposent (parce que c'était moderne). Quand j'ai eu terminé, j'ai placé la ligne de souffle d'une plume votive à la bouche de mon symbole du Soleil, je l'ai martelée à coups de pierre jusqu'à ce qu'elle reste collée, j'ai répandu de la farine de maïs à la face de l'emblème et j'ai prié : « Mon oncle, dieu du Soleil, remarquez s'il vous plaît que j'ai taillé mon emblème de clan dans la pierre. Guidez nos pas vers le Canyon du Sel et veillez sur nous jusqu'à notre retour, sains et saufs. Rendez notre route lisse et renouvelez nos forces afin que notre fardeau soit léger. »

Je priais avec conviction, sachant que nous pénétrions dans le pays des esprits et qu'il nous faudrait affronter d'étranges puissances.

Nous sommes allés à une source sacrée déposer des offrandes votives et prier les esprits qui y vivent d'envoyer la pluie sur nos récoltes et la joie aux cœurs de nos parents. De là, nous avons gravi une colline et atteint le sanctuaire où les dieux Jumeaux de la Guerre jouent aux échecs hopi. Après avoir sacrifié des plumes votives, chacun de nous a joué aux échecs avec les Jumeaux invisibles en arrangeant le jeu à notre avantage, puis nous avons prié : « Eh bien, Jumeaux de la Guerre, nous avons gagné. Notre récompense sera pluie, bonne santé, longue vie. Veillez sur nous, afin qu'aucun mal ne nous advienne. »

Nous avons suivi un ancien lit de rivière vers le nord-ouest à travers une faille; nous avons passé par-dessus une colline et nous sommes entrés dans une gorge étroite. Quand nous avons atteint la corniche en face, le Chef de Guerre a dit : « Ma selle n'est pas d'aplomb, je vais resserrer la sangle », mais au lieu de la resserrer, à ma surprise il l'a desserrée et a sorti une couverture de noce blanche. Il m'a jeté un coup d'œil, a souri et a dit : « C'est le sanctuaire de la Femme du Sel. Nous allons faire l'amour avec elle. »

Il s'avança jusqu'à un rocher de grès blanc légèrement surélevé, de deux pieds de large sur six de long; il le couvrit du vêtement de noce, puis il retira son pantalon et son pagne, prit une plume votive et de la farine de maïs dans sa main, se glissa sous la couverture et mima la copulation; il prononçait en même temps le nom d'une femme que nous connaissions tous. Il se leva, la remercia du plaisir qu'elle lui avait donné et se rhabilla.

Lorsque mon père eut accompli le même rituel, on me dit de le faire également; je me sentais gêné, mais je me déshabillai, ne gardant que ma chemise. Le Chef de Guerre me dit que puisque j'étais un *Kele* qui faisait mon premier voyage, je devais tout enlever et mon père ajouta : « Si tu ne suis pas nos conseils, notre voyage risque d'être très pénible. »

J'obéis, m'approchai de la pierre et regardai : sertie au centre de la surface blanche, il y avait une petite pierre noire en forme de vulve avec un trou d'environ six centimètres de diamètre, de la profondeur d'un crayon; au fond reposaient les plumes-prières et la farine de maïs du Chef de Guerre et de mon père. J'y ajoutai ma propre plume et ma farine de maïs, et en nommant ma tante Frances comme partenaire, j'y enfonçai mon sexe quatre fois, mais sans érection. A part la « vulve », la pierre ressemblait plus à un cadavre sous un linceul qu'à une femme nue.

Je me levai, remerciai la Femme du Sel, me rhabillai et dis : « Mes pères, j'aimerais savoir ce que cela veut dire. » Le Chef de Guerre répondit : « Quand la Femme-Araignée, qui possède le sel, traçait une piste pour les Hopi jusqu'au Canyon du Sel, elle s'est fatiguée, s'est arrêtée ici et a dit à ses petits-fils, les Jumeaux, d'achever la piste jusqu'au Canyon, puis, elle s'est transformée en cette pierre pour guider les Hopi vers le sel. Chaque fois que nous faisons l'amour avec elle, c'est pour que nos enfants se multiplient et que notre santé soit meilleure. Ce n'est pas un « truc dégoûtant », comme les chrétiens l'ont dit, et ce n'est pas non plus l'adoration d'une idole de pierre, car nous savons que la Femme-Araignée est une déesse vivante et que faire l'amour avec elle donne la vie. »

A mesure que nous poursuivions notre route, je reconnaissais des détails du paysage que j'avais vu pendant mon voyage de mort et j'étonnais mes compagnons en leur décrivant minutieusement des endroits que nous allions rencontrer. Quand j'ai décrit avec précision un arbuste particulier (*mongpivi*) dont les Hopi faisaient leurs flèches autrefois, mes compagnons ont ouvert de grands yeux; ils ont dit que c'était une preuve concluante de ma mort et de ma visite à la Maison des Morts.

Au coucher du soleil, nous nous sommes arrêtés dans un creux sur le site d'un ancien campement; nous avons entravé les ânes et nous nous sommes assis pour fumer et échanger nos termes de parenté, avec l'espoir que nos messages atteindraient les esprits. Comme j'étais *Kele*, j'ai préparé le dîner de café, pommes de terre frites, piki, et mouton.

Le soir, les deux vieillards m'ont raconté l'histoire

de la Femme du Sel et des Jumeaux, puis ils m'ont fait l'historique des voyages de nos ancêtres à la recherche du sel. Mon père a raconté que, plusieurs années auparavant, il était allé avec un groupe faire une expédition de sel, que tous avaient couché avec la Femme du Sel, mais qu'à leur retour quelque chose avait mal tourné. Après avoir dépassé le sanctuaire de quelques kilomètres, l'un d'eux se retourna et vit une grande silhouette blanche qui arrivait sur eux; même les ânes eurent peur et s'enfuirent en désordre, répandant le sel précieux sur des kilomètres. C'était une tâche difficile de retrouver leur trace et de ramasser les petits morceaux de sel. Quand ils furent regroupés, le dignitaire dit : « Ceci n'aurait pas pu arriver si tout le monde avait obéi aux règles. Nous devons savoir la vérité, qui a désobéi ? »

Un homme avoua : « C'est moi le coupable, j'ai apporté un gros morceau de sel pour la Femme du Sel, mais je l'ai gardé pour moi et je lui en ai donné un petit. » Les hommes répondirent : « Ce n'est pas étonnant que tous ces ennuis nous soient arrivés; tu as douté des croyances hopi et tu as cru que tu avais affaire à un morceau de pierre; tu aurais dû être moins ignorant : la Femme du Sel est un esprit vivant, elle ne supporte pas la tricherie. » Quand mon père m'a dit le nom du coupable, j'ai été surpris et je l'ai plaint; je le connaissais bien, car c'était un frère de clan de mon père rituel; et je résolus aussi de respecter les règles scrupuleusement.

Nous avons mangé un melon, fumé de nouveau, puis nous sommes allés nous coucher, mais je n'arrivais pas à m'endormir en pensant à l'homme sans conscience qui avait essayé de tromper la divinité et avait causé la ruine de l'expédition du sel.

De bonne heure le lendemain, nous avons repris notre voyage à travers le pays plat aux grands cactus où j'avais vu les serpents lovés au bord de l'âpre chemin des Deux-Cœurs. Sur une pente arrondie, j'ai découvert des débris de poterie et des ruines, là où, dans mon voyage de mort, j'avais vu des maisons habitées par des gens vêtus de costumes de la société du *Kwan*. Nous avons gravi une côte d'où, en regardant vers l'ouest, en suivant le bord du Canyon du Sel, il me semblait voir des maisons avec des fenêtres par lesquelles les gens jetaient leurs cendres dans le Canyon. Il me semblait qu'il s'élevait une fumée bleue au-dessus du Canyon et mon père dit qu'elle venait des Maisons des Morts, le long du bord rocheux. Je me sentais intimidé et mal à l'aise et je me demandais si nos ancêtres nous regardaient et nous jugeaient.

Le Chef de Guerre dit : « Nous allons décharger les ânes ici et il faut se presser. » Pendant que j'entravais les ânes, le Guerrier a préparé une pâte de farine de maïs-sucré qu'il a pétrie en boules de la taille et de la forme de balles de base-ball. Nous avons caché nos selles et notre équipement et nous avons posé des rocs sur la bâche pour que les mauvais vents ne l'arrachent pas. Nous avons mis des vivres dans nos couvertures; avec nos plumes votives et une boule de pâte chacun, nous nous sommes dirigés vers l'extrémité sud-ouest de la mesa, où nous avons trouvé un rocher escarpé, le sanctuaire des dieux de la Guerre. Talasvuyauoma m'a expliqué que les Jumeaux étaient en train de faire la piste vers le sel, lorsque le plus jeune se sentit fatigué et se changea en pierre pour montrer la direction. J'ai regardé au fond du Canyon, qui semblait infiniment profond, et j'ai vu le Petit Colorado qui brillait au fond; j'ai eu peur et je me suis demandé si nous allions en revenir. Le Chef de Guerre dit : « Alignez-vous pour prier. » Il se mit devant et cria : « Dieux de la Guerre, nous voici enfin, nous sommes venus chercher le sel. Avec des cœurs purs et des pensées joyeuses, nous descendons dans le Canyon. Recevez nos offrandes, guidez-nous et ne permettez à aucun mal de se mettre en travers de notre route, que nous revenions sains et saufs, sans chagrin. »

J'entendais les échos de sa prière résonner sur les parois du Canyon. Il s'assit, répandit du maïs vers l'Est, posa une plume votive devant l'image du dieu avec la ligne du souffle vers l'Est; il colla un peu de maïs-sucré sur la figure du dieu et l'invita à manger. Mon père et moi, nous priâmes et fîmes de même.

Nous sommes descendus sur une corniche inférieure par un chemin tortueux. Chaque fois qu'avec son pied on détachait une petite pierre, et qu'on lui faisait dévaler la pente, on lançait une pincée de farine après elle, pour apaiser les esprits. A un endroit qui s'appelait « Fesses larges », il y avait des marches taillées dans la pierre, qu'il fallait traverser à grandes enjambées. De temps en temps, je voyais une pierre posée sur un gros rocher pour indiquer le chemin.

Nous avons atteint une deuxième corniche où nous nous sommes un peu perdus. J'ai fait des reproches au Chef de Guerre et à mon père, en leur rappelant qu'ils avaient fait le voyage bien des fois, alors mon père m'a prévenu : « Tu ferais mieux de te taire, tu pourrais te perdre au retour. » J'ai posé un petit roc sur une pierre pour nous guider, mais le Guerrier m'a averti : « Tu ne dois pas faire ça, c'est contre la loi hopi; seuls les membres du *Kwan* ou un Chef Guerrier peuvent mettre des signes sans danger. »

Je n'ai pas fait quatre pas avant d'être puni : je suis tombé à plat ventre sur les rochers et je me suis écorché le bras gauche. Mon père me dit : « Voilà, t'as reçu ta leçon; obéis donc aux règles. »

Nous avons trouvé un buisson épineux au bord d'une falaise; le Chef de Guerre a dit : « Je vais arranger ça »; il a détourné une branche du chemin, a trébuché et serait tombé, si mon père ne l'avait rattrapé par le pied. « Tu vois », me dit-il en se tournant vers moi, « même un Chef de Guerre est puni. »

Nous avons pénétré dans une gorge où nous avons gravi un sentier étroit, puis nous sommes arrivés sur une corniche; on me conseilla de faire très attention aux directions puisque je devais mener, au retour. Mon père dit : « Il y a trois corniches qui se ressemblent; quand nous reviendrons, prends celle du milieu, parce que celle du haut se termine dans le vide. » Nous avons continué, dépassant une large falaise, demeure particulière des ancêtres du Clan du Roseau. Nous y avons répandu de la farine, puis nous sommes passés à une pierre rouge, sur laquelle étaient gravés les dessins des anciennes couvertures de fourrure, avec les coutures et les points employés autrefois pour coudre ensemble les peaux de chats sauvages. Nous y avons déposé nos offrandes, en exprimant le vœu que, si jamais nous avions l'occasion de faire de semblables couvertures, notre travail soit l'égal de celui des Jumeaux.

Passé la demeure des Moutons de Montagne et l'endroit où les Havasupai récoltaient des agaves pour faire du pain, nous nous sommes enduit la figure de peinture rouge et nous sommes arrivés devant une faille qu'on appelle « Gratte-Nez » : la règle hopi exige qu'on se tienne avec les pieds de part et d'autre de la faille et le nez appuyé contre une muraille plate, sur une tache de peinture rouge, grattée des nez de précédents chercheurs de sel.

Bientôt, nous avons atteint un bloc de rocher adossé à une énorme pierre, debout. Sur la pierre, il y avait des silhouettes de poulets gravées par les Jumeaux, un coq barbouillé d'ocre rouge, et des dessins de poules et de poussins. Le Chef de Guerre dit : « Voici un sanctuaire des Poulets : si vous voulez que les vôtres réussissent, faites une offrande et priez. »

Il prit un morceau de pâte, la colla sur le dessin d'un poulet et y attacha une plume votive, puis il répandit de la farine, chanta comme un coq et l'écho résonna au bord du Canyon. Mon père fit son offrande et chanta d'une voix basse et rauque, suivie d'une toux, ce qui nous fit rire. Je fis mon offrande, chantai fort et entendis beaucoup de coqs répondre sur les bords.

Quand je me retournai, mon père et le Guerrier

avaient atteint le bout de la corniche et disparu. Je me précipitai et les rattrapai près d'une caverne, sous un énorme rocher jaunâtre. Le Chef de Guerre dit : « Nous voici enfin au sanctuaire de Masau'u; c'est là que vit le dieu du Feu et de la Mort. »

Un peu ému, je dis : « C'est donc ici la demeure de l'Esprit Sanglant qui me poursuivit sur mon voyage de mort. »

Le Chef de Guerre répondit : « C'est mon devoir d'entrer dans la caverne faire une offrande à Masau'u; donnez-moi vos plumes votives et votre farine. »

Nous avons présenté nos offrandes et prié : « Grand Masau'u, accepte nos dons et accorde-nous une bonne route et un voyage facile. Envoie-nous la pluie pour que notre peuple puisse vivre dans l'abondance, sans maladie, et dormir dans sa vieillesse. »

Le Guerrier dit qu'il porterait notre message à Masau'u et entra en rampant dans la caverne, tandis que nous nous hâtions sur le chemin, mon père et moi. Nous savions que le Guerrier verrait une meule très semblable à celles qui étaient chez nous et que s'il trouvait quelque chose de très neuf dans la caverne, comme du maïs vert ou un morceau d'écorce de pastèque fraîche, ce serait un mauvais présage, signe de récoltes pauvres; mais s'il trouvait quelque chose de très vieux, comme une vieille rafle de maïs ou une enveloppe de maïs flétrie, ce serait bon signe.

Nous avons contourné la pointe de la mesa et nous avons attendu : nous avons vite été rassurés, car le Chef de Guerre est arrivé en souriant.

Nous avons continué jusqu'à la maison des *Coyemsie,* les Katcina à Tête Boueuse. On y a déposé des plumes votives, de la farine, et on a prié : « Nous voici enfin avec nos offrandes. Donnez-nous la pluie, de bonnes récoltes, de longues vies très résistantes. »

Après avoir glissé les offrandes dans une fente du mur, nous avons descendu une côte sablonneuse, jusqu'au Petit Colorado; nous avons bu de l'eau à goût de sel, déposé une plume à prière çà et là, et nous avons suivi la rive droite. J'étais impatient d'en apprendre plus sur le sanctuaire de Masau'u et j'ai demandé au Chef de Guerre : « Quelle nouvelle nous apportez-vous ? » « Une bonne nouvelle », répondit-il. « J'ai vu quatre vieilles rafles de maïs et des haricots desséchés; sur la meule, il y avait du très vieux maïs. »

Nous avons suivi le courant et nous avons atteint le sel bleu; là, nous avons déposé des plumes à prière et nous sommes montés sur une petite colline entourée d'arbustes : c'était la kiva originelle et le trou d'où émergea l'humanité tout entière. Passant sur la terre molle et humide, nous nous sommes frayé un chemin à travers les arbustes de bois dur, comme celui qu'on emploie à faire les forets pour allumer de nouveaux feux, pendant la cérémonie du Wowochim. Au-delà du cercle d'arbustes, nous sommes arrivés devant un monticule central de terre jaunâtre, et nous sommes passés au nord pour retirer nos mocassins, avant de pénétrer dans le lieu consacré. Le Chef de Guerre prit quatre baguettes de prière et quatre plumes, dont une portait une ligne de souffle, puis il monta avec nous sur le monticule jusqu'à un endroit aplati, de dix pieds de diamètre environ. Au centre même était le *sipapu* originel, l'ouverture menant dans le monde inférieur. Il y avait une eau jaunâtre, à deux pieds de profondeur, qui servait de couvercle au *sipapu*, si bien qu'aucun être humain ordinaire ne pouvait voir les merveilles du monde inférieur : c'est peut-être cette Fontaine de Jouvence que les Blancs ont cherchée en vain.

Des Blancs ignorants et téméraires avaient plongé deux perches dans le *sipapu* sacré et les avaient laissées appuyées contre la paroi ouest. Les profanateurs avaient violé le lieu sacré d'où nos ancêtres et les leurs émergèrent du monde inférieur. C'était une grande honte.

Le Chef de Guerre se dressa pour crier : « Nous

voici enfin » et les esprits répondirent, car il monta des bulles à la surface de l'eau jaunâtre, comme si elle bouillait. Le Guerrier enfonça les baguettes votives au bord du trou et répandit de la farine vers l'est, traçant une piste sur laquelle il posa la baguette votive bleue et une plume votive. Il déposa une seconde série d'offrandes un peu plus loin sur le sentier, car c'est la grand-route que prennent les Hommes-Nuages-aux-Six-Points quand ils émergent du *sipapu* pour porter la pluie aux Hopi. Ils s'élèvent dans les airs à cet endroit, regardent vers l'est et se dirigent vers les terres des hommes les plus méritants. Chacun de nous déposa des plumes votives à côté de l'entrée du monde inférieur et adressa une prière silencieuse aux Hommes-Nuages pour qu'ils acceptent nos offrandes et envoient la pluie.

Quand nous sommes allés chercher nos mocassins, le Chef de Guerre m'a dit : « Enlève ta chemise; il y a un autre endroit où nous devons prier. »

Nous avons été à quinze pas au sud-ouest du monticule jaune, et nous avons cherché un trou qui est relié à la kiva, comme la bouche d'air d'un four à maïs-sucré. Il a fini par trouver un petit espace creux de la taille d'une soucoupe, couvert de sable blanc comme du sel; en le grattant, il a trouvé de la terre marron foncé en dessous. Il l'a enlevée et l'a entassée sur sa chemise, puis il est tombé sur une cavité qui était reliée, sans aucun doute, à la grande kiva en dessous. « Mon fils », me dit-il, « tu es *Kele* et tu dois te baisser pour attraper l'argile jaune que tu recevras des esprits, en échange des plumes. »

Il m'a dit que je devrais être complètement nu, mais que je m'étais si bien conduit pendant ce voyage que je pouvais garder mon pantalon. On m'a conseillé d'avoir l'esprit et le cœur pleins de bons vœux pour moi-même et pour mon peuple. Il m'a dit que je pouvais me concentrer beaucoup mieux que lui, parce que j'étais jeune.

Le Chef de Guerre et mon père m'ont mis une plume-prière dans la main droite et l'ont saupoudrée de farine, au nom de son auteur, puis ils m'ont saisi le poignet gauche et m'ont tenu très fort.

J'ai plongé dans le trou aussi loin que je pouvais, j'ai lâché la plume et j'ai attrapé une poignée d'argile. Je sentais la présence des esprits dessous, qui acceptaient la plume et me donnaient l'argile. Je n'avais pas très peur; j'avais confiance en mes pères qui me tenaient et je ne pensais pas que les esprits m'attireraient en bas, car mon heure n'était pas encore arrivée.

J'ai jeté d'abord les plumes à prière du Chef de Guerre et de mon père, puis, j'ai employé celles des hommes de Shipaulovi; finalement, j'ai mis une autre plume dans le trou et j'ai retiré de l'argile bien mauvaise; mon père a dit que les esprits avaient décidé que nous en avions assez eu pour cette fois. Puisqu'il nous restait quatre plumes, je les ai mises ensemble dans le trou et j'ai retiré une dernière poignée de cette même mauvaise terre.

Après avoir mis à sécher les pierres et la glaise, nous nous sommes habillés et hâtés vers le confluent du Colorado et du Petit Colorado; nous y avons prié, déposé des plumes sur l'eau pour que les vagues les emportent, trempé nos mains dans le fleuve et lancé quatre fois de l'eau vers notre village, pour encourager les Hommes-Nuages à se hâter de porter la pluie vers nos champs.

Nous nous sentions fatigués, ce qui inquiéta le Chef de Guerre qui se demanda s'il avait eu raison de me laisser garder mon pantalon pendant que je prenais l'argile.

Nous avons vite déjeuné et bu au fleuve sacré; puis, nous avons parcouru en hâte les cinq ou six kilomètres jusqu'à une corniche abrupte au-dessus des dépôts de sel. Il y avait une pierre qui saillait de la corniche comme une poitrine d'homme : c'était la représentation de Pookonghoya, l'aîné des Jumeaux, qui s'était changé en pierre pour aider les Hopi à descendre la falaise abrupte.

Autrefois, nos ancêtres fabriquaient des cordes de cuir brut qu'ils passaient autour du cou du dieu de la Guerre et employaient comme échelles pour la descente; nous, nous avons lancé en bas nos couvertures et nos sacs à sel; le Chef de Guerre a attaché sa corde au bloc de pierre et s'est préparé à descendre. J'ai remarqué que ses mains et ses genoux tremblaient, j'ai demandé si nous étions en danger et mon père a répondu : « Nous nous faisons vieux, et il se peut que nous n'arrivions pas à remonter avec notre sel. »

Je voyais trembler son menton tout en parlant et je savais qu'il avait peur.

Le Chef de Guerre essuya la sueur de ses mains à son pantalon et s'approcha de la corde avec une plume votive; tout tremblant, il attacha la plume à la poitrine du dieu et le pria : « Dieu de la Guerre, tiens-moi bien pendant que je descends. »

A quelques pas de là, il y avait une vieille échelle de bois que les Blancs avaient fabriquée, mais on n'osait pas s'en servir à l'encontre des règles hopi. Quand j'ai déposé ma plume et que je me suis préparé à descendre, mon père m'a recommandé d'être prudent : je lui ai répondu que j'étais sûr que mon Esprit Tutélaire me suivait et puis, que j'avais appris à grimper à la corde, à l'école de l'Agence. Mon père m'a suivi en s'écorchant le dos sur les rochers, comme il descendait.

On a pris nos couvertures et nos plumes et on a été jusqu'à une grotte à moitié pleine de sable : le Chef de Guerre nous a dit : « C'est ici que vivent les membres de la société du *Kwan* et quand je mourrai, je vivrai dans cette maison. Il y a peu de temps encore, la grotte était vide et on voyait deux énormes cornes de sel comme celles que portent nos membres; elles pendaient du plafond, mais le fleuve emporta les cornes et remplit la grotte de sel : ce signe présage la fin de la société du *Kwan* à Oraibi. »

Ayant déposé des plumes et prié, nous nous sommes dirigés vers une petite fontaine, au centre de laquelle il y avait un rocher plein, de trois pieds de haut environ, dont le sommet était évidé. Loin au-dessus de cette coupe de pierre, il y avait un cône de sel renversé, qui pendait d'une corniche comme un glaçon; du cône dans la coupe tombait goutte à goutte une médecine salée, et mon père disait que cette coupe était toujours pleine de médecine, à déborder; j'y regardai et je vis trois bouts de rocher, un blanc et deux gris, gros comme mon pouce à peu près et qui ressemblaient à des lions de montagne. J'appris avec étonnement que, si on veut, on peut prendre un morceau de pâte, le pétrir en forme de bête et le déposer dans la coupe à médecine. Au bout d'un an, cette pâte se transformera en lion de montagne de pierre, comme ceux qu'on emploie aux cérémonies et que les médecins utilisent; c'est un ouvrage merveilleux des dieux-esprits pour les hommes.

J'ai retiré un des petits animaux et je l'ai examiné, en demandant à mes compagnons si j'avais le droit de le garder; ils ont dit que non. « Ce ne serait pas bien, parce que tu n'as pas mis la pâte dans la coupe toi-même. » J'ai pensé laisser de la pâte, mais j'y ai renoncé, en pensant à la difficulté et au danger du voyage et que je n'étais pas certain de revenir. Nous avons déposé nos plumes dans la coupe, répandu la farine consacrée et prié; puis, nous sommes allés déposer notre dernière offrande au sel grimpant, contre la paroi. Les Anciens avaient su exactement combien de plumes à prière il fallait apporter.

Après une autre prière, nous avons ramassé le sel; j'aurais voulu prendre le sel blanc brillant, au-dessus de nous, mais ils m'ont dit que les vieux blocs de sel qu'on sortait du sable étaient meilleurs; on a rempli chacun un sac à sel contenant à peu près 60 livres et un plus petit sac avec un morceau pour la Femme du Sel.

J'ai dit que j'avais envie de rester plus longtemps et d'explorer les lieux, mais le Chef de Guerre m'a averti : « Ne dis pas ça; les Esprits pourraient t'attraper. »

Quand j'ai porté mon sac au bas de la corniche,

j'ai dit : « C'est pas bien lourd. » « Tais-toi », dit mon père, « tu n'arriveras peut-être pas à monter. »

Le Chef de Guerre a grimpé à la corde et a remonté notre chargement, je suis monté ensuite et mon père en dernier; il ne se débrouillait pas mal, pour un vieux.

On s'est dépêché avec notre sel, et à la tombée de la nuit on arrivait au confluent. Quand on s'est remis à plat ventre pour boire l'eau consacrée, les vagues se sont mises à clapoter, nous remplissant malicieusement les narines. On a allumé un feu et préparé le dîner, en prenant soin de n'employer que des aliments hopi. Pendant qu'on mangeait, je regardais tout autour de moi, alors le Chef de Guerre m'a averti : « Si tu regardes trop, tu risques de voir un esprit maléfique. »

Ils m'ont décrit un esprit effroyable que les chercheurs de sel avaient vu, sur les murailles du Canyon; ils m'ont aussi appris qu'un homme avait regardé la paroi au sud-ouest et y avait vu une jeune fille coiffée en fleur; quand il était arrivé chez lui, sa sœur venait de mourir. Alors, j'ai seulement jeté des coups d'œil furtifs. Nous avons fumé et prié, puis nous nous sommes endormis dans nos couvertures.

Le lendemain matin, on est parti de bonne heure; on s'est arrêté pour ramasser l'argile jaune, près du *sipapu* : je voulais mieux voir l'endroit consacré, mais les Anciens ne me l'ont pas permis.

Le Chef de Guerre allait le premier, avec son chargement de sel, moi après, et mon père venait en dernier, pour nous protéger des esprits maléfiques. Quand nous avons dépassé l'autel de Masau'u, le Guerrier m'a averti de ne pas regarder en arrière, car je risquais de voir le terrible dieu de la Mort sur nos traces, ce qui voudrait dire que moi ou l'un de mes parents devait bientôt mourir; cette règle-là, je l'ai scrupuleusement respectée, en me rappelant comme Masau'u le Sanglant m'avait poursuivi sur mon vol de mort.

Quand nous avons passé devant le sanctuaire des

Poulets, j'ai vu ma plume encore collée au coq, signe qu'elle avait été favorablement reçue. Aux trois corniches, j'ai oublié le conseil de mon père et j'ai pris la corniche du haut qui aboutissait dans le vide; je me suis assis pour me reposer et j'ai vu mon père passer en dessous; quand j'ai crié, il a posé son fardeau et m'a jeté une corde; j'ai fait descendre mon sac à sel et je suis retourné sur mes pas, sur 500 mètres ou même plus, pour arriver à la deuxième corniche, où j'ai eu bien du mal à rattraper mes compagnons. Le Chef de Guerre s'est payé ma tête pour m'être trompé de chemin et m'a dit que cette erreur lui donnait le droit de coucher avec ma femme. On était crevé, mais mon père nous a rendu la route moins dure en nous racontant ses nombreuses bonnes fortunes.

On a enfin retrouvé notre campement et je suis allé chercher les ânes avec le Chef de Guerre. Après nous être régalés de melons et de piki, on a chargé nos sacs et on est parti. « Eh bien », dit mon père, « que penses-tu de l'expédition du sel? » J'ai répondu :

« Plutôt dure, et ce sel ne va même pas durer un an. Je ne pense pas que je reviendrai. »

Ça a fait rire les vieux; ils ont dit : « C'est bien ce que pensent tous les jeunes de maintenant. »

On a continué jusqu'au camp suivant où on a dîné et fumé; puis on s'est enroulé dans nos couvertures; couchés sous les étoiles, on a reparlé de toutes nos expériences du voyage et mon père a raconté la vieille histoire de la première expédition du sel, faite il y a longtemps par les Jumeaux.

Après avoir bien dormi et déjeuné de bonne heure, on est arrivé au sanctuaire de la Femme du Sel où on s'est arrêté. Le Chef de Guerre a pris un gros morceau de sel, s'est approché de la statue et lui a dit : « Ma déesse Mère, je vous ai apporté un beau morceau de sel, il vous durera longtemps. »

Nous avons tous prié et déposé le sel sur la « vulve » de la déesse.

Poursuivant notre route sans regarder en arrière,

nous avons bientôt atteint la faille; chemin faisant, je racontais de nouveau des épisodes de mon histoire de mort, et j'ai raconté comment je m'étais senti devant cette faille, à ce premier voyage. On a déjeuné près de l'échiquier des Jumeaux, et on est arrivé à Moenkopi au milieu de l'après-midi. Nos parents étaient ravis de nous voir; pendant qu'on faisait un grand repas, mon père a raconté l'histoire de notre voyage avec tous les détails. Il a conclu : « Nous voici de retour parmi vous, et je crois que notre récompense sera la pluie. » Les gens ont répondu : « C'est juste, vous aurez votre récompense. »

Le lendemain matin de bonne heure, nous étions encore couchés quand les femmes sont arrivées avec des piments, des oignons et d'autres légumes qu'on devait porter à nos femmes à Oraibi. La mère de Polehongsie est venue, avec un panier d'oignons pour mon père : je l'ai remerciée trop vite, car elle m'a répondu : « Y a rien pour toi; t'as pas voulu de ma fille, t'en cherchais une jolie, mais t'as pas eu de veine, t'es obligé de coucher avec un manche à balai et de rouler un squelette sur ta peau de mouton ! » Ma tante Frances a mal pris ça et lui a répondu pour moi. Quand la vieille est partie, mon père rituel a ri. « T'en fais pas, mon fils », me dit-il, « j'étais un de ceux qui ont pas voulu que tu épouses Polehongsie. Sa mère a été idiote, elle aurait pu la refiler au premier type qui a couché avec elle. »

Alors que nous approchions d'Oraibi le lendemain, les nuages s'amassaient au-dessus de nos têtes et quand on est arrivé au sanctuaire de Masau'u au nord-ouest du village, la pluie tombait. Nous avons retrouvé le sentier de farine que nous avions tracé au départ et nous avons ramassé les plumes pour diriger le souffle vers l'est; nous avons répandu de la farine de nouveau et mon père a dit : « Nous revoici enfin et nous amenons le dieu Nuage; nous entrerons chez nous pleins de joie. »

Alors le dieu Nuage, qui nous suivait à la trace

depuis le fleuve sacré, versa la pluie sur nos champs : c'était un vrai miracle.

Chez Irène, ils avaient l'air content de nous voir, mais ils se sont mis à pleurer; Irène m'a dit : « Mon plus jeune frère, un petit garçon de trois ans, est mort il y a trois jours. Je sais que tu l'aimais, ce petit. » J'avais beaucoup de peine et je suis allé chez ma mère manger et dormir : j'ai repassé attentivement dans ma tête tous les incidents du voyage du sel et je n'ai pu me prendre en faute; je n'avais pas eu de mauvais rêves ni vu d'esprits maléfiques, je ne m'étais pas retourné pour voir si Masau'u nous suivait. Il est vrai que j'avais gravé mes initiales sur mon emblème solaire, mais sûrement que ça n'avait pas pu causer la mort du petit garçon. Je suis retourné dîner chez Irène et son père m'a demandé de raconter toute l'expédition du sel; je m'y suis mis et j'ai parlé jusqu'à minuit, mais je n'ai pas dit que j'avais gravé mes initiales sur mon emblème solaire. Les femmes ont recouvert le sel d'un châle de cérémonie pendant quelque temps, puis elles l'ont partagé entre les membres de notre famille. Je n'ai pas dormi avec Irène pendant quatre jours.

J'ai emprunté un chariot en septembre et j'ai emmené Irène et d'autres parents assister à une cuisson de maïs-sucré.

On a coltiné du bois, creusé une fosse, fait un grand feu et récolté le maïs; quand le four a été très chaud, le deuxième jour, j'ai attaché un fil de coton à une plume d'aigle pour envoyer nos prières aux dieux du ciel, puis j'y ai attaché la plume d'un petit oiseau jaune pour que le maïs prenne la bonne teinte et que ma femme n'ait pas de raison de me quitter, ce qui était une plaisanterie fréquente des copains.

Irène m'a tendu un des épis les plus gros et les plus beaux qu'on appelle la « mère »; je l'ai dépouillé d'un côté de son enveloppe et j'ai attaché la plume à prière et le fil au milieu de l'épi en faisant remonter la ligne de souffle jusqu'à la pointe; j'ai replacé l'enveloppe, j'y ai attaché un brin d'une petite plante jaune (*ma'ove*) et une brindille de sauge grise, puis j'ai lié le tout avec une tige de yucca. On a préparé quatre « épis-mères » et des paho spéciaux. Irène a choisi un épi trop mûr, elle en a mordu des grains, les a mâchés et a recraché le mélange sur le tas de maïs, pour le rendre doux et s'assurer de la pluie. J'ai semé des sentiers de farine vers les quatre points cardinaux, et j'ai posé un épi de maïs et un paho sur chaque sentier. Mon père, Ira, Irène et moi, nous nous tenions chacun au-dessus d'un épi, prêts à le pousser dans le four; Irène a poussé le sien au nord, et nous avons suivi dans l'ordre, ouest, sud et est, puis nous y avons jeté toute la récolte, tandis qu'Irène mâchait infatigablement et crachait sur tout du maïs frais mêlé de salive.

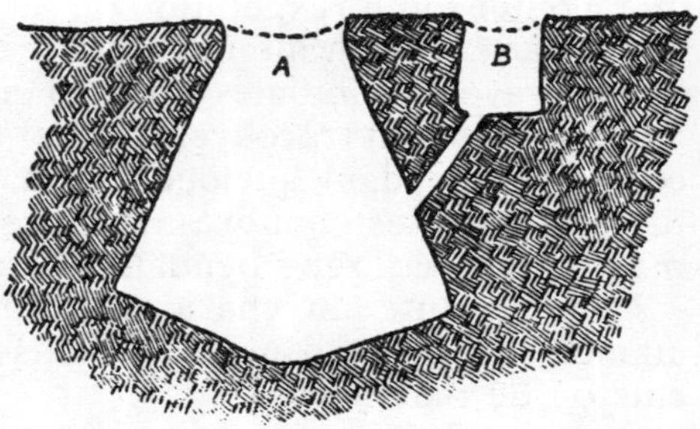

Fig. 47. – *Four de campagne. Creusé dans le sol, ce four est utilisé pour faire cuire sur place le maïs qui vient d'être cueilli.*

On a bouché le conduit d'air et posé plusieurs blocs de pierre sur le four, qu'on a recouvert d'un pied de terre. On a laissé le maïs à cuire pendant toute la nuit, tandis que nous restions assis à raconter des histoires, jusqu'au moment d'aller dormir.

Au petit jour, j'ai retiré le couvercle, je me suis tourné vers l'est et j'ai appelé les Hommes-Nuages-aux-Six-Points : « Venez, Chefs, oncles, pères, tous, venez manger joyeusement. » Nous étions obligés de nourrir nos Esprits Ancestraux avant de manger nous-mêmes, pour assurer notre bonheur; c'est ce que nous enseignent nos pères, et j'étais maintenant assez vieux pour ne pas l'oublier.

Après avoir fait mon invitation, j'ai sauté dans le four chaud et j'ai sorti le maïs aussi vite que possible; Irène est arrivée avec les autres, ils ont arraché les enveloppes des épis chauds, mangé tant qu'ils pouvaient, et choisi quelques épis pour les garder. Ceux qui avaient la chance de trouver un épi-mère, enlevaient les plumes votives et mangeaient le maïs; après, j'ai porté les offrandes dans le champ et je les ai enterrées, le souffle vers l'est.

Fig. 48. – *Oàquöl-Mana (vierge de l'Oàquöl). Elle se tient au sud-est de la partie basse de la kiva, prête à suivre les danseurs. Dans la main droite elle tient une plaque de vannerie ronde et une flèche empennée, et une autre flèche dans la main gauche.*

Quand on a eu fini de les dépouiller, on a chargé nos biens sur le chariot et on est rentré au village, puis Irène a porté plusieurs corbeilles de maïs-sucré à nos parents; les femmes sont venues chez nous, chacune apportant une alène, taillée dans le haut d'une patte de devant de mouton : on a percé un trou dans les tiges de maïs qu'on a enfilées sur une fibre de yucca pour pouvoir les pendre et les mettre à sécher devant la maison. J'étais heureux de fournir ma femme et sa famille en maïs-sucré et d'entendre dire grand bien de moi.

En octobre, j'ai récolté deux grands chariots de maïs que ma femme m'a aidé à cueillir et à mettre en réserve. J'avais trimé dur toute l'année et pris peu de vacances, à part les jours de danses; la plupart du temps j'avais travaillé aux champs et à garder le troupeau; de temps en temps, j'avais porté un seau d'eau pour Irène, mais il m'était rarement arrivé de laver la vaisselle ou de faire la cuisine. Je ne savais pas tisser ni coudre comme les autres hommes, et il ne me venait pas à l'idée de faire des paniers ou des pots.

Vers le 1er novembre, les femmes célèbrent la cérémonie de l'*Oàquöl* dans la kiva *Howeove*, pour qu'il arrive un événement heureux. Mon grand-père était grand dignitaire et l'un des rares hommes de la société; il aida à préparer l'autel et, pendant huit jours, alla à la kiva faire des paho, fumer, chanter et prier; le neuvième jour, il surveilla la course à pied. Les femmes accomplirent une danse remarquable sur la plaza et les hommes regardaient les danseuses et luttaient pour attraper les cadeaux qu'elles jetaient aux gens; je n'étais pas aussi agile que les autres, mais j'ai réussi à prendre trois corbeilles, cinq châsses, un tamis, une cafetière, cinq assiettes à dessert et puis, des biscuits et un paquet de tabac Bill Durham. J'avais grand besoin de tout ça, parce qu'elles étaient quatre femmes chez Irène qui se chamaillaient pas mal, et on nous avait suggéré d'aller vivre ailleurs.

Moi, je ne me mêlais pas des disputes des femmes et je m'entendais bien avec le père d'Irène, mais un jour Irène m'a dit que les femmes avaient remis en état une maison, à côté de la maison réservée au Clan du Feu, et qu'on devait s'y installer. Je n'étais pas content, car je n'avais pas assez d'équipement, ni de provisions, pour pouvoir entretenir ma femme.

Quand on a déménagé, j'ai emporté nos réserves de maïs, j'ai coltiné du bois avec les ânes et j'ai continué à garder le troupeau. En décembre, j'ai participé au *Soyal,* j'ai observé les règles de continence et j'ai gardé le troupeau une partie du temps, mais j'ai pris grand soin de ne pas chasser le lapin pendant ce temps, car un membre du *Soyal* n'a pas le droit de tuer du gibier alors qu'il assiste aux prières et fait des vœux ardents pour la multiplication de toutes les créatures vivant sur la terre.

Le lendemain du *Soyal,* j'ai pris mes plumes et mes baguettes votives et je suis allé au corral avec mon chien, qui avait une plume autour du cou. J'ai ouvert la barrière, tracé un sentier de farine posé mon paho par terre et mené mes moutons dessus, vers le Levant, tout en priant en silence pour que mon troupeau augmente et prospère; quand ils furent tous passés sur le paho je l'ai attaché à la barrière et j'ai suivi mes moutons à travers la neige.

Fig. 49. – *Construction d'une maison. Ce sont les femmes qui les construisent. Les murs sont en pierre ou en torchis. Les pierres sont assemblées avec un peu de boue, et des fragments de pierre comblent les interstices. On les enduit parfois de plâtre à l'extérieur et à l'intérieur. Etant donné l'étagement des maisons, les toits et les planchers sont construits de la même manière : d'abord des poutres de soutien rondes, puis des branchages, de l'herbe, et une couche de terre pour finir. On ajoute ainsi très facilement une pièce à l'étage supérieur.*

J'avais une année entière de mariage derrière moi et j'en étais encore à me demander si je serais capable de faire vivre une famille, et dans combien de temps je serais père.

L'année suivante, 1912, on a eu la vie dure. La saison a été sèche et les vents violents, les vers et les rats ont ruiné nos récoltes; on n'a pas eu beaucoup de laine et elle s'est vendue bon marché. Frank, qui gardait mon cheval à Shipaulovi, l'a laissé errer et tomber entre les mains des Navaho; mon oncle de clan m'a bien donné un âne, mais c'était un pauvre substitut. Irène égrenait notre maïs et le portait chez Hubbel l'épicier, pour le troquer contre des provisions. Il nous fallait tuer nos moutons pour nous nourrir. Tandis que je prenais mon courage à deux mains pour travailler encore plus, je repensais à tout l'argent, $ 100 peut-être, que j'avais dépensé en femmes avant mon mariage. Je me rendais compte que j'entretenais bien mal ma femme et je me demandais de nouveau si je n'avais pas fait l'erreur de ma vie en me mariant, au lieu de retourner à l'école. Même alors, je songeai à retourner à Sherman – car Mettie y était encore.

Quand j'ai appris, pendant l'été, que Mettie venait de rentrer à Moenkopi, j'ai encore plus regretté mon mariage. Tout en binant le maïs sous le soleil chaud et songeant à ma vie pénible, j'ai pris la décision de louer un cheval pour cultiver mon champ et d'aller à Moenkopi à une danse de Katcina. Dennis est venu dîner; mon projet l'intéressait, mais Irène s'y opposait, en laissant même entendre que ce qui m'attirait principalement à Moenkopi ce n'était pas la danse; Dennis s'est foutu d'elle et a promis de me tenir à l'œil.

Pendant la nuit, j'ai rêvé que j'étais assis sur une terrasse à Moenkopi, et qu'un Katcina me touchait l'épaule pour me signifier qu'on m'avait choisi comme clown; je me sentais gêné, mais j'entendais la voix douce d'une fille sur un autre toit qui disait : « Mon amant, je suis contente qu'on t'ait pris, sois bon clown. » Les cris des gens m'ont réveillé; sans déranger Irène, j'ai étudié mon rêve, et je me suis demandé s'il pouvait se réaliser.

Après le petit déjeuner, Dennis et moi, on a emprunté deux ânes à mon beau-père et on est parti pour Moenkopi; on y est arrivé vers le coucher du soleil. J'ai passé la nuit chez mes parents de clan; le lendemain matin, j'ai fumé et prié dans la kiva avec mon père rituel, puis j'ai été cueillir des branches de cèdre pour la cérémonie avec deux autres hommes. L'après-midi, comme je passais devant la pointe de mesa où j'avais voulu me suicider autrefois, j'ai aperçu Mettie. Elle a souri et m'a fait signe, mais on n'a pas pu se parler; le soir, je suis passé devant chez elle, et je venais de lui dire bonjour quand sa mère est sortie; elle n'en finissait pas de bavarder, alors je suis parti.

Le lendemain, Mettie et moi, on était sur des terrasses différentes parmi des foules de gens; on regardait les Katcina, et on se souriait chaque fois qu'ils faisaient la moindre drôlerie : je me sentais jeune et libre de nouveau, mais de temps en temps, je me rappelais avec un choc qu'en réalité, j'étais marié. A midi, Frank Siemptewa est arrivé en douce derrière moi, en costume katcina, et m'a capturé pour faire le clown; les gens riaient et l'une de mes tantes a dit qu'elle était bien contente qu'on m'ait pris. Je suis allé à la kiva avec quatre autres me préparer à mon emploi de clown. Tout l'après-midi, j'étais heureux parce que Mettie ne me quittait pas des yeux et se tordait de rire à mon moindre geste.

Nous avons porté notre nourriture à la kiva, au coucher du soleil, puis nous sommes allés nous baigner au ruisseau; comme je passais devant chez Mettie en revenant, elle m'a fait signe. Je suis encore passé devant chez elle à la nuit; elle devait me guetter puisque, quand je suis revenu, elle est venue d'elle-même au-devant de moi, un peu en dehors du village. Nous nous sommes écartés du chemin, nous nous sommes serré la main et embrassés sans tarder. Elle m'a reproché d'être marié et m'a dit : « Mais tu m'appartiens encore. » J'étais d'accord, mais je lui ai rappelé que je venais d'être clown et que je devais rester chaste. Juste à ce moment-là, une femme est arrivée et je me suis caché dans un poulailler; Mettie est retournée au village avec l'intruse; d'abord j'étais fâché, mais en y repensant, j'étais content, car, à moins que mon Esprit Tutélaire ne m'ait retenu, j'aurais été bien tenté de négliger une importante règle hopi. Quand nous sommes rentrés à Oraibi, Irène avait l'air très contente d'entendre parler de mon travail de clown, et, après quatre jours, elle a été tout à fait gentille.

Après la *Niman*, où j'ai dansé en Katcina à Oraibi, nous attendions la danse du Serpent. Quand les membres de la société du Serpent sont allés vers le Mont Beauté, à la recherche de serpents, j'ai pris les ânes et je suis allé dans la même direction, dans l'espoir qu'ils me verraient et me prendraient. En revenant, j'ai vu plusieurs des membres qui parlaient; l'un d'eux a levé un outil de métal et l'a frappé d'un bâton pour appeler les autres. Je passais avec mes ânes, tout en préparant un discours d'acceptation, au cas où on me capturerait pour m'initier; lorsque j'ai atteint la crête d'une petite colline, je me suis retourné : un homme s'est mis à courir après moi, mais il est retourné vers le groupe. J'en étais bien déçu.

Deux jours après la danse, j'ai remarqué que mon frère de clan Carl, qui était membre du Serpent, rassemblait ses ânes pour aller chercher du bois. J'ai sellé mon âne, pris de quoi manger, et je suis parti avec lui; au bout de cinq kilomètres environ, je lui ai dit : « Frère, qu'est-ce qu'ils ont pensé de moi, les gars, le jour où vous chassiez les serpents et où vous m'avez trouvé en train de chercher du bois? Est-ce qu'il y en avait qui voulaient me prendre? » Il m'a répondu : « Je les ai rassemblés, et je leur ai demandé s'il y en avait un qui voulait capturer mon frère de clan, mais ils ne semblaient pas y tenir;

quand je leur ai demandé pourquoi, ils m'ont dit qu'ils n'avaient pas de peau de daim pour te faire des mocassins; ensuite, mon grand-père a dit qu'il en avait une vieille paire en trop et il est parti à ta poursuite, mais il a décidé que tu étais allé trop loin. »

Je l'ai remercié de me l'avoir raconté et j'ai essayé de ne pas faire voir comme j'étais déçu – il aurait mieux valu que je devienne membre de la société du Serpent tout petit, parce que les serpents ne mordent jamais les jeunes garçons aux esprits forts et puis, surtout, qui n'ont jamais couché avec une femme : j'avais souvent remarqué comme les serpents se conduisaient bien quand ils étaient tenus dans la bouche des petits garçons et je me demandais, maintenant, si j'étais assez pur pour faire ce travail.

Cette même année, un homme a été mordu par un serpent au cours d'une des danses : il a failli en mourir. Sans doute que son cœur était bien méchant. Quand les danseurs sont impurs ou ne font pas très attention à ce qu'ils font, les serpents se fâchent; si un danseur a couché avec une femme, il tombera malade ou sera incapable de danser, ou bien le serpent le mordra au cours de la danse. Une fois, un chef a été mordu lorsqu'il chassait le serpent, et les Anciens parlent d'hommes qui sont morts de morsures de serpent, quand ils n'ont pas fait leur devoir. J'ai décidé qu'il valait peut-être mieux, pour moi, ne pas m'en mêler.

La terre était très sèche : les récoltes ont souffert, et même la danse du Serpent n'a pas réussi à apporter beaucoup de pluie. On a essayé de découvrir la raison de nos malheurs et nous nous sommes souvenus du Révérend Voth, qui avait volé tant de secrets de nos rites et avait même emporté des effigies sacrées et des autels pour monter un musée et devenir riche. Quand il travaillait ici, pendant mon enfance, les Hopi le craignaient et n'osaient pas s'en prendre à lui, ni aux autres missionnaires, de peur d'être foutus en taule par les Blancs.

Pendant les cérémonies, ce méchant homme entrait de force dans les kiva et prenait note de tout ce qu'il voyait; il portait des souliers avec des talons durs et quand les Hopi essayaient de le sortir de la kiva, il leur donnait des coups de pied. Il est revenu à Oraibi en visite et il a encore noté un tas de noms. Maintenant j'étais adulte, instruit à l'école des Blancs et je n'avais aucune crainte de cet homme. Quand j'ai appris qu'il était chez ma mère, je suis allé lui dire de foutre le camp; je lui dis : « Tu désobéis aux commandements de ton propre Dieu : il t'a ordonné de ne jamais voler, ni de mettre d'autres dieux avant lui; il t'a dit d'éviter les idoles, mais tu as volé les nôtres, et tu les a installées dans ton musée. Te voilà donc voleur et idolâtre; tu n'entreras jamais au Paradis. »

Je savais que les Hommes-Nuages-aux-Six-Points hopi méprisaient ce type, et il avait beau être vieux maintenant, avec une grande barbe, j'avais une rude envie de le prendre par la peau du cou et de le balancer par-dessus la falaise.

Puisque nos récoltes étaient maigres, la nourriture juste, et le sel rare, mon père et moi, nous avons décidé d'aller chercher du sel au lac Zuñi, et d'essayer d'apporter de la pluie à nos plantes fanées.

Le héraut annonça du toit : « Dans dix jours, les hommes forts iront chercher du sel; ceux qui veulent partir avec eux rassembleront leurs ânes, répareront leurs sacs et leurs mocassins. » Je fis des paho, je priai pour la réussite de l'expédition et je dormis seul pendant quatre nuits.

Un matin de bonne heure, on a chargé dix ânes de vivres, on a déposé un signe sur la piste, avec des prières, et on est parti, en se retournant de temps à autre, pour voir s'il y en avait d'autres qui nous suivaient. A la source, près de la deuxième mesa, on a déposé nos offrandes, bu et pris de l'eau dans nos mains pour la lancer vers Oraibi en demandant la pluie.

Nous avons suivi la vieille piste du lac Zuñi,

campant le premier soir au sud-ouest des ruines d'Awatobi, la seconde nuit à la Source du Chaton de Saule, et, vers midi, nous sommes arrivés à la ligne de chemin de fer. On y a échangé une couverture contre de l'épicerie et $ 12, environ. Mon anglais a étonné le commerçant et il m'a fait cadeau de biscuits, de haricots en boîte et de tomates : on avait le droit de manger de la nourriture moderne en allant à Zuñi, car ce n'est pas un territoire aussi dangereux que le Canyon du Sel, près de la Maison des morts.

Nous avons traversé la voie ferrée, puis nous sommes allés vers les forêts de Zuñi où j'ai tué un lièvre avec mon fusil; nous avons campé au milieu des grands cèdres. Le lendemain, on a gravi un sentier raide qui serpentait à travers une profonde forêt et après avoir dépassé des cascades, on a atteint un vieux canal où les Zuñi prenaient des antilopes autrefois, grâce au pouvoir d'anciennes incantations qui leur attiraient les bêtes et faisaient surgir par enchantement les palissades du corral. Mon père m'a rappelé que les Hopi connaissaient des chants magiques assez puissants pour attirer les femmes, aussi bien que les antilopes.

Après le petit déjeuner, le lendemain, mon père, ayant versé de l'eau dans une écorce de melon, a humecté et pétri de la farine de maïs qu'il a partagée en deux, mettant sa part sur un sac. Pendant qu'on ne regardait pas, un âne l'a mangée : ça nous a rendus furieux, mais on n'a pas puni la bête en lui coupant la queue ou l'oreille comme l'aurait fait certains Hopi; on a appelé cet âne « Épervier » dorénavant, parce qu'il avait mangé la pâte sacrée préparée pour l'oiseau esprit. J'ai partagé ma pâte avec mon père et j'ai souri, en allant à deux kilomètres environ du camp pour faire la course avec lui; on a commencé, et j'ai pris mon temps, comme le lièvre avec la tortue, sachant que je gagnerais. On a couru en haut d'une mesa avec la pâte et on l'a déposée avec des plumes votives dans un petit trou, pour la divinité du Faucon; comme on descendait le versant sud, mon père a dit : « Voilà un long bloc de pierre, saute par-dessus. » Lorsque nous avons eu fait notre saut, il a dit : « Voilà, nous avons fidèlement accompli les rites, et notre récompense sera la pluie. »

Nous avons traversé une autre forêt de cèdres avec nos ânes et nous sommes arrivés à un étang, clôturé de fils de fer barbelés; un Mexicain est venu à notre rencontre et nous a dit qu'il nous vendrait tout le sel que nous voulions pour $ 2 ou $ 3. Mais nous avions des offrandes votives pour les dieux hopi et il nous fallait, bien sûr, aller sur le lac faire nos sacrifices et récolter le sel selon le mode prescrit, sinon nous n'aurions pas de pluie et nous tomberions dans de grandes infortunes.

Nous avons continué vers la Source où des cowboys campaient et nous avons déjeuné avec eux; les Mexicains étaient des types bien, civilisés et ils nous ont donné un morceau de bœuf frais. Après déjeuner, on a mis des offrandes dans la source et on a prié pour la pluie : les cowboys semblaient l'apprécier; ils nous ont dit qu'ils avaient autant besoin de pluie que nous, prouvant que c'étaient des Blancs pleins de bon sens, capables de comprendre ces histoires de pluie.

Nous avons poursuivi notre route et nous avons campé à découvert; il fallait entretenir un feu toute la nuit, à cause des coyotes. On a fait cuire la viande et on en a mangé autant qu'on a pu, car mon père disait qu'il fallait s'en débarrasser avant de ramasser le sel. Le lendemain matin, j'ai tué un chien de prairie bien gras, et nous avons atteint le grand lac, où nous avons déposé notre offrande votive au sanctuaire des dieux Jumeaux de la Guerre.

Au village mexicain proche, nous avons demandé une pièce où mettre nos affaires; les femmes nous ont donné à manger pour notre déjeuner et nous avons acheté deux pains de blé. Les Mexicains ont pris tout notre piki et nous ont promis de nous faire du pain en échange.

On a fait cuire notre chien de prairie sur un feu

de charbon et on a bien mangé avant de prendre notre équipement et de retourner au bord du lac, suivis de quelques Mexicains. Mon père a dit : « Maintenant, nous allons faire l'amour avec la Femme du Sel qui vit dans ce lac. »

Je me sentais gêné devant les Mexicains; je pensais qu'ils allaient rire ou prendre un air dégoûté, comme les autres Blancs, mais j'ai enlevé mes vêtements, j'ai prié, j'ai posé ma baguette votive sur les vagues, je me suis couché sur le ventre dans l'eau et j'ai fait des mouvements de copulation, tout en répétant : « Maintenant, je fais l'amour avec ma marraine, Masenimka »; avant de quitter Oraibi, j'avais choisi cette vieille tante comme partenaire sexuelle dans la cérémonie.

Lorsque j'ai eu terminé, je me suis levé et j'ai informé mon père que j'avais eu du plaisir à faire l'amour avec la sœur de ma mère; il m'a répondu : « Merci, et moi, j'ai couché avec ma tante, la sœur de ta belle-mère. »

Après la cérémonie, les Mexicains ont dit : « Nous allons bientôt avoir beaucoup de pluie »; j'étais étonné de leur sagesse et de leur respect.

Le vent a fraîchi, tandis que je m'avançais dans l'eau pour essayer de ramasser du sel; c'était un jour de malchance : le vent était si fort et si froid et l'eau si agitée, que nous avons seulement pu en ramasser de quoi remplir deux sacs à farine de 24 livres; aussi nous sommes-nous décidés à en acheter aux Mexicains, assez pour charger les ânes forts de 200 livres chacun et les plus faibles de 100, puis, nous avons attaché une plume à prière à la queue de chaque âne pour le rendre plus fort, et nous sommes rentrés chez nous aussi vite que nous pouvions, atteignant la deuxième mesa à midi, le cinquième jour. Les gens étaient contents de nous voir, car il pleuvait déjà.

On a recouvert le sel d'une bâche et, ce soir-là, mon père a raconté toute l'histoire du voyage; quand les pluies eurent cessé, le deuxième jour à Shipaulovi, nous avons chargé nos ânes et nous sommes partis pour Oraibi, arrivant au pied de la mesa au cours de l'après-midi; nous avons répandu de la farine, retourné le signe de piste, prié, puis nous avons chargé du sel sur notre dos et nous avons gravi la mesa, comme on le faisait autrefois. Ma vieille marraine et la tante de mon père, les femmes dont nous avions dit les noms en faisant l'amour, sont venues à notre rencontre en disant : « Merci, merci. » Nous leur avons tendu nos bâtons, Masenimka a pris mon fusil et m'a mené à travers la plaza jusqu'à sa maison où elle m'a donné à manger. Mon frère et d'autres ont guidé nos ânes et mis le sel à l'abri, recouvert d'une couverture nuptiale de femme. Quand j'ai eu fini de manger, j'ai voulu prendre mon bâton et mon fusil, mais Masenimka m'a dit : « Laisse-les là; je te les rendrai demain, quand je t'aurai lavé la tête. » Je suis rentré chez moi et Irène s'est réjouie de mon retour.

Je ne me suis pas approché du lit de ma femme pendant quatre jours; j'ai frotté mes pieds douloureux avec une pierre chaude tous les soirs, en me disant que je ne retournerais probablement plus jamais chercher le sel.

J'ai été déçu de ma récolte de maïs et je me suis rendu compte que j'étais mauvais cultivateur. Je me suis demandé si jamais je serais capable de nourrir une famille; Irène a vendu une robe noire que mon père avait tissée pour elle et s'est servie de l'argent pour acheter à manger; elle a aussi coupé en morceaux ses beaux mocassins de daim – son cadeau de noces – et les a vendus pièce à pièce. Ensuite, elle a vendu sa couverture de noces, celle qu'elle aurait dû garder comme linceul, pour $ 15 et elle a dépensé l'argent pour s'acheter de la nourriture et un châle espagnol à la dernière mode. On est allé jusqu'à Winslow avec cinq ânes faire ces achats; je n'avais aucun droit à dire ce qu'on devait faire des cadeaux de noces d'Irène, mais je sentais bien que j'étais un mauvais soutien de famille et je me demandais s'il pouvait y avoir quelqu'un qui nous en veuille : et puis, voilà que j'entre dans une boutique de Winslow et que j'entends un Hopi demander de la mort-aux-rats, en employant des mots anglais si longs que je sais tout de suite que c'est un Deux-Cœurs, car ces gens malfaisants ont une mystérieuse maîtrise des langues, et, bien que de races et de nationalités différentes, ils sont capables de se comprendre parfaitement les uns les autres à leurs rencontres dans le monde inférieur. J'ai vite quitté la boutique, sans rien acheter.

Très peu de temps après, Ira a perdu sa femme. Blanche est tombée très malade et les médecins l'ont abandonnée; moi, je l'aimais beaucoup; le soir, je suis allé lui donner des conseils, selon le mode habituel d'aider un malade. Quand je suis arrivé, Joe, son père, la soutenait dans ses bras, par terre; Ira et les autres étaient en train de manger. J'ai essayé de manger aussi mais j'étais trop malheureux et j'ai dit à Joe de manger pendant que je m'occupais de Blanche. Assis par terre, le dos appuyé au mur, je tenais Blanche contre moi et j'essayais de lui parler, de lui conseiller d'écarter les mauvaises pensées de son esprit, de se tourner vers l'est de nouveau et de se guérir, car nous l'aimions tous. Elle refusait de répondre et quand je me suis aperçu que sa figure se refroidissait et que sa bouche devenait inerte, je l'ai enveloppée dans une couverture. Joe s'est arrêté de manger, il est revenu auprès d'elle et lui a dit : « Talayesva est là, il veut que tu guérisses et il te conseille de faire un effort pour t'arracher à cette maladie », mais Blanche ne répondait pas, alors il l'a grondée : « Nous faisons notre mieux pour te soigner, nous ne dormons plus pour te veiller nuit et jour, aussi, nous te prions de te ressaisir », puis il l'a frappée une fois, mais cela n'a servi à rien. Je suis resté assis dans la pièce obscure, à la tenir dans mes bras, tandis que les autres attendaient ou essayaient de dormir. J'ai fini par mettre ma main sur sa poitrine et je me suis aperçu qu'elle se refroidissait; alors, sa famille m'a conseillé de l'étendre sur la terre battue. Quand elle est morte, nous avons tous pleuré. J'ai dit : « Je ne veux plus m'en occuper; j'ai essayé de l'aider, mais elle n'a pas voulu m'écouter. Je crois que je vais m'en aller », mais comme j'étais sur le point de sortir, son père m'a demandé d'attendre. « Nous sommes tous las et faibles d'avoir tant veillé », dit-il, « aide-nous à enterrer son corps. » Je lui ai répondu que j'aiderais de bon cœur quand il ferait jour, et je me suis assis sur le seuil.

Lorsque Blanche a cessé de respirer, nous avons étendu une couverture sur elle pendant un moment, puis, sa mère lui a lavé les cheveux avec de la mousse de yucca. Nous avons mis son corps en position assise et Joe a peigné ses cheveux, puis nous lui avons mis une robe neuve et nous lui avons attaché des plumes à prière aux mains et aux cheveux, pour qu'elle les porte à nos chers disparus; nous lui avons placé un masque de coton sur le visage pour représenter un nuage, nous l'avons enveloppée dans sa couverture de noces rituelle, puis, nous avons lié le paquet avec une corde. A la naissance de l'aube, Ira et Joe ont chargé le corps sur mes épaules et m'ont dit de descendre le premier la mesa, passé le Rocher d'Oraibi, jusqu'à la côte sablonneuse du cimetière au bas de la mesa. Ils ont ramassé la literie et m'ont suivi, Ira m'aidant à équilibrer le poids pour que je ne trébuche pas sur une pierre, ce qui nous porterait malheur. J'ai déposé mon fardeau par terre, j'ai pris la pioche et le pic des mains de Joe et je me suis mis à creuser la tombe, juste au moment où notre dieu du Soleil apparaissait à l'horizon. Nous avons creusé jusqu'à sept pieds de profondeur; là, nous avons évidé une caverne où nous avons déposé le cadavre, assis face à l'est; nous avons rempli le trou de sable et de terre et sur le dessus, nous avons posé de grosses pierres et planté « l'échelle de tombe ».

Joe fit un bref discours à sa fille pour l'encourager à rejoindre ceux qu'elle avait aimés.

Lorsque nous sommes rentrés, nous avons pris un bain et purifié nos vêtements et nos corps dans la fumée de cèdre et la résine de pin.

Quatre jours après, Ira est retourné à la maison du Clan du Soleil vivre avec notre mère, notre père et notre grand-père, avec Naquima, Perry, mon frère âgé de treize ans et Mabel, ma sœur, qui en avait huit.

J'ai eu beaucoup de chagrin de la mort de Blanche. C'était une fille gaie, calme, travailleuse, au caractère égal; je l'aimais comme une sœur. Elle était morte toute jeune, et nous nous sommes demandé ce qui pouvait bien être contre nous.

Un jour, en rassemblant les ânes, j'ai aperçu Nathaniel (1), Chef de la société *Ahl*, qui errait sans but dans un champ, en pleurant. Quand il m'a vu, il est parti à toute vitesse vers le village en prenant des raccourcis; il y avait déjà longtemps qu'il se conduisait bizarrement et que les Blancs l'avaient déclaré fou, mais je me suis demandé si ce n'était pas un Deux-Cœurs en train de faire du mal. Plusieurs des Anciens ont été de mon avis, quand je leur ai raconté ce que j'avais vu. Effectivement, la femme de Nathaniel est morte, très peu de temps après, ce qui prouve clairement que Masau'u l'avait appelé et que, dans sa détresse, il avait décidé de tuer sa femme par sorcellerie, afin de protéger sa propre vie. D'autres sont arrivés à la même conclusion et se sont mis à le considérer avec méfiance; nous évitions tout rapport avec lui, sauf dans l'accomplissement des devoirs rituels.

Je me rendis compte, plus que jamais, que les Anciens avaient raison lorsqu'ils prétendaient que les Deux-Cœurs sont à la source de presque tout le mal du monde et que nous avons tous quelqu'un contre nous, qui peut être un voisin, un proche parent ou un frère de kiva. Ces choses, on me les répétait depuis mon enfance, mais elles avaient plus de sens pour moi avec chaque année qui passait; aussi, je me suis mis à soupçonner quelques-uns de mes voisins.

(1) Nom imaginaire.

XII

PROSPÉRITÉ ET ADVERSITÉ
1913-1927

Ma mère et ma femme étaient enceintes en même temps, mais ma mère était beaucoup plus grosse. Un soir, ma jeune sœur Mabel est arrivée en courant, pour nous annoncer que ma mère accouchait. J'y suis vite allé et j'ai trouvé mon père et mon grand-père auprès d'elle; on n'a pas appelé de sage-femme, car mon grand-père était bon médecin hopi. On m'a dit de m'accroupir derrière elle, de tenir mon bras droit autour de sa taille avec ma main appuyée sur son ventre et de mettre la main gauche dans le creux de son dos. Chaque fois qu'elle forçait, j'appuyais vers le bas, de la main droite, vers l'intérieur, de la gauche, avec l'espoir d'entendre bientôt le cri d'un bébé; j'entendais quelquefois craquer ses os dans le dos, mais elle supportait tout courageusement.

Quand la tête du bébé est apparue, j'ai couru chercher Joe, le père de la femme d'Ira, qui avait un don particulier pour retirer les délivres; je suis entré sans frapper : « Père », lui dis-je, « ma mère est en train d'accoucher, viens nous aider. »

Je suis vite retourné et j'ai trouvé le garçon nouveau-né sur le sol sablé, encore attaché à ma mère : Joe est entré, s'est agenouillé derrière elle, a appuyé les genoux contre le creux de son dos, puis l'a soulevée et l'a secouée, en lui disant de se faire vomir avec ses doigts. Nous regardions et nous attendions, faisant nous aussi des efforts pour expulser le placenta; il est tombé enfin et avec soulagement, j'ai ramassé les déchets et le sable et je les ai emportés, sans me laisser tacher de sang. J'étais plein de gratitude d'être homme; je plaignais beaucoup toutes les femmes et je me souvenais que j'avais bien failli être femme moi-même et me demandais si j'aurais jamais pu supporter autant de douleur.

Du tas à placenta, je me suis dépêché d'aller chercher ma tante Kewanmainim, sœur de ma mère, femme de Poleyestewa. Ma propre marraine, Masenimka, vivait encore, mais elle était trop vieille et affaiblie maintenant, Kewanmainim est venue à travers la nuit, avec ses deux épis de maïs, de l'eau froide dans un seau et une petite couverture. Quand elle a eu terminé son travail et que le bébé dormait, je suis allé dire la nouvelle à Irène et dormir un peu, avant le lever du jour.

Pendant beaucoup de jours ensuite, j'ai plaint ma mère et j'ai été angoissé pour ma femme; je pensais aux enfants et je m'émerveillais de la manière dont on les fait. Il y avait longtemps que je savais qu'ils sont le produit de la semence sortie de la moelle épinière de l'homme et du sang du cœur de la femme, et que les deux parents doivent œuvrer loyalement pour réussir un enfant sain. Je faisais très attention à Irène; j'ai fait une poupée pour elle à la cérémonie du *Powamu*, j'ai couché avec elle constamment jusqu'à ce qu'elle devienne très grosse et j'ai pris soin d'observer toutes les règles de grossesse; je voulais faire ma part dans la formation d'un bébé bien constitué. Puisque j'aimais autant les garçons que les filles, je n'ai pas souhaité intensément avoir un fils et je n'ai pas non plus demandé à mon dieu du Soleil de s'en occuper. On a remarqué qu'Irène avait les joues roses; alors, ce serait une fille.

Malgré mon inquiétude, j'étais content qu'Irène soit enceinte, car elle avait été lente à faire un enfant et je savais que certaines femmes sont stériles : j'ai aussi entendu dire qu'il y en a quelques-unes à demi hommes, avec des testicules à l'intérieur du corps. J'ai eu une brebis stérile; je l'ai tuée et j'ai trouvé deux boules grosses comme mon pouce; je les ai ouvertes et examinées et j'ai été convaincu que c'étaient de petits testicules. Quand j'en ai parlé à d'autres hommes, ils ont été d'accord que les moutons c'était comme certaines femmes stériles; mon grand-père disait qu'il y avait d'autres causes de stérilité et qu'il y connaissait quelques remèdes, mais il ne m'a pas dit les remèdes spéciaux; il a dit que les prières faisaient du bien et que de donner une poupée à une femme à la cérémonie du *Powamu* ou à d'autres fêtes rituelles, pouvait lui permettre d'avoir un enfant. Il m'a parlé aussi de la plante qui ressemblait aux organes mâles; quand on en touche les parties de l'homme ou de la femme, elle augmente de beaucoup la vigueur sexuelle et assure la fertilité. J'ai entendu dire que les médecins hopi employaient une « médecine forte », puis couchaient eux-mêmes avec les femmes.

J'étais heureux que tout le monde sache maintenant qu'Irène pouvait avoir un enfant et que je pouvais être père.

Je ne voulais pas de jumeaux, mais je me rendais compte que si la déesse Mère voulait créer deux enfants dans une seule matrice, aucun pouvoir sur terre ne pouvait l'arrêter, aussi ai-je conseillé à Irène d'aller voir le même vieux médecin qui m'avait réuni, pour que, si jamais elle portait des jumeaux, il puisse les assembler avant qu'il soit trop tard. L'homme-médecin l'a assuré qu'il n'y avait qu'un enfant, mais qu'il était lové comme un serpent et qu'il avait besoin d'être redressé, ce qu'il a pu faire.

Mon angoisse pour l'enfant continuait. On sait bien qu'un enfant peut facilement être abîmé avant de naître, ou qu'il peut même lui arriver de se sentir offensé de quelque chose et de refuser de sortir. Le vieux Naquima me rappela ce qui lui était arrivé : Masatewa, un homme d'Oraibi, du Clan du Lézard, avait rendu visite à ma grand-mère en costume katcina, après une danse, et avait couché avec elle, abîmant ainsi l'enfant dans la matrice. Avec de grosses larmes qui lui coulaient le long des joues, Naquima m'avait souvent dit : « Si j'avais eu de bonnes mains et de bons pieds comme toi, je serais peut-être riche maintenant, avec beaucoup de maïs et un troupeau. Il m'arrive d'entrer dans de telles rages que j'ai envie de tuer l'homme qui a pris ma mère et m'a ruiné. »

Je me suis rappelé notre sœur manchote. Avant sa naissance, son père a posé des pièges pour un porc-épic et lui a coupé les pattes de devant. Un médecin hopi a examiné l'enfant et demandé au père : « As-tu fait du mal à une bête ? » Quand il a entendu l'histoire du porc-épic, il a dit : « Ce n'est pas étonnant que ce bébé soit déformé; il a déjà bien de la chance d'avoir une bonne main. »

Quand j'ai senti que je m'affaiblissais par l'effet de la mauvaise haleine d'Irène sur mon corps, je lui ai rappelé qu'une femme bien élevée fait attention à son haleine quand elle est enceinte. Je l'ai aussi encouragée à travailler énergiquement, en lui faisant remarquer que l'exercice rend l'accouchement plus facile : cependant, je me faisais du souci pour la naissance, craignant que l'enfant ne devienne trop gros. Lorsque le jour approcha, j'allais presque quotidiennement prier au bord de la mesa; je me gardais aussi de flirter avec une autre femme, dans l'espoir que mon abstinence sévère allégerait les douleurs et encouragerait le bébé à sortir.

L'accouchement s'est passé sans difficulté. J'étais parti chercher du bois avec les ânes et c'est mon grand-père et la mère d'Irène qui l'ont assistée; ma propre mère donna le bain au bébé et le revendiqua comme « enfant du Clan du Soleil ». Quand je suis rentré, j'ai eu la joie de contempler ma petite fille, le bonheur de savoir que ma femme avait eu la vie sauve et le soulagement d'avoir été absent pendant que ça se passait. Les hommes m'ont blagué, mais j'étais fier de moi et d'Irène.

Le vingtième jour, ma mère et sa sœur de clan ont

donné un nom au bébé : Tewahoyenim (Mouvements du Soleil), mais l'infirmière de campagne blanche, qui venait souvent et donnait trop de conseils, l'appelait Minnie.

Je ne me suis pas approché du lit de ma femme pendant vingt jours encore, je n'ai fait l'amour avec aucune femme et j'ai pris soin de ne pas me disputer avec Irène, car on sait qu'une telle conduite rend un enfant nerveux et nuit à sa santé.

Le bébé ne s'est jamais bien porté; la nourriture ne lui restait pas dans l'estomac, mais sortait par les deux bouts, toute coulante. J'ai porté la petite aux médecins hopi, mais leur médecine ne restait pas non plus, ce qui signifiait que l'enfant allait mourir; tant qu'il y a un espoir, la médecine reste. L'infirmière voulait essayer de leurs médicaments modernes, mais je l'en ai découragée.

Notre bébé est mort au bout de quatre ou cinq mois. Irène sanglotait à fendre l'âme pendant que mon grand-père m'aidait à baigner la pauvre petite et à l'envelopper dans une couverture. On ne lui a pas mis de coton sur la figure et on ne l'a pas enterrée dans le cimetière ordinaire, puisqu'on voulait que l'enfant revienne vite : chacun sait que si un bébé meurt, une jeune mère peut remettre le même au monde, mais du sexe opposé.

J'ai porté le petit paquet dans mes bras et j'ai été tristement avec mon grand-père sur la falaise à l'ouest du village, où il doit bien y avoir un millier de bébés enterrés. Quand je lui ai demandé où il fallait mettre mon enfant, il répondit : « Laisse-le tomber dans une crevasse et couvre-le de pierres. » « Mais », répondis-je, « un chien pourrait le trouver; je vais descendre sur la pente sablonneuse creuser une tombe. »

J'ai trouvé une grosse pierre avec une grotte en dessous; j'ai enlevé le sable et j'ai préparé un espace vide, avec beaucoup de place : on y a déposé mon bébé, la tête vers l'ouest et les pieds vers l'est; on a fermé la tombe avec des rocs qu'on a calés avec de grosses pierres, puis, j'ai dressé un bâton contre le tas de pierres, comme échelle, pour que l'esprit de notre enfant puisse sortir le quatrième jour, rentrer chez nous et attendre au plafond l'occasion de renaître.

Quand nous sommes rentrés de la tombe, ma mère nous a préparé un bain et nous avons purifié nos corps à la fumée.

Au bout de deux jours, j'ai inspecté la tombe pour m'assurer qu'aucune bête ne l'avait dérangée, puis j'y suis allé de nouveau le troisième jour, avec de la nourriture et des paho. J'ai déposé les paho sur la tombe, la nourriture sur les pierres à côté de l'échelle de tombe et j'ai invité ma petite fille à se lever, à grimper à l'échelle et à revenir chez nous le lendemain, de bonne heure. Je n'ai dit que quelques mots et je ne lui ai pas parlé du voyage à la Maison des Morts, car je ne voulais pas qu'elle s'éloigne.

Je n'ai pas dit à Irène où se trouvait la tombe; j'avais peur qu'un jour elle soit triste ou fâchée contre moi et qu'elle y aille avec l'envie de mourir.

Après la mort de notre enfant, des gens du Clan du Feu ont fait des remarques malveillantes, laissant entendre que je n'avais pas de veine avec les enfants. J'ai soigneusement revu ma conduite passée pour découvrir quelle faute de ma part aurait pu causer cette peine : comme je n'ai rien trouvé de mal, je me suis rendu compte que quelqu'un m'en voulait. Quand j'ai demandé l'avis d'un médecin hopi, il était d'accord qu'un Deux-Cœurs avait tué mon enfant, mais insista qu'il valait mieux que je ne sache pas qui avait commis le crime; il m'a bien dit que cette personne maléfique était proche parente d'Irène. C'était effroyable d'avoir tué un bébé innocent; le médecin disait que cet homme avait reçu un appel de Masau'u, que la seule manière d'échapper à la mort était de tuer un proche parent et que, puisque mon enfant était une fille, sa mort lui donnerait probablement quatre ans de plus à vivre. Sans aucun doute, ce malheureux avait pleuré tout seul dans le champ, en se demandant ce qu'il pouvait faire, mais devant les autres, il semblait gai et heureux. Je me suis rappelé les Deux-Cœurs sur mon voyage de mort et combien de souffrance ils m'avaient déjà causée : j'écumais de rage, mais j'étais assez avisé maintenant pour savoir me taire et essayer d'avoir l'air joyeux.

On a bientôt découvert l'assassin – l'oncle d'Irène, Lomaleteotewa, un homme très âgé, dit en mourant à la mère d'Irène qu'elle avait des frères qui étaient Deux-Cœurs. « Je suis sorcier aussi », dit-il, « j'ai tué des gens pour avoir la vie sauve, mais je n'ai pas tué le bébé d'Irène; je suis las de prendre les vies des autres et je vais mourir. Surveille bien Kewaventewa. »

Quand Irène me l'a raconté, j'ai essayé de le garder pour moi, mais j'ouvrais l'œil sur l'homme qui avait tué mon enfant : je l'évitais autant que possible, mais j'étais très poli quand je le rencontrais, dans l'espoir de gagner sa pitié et d'adoucir sa malveillance.

Peu de temps après, ma chère vieille marraine Masenimka est morte; elle était très âgée et il y avait des mois qu'elle souffrait. On m'appela chez elle et je la trouvai étendue par terre; elle murmura : « Mon enfant, je t'aime et je veux suivre tes conseils, mais la force m'a quittée et je dois mourir. »

Elle prit ma main dans sa main osseuse et cria en me regardant : « Sois bon et sois sage. »

Ma tante, la femme de Poleyestewa, me dit de m'en aller avant qu'elle soit morte et, cette nuit-là, elle aida mon père à préparer le corps pour l'enterrement. Mon père prit le corps sur son dos et sa sœur suivit avec la literie : moi, je ne m'approchai pas.

J'aimais Masenimka et je pris la résolution de faire des paho pour elle au *Soyal* tant que je vivrais, confiant qu'elle reviendrait souvent à Oraibi, avec les nuages, nous verser un peu de pluie.

L'été a été pénible, mais il y a eu des pluies au mois d'août et beaucoup de pêches en septembre.

Masawyestewa, le mari de la sœur de ma mère, a chargé son chariot des pêches de mon grand-père et nous a demandé, à mon frère Perry et à moi, de les porter avec lui à Winslow. On a rattrapé d'autres Hopi en chariot, au Petit Colorado; parmi eux était Freddie, le type qui avait tenu le rôle de clown avec moi à Moenkopi et qui était marié maintenant.

On a campé devant la ville et un soir, Freddie m'a dit : « Don, si on se payait une putain? » « D'ac », que je réponds.

Il y avait longtemps que j'avais envie de coucher avec une Blanche, mais je n'avais jamais osé quand j'étais à l'école. On s'est arrêté devant un cinéma et on a payé une place à Perry, comme il n'avait que treize ans; on a continué et on a vu deux souris bien roulées, qui nous faisaient des sourires sur le pas d'une porte. « Moi, je prends la grosse », dit Freddie. « Et moi, j'en prends une de ma taille, ni grosse ni maigre. »

Les filles nous ont fait signe et nous ont fait entrer; elles se sont toutes alignées, avec l'air d'avoir envie d'être choisies. Freddie a pris une forte fille à cheveux noirs; moi, j'en ai pris une grande au teint très clair.

Ma morue me mène dans une autre pièce : « Déshabille-toi », qu'elle me dit. Quand c'est fait, elle me relève le prépuce, m'examine soigneusement et dit : « Bon, ça va. Deux dollars. »

Le lit avait un creux au milieu qui me donnait mal dans le dos, alors j'ai été obligé de me reposer. « Allez, mon vieux », dit la fille, « t'en as eu pour ton argent, lève-toi ou j'appelle un flic. »

Comme elle se levait, j'ai protesté : « C'est pas juste. » «Donne-moi un autre dollar », dit la môme, « et fais ce que tu veux », alors, je lui ai dit de mettre le matelas par terre et que je le ferais. Elle a pris mon dollar, mais pour le matelas, ça venait pas vite; alors, je me suis mis en rogne, je l'ai arraché du lit, et ça a bardé avec la fille; elle est devenue très amie, elle m'a fait des compliments et m'a demandé de revenir vite, alors je lui ai dit : « Mais tu m'as pris trois dollars et le prix c'est deux, alors si je reviens, un seul, ça ira? » Et elle a accepté. Fred avait entendu notre conversation de la chambre à côté et quand on est sorti de la maison on s'est bien marré.

Le lendemain soir, on est retourné chez les filles; Freddie en a pris une autre, mais moi, j'ai profité de mon marché à un dollar. On est retourné dans la même chambre et puis la fille a de nouveau demandé deux dollars, mais je lui ai rappelé que ça paye d'être honnête et elle m'a laissé mettre le matelas par terre. Avant de partir, elle m'a demandé de lui apporter un couverture hopi, la prochaine fois que je viendrais à la ville, et comme faveur spéciale, elle m'a laissé l'embrasser.

Deux semaines après, on est retourné à Winslow, Freddie et moi, chercher un chargement de marchandises, pour Hubbell le marchand. On est allé tout droit au bordel, et voilà qu'on avait remplacé nos anciennes filles par des nouvelles, qui valaient trois dollars. J'ai gardé ma couverture et j'ai donné mon argent à une fille de seize ans, bien en chair, qui m'a examiné et m'a assuré qu'elle passait la visite toutes les deux semaines; elle m'a aidé à mettre le matelas par terre.

En rentrant de Winslow, on a campé au bord du Petit Colorado près d'un *hogan* navaho et on a aperçu une jolie femme toute seule. Freddie parlait un peu le navaho, alors on y est allé. La jeune squaw était sympathique; elle nous a raconté qu'elle était veuve, puis elle a ri; elle a fini par dire à Freddie qu'on pouvait la payer en farine et nous a expliqué que son petit garçon dormait et que le reste de son groupe était à une danse squaw. Freddie dit : « Je passe le premier. » « Je crois pas », que je réponds, « tu sais bien que je suis un peu plus vieux que toi. » Il a cédé devant l'ancienneté et il est sorti. La jeune squaw savait y faire et se balançait pour que ça aille très vite – je me suis demandé si c'était une manière particulière aux Navaho. Je suis sorti dire à Freddie que c'était son tour; peu après, j'ai écarté la couverture de la porte pour jeter un coup d'œil à l'intérieur et m'assurer qu'elle traitait Freddie pareil. Quand ils m'ont rappelé, j'ai été bien étonné d'entendre cette fille de dix-sept ans parler en bon anglais : on a causé et ri de notre vie scolaire pendant près d'une heure, puis on l'a reprise à tour de rôle.

Le lendemain, en traversant le désert, on comparait les femmes Navaho et les Blanches et on était d'accord pour les trouver bien, les unes et les autres, chacune à leur manière.

J'étais rentré depuis quelques jours, quand des types se sont mis à me demander : « T'as jamais entendu parler de « tarif double », hein, Don ? » et à me décrire une expérience comme la mienne avec la première blanche. « Est-ce qu'il t'est jamais arrivé quelque chose dans ce genre-là ? »

Au début, je faisais l'étonné, mais presque tous les jours, il se trouvait quelqu'un pour m'en parler et pour finir, c'est ma femme elle-même qui m'a demandé des explications. J'ai pris un air dégagé pour nier, puis j'ai été trouver Freddie et je lui ai dit : « C'est honteux, ce que je viens d'apprendre, on t'a donc jamais enseigné qu'entre hommes, on se cache pas sa vie privée, mais qu'on raconte pas ces histoires-là aux femmes ? Je te prenais pour un copain et je pensais que tu garderais ces trucs pour toi. »

Il a baissé la tête et pris un air penaud, mais c'était trop tard. Irène n'en finissait pas de ressasser son histoire; elle pleurnichait, elle ne voulait plus faire l'amour, elle voulait même me foutre à la porte; alors, en fin de compte, j'ai été obligé de dire la vérité, de prendre un air contrit et de lui promettre que je ne recommencerai plus.

Ça lui a passé au bout de quelques semaines; elle m'a plaisanté sur cette histoire, elle en a même blagué devant d'autres femmes, mais je lui ai dit de se taire et que j'en avais assez entendu parler. J'ai mis longtemps à pouvoir plaisanter sur les « tarifs doubles ».

Je travaillais toujours autant, mais apparemment que je ne devais pas arriver à me débrouiller sans chevaux, alors, pendant l'hiver, je me suis procuré des turquoises et des coquillages et quand j'avais un moment de libre, je le passais à percer des trous et à polir des perles, de quoi faire deux colliers. Je les ai troqués avec un Navaho, contre un petit cheval qui s'appelait Blackie; je l'ai ligoté avec des cordes et j'ai demandé au Navaho de le châtrer : ça me faisait trop de peine, mais je voulais bien le marquer au fer rouge. J'ai aussi acheté une jument de $ 20 avec l'argent que j'avais gagné à monter du bois pour les Blancs, mais elle était flemmarde et stérile et je l'ai échangée contre un bon cheval de trait bai; ensuite, j'ai acheté un chariot d'occasion à mon beau-père, contre des boucles d'oreilles, une ceinture de noce hopi qu'on avait faite pour ma sœur Gladys et deux robes noires tissées par mon père. Plus tard, je me suis servi de mon attelage pour tirer l'écorcheuse de l'Agence sur la route, j'ai travaillé au barrage près d'Oraibi et j'ai aidé à construire une maison pour pouvoir acheter deux autres chevaux. A ce moment-là, je me suis tressé un fouet chic en cuir brut et je suis devenu très habile à conduire un attelage à quatre chevaux. Je me servais de ces chevaux pour le troupeau, la culture et les récoltes, pour charrier du bois et du charbon mou, tirer l'écorcheuse pour le Gouvernement et faire des transports pour le comptoir.

Quand j'attelais mon chariot pour emmener Irène et nos amis aux danses de Katcina, je mettais tous les bijoux que je possédais, un bandeau de couleurs vives et je partais au galop, content de moi, fier comme un homme qui a grimpé de la vallée jusqu'à la cime d'une haute montagne.

Les chevaux rendaient mon travail plus facile et me faisaient croire que j'étais meilleur homme d'affaires, mais ils changeaient aussi ma routine quotidienne. J'ai pris l'habitude, en me levant, de me laver la figure et les mains, de lisser mes longs cheveux noirs et soyeux et de les peigner avec un peigne fin pour enlever les poux, puis d'aller à l'est de la mesa déféquer et prier, puis de grimper sur une terrasse pour chercher mes chevaux des yeux. S'ils étaient en vue, j'allais les chercher avant le petit déjeuner ; quans je ne les voyais pas, je mangeais d'abord et quelquefois il fallait que je cherche pendant plusieurs heures et jusqu'à une demi-journée, pour les cerner, surtout si un cheval avait perdu son entrave. L'eau était un gros problème et pendant la sécheresse, il fallait que je mène les bêtes à des sources lointaines; en hiver, je brisais la glace et je les faisais boire dans les creux sur la corniche. Ça me prenait beaucoup de temps de soigner ces chevaux; il fallait les entraver tous les soirs sur la mesa, pour qu'ils se nourrissent de la maigre végétation, car je n'avais pas de quoi acheter du foin; j'étais responsable des dégâts qu'ils pouvaient faire aux récoltes des voisins et il fallait que je les surveille de près, été comme hiver. J'avais tant de mal à les retrouver que j'ai essayé de leur attacher des clochettes au cou, mais les Navaho les volaient toutes.

Beaucoup de gens trouvaient Blackie beau et voulaient l'acheter, mais je répondais toujours : « On ne peut pas se permettre de vendre son meilleur cheval. »

Et puis, un jour de novembre, mon cheval a pris peur sur la corniche de la mesa au sud-ouest du village et il a sauté sur une corniche plus basse. Je l'ai suivi et j'ai attrapé sa corde, mais il est parti à reculons par-dessus la falaise, atterrissant sur le coccyx. J'ai embauché trois hommes avec des pics et des pioches pour lui faire un chemin jusqu'à un terrain plat, mais il était gravement blessé et la blessure s'est infectée; quand je l'ai ouverte et que j'ai trouvé des os fracturés, je l'ai achevé, par pitié. On ne pouvait même pas manger la viande, à cause de l'infection. Les coyotes sont venus se régaler de la carcasse; j'en ai pris trois dans des pièges d'acier et j'ai vendu leurs peaux $ 15.

Mon père Kalniptewa, qui avait entendu parler de mon succès, m'a demandé de piéger les chats sauvages qui ravageaient son troupeau; il m'offrait un mouton pour un chat. J'ai porté les pièges à son corral et j'ai trouvé un agneau mort; en suivant les traces de sang, je suis arrivé devant une grotte, sous un grand rocher; je suis entré en rampant, pour me trouver face à deux yeux de braise dans le noir et j'ai entendu un grognement qui m'a fait filer dehors, poser des pièges à l'entrée. J'ai pris ce chat au bout de quelques jours; je l'ai tué d'un coup de fusil et j'ai repéré l'endroit où un coyote avait traîné un autre piège. Trois kilomètres plus loin, je le trouve accroché à un buisson et je m'approche du coyote fatigué; je le caresse en partant de la queue et en remontant tout doucement jusqu'à ses épaules et je lui murmure : « Coyote, je sais bien que tu as été envoyé par ta Mère, te faire prendre au piège en réponse à mes prières », puis je le saisis vite par le cou, je creuse un trou et je lui enfonce le museau dedans pour l'étouffer, car ce n'est pas bien de les tuer à coups de massue. Je lui ai fait des paho, j'en ai attaché un à chaque patte, je lui en ai posé un sur la poitrine et j'ai dit : « Porte ces plumes à prière aux tiens et dit à ta Mère de te renvoyer parmi nous, avec d'autre gibier. »

Au cours de la saison, j'ai encore pris plusieurs chats, coyotes, renards, skunks et blaireaux; j'ai troqué leurs peaux contre de l'argent ou des perles et j'ai cherché un autre cheval.

J'ai acheté un petit étalon bai que j'ai appelé Queuelongue, parce qu'il avait toujours la verge pendante. Mais quand le vétérinaire du Gouvernement a fait des prises de sang pour trouver une maladie spéciale, on a condamné Queuelongue et on a dit qu'il fallait l'abattre. J'ai permis à un ami d'emmener mon cheval à Moenkopi, mais le toubib, un petit militaire coriace, m'a donné deux jours pour le récupérer ou lui fournir une preuve de sa mort, sans quoi j'irais en taule; j'étais furieux et je lui ai dit de me descendre moi et d'en finir une bonne fois, sachant que la loi ne lui permettait pas de le faire, car je n'étais ni assassin ni voleur. Il a fini par m'accorder quatre jours pour tuer mon cheval. Au moment où je partais pour Moenkopi, mon ami est arrivé pour me dire que mon cheval était bien mal en point, sur la route : je lui ai dit que je risquais d'y laisser ma peau à moi, et je suis parti à la recherche du cheval, en pensant que s'il était crevé, je pouvais toujours découper la marque du fer et l'apporter comme preuve; mais je l'ai trouvé vivant et je l'ai ramené avec une corde autour du cou, pour sauver le mien. Le principal de l'école m'a dit : « Eh bien, Don, tu l'as échappé belle. » On est allé ensemble à la Coulée d'Oraibi, il a vérifié la marque et a levé son fusil pour tirer; moi, je me suis détourné, la gorge serrée, et quand j'ai regardé de nouveau, mon cheval était moribond. Alors, je l'ai écorché, j'ai traîné la peau jusqu'au comptoir et je l'ai vendue 75 cents, mais j'ai récolté $ 25 du Gouvernement contre la vie de Queuelongue et j'ai pu acheter un beau cheval noir.

J'aimais mes chevaux; j'ai appris à savoir leur âge d'après leurs dents, à soigner leurs plaies à la graisse d'ours, à les calmer, en leur parlant doucement. Je n'ai jamais manqué d'attacher des plumes à prière à leurs queues au *Soyal*, et quand un cheval avait la colique, j'ai appris à lui mettre du sel dans la bouche, à attacher un bout de tabac à son mors et à lui brûler un chiffon sous le nez. Si je ne voyais pas une amélioration rapide, je coupais mes ongles très ras, je m'enduisais la main et le bras de graisse ou de vaseline, je prenais un morceau d'oignon cru et je l'enfonçais dans l'anus du cheval, aussi loin que mon bras pouvait aller. D'habitude, l'intestin s'ouvrait et l'oignon revenait, environ une demi-heure après.

Le commerce des chevaux et les grands trajets pour aller chercher du bois m'ont fait entrer plus en contact avec les Navaho : c'était une plaie qui envahissait tout le pays. Un cheval errant tentait le plus honnête d'entre eux et un outil qu'on laissait dans un champ était, pour ainsi dire, perdu. Ils étaient, en général, plus nombreux que les Hopi sur notre propre terre et il fallait qu'on s'en tire du mieux qu'on pouvait, avec l'aide de l'Oncle Sam. J'ai appris à les surveiller de près, mais ça valait la peine d'être amicaux, de les nourrir de temps en temps et d'attendre la même hospitalité en retour. Chaque fois qu'Irène hésitait à donner à manger à un Navaho, je la prévenais : « Ce n'est pas bien; il a besoin de manger, cet homme, et il pourra m'arriver un jour d'avoir faim dans son *hogan.* » Quelque-

Fig. 50. – *Un hogan navaho. Les Navaho ne vivent pas en communauté. Leurs maisons, isolées, sont d'un type très primitif : une charpente conique de trois perches fourchues entrecroisées au sommet, recouverte d'écorce.*

fois, il y avait jusqu'à sept ou huit Navaho qui passaient la nuit chez nous, mais s'ils n'apportaient pas du mouton frais de temps en temps, ils trouvaient bien vite leur assiette vide. Ce que les Navaho pouvaient me procurer de plus utile, c'était le bois, le mouton, les couvertures, les bijoux, les remèdes et les chevaux.

Je suis rapidement devenu très grand ami avec Neschelles, guérisseur navaho; nous avons échangé des cadeaux, il couchait chez moi chaque fois qu'il venait faire un troc et chaque fois que j'allais chercher du bois, je passais la nuit avec lui. On s'est tellement vu, que j'ai appris à parler le navaho. Un soir que je couchais dans son *hogan*, il est parti soigner un malade, mais sa femme et sa belle-sœur m'ont donné à manger et m'ont fait les honneurs de la maison; quand le feu s'est éteint, j'ai fait mon lit devant le *hogan* et j'ai essayé de dormir, mais, au bout d'un petit moment, j'ai senti qu'on tirait sur ma couverture et qu'une main douce frôlait mon épaule : la belle-sœur s'était glissée dehors pour faire l'amour; après, je l'ai renvoyée dans le *hogan* avec de belles boucles d'oreilles de turquoise et $ 3, car j'espérais la revoir.

Comme un vrai Hopi, je m'apercevais de plus en plus qu'une seule femme ça ne suffit pas et que j'avais bien du plaisir avec toutes ces squaws. Les Navaho n'ont pas de succès auprès de nos femmes, mais nous, on aime bien les autres, et nous leur plaisons beaucoup. A dire vrai, nous aimons aussi nous vanter de ces aventures; aux danses Katcina, il arrive souvent à un Hopi de dire à un autre : « Tu vois la belle squaw aux boucles d'oreilles de turquoise, avec une jupe indigène? Je l'ai eue cinq fois. » Quand on voyageait ensemble, on se racontait des histoires de nos conquêtes navaho; moi, j'en avais une troisième à ajouter à la liste de Dezba Johnson et de la jeune veuve sur la route de Winslow.

De temps en temps, j'embauchais un type pour garder le troupeau et surveiller mes chevaux, pour que je puisse aller passer quelques jours à Moenkopi, pour gagner un peu d'argent. J'ai vu Polehongsie et je me suis bien marré quand j'ai appris que Robert Talas avait suivi ses propres conseils : il avait épousé cette morue, il l'avait roulée sur sa couverture et puis, il l'avait plaquée. Je n'ai pas eu de rapports avec la veuve. Euella avait épousé Jimmie, qui tenait une petite boutique et je n'ai plus couché avec elle, bien que j'aie souvent dormi chez eux. Mettie aussi était mariée, mais je suis arrivé à la voir seule, une douzaine de fois il me semble, et je la payais en argent.

Un jour, après une visite à Moenkopi, des vieilles commères ont raconté à ma femme que je voyais Mettie la nuit. Irène m'a rapporté la nouvelle et m'a demandé de but en blanc si c'était vrai; j'ai été obligé de lui dire un mensonge énorme qu'elle a cru d'abord, mais les femmes continuaient à colporter leurs ragots et Irène s'est remise à me harceler. J'ai encore nié et puis je me suis tu, sachant que ce serait encore pis si je discutais. Je continuais à fréquenter Mettie, et les mensonges que je faisais à propos d'elle étaient plus nombreux et plus énormes que tous les autres. Dans ces cas, ça ne paye pas d'être honnête, car même si une femme trompe son mari, elle ne peut pas supporter que son mari en fasse autant. J'apprenais qu'il y avait deux côtés à l'amour : quelquefois ça rend un homme très heureux, quelquefois ça lui ronge les sangs.

Pendant plus de deux ans après la mort de notre enfant, Irène a toujours eu ses règles, et on se demandait si elle arriverait à avoir d'autres enfants. Je pensais qu'elle devait avoir quelque chose qui clochait, mais c'était moi que ses parents accusaient, en faisant circuler le bruit que je voyais d'autres femmes; leurs racontars étaient seulement vrais en partie – on se disputait parfois à cause de ça, et Irène était souvent méchante et irritable.

Une fois, je l'ai giflée; une autre fois, j'ai lancé un bâton dans le champ qui l'a frappée à la jambe; après ça, elle pleurait tant que je me laissais attendrir. Le soir, quand tout était silencieux, on entendait un petit bruit au plafond, on aurait dit un grillon : c'était notre bébé qui attendait encore, qui demandait à renaître – alors on ne se disputait plus, on faisait souvent l'amour en espérant qu'ainsi on persuaderait la petite âme de descendre de son perchoir et à renaître garçon.

Enfin, il est né un garçon en 1916 je pense. On lui donna le nom de Tawaquiwa (Soleil Levant), et Clyde comme nom anglais. Mon fils avait l'air bien constitué, il grandissait vite : en moins d'un an, il marchait à quatre pattes. Je ne sais pas quelle maladie il a eue, mais son corps est devenu très chaud; sa bouche se desséchait en l'espace de quelques minutes et même ses yeux avaient l'air flétris de chaleur. Le même vieux docteur qui m'avait assemblé dans le ventre de ma mère est venu soigner mon petit. On lui donnait toute l'eau qu'il arrivait à boire, on lui mettait de la vaseline sur la bouche et on lui faisait avaler quelques gouttes de lait pour le maintenir en vie. Il n'avait pas l'air très malade, seulement, il s'est desséché et il est mort. Mon grand-père m'a aidé à l'enterrer dans la même tombe que sa sœur. J'ai sorti la couverture roulée qui contenait la petite fille et, triste à en pleurer, je l'ai posée dessus.

Le petit Clyde était un bébé malin; il faisait beaucoup de choses pour amuser les gens. Même quand il était très malade, il faisait encore le pitre : peut-être savait-il qu'il allait mourir et faisait-il cela pour qu'on se souvienne de lui. Comme il m'a manqué, ce petit garçon! Nous avions envie de pleurer chaque fois que nous repensions à ses malices et nous avons eu du mal à surmonter notre chagrin. Nous avions une grande colère contre l'oncle qui avait causé sa mort, mais aucun moyen d'y remédier, car les gens du monde du mal pourraient nous tuer aussi. On entendait de nouveau les petits cris du grillon au plafond et on a fait tout ce qu'on a pu pour qu'il renaisse vite, mais on se sentait découragés quelquefois, car les parents d'Irène faisaient tout le temps remarquer que je n'avais pas de chance avec les enfants.

Un jour que j'allais chercher mes chevaux, je suis tombé sur deux des « plantes-verges » dont mon grand-père m'avait parlé quelques années auparavant. La racine était tubéreuse, avec une surface rose qui ressemblait à un scrotum, d'où sortait une tige sans feuilles qui avait l'air d'un sexe dur. Si on touche la plante quand elle est mûre, elle dégorge un liquide. J'ai été chercher un vieux seau, j'ai déterré ces plantes en gardant un peu de terre et je les ai rapportées à mon vieil oncle Kayayeptewa, qui m'a expliqué qu'elles étaient très puissantes et que les Navaho s'en servaient dans leurs corrals, pour les moutons, pendant la saison de la monte. Il m'a prévenu qu'il fallait s'en servir très prudemment, prétendant même que d'en effleurer la cuisse d'un homme ou d'une femme augmentait beaucoup les désirs et amenait souvent une femme mariée à accepter d'autres hommes. Il dit qu'un homme et une femme pouvaient s'en servir l'un pour l'autre, modérément, pour se donner un peu plus de vigueur et pour avoir un enfant. J'ai porté les plantes chez moi et je les ai fait voir à Irène, en lui parlant de leurs propriétés; elle a commencé par rire : elle n'avait pas l'air d'en penser grand bien, mais, un soir, je l'ai persuadée d'en essayer une avec moi. On s'est préparé, et juste au moment où j'allais en toucher mon corps, quelque chose m'a soufflé tout d'un coup de ne pas le faire – c'était comme si on m'avait complètement retourné, en une seconde – je suis sûr que c'est mon Esprit Tutélaire qui m'a tiré de là, à la dernière minute. Quelques jours après, j'ai troqué les plantes avec Neschelles, mon copain navaho, contre quatre moutons.

Je travaillais dur avec mon troupeau; j'ai défriché du terrain vierge près du champ de mon père à Batowe, et pendant deux ou trois ans, il a semblé que je tenais le coup, malgré les sécheresses. Quelquefois, j'arrivais à récolter sept ou huit chariots de maïs et à vendre pour $ 75 ou $ 80 de laine. J'ai perdu plusieurs chevaux, mais j'ai pu en acheter d'autres; j'étais toujours en bonne santé, je m'habillais comme un Hopi ordinaire et je ne pensais plus à l'instruction. Irène avait mal aux yeux, des rhumatismes et une humeur parfois bien mauvaise, mais, au printemps, elle venait avec moi au corral et à la maison des champs pendant la tonte et les semailles de maïs; à l'automne, elle m'accompagnait aux cuissons de maïs-sucré et à la moisson; quand elle ne tenait plus sur ses jambes, elle s'asseyait près du tas de maïs et dépouillait les épis.

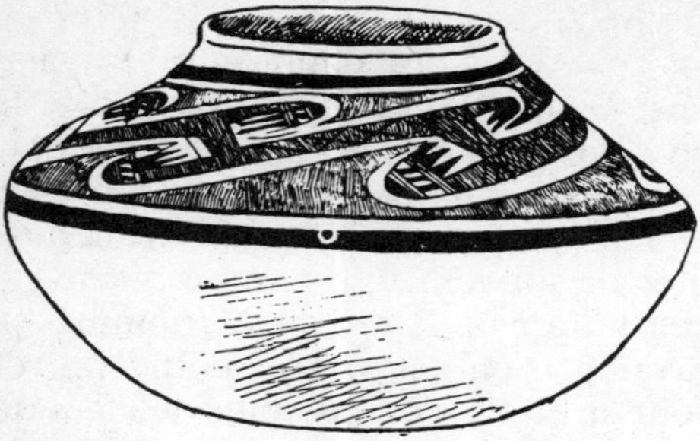

Fig. 51. – *Poterie hopi. La poterie est faite au colombin, recouverte d'une couche d'argile blanche et cuite dans un four tapissé et recouvert de débris de poterie et chauffé au lignite.*

A la maison, Irène s'occupait du maïs : elle veillait aux moisissures, aux souris, aux mites; elle l'égrenait pour mes chevaux, elle le pilait pour notre nourriture et elle en portait des sacs sur son dos au comptoir, pour avoir des provisions en échange. Elle faisait aussi des paniers et des pots, elle réparait le toit de terre de notre maison et elle plâtrait les murs à l'extérieur et à l'intérieur. Elle portait de l'eau quand elle pouvait, cueillait des plantes sauvages pour nous nourrir et charriait d'énormes quantités de melons et de pêches en haut de la mesa. Elle travaillait aussi à l'école d'Oraibi le Neuf, pour gagner de quoi s'habiller. Je lui faisais des compliments pour ses qualités de ménagère et la bonne humeur avec laquelle elle lavait toute la vaisselle seule, même quand j'étais assis à côté à me tourner les pouces, car j'avais horreur de faire la vaisselle.

Il m'arrivait de penser que j'avais eu de la chance d'épouser une femme du Clan du Feu, si jolie et de si bonne composition et qui était respectée en tant que petite-fille du vieux Chef. J'étais fier, aux danses, de voir qu'elle était bien dodue et, par certains côtés, plus mignonne que Mettie, mon ancienne amie. C'était clair aussi qu'elle voulait me rendre heureux, puisqu'en général, elle me laissait coucher avec elle, qu'elle était très compréhensive quand j'étais tenu d'être continent pendant les danses ou le *Soyal* et qu'elle pleurait quelquefois quand elle y voyait si mal qu'elle n'arrivait pas à me faire la cuisine.

Evidemment, je devais quelque chose à Irène tous les jours, qu'on ait fait l'amour ou non, et je ne pouvais pas essayer d'échapper à cette obligation – c'était mon devoir de tenir sa maison approvisionnée en nourriture et en combustible, de lui assurer de bons vêtements, d'essayer de rester en bons termes avec ses parents et de leur rendre des services. J'étais responsable du gros œuvre quand on construisait la maison; il fallait que je paye le médecin hopi quand on en avait besoin et que je travaille beaucoup pour augmenter son bien. Je savais que mon devoir était de la rendre heureuse.

J'ai aussi appris à respecter ses droits. Elle était propriétaire de la maison et de tout ce que lui donnaient ses parents, y compris les vergers, le cheptel, les trous d'eau, la terre et les biens personnels. Elle était aussi propriétaire de tout ce qu'elle faisait de ses mains : poteries, paniers, meules, vêtements; de tout ce qu'elle gagnait par son travail ou achetait avec notre argent. Elle était propriétaire du combustible et des aliments que j'apportais dans sa maison, aussi bien que de tous les ustensiles et de tout l'équipement ménagers.

Quand elle recevait du mouton, des melons, du maïs ou des fruits de mes mains et qu'elle me remerciait, ils devenaient les siens. Elle était libre d'inviter ses parents à manger notre nourriture, chaque fois qu'elle voulait. Elle pouvait vendre notre maïs, même pour s'acheter des vêtements de luxe, mais je lui ai fait des remontrances à ce sujet. Elle gardait notre argent dans une valise ou dans une boîte à biscuits, la plupart du temps, et pouvait s'en servir librement, mais d'habitude, on se consultait avant de faire une dépense. Tant que je vivrais avec elle, je la conseillerais sur la manière d'utiliser notre propriété.

Une fois, j'ai travaillé quinze jours à construire les murs d'une boutique, en échange d'un petit cheval fauve que j'ai troqué contre un cheval pie que j'ai appelé Voie Lactée. Je l'ai dressé moi-même et je ne m'en serais pas séparé pour $ 100 – mais Irène avait envie d'un châle espagnol neuf et m'a supplié de vendre le cheval et de le lui acheter; elle suppliait, elle y revenait tout le temps, alors, j'ai vendu mon préféré $ 25, avec l'espoir de le racheter plus tard. C'était en 1918 et les châles étaient chers : Irène a payé le sien $ 18,50.

Je n'ai jamais récupéré mon cheval.

Chaque fois que je manquais à mes devoirs envers Irène, elle trouvait des manières de me tourmenter, elle criait, pleurait, même devant les parents et les voisins; elle faisait courir des ragots sur mon compte, elle se payait ma tête en public et m'appelait « flemmard qui se la coule douce », ce qui était un des reproches les plus durs à digérer. Elle me douchait si je dormais après le lever du soleil; elle me refusait le plaisir sexuel en restant frigide, en se comportant comme un mouton crevé et quelquefois elle menaçait de me chasser de la maison. Elle avait le pouvoir et les moyens de me rendre si malheureux que je pouvais en tomber malade; une femme peut même souhaiter la mort de son mari, lui remplir l'esprit et l'organisme de mauvaises pensées et puis ne rien faire pour le tirer de là, ou bien, elle peut souhaiter sa propre mort pour punir son mari et qu'ainsi les voisins et le pauvre homme lui-même pensent qu'il est en train de la tuer.

Irène avait avantage à me persuader plutôt qu'à me forcer, et elle a très bien appris à le faire. Elle avait acquis des manières tranquilles; de temps en temps, elle se coiffait à la façon des femmes mariées; elle me remerciait toujours du bois, de l'eau et de la nourriture et elle était prête à donner à manger aux amis et aux Navaho qui venaient me rendre visite. Elle se plaignait très peu quand il n'y avait pas de viande; une fois, j'ai proposé d'aller au corral tuer une chèvre et j'ai ajouté que j'en avais assez de ces repas sans viande. « Très bien », dit-elle, « moi aussi, mais je ne l'aurais pas dit, de peur de te faire de la peine. » Souvent, elle attendait que je revienne pour manger, et elle se levait fréquemment la première pour allumer le feu, les matins froids. Elle me lavait les cheveux à la mousse de yucca pour les cérémonies et préparait des cadeaux spéciaux à distribuer quand j'étais katcina. Elle me mettait de la vaseline sur les doigts quand ils étaient irrités à force d'égrener le maïs et elle m'épouillait souvent la tête. Elle me frictionnait le dos et le ventre quand je me sentais mal; elle me faisait un bon lit et tenait ma tête au-dessus d'une cuvette quand j'avais besoin de vomir. Il lui arrivait même de me laisser dormir pendant la journée et de me réveiller pour manger sans me traiter de flemmard; de temps en temps, elle se vantait que j'étais bon travailleur, bon soutien et bon mari, et, une fois en passant, elle refusait de croire aux ragots qui couraient sur mon compte, ou trouvait même des excuses pour mes défauts. Tant qu'elle était paisible, travaillait, épargnait notre bien, évitait les discussions, ne prêtait pas l'oreille aux commérages, me donnait assez à manger et satisfaisait mes besoins sexuels, je n'avais pas à me plaindre et j'étais facile à vivre.

Certains des parents d'Irène aidaient aussi à rendre notre ménage heureux; les femmes disaient du bien de moi et ses frères et frères de clan pouvaient me soutenir dans les discussions, parler en ma faveur au cours des marchés et me faire de grands compliments en plaisantant; par exemple, quand un homme rencontre son beau-frère sur la route, ça se fait de dire du bien de ses champs, même plus qu'ils n'en méritent, et de le complimenter sur son troupeau; on peut même dire : « Je remarque aussi que tu es fameux chasseur, car je vois un mouton de montagne sur ton chariot; je te rendrai visite bientôt, car je suis certain que tu as de la venaison remarquable. » Ça vaut la peine de flatter un beau-frère en le traitant de grand chasseur ou même de puissant dieu de la Guerre, capable de déchaîner le tonnerre et la foudre, commander au temps, changer l'eau en glace ou un homme en pierre. Quand on me faisait des compliments, je me sentais mieux et je travaillais plus, tout en sachant que c'était seulement des blagues.

Chaque fois que les oncles d'Irène venaient nous voir, il y en avait qui me faisaient des compliments et qui recommandaient à Irène d'être une femme dévouée. Une fois, lorsque nous venions de réparer la maison, les oncles d'Irène sont venus à Moenkopi pour l'une des cérémonies. On a nourri quatre hommes au petit déjeuner et, pendant qu'on mangeait, ils ne s'arrêtaient pas de jeter des coups d'œil de tous les côtés, comme des chèvres dans un nouveau corral. Je leur ai suggéré de manger d'abord et de regarder après, et on a tous ri. Ils ont dit grand bien de la maison. Ils sont tous sortis, sauf un vieillard; il s'est tourné vers Irène et il lui a dit devant moi : « Je suis ton oncle, et je suis très content de voir que Talayesva t'entretient si bien. Rappelle-toi toujours que ce n'est pas le plus bel homme qui fait le meilleur mari. Je vois que tu es satisfaite et bien nourrie, alors je veux que tu le rendes heureux et que tu ne perdes pas de temps avec d'autres hommes. Ton mari est très bien et ta maison est jolie. » Irène lui a répondu : « J'essaierai de faire ce que tu me dis, mais tu sais comme c'est difficile de toujours se conduire bien; il m'arrive d'être en colère. » « Ça arrive à tout le monde », répondit le vieux, « mais essaie de faire vite passer ta colère et d'être juste envers ton mari et les voisins. Voilà tout ce que j'avais à te dire. »

Les conseils de ce vieux me faisaient plaisir et je lui ai donné un beau panier de pêches quand il a été prêt à partir. Les oncles de sa femme peuvent être d'un grand secours, ou bien ils peuvent ruiner la vie d'un homme.

Bien qu'Irène ait des droits importants, c'était son devoir de m'obéir et, puisque j'étais le chef de famille, c'était à moi de savoir la prendre. Je l'engueulais bien et puis lui donnais des conseils très doucement; je la taquinais souvent en public et je la comparais à d'autres femmes qui feraient de meilleures épouses et des amoureuses plus passionnées. Je la laissais quelquefois manquer de combustible et de nourriture, je découchais, je la rendais malheureuse en me disputant avec elle et je la battais. Je connaissais plusieurs Hopi qui battaient leurs femmes. J'aurais pu me disputer avec Irène à l'en rendre malade, mais ç'aurait été une honte. J'avais horreur des discussions et j'ai appris à la prendre mieux avec des gentillesses, des compliments et des récompenses, et j'ai aussi appris qu'il valait souvent mieux tout bonnement la laisser tranquille, en attendant qu'elle change d'avis toute seule, ou, si elle ne changeait pas d'avis, chercher un moyen de la supporter. Les femmes sont comme le vent qui tantôt souffle de l'ouest, tantôt de l'est; plus tôt un homme l'apprend, mieux ça vaut. Il doit s'attendre à voir sa femme passer brusquement de la joie à la tristesse et revenir à la joie sans qu'on y puisse rien. Elle peut être plus butée qu'une mule et plus difficile à orienter que le vent ou le temps.

Il y avait beaucoup de petites manières de faire plaisir à Irène et de l'attendrir : l'une des meilleures, c'était de ne pas la disputer quand elle le méritait et s'y attendait. Chaque fois que j'étais obligé de m'en aller, j'avais pris l'habitude de lui dire où j'allais et quand je reviendrais, en lui donnant une heure plus tardive que celle à laquelle je comptais revenir, pour éviter les histoires. Quand j'étais en retard aux repas, je mangeais un morceau avec elle, même quand j'avais dîné dehors et que j'avais l'estomac plein – je pouvais toujours avaler une gorgée de café et lui dire les nouvelles. Aux danses katcina, je m'assurais qu'on la nourrissait bien dans les maisons de mes parents; à cause de ses jambes fatiguées, je lui portais souvent l'eau, quelquefois même quand il fallait que je m'enveloppe la tête dans une écharpe pour me protéger des moustiques. Ça valait la peine aussi de lui fendre le bois et de le mettre dans une caisse derrière le fourneau : quand je la voyais avec la hache, je la lui prenais des mains. Je l'emmenais voir ses parents et j'en disais grand bien en sa présence; c'était bien vu de lui faire des compliments en plaisantant avec ses parents : un jour, je suis allé voir un des oncles d'Irène et j'ai blagué avec ses fils, car j'étais leur « grand-père » : je leur disais qu'ils étaient trop flemmards pour se lever à l'aube ou même se baigner et qu'ils seraient mal vus par toutes les filles bien; je me décrivais comme un homme matinal et un grand séducteur : la preuve finale, c'était qu'il n'y avait pas d'homme dont ma femme n'était digne.

On pouvait aussi se payer la tête de sa femme devant ses parents et ses amis, s'ils se rendaient bien compte que c'était pour rire. Quelquefois, je rencontrais des parents de ma femme; quand ils me demandaient s'ils pouvaient me rendre un service, je répondais : « Voulez-vous me couper la tête? ma squaw ne me suffit pas, et puisque je n'ai pas droit à d'autres femmes, autant mourir. » D'habitude, ils se marraient et me disaient que j'étais si laid que de toute façon, c'était désespéré de faire l'amour.

Je me suis appris un tas de petits trucs pour adoucir Irène et la rendre gentille envers moi. Quelquefois, quand elle rentrait tard d'une visite ou de son travail, elle avait la surprise de trouver le fourneau allumé et le repas en train. Quand elle partait pendant plusieurs jours pour un mariage ou une autre raison, il m'arrivait de laver la vaisselle et de tenir la maison, mais quand elle revenait, j'essayais de montrer que sa bonne cuisine m'avait manqué.

J'avais aussi pris l'habitude de lui raconter certains de mes rêves, de lui chuchoter des choses que d'autres ne devaient pas savoir, d'acheter des friandises à l'épicerie, des pastèques, des fruits, des bonbons, et de les rapporter à la maison. Je la tenais presque toujours au courant des nouvelles. Je lui lavais les cheveux à la mousse de yucca, je lui cherchais les poux et je lui soignais les plaies du cuir chevelu. En général, je ne la forçais pas à faire l'amour quand elle était malade ou même quand elle avait l'air fatiguée. Parfois, quand elle était agitée, je l'endormais en lui chantant mes chants du *Wowochim*. Je la réveillais toujours quand un cauchemar la faisait crier, mais je la laissais tranquille quand elle ronflait comme un géant, même quand j'entendais des échos dans toute la maison. Je ne la réveillais jamais d'un sommeil profond pour faire l'amour, mais j'attendais le matin.

Mon meilleur moyen d'exercer de l'autorité sur Irène, c'était de menacer de retourner chez ma mère et j'étais content, pour cette raison, d'avoir été marié à la hopi. Le mariage américain est trop facile à faire et trop difficile à rompre. C'est cher et difficile de se marier à la hopi, mais si on s'aperçoit qu'on s'est trompé, c'est facile de s'échapper.

Mais je voulais réussir mon mariage. Je savais que je ne quitterais pas Irène si elle était stérile, si elle coupait ses cheveux ou si elle fumait; si je la trouvais avec un homme, je ne le battrais pas avec son amant, mais je serais très blessé et j'en parlerais à ses parents. Je n'ai jamais entendu dire qu'un Hopi ait tué l'amant de sa femme, car l'adultère n'a pas tant d'importance que ça. Je ne l'aurais probablement pas quittée, mais je l'aurais bien engueulée et je l'aurais peut-être même battue : c'est difficile pour un mari de trouver sa femme dans les bras d'un autre sans en avoir de la peine. Je n'aurais probablement pas divorcé d'avec Irène, même si elle avait eu un enfant d'un autre homme, mais je suis sûr que je l'aurais quittée si elle était devenue trop paresseuse ou si elle s'était mise à boire. Je la menaçais souvent de la quitter pour son sale caractère et ses commérages.

Si ma femme n'avait plus voulu vivre avec moi et m'avait mis à la porte, je serais parti. J'aurais eu le droit d'emporter mes vêtements, ma literie, mes bijoux, mes outils et mes masques, mais c'est à peu près tout. Tout le maïs qui était dans la maison, même une provision de deux ans, lui aurait appartenu; moi j'aurais gardé mes moutons et mes chevaux. Mais si Irène m'avait foutu dehors, elle aurait été beaucoup plus embêtée que moi, à moins d'être entretenue par un autre homme; beaucoup de femmes hopi sont bien contentes de récupérer leurs maris.

J'avais pas mal à me plaindre d'Irène; elle était trop coléreuse, chipie et têtue; chaque fois qu'elle se mettait à faire une scène, je disais : « J'espère bien que quelqu'un va vite arriver pour te calmer. » S'il n'arrivait personne et que je n'en pouvais plus, j'allais chez ma mère et j'attendais que le vent tourne et qu'on puisse parler gentiment. J'ai appris qu'à moins d'être très sûr de soi, ça ne vaut pas la peine d'avoir le dernier mot avec sa femme.

Mais ma plus grosse dent contre elle, c'était son amour du commérage; c'est pour ça que j'ai menacé de la quitter le plus souvent. Chaque fois que je rentrais à la maison fatigué et affamé, et qu'elle se mettait à me débiter des sornettes, je me fâchais. Les femmes fabriquent des ragots quand elles n'ont rien à faire et les font courir en les embellissant. Avec certains de leurs cancans bien à point, il y a de quoi révolutionner tout un village; en voici un exemple : Irène allait chez une voisine et lui disait : « J'ai appris quelque chose de troublant et je suis bien ennuyée d'être obligée de te le raconter. Il y a quelques nuits, on a trouvé ton mari avec... Quand je te vois, ça me fait tellement de peine de penser qu'une femme pareille pourrait prendre ta place, que je me suis décidée à te le dire. »

Voilà un mensonge, et peut-être deux : si Irène plaignait vraiment la femme, elle ne lui aurait pas fait faire de la bile en lui racontant l'histoire, et en plus, il se peut que son mari n'ait pas encore couché avec l'autre femme. On dirait que ce genre de ragot, c'est un commerce de femme; les Deux-Cœurs doivent l'encourager. J'ai prévenu Irène mille fois que faire des commérages, c'est comme si on jouait aux échecs avec un esprit malin : de temps en temps on gagne, mais le plus souvent on est pris à son propre jeu. Je faisais pleurer Irène à force de la disputer à ce sujet : elle a appris à ne pas inventer d'histoires, mais elle continuait à aimer être au courant de ce qui se disait; je pense que c'est parce qu'il y avait toujours tant de bonnes femmes à traîner autour de chez nous, mais j'étais content de voir la popularité d'Irène et j'étais poli envers ces femmes, car je me rendais compte qu'il valait mieux ne pas m'en faire des ennemies.

L'été, on travaillait beaucoup, mais l'hiver il y avait des jours où on ne faisait rien. Pendant deux ans à peu près, j'ai apporté le courrier toutes les semaines de Keams Canyon avec des chevaux et la charrette de l'épicier. Ira et mon père ont joint leurs troupeaux au mien et nous allions à tour de rôle au corral soigner les chevaux. Puisque je ne savais pas travailler l'argent, ni tisser, ni coudre, ni faire les mocassins, je trouvais assez de temps pour d'autres occupations d'octobre à avril. C'étaient les danses de Katcina qui me donnaient le plus de plaisir; j'y participais régulièrement et on me demandait souvent d'être clown.

Une fois, j'ai été clown avec un couple de Deux-Cœurs. Quelque temps après la mort de mon fils, les gens d'Oraibi le Neuf ont ouvert une nouvelle kiva et ont commencé à préparer une danse. En rentrant du travail un soir, on m'a dit d'aller à notre kiva *Mongwi*, à une réunion spéciale. Kewanventewa devait être chef et Nathaniel a décidé de porter un masque et de faire le chien. Le jour de la danse, je me sentais angoissé, je suis allé au bord de la mesa et j'ai prié pour son succès.

On a peint nos corps, on s'est habillé et juste avant midi on est parti pour Oraibi le Neuf. Nathaniel portait un masque avec de longues oreilles de carton comme une face de chien; en arrivant au village, on lui a mis une corde au cou pour le mener comme un chien; on est grimpé sur une terrasse pour se faufiler jusqu'au bord de la plaza et puis on a surgi en faisant des remarques sur « les belles fleurs de la vallée », à propos des femmes avec leurs châles vifs. Avec une corde, on s'est laissé glisser à terre sur la plaza, on a fait les harangues habituelles, on a construit une « maison » avec les cendres, on a posé notre « sœur » poupée dessus et on a informé les gens qu'on avait un bon chien de garde qui savait jouer un tas de tours. Pour le prouver, on lui a ordonné de pisser, ce qu'il a fait comme un chien, puis on lui a dit de grimper sur un toit et d'embrasser une fille, ce qu'il a essayé de faire. Quand on en a eu marre du chien savant, le chef clown, l'oncle rusé d'Irène, m'a dit que j'étais mal foutu et m'a attaché des planches aux chevilles pour me forcer à tenir les pieds droits devant moi; après ça, il m'a trouvé une bosse, m'a étendu sur le ventre et m'a aplati sous des pierres jusqu'à ce que mes tantes se précipitent à la rescousse. Ensuite, j'ai embrassé mes tantes sur la langue et les gens ont beaucoup ri; Nathaniel s'est fait tomber les oreilles pour ressembler à un blaireau; il a soigné les malades et rafistolé les dents de Kewanventewa avec des graines de potiron. Après ça, on a chanté des chansons comiques à double sens; la mienne c'était : « Ma jument est mauvaise, elle se cabre et elle rue; celui qui arrive à l'attraper peut la monter. » Les gens se tordaient et le chef cria : « C'est l'affaire des hommes de mater nos juments sauvages. »

Au coucher du soleil, on nous a bien fouettés pour faire venir la pluie. Malgré mes sentiments personnels, j'étais arrivé à me débrouiller très bien avec les Deux-Cœurs dans l'accomplissement de nos devoirs rituels.

J'aimais beaucoup le travail de clown et je le faisais souvent pour rendre service aux gens, mais une fois, à Shongopavi, on m'a joué un mauvais tour : on m'a puni pour adultère. Deux Katcina comiques « femelles » nous ont accusés de cette offense et nous ont offert le choix entre la punition des Katcina maintenant et l'Enfer des chrétiens pour l'éternité. Quand on a choisi la justice hopi, une des « dames » katcina a ouvert un sac d'où elle a sorti quatre bouts de cactus piquant attachés à des ficelles. Les Katcina ont mené Kalnimptewa à quarante pas environ et lui ont attaché des ficelles autour du cou pour que les bouts de cactus lui ballottent sur le dos et les fesses, puis ils lui ont dit de courir, ce qu'il a essayé de faire, un peu penché en arrière, mais les Katcina lui ont commandé de se tenir droit comme un homme et se sont mis à lui enfoncer les épines dans la chair. Quand ils l'ont libéré de ses tortures, il a exprimé sa gratitude d'avoir reçu son châtiment maintenant et d'être délivré de la crainte de l'Enfer. Les « dames » katcina ont mené Kewanventewa, le vieux Deux-Cœurs, au même endroit; elles lui ont fait pendre le cactus sur la poitrine et quand il a voulu courir tout courbé, ils lui ont flanqué un coup sur les fesses qui l'a vite fait se redresser et recevoir le cactus en plein. Puis, c'était mon tour, et je voyais les épines de cactus cassées plantées dans la chair de mes compagnons. Les « dames » m'ont tiré jusqu'à la ligne de départ, et bien que j'aie fait des promesses de vertu rigide pour l'avenir, elles m'ont dit qu'elles étaient au courant de mon passé à Moenkopi et qu'il valait beaucoup mieux être puni maintenant par un Hopi juste qu'aller en Enfer à jamais. Au lieu de m'attacher les cactus autour du cou, ils me les ont mis à mon pagne de telle façon que les piquants me venaient entre les jambes; j'avais beau courir les jambes écartées, ça ne servait pas à grand-chose parce que les « dames » couraient juste derrière moi en tapant sur les boules piquantes pour qu'elles se balancent tout le temps. J'en ai drôlement bavé, ce qui semblait faire plaisir à tout le monde, même à Irène.

Le travail de clown offrait une bonne occasion de faire des blagues aux gens, de les punir de leur mauvaise conduite ou même de se venger d'eux : un clown pouvait faire ou dire à peu près tout et s'en tirer parce que sa mission était sacrée, aussi on en profitait pour se payer la tête des chrétiens. Un jour, pendant une danse à Bakabi, un clown s'est enveloppé d'un drap; il est monté sur une terrasse et il a annoncé qu'il était Jésus-Christ qui était revenu juger le monde. Il a dit que c'était la dernière chance de salut et a fait descendre une corde en invitant les justes à monter au Ciel. Un clown a accepté l'invitation, a saisi la corde et s'efforçait d'y grimper quand « Jésus », après l'avoir bien examiné, a secoué la tête et l'a laissé retomber en Enfer.

C'était aussi un bon tour de clown de mettre des lunettes et une redingote, de plier un morceau de carton en guise de Bible et de livre de cantiques et de faire une entrée pompeuse sur la plaza pour chanter des hymnes et prêcher un sermon sur les flammes de l'Enfer. Les chrétiens à qui ça ne plaisait pas n'avaient qu'à ne pas venir : on s'amusait mieux et probablement qu'on avait plus de pluie.

Je m'amusais plus à faire le clown qu'à n'importe quoi d'autre, mais j'avais bien du plaisir aussi à faire marcher mes « grands-pères », surtout les vieux qui m'avaient fait de si sales farces quand j'étais gosse. Je menaçais de coucher avec leurs femmes, je les roulais dans la neige, je les jetais même dans les flaques de boue, ce qui esquintait leurs habits.

Un jour, en 1919, on construisait un entrepôt près de la boutique de Hubbell; j'étais en train de gâcher du ciment dans une grande auge, quand mon vieux « grand-père » Talasweoma, celui qui avait fait semblant de me châtrer, s'est amené avec un petit sac sur le dos. « Eh bien, Talayesva », me dit-il, « je suis vieux et bien laid maintenant, mais je suis désolé de voir que t'es encore pire. » J'ai levé les yeux et j'ai souri, car il était vraiment laid avec un corps voûté et osseux, une peau ridée, des cheveux en broussaille et de petits yeux chassieux et fuyants. Je suis allé vers lui tranquillement, je l'ai ramassé et je l'ai jeté dans le mortier coulant; comme il essayait de s'en sortir, je l'y ai repoussé; il criait : « Assez, je serai sage, j'ai appris ma leçon. » Les Hopi riaient, mais le commerçant, M. Hubbell, est arrivé l'air furieux et m'a engueulé parce que je maltraitais le vieux. Il est entré en boitillant dans la boutique, tout en se nettoyant; moi, j'entre plus tard et je demande : « Qu'est-ce que t'as? T'as pleuré? » « Non, je suis très heureux », répond-il, alors je lui achète pour 50 cents de sucre et une livre de café.

J'avais déjà commencé à brimer mes propres « petits-enfants » et à les rudoyer pas mal.

En second, après les jours de danse avec chants, repas de fête et clowneries, faire l'amour avec des femmes d'occasion était la plus grande joie de ma vie. Pour nous qui travaillons dans le désert, ces petites aventures, ça met un peu de sel dans la vie – même un homme marié préfère une femme différente, de temps en temps; de toute façon, il y a des moments où sa femme n'est pas en forme, alors il faut bien qu'un homme trouve quelqu'un d'autre, sans quoi sa vie serait triste et troublée. On ne peut pas penser qu'un homme a tort de se trouver une femme seule ou une veuve, tant qu'il se conduit bien avec elle et la récompense; moi, je ne penserais pas de mal d'un type convenable qui fréquenterait ma propre sœur, s'il la traitait bien.

Les femmes, ça compte beaucoup dans la vie d'un homme; elles leur donnent un des plus grands plaisirs qu'on connaisse, et c'est grâce à elles qu'on se reproduit; on louait les femmes de savoir donner du plaisir et mettre les enfants au monde et chaque fois qu'on en entendait une se plaindre, on lui disait qu'elle avait plus de chance que nous, car on n'était même pas propriétaire de la maison où on vivait. On leur rappelait qu'on avait la vie plus dure, qu'on s'occupait des cultures en peinant à la sueur de nos fronts, qu'on s'épuisait à suivre les troupeaux dans la chaleur et l'orage, tandis que tous les aliments que nous produisions leur appartenaient dès qu'on les rapportait; de plus, elles avaient le droit de nous envoyer promener, les mains vides, à leur gré. On leur faisait remarquer aussi qu'elles devaient avoir plus de plaisir que nous à faire l'amour parce qu'elles sont reposées tandis que nous, nous sommes fatigués et qu'elles reçoivent quelque chose tandis que nous, nous dépensons notre force. Ça se défendait pas mal comme point de vue, mais nous n'étions pas sincères et quand on était seuls, on riait bien et on se disait qu'on avait de la veine d'être homme. On parlait souvent du type de femme qu'on préférait : moi, j'en voulais une plus jeune que moi, de taille et de poids moyens, mais j'en préférais une maigre et active à une grosse à moitié endormie. J'aimais mieux celles qui avaient le teint clair, car on dit qu'une femme au teint mat peut être à moitié homme; je n'ai jamais fait l'amour avec une albinos, mais je pense que ça me plairait. La couleur des yeux d'une femme m'était égale pourvu qu'ils brillent, mais je voulais qu'elle ait les lèvres minces et les cheveux noirs. Quand j'étais petit, je n'avais pas de goût pour les poils, mais quand je suis devenu adulte, j'en suis venu à les aimer sur le pubis, jamais sous les aisselles. Les vieux racontaient que les femmes hopi arrachaient autrefois leurs poils pubiens et les donnaient à leurs amants comme souvenirs. Je préférais aussi les hanches larges, une taille moyenne et un corps doux, tiède et humide : en amour, je voulais une partenaire hardie qui marche la bride sur le cou, comme un cheval qui n'a pas besoin d'éperons.

Pour faire l'amour, il y a des manières bonnes et mauvaises. Mon vieil oncle Kayayeptewa nous a souvent raconté ses propres expériences : on lui demandait, pour rire, comment il faisait pour se trouver tant de femmes de rechange; ce qu'il conseillait, c'était de demander poliment à la femme; il disait : « D'abord, elle dira non et elle t'enverra promener, mais ce ne sera peut-être pas sérieux. Attends encore quatre jours et redemande-lui; elle dira non, mais elle t'engueulera moins; quatre jours encore, elle aura peut-être l'air indécis, mais à la quatrième demande, elle dira probablement oui. Si elle reste froide, fous-lui la paix. »

On se marrait et on disait : « Bigre, ce que t'es courageux. » D'après lui, le meilleur moyen de trouver une femme, c'est de la gagner par des cadeaux; je crois qu'il avait raison et je n'ai jamais accepté les faveurs d'une femme sans la récompenser.

Je n'étais pas très hardi, surtout quand j'ai été marié; je ressemblais plutôt à Miles Standish dont on avait lu l'histoire à l'école, qui avait peur de demander, à moins d'être sûr que la réponse serait oui. Mais la plupart des hommes mariés en demandent trop – jamais je n'entrais dans une maison prendre une femme de force, car j'avais peur qu'elle me déteste tout le restant de sa vie. Les amants hopi se tiennent par la main, ils embrassent et caressent le corps tout entier, ils se disent des tendresses et se font des compliments sur presque tout. Ce n'est pas bien d'embrasser le pubis. Un homme a le droit de se montrer un peu violent s'il est sûr que son amie finira par accepter; en tout cas, il y a beaucoup de Hopi qui le font.

J'ai essayé debout, mais c'est mieux couché, et un homme qui se respecte reste dessus. C'est bien de faire durer le plaisir, mais un homme doit finir avant sa partenaire, car elle pourrait observer son visage convulsé et se moquer de lui après. Les meilleures femmes font des bruits excités et haletants; au bon moment, elles font des pressions rapides et elles gardent les yeux fermés. Moi, je pouvais seulement rester quatre minutes, à peu près.

Quand j'étais jeune et reposé, j'aimais faire l'amour quatre fois par semaine, mais plus tard, je sautais toujours une nuit et en été, j'en sautais deux ou trois ou même plus. On dit qu'il y a des gens négligents qui font l'amour deux fois chaque nuit et j'ai entendu des hommes se vanter de cinq; c'est trop.

La nuit c'est le mieux – pendant la journée, les Hopi risquent d'entrer sans frapper. Ma propre mère est entrée et nous a vus, Irène et moi, une fois; comme j'avais l'air gêné, elle a dit : « T'en fais pas pour moi; tout le monde en fait autant. »

Au début de notre mariage, Irène disait qu'elle

pensait que faire l'amour c'était la « seule vie », mais ensuite, ça l'intéressait moins et elle n'avait pas l'air de comprendre mon point de vue. Les femmes résistent souvent à leur mari, mais elles ne disent jamais : « Je veux que tu te trouves une maîtresse et que tu sois heureux. » Ça les dépasse. La plupart des hommes que j'ai connus supportent un moment de refus, puis ils finissent par dire : « Si ça te plaît pas, je vais en chercher une autre. » D'habitude, ça suffit. J'aurais laissé tomber Irène si elle m'avait refusé trop souvent et trop longtemps, mais si je ne pouvais pas la satisfaire la plupart du temps et si elle se plaignait trop, je lui proposais qu'on se sépare; mais il faut que les maris et les femmes apprennent à être patients ensemble.

Eh bien, à peu près quatre ans après la mort de mon fils, on a eu une autre petite fille. J'étais content, je pensais que quand elle serait grande, je l'enverrais apprendre la sténodactylo à l'école et que je lui trouverais du travail au bureau de Keams Canyon, mais je me disais aussi que j'insisterais pour qu'elle s'habille en Hopi et qu'elle se coiffe en fleur, alors, quand il viendrait des Blancs, ils verraient une vraie Hopi et ils seraient surpris de sa beauté et de son adresse.

Je ne me souviens pas du nom de cette enfant. Elle vécut quatre mois environ, elle s'enrhuma, elle toussa, toussa et puis elle mourut. Le médecin blanc et l'infirmière ont fait tout ce qu'il ont pu, mais leurs soins ont été inutiles. Il a fallu porter le bébé au médecin hopi, mais c'était trop tard; il a bien essayé de la sauver, mais quand elle s'est mise à cracher le sang, on a perdu tout espoir. C'était au mois de novembre et j'étais allé chercher du bois; lorsque je suis rentré, en passant devant le sanctuaire de Masau'u, j'ai vu un homme qui courait à ma rencontre. Joe, qui était devenu mon compagnon berger, m'a dit que le bébé était mort; il m'a proposé de s'occuper de mon chariot et de l'attelage. J'ai pris un raccourci pour remonter la mesa et je suis entré à la maison; les parents d'Irène y étaient et ne pleuraient plus, mais quand ils m'ont vu, ils ont recommencé. Je me suis mis à genoux et j'ai découvert ma petite fille, passant les mains sur son corps froid; quand je lui ai touché le menton, sa bouche s'est ouverte; je l'ai refermée. Je me suis tourné vers eux et je leur ai dit : « L'un de vous, parents de ma femme, a tué cet enfant. J'espère que celui qui l'a fait mourra de la même maladie. Examinez-vous de la tête aux pieds et découvrez votre culpabilité. Je ne veux pas pleurer, car je suis plein de colère. Que celui qui a tué mon enfant l'enterre. » Ce n'est pas que j'aurais laissé un Deux-Cœurs enterrer mon enfant, mais j'avais le cœur plein de colère.

Mon grand-père était entré; il ne pleurait pas non plus : « Talayesva », dit-il, « tu as raison et je suis avec toi. »

Se tournant vers les parents de ma femme, il dit : « Si ça ne vous plaît pas, à vous autres du Clan du Feu, vous pouvez tuer mon petit-fils avec vos talents maléfiques, mais il faudra me tuer d'abord. »

Joe, qui est un type de la Sauge Blanche marié à une femme du Clan du Feu, est arrivé avec le chariot à ce moment-là et il a pris mon parti dans la discussion. J'ai pas mal parlé et je n'ai pas versé une larme, mais dans mon cœur, je pleurais. J'ai fait des plumes à prière pendant que la femme de Joe baignait le cadavre et l'enveloppait pour l'enterrer. Joe est allé avec moi à la tombe d'où j'ai sorti les deux autres enfants; j'ai placé celui-ci au fond et je lui ai dit de vite revenir. Le plus vieux paquet, qui contenait ma première fille, était si décomposé que le linceul tombait en morceaux : les petits os se voyaient.

Les gens causaient de plus belle; ils redisaient sans cesse comme j'étais malchanceux avec les enfants et il y en avait qui voulaient me rendre responsable de tout; ils laissaient entendre que j'étais négligent aux cérémonies, que je courais les jupons et que je m'entendais mal avec ma femme, que ça angoissait mes bébés et qu'alors, ils perdaient leurs forces et mouraient. J'essayais de me défendre contre ces accusations et j'étais quelquefois bien malheureux et même malade.

Un jour, je suis allé garder les bêtes le cœur lourd. En route j'ai rencontré Nat, qui m'a parlé gentiment et m'a redonné courage avec de bons conseils que j'ai appréciés. Je lui ai dit que le vieux Sequapa et ma belle-mère m'avaient accusé de la mort de mes propres enfants; pendant qu'on parlait, des larmes me coulaient sur les joues.

Mes parents aussi avaient la vie dure. Ma sœur aînée, Gladys, était enceinte et son mari, Frank, est parti faire du troc avec les Navaho. Gladys a eu les premières douleurs ce soir-là, et le bébé est seulement né après le lever du soleil. Quand je suis entré au village avec mes chevaux, les gens m'ont dit la nouvelle; ils m'ont dit que le délivre ne sortait pas; alors, j'y suis vite allé et j'ai trouvé ma mère assise par terre avec Gladys dans ses bras. Ils avaient coupé le cordon ombilical pour sauver l'enfant et ils en avaient attaché le bout à une pierre. Ma mère m'a dit de me mettre derrière Gladys, de la soulever et de faire sortir le délivre par des secousses : je l'ai soulevée de cinquante centimètres environ et je l'ai secouée pendant que ma mère tenait la pierre et tirait dessus. Gladys semblait rêveuse; elle me regardait d'un air fâché et me dit : « Laisse-moi tranquille, j'aime mieux mourir. » Quand je l'ai posée par terre, elle m'a regardé et elle est morte. Bien qu'elle ait été méchante avec moi et qu'elle ait avoué qu'elle ne voulait pas vivre, j'ai essayé de ne pas trop lui en vouloir et je me suis convaincu qu'elle avait beaucoup souffert et qu'elle avait l'esprit dérangé.

Ira et moi, on l'a portée dans la tombe sur un chariot, pour ne pas avoir de sang sur nos vêtements ni de malchance dans nos vies. J'ai creusé le trou moi-même et quand on a eu fini de l'enterrer, j'ai dit : « Et maintenant, chère sœur, va retrouver tes enfants morts, traite-les bien et un jour, nous te retrouverons avec ceux que nous avons aimés »; c'est tout ce que je suis arrivé à dire, parce que je pleurais. C'est seulement à la fin du jour, après avoir entravé les chevaux, que j'ai pu me libérer des douloureuses pensées. Gladys nous laissait quatre enfants à élever : Delia âgée de dix ans environ, deux filles plus petites, et le nouveau-né.

Pendant la journée, Byron Adams, missionnaire hopi, et une infirmière de campagne blanche ont demandé à ma mère de leur permettre d'adopter le petit, en promettant que quand il serait grand, il pourrait revenir nous aider. Puisque Frank était parti, ma mère a accepté de se séparer du bébé; ils l'ont emporté à Oraibi le Neuf et là, l'infirmière a défait le cordon spécial que nous avions attaché au cordon ombilical, ce qui permit à l'air d'entrer dans le ventre du bébé et le fit gonfler. Les Blancs ont aussi coupé un bout du pénis de l'enfant; ils ont appelé l'opération circoncision : c'est quelque chose que nous Hopi ne ferions jamais. Bien sûr, le bébé a vécu très peu de temps et ils l'ont enterré dans une boîte dans le cimetière chrétien, sans échelle de tombe et sans rien à manger. Je ne m'en suis pas approché, mais j'avais envie de gifler l'infirmière soi-disant expérimentée qui n'avait jamais appris les choses élémentaires sur les bébés; quand je l'ai revue, j'ai été tenté de lui faire une vie d'enfer, mais j'ai pensé que, de toute façon, elle y serait probablement bientôt en Enfer, car sûrement que son Dieu ne la laisserait jamais aller au Ciel.

Au milieu de toutes ces peines, mon oncle Talasqueptewa, qui était très vieux et très faible, me dit : « Mon neveu, nous avons regardé dans ton cœur et nous t'avons choisi comme Chef du Soleil (*Tawamongwi*) au lieu de ton frère Ira qui est plus âgé; bientôt, tu prendras ma succession dans cet office, aussi, je veux que tu m'observes très attentivement quand je fais les offrandes pour que tu saches les faire quand je serai trépassé. »

Cela signifiait que je prenais la suite dans la ligne de succession, comme un roi, et que je serais Chef du Soleil à Moenkopi aussi bien qu'à Oraibi. Il m'a montré l'endroit spécial où il fallait rester debout ou s'asseoir pour guider le soleil levant dans son voyage vers sa maison d'été et m'a enseigné tout ce que je devais savoir sur l'office spécial.

Pendant les dernières années de sa vie, Talasqueptewa passa l'été dans une petite maison des champs, à deux kilomètres environ à l'ouest d'Oraibi; il devint très faible et ma mère, qui était toujours en train de s'occuper des autres, lui rendait visite et lui portait à manger deux fois par jour. Quand il ne

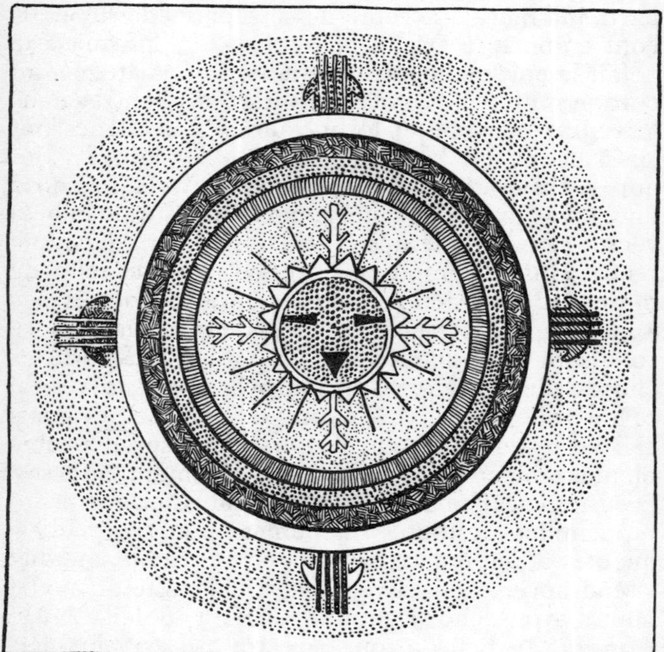

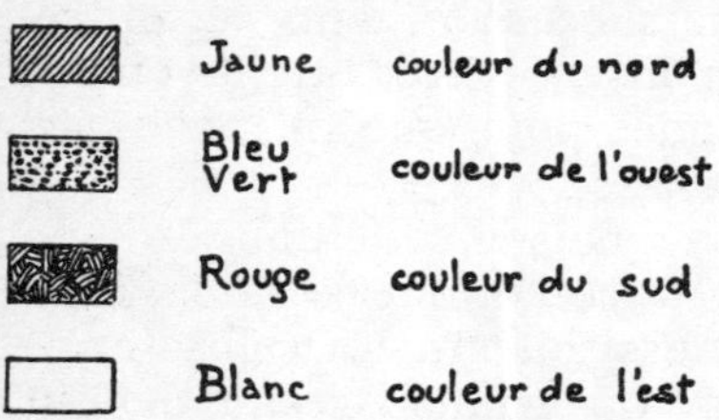

Fig. 52. – *Mosaïque de sable Powalamu. Elle symbolise le soleil. Les quatre cercles représentent le périhélion, « maison du soleil ». Au centre, un cristal de quartz auquel est attachée une plume d'aigle (« puhtávi »).*

pouvait pas manger, elle laissait de la nourriture et de l'eau à côté de lui.

Un jour de l'été de 1920, je travaillais avec d'autres à faire la clôture du champ de Batowa, quand Ira est arrivé avec la nouvelle qu'on avait trouvé notre oncle mort. Le Chef Tewaquaptewa, qui avait été élevé par mon oncle, et mon père l'ont baigné et enseveli dans le linceul, pour l'enterrer comme dignitaire. Le Chef a fait un discours rituel, lui demandant d'envoyer de la pluie dès qu'il arriverait à la Maison des Morts et prendrait sa place, car il était dignitaire et pouvait le faire.

On a partagé ce qui restait de la propriété de mon oncle, sauf certaines choses qu'on a enterrées avec lui. Ma mère a reçu sa part du troupeau et ses arbres fruitiers; moi, j'ai reçu trois très anciens masques sacrés et je suis devenu propriétaire de la kiva du *Mongwi*. J'avais trente ans et j'étais heureux de prendre la succession de mon oncle : je pris la résolution de faire de mon mieux pour servir mon peuple, assurer les pluies et une vie heureuse.

J'ai aussi plus participé au *Soyal*. Comme Lomavuyaoma, l'oncle du Clan du Feu de ma femme, devenait âgé et faible, il me demanda d'aller à sa place déposer les offrandes sacrées au sanctuaire de Masau'u. C'était un voyage dangereux dans le noir et beaucoup de Hopi n'oseraient jamais le faire, de peur de rencontrer Masau'u le Sanglant lui-même. Vers 2 h 30 du matin pendant le *Soyal*, je me suis assis près du foyer et j'ai fumé, pendant que chaque membre du *Soyal* posait un paho sur une vieille châsse avec du piki fait par des membres du Clan du Feu et de la chair de lapin crue, du tabac de montagne et de la farine de maïs. Quand j'ai pris la châsse pour partir, les gens ont dit ensemble : « Avec ton cœur plein de bonheur et de courage, porte nos paho là-bas et délivre notre message à Masau'u. »

Lorsque j'ai quitté la kiva et que j'ai descendu la mesa vers le sanctuaire, la lune avait presque disparu; j'avançai bravement, je répandis la farine devant l'autel, et je priai : « Grand Masau'u, ils m'ont envoyé ici te demander de nous aider dans notre vie; donne-nous de l'eau et protège-nous, fais que mon peuple vive longtemps, s'accroisse et meure sans souffrance. »

Je posai la châsse sur l'autel et je sentis s'élever un souffle d'air comme une bouffée de vent, alors je sus que Masau'u avait accepté les cadeaux.

La lune était couchée et la nuit obscure quand j'ai répandu de la farine sur le sentier et que j'ai gravi la mesa. Quand je suis arrivé à la deuxième corniche, j'ai entendu un bruit comme des pas lourds sur le sentier en dessous; j'ai pensé que c'était un messager d'une autre kiva, en route pour un sanctuaire. Avec l'idée d'éprouver son courage, j'ai ramassé une pierre et je l'ai jetée tout près – les pas se sont arrêtés tout d'un coup et il est tombé un silence si complet que j'ai compris que c'était un esprit et que je me suis dit : « Jamais je n'aurais dû faire cela »; j'ai regardé au sud-est et j'ai vu se lever ce qui ressemblait à une autre lune, mais c'était un grand feu rouge qui jaillissait du sol à une hauteur de trois pieds, au bord même de la pointe de la mesa. Je restais près de la muraille de pierre et je me demandais ce qu'il fallait faire, s'il fallait suivre la piste vers le feu ou rentrer par un raccourci pardessus la corniche rocheuse. Je tremblais de peur; je me rendais compte que c'était Masau'u qui m'éprouvait et qu'il s'attendait à me voir montrer mon courage, aussi, je me suis repris et j'ai été aussi calmement que possible vers la lumière qui avait baissé jusqu'à un pied de haut; je me suis encore rapproché de dix pas, j'ai vu la flamme s'éteindre et je suis parti d'un bon pas vers le village, mais il a semblé que mes yeux me trahissaient et que je perdais le sens de l'orientation; tandis que je passais devant le petit barrage où j'avais vu ma tante Bakabi, la Deux-Cœurs, nue, il me sembla que quelque chose m'attrapait par la peau de ma veste et me tirait en arrière à chaque pas; j'ai voulu courir et j'ai trébuché sur une pierre près de la première maison.

Le gardien de la kiva du *Mongwi* m'a entendu; il m'a demandé ce qui n'allait pas, mais je n'ai pas répondu; je suis entré dans la kiva, je me suis assis pour fumer en silence et j'ai demandé le pardon du dieu du Feu, étant bien décidé à ne jamais plus faire le malin quand je me trouverais en mission au sanctuaire de Masau'u.

Voir le feu, trébucher et tomber en ces circonstances étaient des signes de mauvais augure, mais je me suis rappelé que le premier homme qui avait jamais vécu à Oraibi avait vu Masau'u lui-même, sans danger. Les vieux Hopi disent que Macheta voyait le feu autrefois, au Rocher d'Oraibi; trois fois, quand il s'en était approché, la lumière s'était éteinte, mais, la quatrième fois, il avait vu une forme humaine qui tenait dans ses mains sa grande tête sanglante. La divinité était convenue qu'elle était dieu du Feu et de la Mort, et qu'elle gardait la mesa; elle avait assuré notre ancêtre qu'il pouvait rester et bâtir sa maison près du Rocher. On voyait encore les fondations de la vieille maison et j'étais confiant que Masau'u protégerait nos vies.

Peu de temps après, mon frère Perry, qui était revenu de l'école, est mort à Oraibi le Neuf; j'ai porté son corps jusqu'à la tombe et pendant que mon père et un parent creusaient un trou, une grande mouche est passée et s'est posée sur un buisson; un des hommes a dit : « Voilà la mouche de Mort qui nous avertit d'autres ennuis à venir. » J'ai ramassé un bâton pour le lui jeter, mais mon père m'a prévenu qu'il fallait la laisser tranquille.

On a mis beaucoup de choses dans la tombe avec mon frère mort : colliers, boucles d'oreilles de turquoise, bracelets et costumes de danse, mais cela n'a pas empêché que vingt jours après mon petit frère Glen meure à l'âge de sept ans. J'étais à Bakabi, où je donnais un coup de main à mon beau-frère dans la boutique, quand on m'a dit la nouvelle. Je suis vite rentré, trop tard; je lui ai découvert le visage et j'ai pleuré, car c'était un petit gars paisible et gai, plein de malice, que nous aimions tous; c'était ce même petit que j'avais aidé à mettre au monde.

J'ai repensé à la mouche et ensuite, chaque fois que j'entendais un grand insecte qui passait en bourdonnant, je me sentais mal à l'aise, avant de savoir si c'était la mouche de Mort ou un inoffensif bourdon.

Les mésaventures et les signes de malchance continuaient de plus belle. Une nuit, bientôt après, comme je dépassais la mesa nord en rentrant de Bakabi, quelqu'un a jeté une pierre du haut de la falaise et elle est tombée juste devant moi : j'ai levé les yeux et j'ai vu un hibou qui volait vers l'est. Je suis vite rentré raconter à ma femme et à mon grand-père ce qui m'était arrivé : ils étaient de mon avis qu'il y avait quelqu'un qui nous en voulait; à cause de toutes ces choses, j'ai guetté les signes et une nuit, pendant que nous dormions à la kiva pour le *Soyal*, je me suis mis à hoqueter; j'ai sursauté en sentant une main posée sur mon cœur, mais un compagnon de *Soyal* m'a chuchoté. « Ne pense pas que je sois Deux-Cœurs, je t'ai touché pour te donner un choc, puisqu'on ne peut pas prononcer le nom de ta maîtresse ici, même pour arrêter le hoquet. »

Les années passèrent vite, et enfin mon quatrième et dernier enfant et né, probablement en 1923 ou 1924; c'était un garçon. J'avais de la chance pour les enfants qui me naissaient et de la malchance pour les élever. Il ressemblait à un enfant de Blanc; c'était un des plus beaux bébés que j'aie jamais vus; j'ai d'abord pensé qu'il était albinos et, bien qu'on lui ait donné un nom hopi, je l'ai appelé Alphonso – le roi Alphonse – et j'ai prédit qu'il serait bon berger, homme utile et fameux amant pour les femmes. J'étais bien heureux et je me disais : « Voici notre quatrième enfant; peut-être que Ceux du monde du mal auront pitié de moi, peut-être qu'ils laisseront vivre l'enfant. » Mais au bout de quelques mois, bientôt après la danse Niman, il est tombé très malade. La mère d'Irène ne voulait plus avoir de rapports avec nous; elle voulait à peine regarder sa fille, elle ne donnait pas de conseils à Irène et ne semblait pas souhaiter qu'elle ait d'autres enfants, mais moi, j'en avais toujours autant envie. Les parents d'Irène me rendaient responsable de la mort de nos enfants; Sequapa, qui avait eu sept maris et aurait pris n'importe quel homme pour de l'argent, a raconté à ma belle-mère que c'était moi qui provoquais la mort de mes enfants en couchant avec d'autres femmes et que je n'accomplissais pas bien mes devoirs rituels; elles ont même laissé entendre que j'étais Deux-Cœurs et que je prenais la vie de mes enfants pour sauver la mienne. Quand Irène a eu des échos de ces commérages et qu'elle m'a attaqué, j'ai dit : « C'est un mensonge, je ne suis pas Deux-Cœurs et je ne les ai jamais rencontrés aux réunions secrètes; je vais me défendre et affronter ces femmes en face. »

Je suis allé chercher Sequapa et la mère d'Irène et je les ai amenées chez nous. Quand elles sont entrées, je leur ai dit en présence d'Irène : « Alors, femmes, regardez-moi droit dans les yeux et dites la vérité : vous m'accusez injustement, je ne suis pas Deux-Cœurs et je n'ai jamais été à leurs réunions secrètes; je n'ai pas de pouvoir pour me défendre d'eux : s'ils veulent me tuer ils le peuvent, et me manger aussi. Je ne suis qu'un homme comme les autres et je ne vaux pas grand-chose, je ne suis même pas foutu d'élever mes propres enfants. Quand je serai mort, Irène pourra se trouver un autre mari et avoir d'autres enfants. »

Ensuite, je leur ai posé un tas de questions et j'ai discuté comme un avocat blanc; j'ai dit beaucoup de choses que j'ai oubliées. Dès le début, Sequapa a eu l'air matée : elle n'avait plus rien à dire et elle s'est taillée en vitesse; alors, je me suis tourné vers ma belle-mère et je lui ai envoyé tout ce que j'avais sur le cœur et quand je n'ai plus rien trouvé, j'ai dit pour finir : « Ça t'en bouche un coin, non? » et elle s'est taillée aussi, sans piper mot. Je ne savais pas si Irène prenait mon parti ou non, car elle disait seulement : « Je veux garder mon enfant, mais j'ai perdu tout espoir. » Quand sa mère est partie, je lui ai dit : « Irène, je suis dans une mauvaise passe, je suis désorienté et je suis loin de la Voie du Soleil. Je ne crois pas pouvoir sauver notre bébé de ce mal. » Nous avons pleuré longtemps et nous ne nous sommes pas couchés cette nuit-là.

Le lendemain matin, j'ai emmené ma femme et mon bébé chez ma mère et nous sommes partis à pied pour Hotavila chercher un médecin hopi. Comme je courais sur la route, j'ai vu un crapaud à cornes mort devant moi. Je me suis arrêté et je lui ai dit : « Eh bien, tu viens de m'apprendre que le petit garçon que j'ai laissé à la maison est mort, mais je vais aller chercher le médecin pour qu'il découvre qui l'a tué. »

A Hotavila, le guérisseur a dit qu'il allait entraver ses chevaux et venir bientôt; je me suis dépêché de rentrer avant lui et quand je suis arrivé à l'endroit où j'avais vu le crapaud mort, il avait disparu sans laisser de trace, preuve de mauvais présage. Chez ma mère, les parents pleuraient; ils m'ont dit que le petit était mort peu après notre départ; j'ai aussi appris que je n'avais pas plus tôt tourné le dos, que l'oncle d'Irène était venu à la dérobée chez ma mère et qu'il avait eu trente-six fois la possibilité de décocher une autre flèche empoisonnée à mon enfant malade.

J'ai pris le bébé mort et je l'ai enterré dans la tombe avec son frère et ses sœurs, mais comme ça m'a fait mal! D'amertume et de chagrin, j'ai dit : « C'est le dernier enfant que j'aurai, car ils meurent tous; il y a des Deux-Cœurs qui m'en veulent et ce n'est plus la peine d'essayer. »

C'était ce qu'il ne fallait pas dire, mais j'étais tout bouleversé et je trouvais ma vie bien dure. Longtemps après, quand je passais près de la tombe de mes enfants, il me venait une boule dans la gorge et il me semblait que ma colère et mon chagrin dépassaient tout ce qu'on pouvait supporter.

Un nuit, en rêve, mon Esprit Tutélaire est venu me trouver. Il m'a demandé : « Pourquoi es-tu plein d'angoisse ? Ne sais-tu pas que je suis avec toi ? » Je lui ai demandé pardon et je lui ai dit que les histoires fausses à mon sujet et sur la mort de mes enfants m'avaient orienté dans une mauvaise voie. « C'est le travail des Deux-Cœurs », répondit-il, « mais des pensées angoissées ne te feront aucun bien; reprends courage et retrouve la voie du Soleil. Je t'ai veillé nuit et jour et je connais tout ton passé : si tu ne m'écoutes pas, je reviendrai, je te montrerai ton histoire et je te jugerai. Ne te laisse jamais plus abattre, ne dis plus que tu vas mourir; rappelle-toi que je suis ton guide et que je te protégerai. Maintenant sois bon, sois sage. »

Je me suis réveillé tout heureux et j'ai raconté à Irène ce que j'avais vu et entendu; tout d'abord, elle sembla ne pas me croire, mais je lui ai fait comprendre qu'il est important de vivre et qu'il faut qu'un homme ait quelqu'un pour veiller sur lui. Je lui ai fait comprendre qu'un homme ne pourrait jamais prendre une décision et, tout d'un coup, en changer à la dernière minute, sans son Esprit Tutélaire. Elle a dit que ce devait être vrai et elle n'avait plus l'air de m'en vouloir.

Ma santé est devenue mauvaise. La puissance de la foudre qui m'était entrée dans le corps des années auparavant, quand j'avais passé l'endroit du cheval mort, a commencé à se faire sentir; j'avais mal à la tête, j'avais des traces rouges dans les yeux et de temps en temps, je tremblais de la tête aux pieds, surtout avant un orage. On a essayé plusieurs remèdes, mais aucune ne semblait faire du bien; mon grand-père m'a conseillé de boire ma propre urine fraîche : j'en ai pris huit fois et j'ai été un peu mieux. Un soir, j'ai entendu un grondement dans ma tête et j'ai senti qu'elle allait éclater; j'avais le vertige et je délirais un peu, je me roulais sur ma peau de mouton et je pleurais comme un enfant. Au bout de quelques jours, Polingyuama, un guérisseur de Bakabi, est venu voir Ira qui souffrait du même mal; on a enlevé nos chemises et on s'est assis par terre devant un docteur qui a chanté quatre incantations et nous a lavé les cheveux avec de la mousse de yucca pour conjurer le mal.

J'ai donné au médecin un collier de corail et une paire de boucles d'oreilles de turquoise pour moi et trois colliers de *wampum* pour Ira. Je me suis remis presque tout de suite, mais Ira a mis très longtemps. C'était ma première maladie sérieuse depuis mon expérience de mort à Sherman.

La vie s'est poursuivie pendant deux ou trois ans sans beaucoup de changements, sauf que la sœur d'Irène, Barbara, a eu des ennuis avec son mari Arthur, qui était mon frère de clan. Elle vivait avec nous une partie du temps et nous laissait ses enfants encore plus souvent. Irène et moi, on s'entendait bien, mais je n'avais pas de rapports avec sa mère, je ne lui parlais même pas.

J'ai aussi eu des ennuis avec un Deux-Cœurs. Un des enfants de Nathaniel était mort et il l'avait laissé enterrer aux missionnaires; les gens se rappelaient sa conduite bizarre et l'évitaient comme une sorcière. Il vivait seul la plupart du temps; il taquinait les enfants qui s'approchaient de lui, il jetait des pierres aux chiens des voisins et il faisait du plat aux femmes quand les hommes étaient partis. Avec moi, il semblait moins amical et une fois, quand je lui ai parlé à l'épicerie, il m'a seulement regardé et puis il est parti; alors, j'ai décidé de le surveiller de près.

Moenkopi restait une chose heureuse dans ma vie et j'y retournais de temps en temps gagner un peu d'argent et chercher le plaisir, rendant visite à Mettie chaque fois que je le pouvais. Il y a eu une expédition particulièrement drôle : j'ai logé chez Euella et j'ai aidé Jimmie à la boutique pendant huit ou dix jours, puis, on est parti pour Flagstaff en chariot, avec des peaux de mouton et des couvertures navaho à troquer contre de la marchandise;

comme on a eu plus d'une journée de cheval, on a parlé femmes pour passer le temps et Jimmie a proposé qu'on aille en voir, des Blanches. On est arrivés en ville à midi, par une journée chaude et poussiéreuse, et le soir on était trempés de sueur et très sales quand on s'est arrêtés de faire le porte à porte avec nos couvertures. Pour finir, on est entrés dans une maison mal famée, mais on a trouvé tant de Blancs qu'on n'avait aucune chance. Je suis sorti et j'ai vu un mulâtre quitter une autre maison; je l'ai suivi et je lui ai demandé si c'était bien. En riant, il m'a répondu : « Oui, pour deux dollars », alors je l'ai remercié, je suis allé à la porte et j'ai frappé. Une femme l'a ouverte et quand je lui ai demandé où je pouvais trouver des pépées, elle m'a indiqué la maison d'où je venais. Je lui ai dit qu'il y avait plein de clients et je lui ai demandé : « Et toi, mon amie, est-ce que tu en es une? » « Non », répond-elle. Alors je lui ai raconté ce que le nègre m'avait dit, je l'ai supplié de me prendre et elle a dit . « Eh bien, je ne sais pas, mais je crois que c'est non. » Alors je lui ai parlé d'une voix douce: « Moi aussi je suis humain et je vaux bien ce nègre, j'ai de l'argent des Etats-Unis, pas mexicain. Tiens, voilà un dollar, tu vois la tête de dame d'un côté et l'aigle de l'autre, alors, tu me prends? » « T'es bien sale, il faut que tu prennes un bain. »

Elle m'a emmené à la salle de bains où je me suis déshabillé; je me suis lavé et j'ai attendu; elle est revenue et m'a frotté le dos elle-même avec un chiffon et du savon qui sentait bon, puis elle m'a examiné.

Quand j'ai été sec, j'ai crié : « Tu peux me donner quelque chose à me mettre sur le dos? » « Voici une chemise de nuit. » Pendant que je l'enfilais, je me regardais dans la glace et je me marrais en me demandant si je ressemblais au Saint-Esprit.

Je l'ai trouvée déshabillée sur le lit et quand je l'ai rejointe j'ai dit : « Maintenant, c'est mon tour de t'examiner. » Elle était très bien; quand on a fini, elle s'est levée et m'a lavé de nouveau, c'est la femme la plus propre que j'aie jamais vue; après, j'ai mis mes vêtements sales, je lui ai souhaité une bonne nuit et j'ai trouvé Jimmie qui attendait au coin de la rue avec un Mexicain; lui, il n'avait pas eu de veine du tout. Je lui ai raconté mon aventure et ça nous a bien fait rire, la manière dont certains Blancs pensent que les Indiens ne sont même pas des êtres humains.

Le mal de foudre avait été pénible, mais mon plus grand chagrin après la mort de mes enfants a été une maladie de mes parties : il y avait des taches rouges sur mon pénis, il en coulait du pus et mes testicules étaient très enflés de chaque côté; j'avais couché avec ma femme la nuit précédente, mais il y avait plus d'un mois que j'avais pas vu d'autre femme, alors je me disais : « Ça ne peut pas être la vérole. » J'avais si mal que je pouvais ni marcher, ni m'asseoir, ni me coucher, et quand j'essayais de pisser, le moindre filet d'urine me faisait pleurer. J'ai été malade des jours et des jours; c'était en 1927, je pense, et plusieurs médecins hopi m'ont examiné.

J'étais couché sur la terre battue, chez moi, un jour que ma mère est entrée avec Polingyuama à qui elle a demandé de me soigner. Il m'a examiné de la tête aux pieds, il a inspiré longuement et il a répondu : « Je ferai ce que je pourrai, mais il se peut que je n'aie pas les moyens de libérer cet homme du pouvoir des Deux-Cœurs et si je le fais, alors il me faudra lutter contre eux, moi-même. »

Il a craché dans ses mains, il les a frottées ensemble et les a tendues vers le soleil; il a aspiré profondément la puissance des esprits et s'est mis à examiner mes organes enflés : enfin, il en a extrait trois flèches empoisonnées, une épine crochue qui avait incurvé mon pénis vers le bas et deux épines de porc-épic qui avaient provoqué l'enflure. « Tu dois éviter les femmes pendant longtemps », dit-il. « Il y a des gens malfaisants qui essaient de te tuer. »

Ma mère pleurait : « Sauvez mon enfant, c'est le

meilleur, il m'aide plus que tous les autres; si je le perds, je ne sais pas ce que je deviendrai. Je vous le donnerai en fils véritable et quand il ira mieux, il vous aidera aussi. » « Bien », dit le docteur, « unissons nos cœurs, rejetons les pensées malheureuses et prions qu'on nous donne le pouvoir de le sauver. »

Mais je continuais à souffrir et Jay de Mishongovi est venu me conseiller et me soigner; il m'a retiré quelques fragments de pierre, une petite esquille d'os et de la fourrure d'antilope. Sammy, de la première mesa, a aussi chassé des esprits malins par ses incantations et, cependant, personne ne semblait arriver à la source véritable, car la douleur s'aggravait.

Alors Kochnytewa, qui avait épousé une femme du Clan du Soleil, est venu de Hotavila; il m'a examiné rapidement, s'est tournée vers Irène et lui a dit : « Vous avez l'air d'avoir du succès, ou il y a peut-être un Deux-Cœurs qui essaie de se débarrasser de votre mari et de vous garder pour lui; mais vous n'êtes pas vraiment très belle, et je vous conseille de rester avec Talayesva et d'aider à lui sauver la vie. »

Il avait le droit de lui dire ça, parce qu'il était le neveu de son père et par conséquent son « père ». Puis, tandis qu'il m'examinait de plus près, la surprise s'est montrée sur sa figure; il a jeté un coup d'œil vers mon grand-père qui était assis tout près et a enlevé tout d'un coup plusieurs flèches empoisonnées. Il s'est tourné vers le vieux et lui a dit : « Vous saviez très bien qu'il y avait ces flèches dans la chair de votre petit-fils et vous ne faisiez rien pour les enlever. Voulez-vous qu'il meure ? » Je regardai de près la figure de mon grand-père et j'ai eu peur quand il a paru troublé et n'a pas répondu. S'il avait été innocent, il aurait dû se défendre comme un homme, dire : « Tu mens, je ne suis pas Deux-Cœurs; je ne suis pas celui qui tue son petit-fils. »

J'étais malade et je souffrais. Toutes les bonnes

pensées m'avaient quitté et j'étais tourné vers l'ouest où habitent les morts. Mon grand-père était vieux et faible maintenant; je me doutais que son heure était arrivée et qu'il avait décidé de me tuer pour prolonger sa propre vie. Je sus qu'il me faudrait le surveiller pour le restant de ses jours.

C'est en février que j'ai eu cette grande maladie et ce n'est qu'en mai que j'ai été délivré de la douleur et même alors mon testicule gauche était très mou et honteusement petit et mon pénis ruiné; cette impuissance était une grande source de déception pour moi, et même Irène en était tourmentée. Ça m'a longtemps rendu malheureux et j'avais l'impression que j'aurais donné de bon cœur tous mes chevaux ou même mon troupeau pour retrouver ma virilité. J'essayais de me consoler en pensant que ce n'était pas un malheur aussi grand que de perdre un bras ou une jambe, ou la vie.

Sauf en cette occasion, mon grand-père se conduisait bien et il était gentil envers moi, mais je le surveillais; je savais que c'était un grand médecin et je me rendais compte que si j'étais gentil et poli avec lui, il regretterait peut-être le mal qu'il m'avait fait et se déciderait peut-être à ne plus me faire souffrir, même pour sauver sa propre vie.

Je m'intéressais toujours autant aux enfants; je ne pensais plus pouvoir être père; cependant, je souhaitais encore avoir un fils ou une fille et je m'occupais particulièrement des petits enfants du village : je les laissais se promener dans mon chariot, je les portais dans la kiva sur mon dos, je leur fabriquais des jouets et je leur donnais des friandises. Il m'arrivait de prendre un petit garçon sur mes genoux, de lui chanter des berceuses tout en jouant avec son pénis pour lui donner du plaisir, tout comme d'autres avaient joué avec moi.

Les gens se sont mis à m'amener leurs bébés quand ils étaient malades et qu'ils ne pouvaient pas uriner; j'ai découvert que j'avais encore en moi le pouvoir antilope, mais qu'il n'était pas aussi fort qu'auparavant. Je massais le pubis de ces petits malades, je mâchai du piki que je leur faisais manger dans mes doigts et j'étais bien content quand ils se remettaient.

Je redoutais de jouer le rôle du Géant Nataska pour effrayer mes nièces et neveux et les autres enfants pour qu'ils soient sages; mais on nous demandait, à Ira et à moi, de le faire parce qu'on était les hommes les plus grands d'Oraibi. Le masque terrifiant était si grand que je pouvais m'enfoncer toute la figure dans le long bec aux dents acérées. Je peignais ma figure en noir pour qu'aucun enfant puisse me reconnaître et quand nous entrions dans le village, je prenais garde de ne toucher personne en tendant la main pour attraper les cadeaux de viande et d'autres aliments. Comme je sautais vers un petit garçon pour attraper son morceau de viande, j'ai glissé un coup d'œil par les dents de mon masque : je l'ai vu trembler de peur et j'ai senti les larmes couler sur mes propres joues.

Presque tous les enfants du village m'aimaient et j'ai eu plusieurs fois un rêve bien agréable; une fois, par exemple, j'étais assis dans ma maison natale et j'ai entendu un bébé pleurer dehors; comme j'allais vers la porte, une voix me dit : « Ramasse l'enfant et donne-lui à manger, car je vois à ton cœur que tu es un homme bienveillant. Tout le monde a essayé de consoler cet enfant, sans succès, alors ramasse-le toi-même, s'il te plaît. » « Assurément, je vais le faire », répondis-je, « je ne sais pas si mon cœur est bon ou non, mais je ferais de mon mieux pour cet enfant. »

A ma gauche, il y avait un bébé couché sur un broyeur et j'ai remarqué que c'était un garçon; je suis vite allé le prendre, je lui ai dit : « Fils, veux-tu t'arrêter de pleurer et te conduire comme il faut! »

Il s'est tout de suite calmé et m'a souri; alors, j'ai entendu beaucoup de bébés qui pleuraient et comme je regardais autour de moi, j'en ai vu des douzaines qui rampaient vers moi sur leurs petits ventres. J'en ai ramassé autant que j'ai pu et j'ai entendu la voix qui disait : « Emporte-les chez toi et nourris-les. » « Bien, mais je ne peux pas tous les porter. Ils n'ont qu'à me suivre à quatre pattes. »

Nous n'avions pas atteint la maison quand je me suis réveillé le cœur plein de joie, car je savais que c'était mon Esprit Tutélaire qui m'avait parlé.

XIII

CHANGEMENTS DANS LA VIE DE FAMILLE 1928-1938

Je suis longtemps resté impuissant. Irène me le rappelait souvent, même quand elle était gentille et douce : et puis, on entendait toujours un petit esprit chanter dans le toit, ce qui n'arrangeait rien. Les prières ne réussirent pas à me rendre mes forces épuisées, rien d'autre ne semblait me porter secours et pourtant j'avais toujours envie d'avoir des enfants et j'en avais toujours besoin pour prouver que j'étais un homme bon, capable de créer une famille et pas Deux-Cœurs comme Nathaniel, qui avait tué sa femme et ses enfants pour prolonger sa propre vie. Les voisins ne me demandaient pas d'être père rituel de leurs enfants; ils se disaient : « Talayesva n'a pas de chance avec les enfants. » On racontait quelquefois qu'Irène n'était pas satisfaite de moi et il me venait des soupçons que d'autres hommes profitaient de ma faiblesse; je n'en avais pas de preuves, mais j'étais souvent inquiet.

En 1928, j'ai eu un fils. Je suis rentré des champs un soir et Irène m'a dit que sa sœur Barbara voulait me voir à Oraibi le Neuf. Je l'ai trouvée en larmes, avec un enfant malade sur les genoux. Elle et son mari se trompaient mutuellement et se disputaient pas mal : c'était en train de tuer leur petit qui avait deux ans : ses forces étaient minées et son organisme empoisonné de tristes pensées, car les bébés savent ce qui se passe et s'angoissent souvent de la mauvaise conduite de leurs parents.

Puisque le père était un frère de clan à moi, je me sentais en partie responsable de la maladie de l'enfant. J'ai regardé le petit et je lui ai dit : « Chusoma (mangeur de serpents), je suis là. » Il bougeait la tête, mais ne voulait pas ouvrir les yeux. Il y avait plusieurs jours qu'il ne mangeait plus et sa mère était désespérée.

« L'enfant t'aime », dit Barbara, « si tu veux bien le sauver, je te le donne; je sais bien que tu n'as pas eu de chance pour tes propres bébés, mais tu aimes les enfants; s'il vit, il mettra fin à ton chagrin. »

Je lui ai rappelé que je n'étais pas médecin et que l'enfant pouvait mourir entre mes mains, mais je le plaignais, ce petit, et j'ai fini par dire : « Quand une femme donne son enfant malade à quelqu'un et qu'il se remet, très souvent elle le reprend; tu vas peut-être faire la même chose. » Elle pleurait en me répondant : « Je ne crois pas que je le ferai; Irène et moi, nous sommes de vraies sœurs; ainsi, elle aussi est mère de l'enfant. » Très ému, je lui ai répondu : « Toi et Arthur, vous avez assez de bon sens pour mettre un terme à toutes vos aventures, pour vivre honnêtement et sauver l'enfant vous-mêmes. Vous avez échoué et vous voulez que je le sauve. Si l'enfant meurt, m'en voudrez-vous ? » « Non », a-t-elle répondu, alors j'ai accepté de faire de mon mieux, et j'ai dit : « C'est mon vœu que cet enfant vive. Demain, il ouvrira les yeux, demain, il mangera. »

Je n'étais pas médecin, mais je pouvais au moins prier mon dieu du Soleil et essayer de sauver l'enfant mourant. J'ai dit à Barbara de venir s'installer chez moi et je l'ai prévenue de nouveau : « Si tu cesses de voir d'autres hommes, tu l'aideras; j'ai moi-même eu ces ennuis et je sais ce que c'est; les enfants tombent malades quand leurs parents se font des infidélités. Prions tous les deux, vivons honnêtement et peut-être que nous aurons de la chance. » Je suis rentré à la maison et j'ai dit à Irène que Barbara m'avait donné son fils. Cette nuit-là, j'ai souhaité qu'un rêve me guide, mais il ne m'est rien venu.

J'ai pensé à l'enfant malade tout le lendemain; j'ai mis les moutons au corral de bonne heure, je suis vite rentré à la maison et je l'ai trouvé là, avec sa mère, refusant toujours de manger. Après dîner, je l'ai pris dans mes bras, je lui ai mis un dollar d'argent dans la main et j'ai fermé ses doigts dessus; il a eu l'air d'avoir encore un peu de connaissance et de désir de vivre, car il l'a tenu bien serré, son dollar.

Alors, je me suis rappelé le conseil de mon grand-père : lorsqu'un enfant est malade et ne veut pas manger, on doit le porter à la maison des cérémonies du Maïs-et-de-l'Eau, car c'était autrefois les gens chargés de l'alimentation; j'ai dit à Irène que je portais le bébé sur la plaza prendre un peu l'air, mais je suis allé tout droit chez Kawasie, la femme de mon père Kalnimptewa.

« Mère », lui dis-je, « on m'a donné cet enfant malade; si je parviens à le sauver, il m'appartiendra. » « Bien », répondit-elle, « tu as eu de la malchance avec tes propres enfants, mais j'espère que tu pourras le sauver », puis elle frictionna le corps de l'enfant et fit des passes pour chasser les esprits du mal, avec ses deux mains et en soufflant. Elle lui porta aux lèvres une tasse d'eau; elle insistait : « Bois, petit-fils. » Il ouvrit les yeux et me regarda; Kawasie dit : « Maintenant, ouvre la bouche et bois », et il but jusqu'à la dernière goutte. « Voici du foie bouilli et du piki », dit Kawasie, « mange-le, je t'en prie. » Elle trempait le piki dans l'eau et le lui faisait manger; il mangeait, mangeait toujours et j'en pleurais presque de joie; chaque fois qu'elle ne lui en donnait pas assez vite, il ouvrait la bouche toute grande comme un oisillon qui veut un autre ver.

Quand le petit n'a plus rien voulu, Kawasie me l'a mis sur le dos; elle l'a enveloppé dans la couverture et m'a donné ce qu'il restait de la nourriture. Quand nous sommes entrés dans la maison, Barbara m'a demandé : « Où as-tu été? » D'un air heureux, j'ai répondu : « On a été là-bas, pique-niquer. » Irène a pris le bébé et pendant que je le regardais il a ouvert les yeux et il a dit Tata, ce qui veut dire papa, et Ma-ma, ce qui veut dire manger. Alors, Irène l'a encore nourri et je l'ai étendu sur une peau de mouton en lui disant de se reposer; bientôt il dormait profondément, avec le dollar d'argent encore dans le creux de sa main. Je me suis assis à côté de lui et je l'ai veillé toute la nuit.

Lorsque l'enfant s'est réveillé au lever du soleil, il est venu sur mes genoux en rampant; il m'a dit Tata Ma-ma et j'étais heureux. Il a mangé de bon cœur, s'est penché en arrière, a levé les yeux au plafond et s'est reposé. J'ai demandé aux femmes de le tenir tranquille toute la journée et je suis allé garder le troupeau. En route, je priais le soleil, la lune et les étoiles et je les remerciais de mon bonheur. Le soir, le petit garçon allait mieux, parlait plus et me tenait par la main.

Barbara est restée chez nous quatre jours de plus; elle a dépensé une partie du dollar du bébé et puis elle est retournée à Oraibi le Neuf, avec l'enfant. Je lui ai serré la main; ça me faisait bien de la peine de le voir partir, car c'était moi qui lui avais sauvé la vie.

Pendant quelques semaines, je gardais le troupeau de jour et j'allais tous les soirs à Oraibi le Neuf, voir le petit. Il grimpait sur mes genoux et il mangeait, puis je l'emmenais chez moi; mais quand il était l'heure qu'il aille se coucher, il demandait sa mère en pleurant et je le remmenais chez lui. Ça me faisait faire dix kilomètres aller retour; une fois, il a bien voulu dormir chez moi, mais dans la nuit, il a tant pleuré que j'ai été obligé de le remmener; puis ça lui a passé et il voulait bien rester chez moi toute la nuit. Bientôt, c'est devenu un bon petit qui demandait rarement à voir sa mère. J'étais fier de lui et je lui ai donné un nom anglais : Norman. Le soir, je jouais avec lui pour qu'il reste heureux; j'essayais de lui apprendre des petits pas de danse, de lui raconter des histoires qu'il ne pouvait pas comprendre et de l'endormir sur mes genoux en chantant. Je lui donnais tout le temps des friandises et je lui fabriquais de petits jouets; je l'aimais plus que tous les autres, à l'exception de ma mère, et j'étais fier qu'on me voie avec lui; il y en avait qui disaient beaucoup de bien de moi pour l'avoir sauvé et me montrer si bon père, mais ma belle-mère et moi, nous continuions à nous croiser sans parler; cependant, je sentais que c'était un tournant dans ma vie et que j'avais un but plus clair; même si j'étais impuissant, je pouvais vivre pour mon enfant.

Vers 1920, il y a eu un autre changement pour moi. Depuis vingt ans, j'avais eu peu de rapports avec d'autres Blancs que des commerçants, des fonctionnaires du Gouvernement, trois putains, quelques touristes et l'infirmière de campagne. Je consommais peu de nourritures de Blancs autres que la farine, le sucre, et le café; je me passais des autres marchandises, à part un peu de calicot, des pantalons, des chemises et des souliers, un chariot et un harnais, quelques outils de ferme et des pièges d'acier; un fusil, une lampe à huile et un fourneau de fonte me rendaient aussi de grands services. Avec l'aide du principal, j'ai fini par commander des arbres fruitiers améliorés à Utah.

J'avais évité les missionnaires, sauf si je pouvais en tirer quelque chose et je ne faisais pas attention à leur Sabbat ni à leurs sermons; je leur en voulais de se mêler de nos affaires privées, de nous encourager à nous disputer, de détruire la manière hopi de vivre et de nous apporter la sécheresse et la maladie. Alors qu'ils faisaient semblant de se préoccuper de notre bien, ils nous faisaient sentir que nos dieux étaient des idoles ou des diables et qu'on ne valait pas plus que de la merde. D'habitude, je prenais tout ce qu'ils m'offraient et je travaillais un peu pour eux, pour avoir du fric, mais je les méprisais parce qu'ils insultaient nos Katcina, parce qu'ils intervenaient dans nos cérémonies, parce qu'ils se servaient de leurs cadeaux de pacotille à quatre sous comme appât pour détourner les Hopi faibles de la Voie du Soleil. Ils gardaient pour eux tout ce qu'il y avait de meilleur et ils étaient hypocrites en réalité, car ils agissaient rarement selon leurs principes. Chaque fois qu'ils célébraient un office sur la plaza, je n'y prêtais absolument aucune attention et quelquefois même je cassais du bois pour les empêcher de prêcher. Quand ma Bible a été entièrement utilisée, je me suis procuré un catalogue de Sears Rœbuck (1) dont les pages me servaient de papier hygiénique et à protéger mes jeunes plants : par-dessus le marché, c'était plus intéressant à lire. J'employais de moins en moins la langue anglaise, sauf quand je parlais aux Blancs ou que je voulais jurer et j'avais même honte qu'on me voie parler aux Blancs trop souvent et surtout aux danses. Quand la maladie et la sécheresse venaient et quand nos récoltes étaient mauvaises, on accusait les Blancs, surtout les missionnaires, et on les maudissait derrière leur dos.

Maintenant, je me sentais un peu mieux disposé envers les Blancs et je me donnais plus de mal pour être poli avec eux. Il y en avait qui me demandaient quand ils venaient à Oraibi, parce que je savais un peu parler anglais; je leur permettais de me photographier pour un dollar. Certains, qui s'intitulaient « anthropologues », me demandaient de leur raconter des histoires et me payaient très bien, mais je savais que les Blancs voient plus de péché que de plaisir dans l'amour, alors, j'expurgeais les vieilles histoires hopi. Je ne me plaisais pas encore beaucoup en leur société et j'avais peur de les recevoir chez moi à cause des mauvaises langues hopi, mais je trouvais ça beaucoup plus facile de gagner de l'argent en parlant à l'ombre, que de cultiver le maïs et de garder les moutons sous le soleil brûlant.

Mon premier ami blanc d'une certaine importance a été Mr. George D. Sachs, de la ville de New

(1) Sears Rœbuck : Magasin de New York qui se vante de détenir le record mondial de vente par correspondance. Sept millions de catalogues pesant 7 livres sont envoyés deux fois par an dans les moindres villages des Etats-Unis. (N. du T.)

York, homme très riche et très religieux, qui distribuait des tracts inutiles sur le christianisme. Un jour de 1930, j'étais en train de percer des turquoises, quand cet homme s'est approché de moi pour la première fois et m'a demandé la permission de

Fig. 53. – *Un Hopi perce les turquoises.*

me photographier; j'ai accepté et quand il a fermé l'appareil, j'ai dit : « Alors, vous le crachez, ce dollar? », mais il était généreux de son argent et on est devenus amis.

Norman n'a pas eu d'autre maladie sérieuse, mais

à l'âge de quatre ans à peu près il lui est arrivé une drôle d'histoire. Il avait l'air triste. Je me demandais si un esprit l'avait averti en rêve qu'il allait lui arriver un malheur. Un matin, après avoir déjeuné de bonne heure, je suis allé chercher mes chevaux en me sentant mal à l'aise, car mes oreilles se mettaient à bourdonner à intervalles réguliers; je me disais : « Il va se passer quelque chose. » J'allais monter à cheval, mais j'ai pensé qu'il fallait faire très attention et je suis parti à pied. Pendant que les chevaux s'abreuvaient à la source, j'ai levé les yeux et j'ai vu un homme qui me faisait signe d'un air agité, alors mes oreilles ont bourdonné encore plus. C'était Baldwin, le frère d'Irène, qui venait dire que le petit s'était brûlé : pendant qu'elle lavait la vaisselle chez sa mère, Barbara avait renversé la cafetière et ébouillanté Norman. Je me suis dit : « Ça prouve que Barbara veut récupérer le petit; elle voit comme il se porte bien et comme il est heureux chez moi et elle est jalouse. »

Je n'avais pas été chez ma belle-mère depuis la mort de mon dernier enfant, mais je suis allé tout droit trouver mon fils; Barbara le tenait et ils pleuraient tous les deux. Quand la mère d'Irène m'a vu, elle a pleuré aussi. Le pauvre petit a tendu les mains vers moi : je l'ai pris et j'ai dit : « Eh bien, eh bien, quand je t'ai sauvé la vie, jamais je n'aurais pensé qu'il t'arriverait une chose pareille. » Ils lui avaient mis du kérosène sur la figure, mais les pires brûlures étaient sur son bras gauche et sa poitrine. « Pauvre petit », ai-je crié, « je n'ai aucun moyen de t'épargner cette souffrance, ce n'est pas dans ma maison que c'est arrivé », puis, je me suis tourné vers ma belle-mère, je l'ai montrée du doigt et je lui ai dit : « C'est dans votre maison que l'enfant a été ébouillanté; maintenant, oublions nos querelles, unissons nos cœurs et essayons de sauver l'enfant. » « J'accepte », répondit-elle, « nous allons tout oublier et travailler ensemble. Qu'allons-nous faire ? » Nous avons emmené l'enfant chez nous, et le père et la mère d'Irène sont venus aussi.

Le petit bonhomme était dans un état affreux. L'Unguentine du médecin blanc a fait du bien, mais certains de ses remèdes ont fait du mal. L'infirmière de campagne est venue; au bout de quelques jours, je lui ai dit : « Et si on essayait à la fois les remèdes des Indiens et les remèdes des Blancs? Vous avez soigné l'enfant quatre jours, maintenant reposez-vous et laissez-moi essayer la médecine indienne pendant quatre jours. » Elle a discuté pour commencer, puis elle a accepté. Chaque fois qu'elle soignait la plaie, elle la bandait très serré; moi, je pensais qu'elle devait rester exposée à l'air. Le dixième jour, alors qu'Irène soignait l'enfant à la médecine indienne, ils pleuraient tous les deux, elle et l'enfant, alors je me suis mis à pleurer et j'ai dit à Barbara : « Nous ne pouvons pas continuer, il faut que tu m'aides. » Nous nous sommes terriblement disputés, mais nous avons fini par nous raccommoder, à cause de l'enfant.

Norman allait un peu mieux et le douzième jour j'ai permis à l'infirmière d'essayer sa médecine de nouveau. Les plaies ont mis à peu près un mois à guérir. Je priais tous les jours et j'apportais des pommes, des oranges et des flocons de maïs pour mon petit; le piki était ce qu'il y avait de meilleur, mais les flocons de maïs c'était bon aussi. C'est mon argent qu'il mangeait tous les jours.

Quand Norman a été guéri, les parents d'Irène sont retournés chez eux, mais Barbara est restée et j'ai été forcé de l'entretenir elle aussi. Elle est restée, avec ses deux filles, de mars à mai, puis elle est retournée chez elle. Un jour que j'avais tué un mouton, j'ai aidé Norman à porter un morceau de viande à sa grand-mère, la mère d'Irène, car ses vœux avaient aidé à lui sauver la vie; on est heureux des vœux de n'importe qui dans ces moments-là.

On parlait souvent de la brûlure, et quand Norman a été grand et qu'il a plus réfléchi, il a dit qu'il était content d'avoir un père et une mère qui l'aimaient. Nous lui avions appris à dire que quand il serait grand, il aurait un troupeau à lui et qu'il nous ferait des cadeaux de viande, alors, je lui répondais : « C'est bien, petit, tu nous tends la main maintenant et nous te nourrissons, mais quand nous serons vieux et faibles, c'est nous qui te tendrons nos mains et tu ne nous oublieras pas. »

Un jour, les enfants se sont disputés et quelqu'un a dit à Norman : « Tu ferais mieux de rentrer chez ton vrai père; Don n'est pas ton vrai père et Irène n'est pas ta vraie mère. »

Il est rentré en pleurant; il m'a posé un tas de questions et j'ai fini par lui dire la vérité; alors, après, quand il était fâché, il disait : « Je vais retourner chez mon vrai père et ma vraie mère. » Cela me faisait une grande peine. « Je ne crois pas que tu le ferais », disais-je, « tu m'appartiens et tu es le seul enfant qui porte mon nom; ton père et ta mère ne s'occuperaient pas de toi. Je t'ai sauvé la vie; reste avec moi et je te donnerai des bonbons. Je te donnerai beaucoup de choses, et quand je serai mort, tu auras mes chevaux, troupeaux et autres biens. Si tu me quittes maintenant, tu en souffriras. Rappelle-toi ça, veux-tu? » et l'enfant pleurait et promettait de rester.

Norman était un gosse tranquille mais joueur et il me donnait beaucoup de joies, surtout quand il essayait de danser et de se servir de son arc minuscule, de faire tourner sa toupie ou de monter sur le dos de mon vieux cheval. Il aimait venir aux champs avec moi en chariot; un jour, il a pris des scarabées et il les a mis dans un cercle de sable en les appelant ses chevaux sauvages; quand ils se sont échappés, il a un peu pleuré, mais je l'ai fait rire en répétant sans arrêt : « Hélas, nos chevaux perdus! »

Une fois que je cultivais le maïs à Batowe, Norman a trouvé un crapaud à cornes. « Voilà », dit-il, « je vais faire une farce à ma mère, je vais lui faire deviner ce que j'ai dans la main et puis lui dire que j'ai trouvé un dollar et puis je lui mettrai ce crapaud dans la main. » Irène a dit que c'était une patate sauvage et un tas d'autres choses, alors Norman a dit : « Non, j'ai trouvé un dollar; tends la main et ferme les yeux. » Quand elle a senti le crapaud, elle a hurlé et l'a jeté très loin; Norman a ri à n'en plus finir, mais j'ai fait des excuses au crapaud en lui expliquant que c'était une plaisanterie, car les crapauds ont une grande sagesse.

En 1931, je me suis lié avec un autre Blanc. C'était un certain M. Sutton, de Californie, qui a voulu acheter une pipe en terre à mon petit garçon. J'ai dit à Norman de la lui donner, car je savais que c'était un ami de notre Chef, et à ma grande surprise, il a sorti un billet de $ 5 de sa poche et l'a donné à Norman. Nous sommes ensuite devenus de bons amis et j'ai donné une belle bague à sa femme. Finalement, le Chef a adopté Sutton comme son fils et il s'est joint à mon clan comme frère aîné; il écrivait souvent et se souvenait de moi chaque Noël pour m'envoyer des colis de vêtements.

J'ai aussi rencontré un professeur d'Oakland, Californie, et un écrivain qu'on appelait « Sans Chemise » parce qu'il se baladait sans rien d'autre qu'un short et qu'il n'était pas très soigné, comme les femmes touristes. Un photographe chauve est venu plusieurs fois à Oraibi; une fois, il m'a envoyé un album d'images et des plumes de dindon pour faire des paho. Une certaine Mme Miller est venue voir la danse du Serpent; elle a fait ma connaissance et plus tard m'a envoyé de belles plumes d'autruche dont j'ai décoré mes masques à danser. J'étais en train d'apprendre que les Blancs sont comme les Hopi, de caractères variés, et qu'ils devraient être étudiés individuellement et traités en conséquence; certains étaient des êtres humains de très bas étage, je les appelais des rebuts, tandis que d'autres étaient dignes de respect, c'étaient de loyaux amis en qui on pouvait avoir confiance, qui ne méprisaient jamais nos croyances et nos coutumes hopi.

Je n'avais pas eu de veine avec mes enfants à moi, mais avec Norman, j'ai bien réussi, et les gens se sont rendu compte à la longue que j'étais un homme droit sur lequel on pouvait compter et que je ferais un bon père rituel. Quelques parents m'ont demandé de devenir le père rituel de leurs enfants et de les parrainer dans les sociétés et même le Chef m'a demandé d'être le père rituel de son fils adoptif Stanley. Quand on initiait ces garçons et ces filles, je me souvenais de mes propres souffrances et je leur permettais de recevoir seulement deux coups avant de les tirer hors de portée des Katcina Fouetteurs et de présenter mes propres jambes. J'étais très fier de deux de mes fils rituels, Ellis et Stanley.

C'étaient des moments heureux de ma vie quand je faisais le clown à Moenkopi avec mes fils rituels comme assistants : un jour, on a appris qu'il devait y avoir une danse du Papillon à Moenkopi et nous avons convoqué une réunion dans notre propre kiva où on a décidé d'aller surprendre les gens, en faisant une danse du Buffle; on m'a demandé d'emmener mes fils rituels et de faire le clown. La veille de la danse, on a tracé le sentier de farine sacrée, on a déposé la plume à prière sur la route, on a embarqué notre grand tambour sur une charrette et on est parti pour Moenkopi. Il y avait environ vingt et un hommes et garçons et deux filles pour les rôles rituels de la danse du Buffle. Quand on est arrivé au ruisseau près du village, on s'est baigné et on a attendu la tombée de la nuit, puis on est entré dans la ville à toute vitesse, en chantant un chant comanche et en surprenant tout le monde.

On nous a balayé une kiva et des femmes ont apporté de grandes quantités de nourriture : après le festin, les hommes importants sont venus; ils ont formé un cercle autour du foyer et ils ont fumé dans l'esprit de prière jusqu'aux approches de minuit. Alors, nous nous sommes préparés pour la danse du Buffle. Nous, clowns, nous avons zébré nos corps de noir et de blanc, nous nous sommes enduit le tour des yeux et de la bouche de noir, nous avons mis nos coiffures et nous avons attaché des enveloppes de maïs à nos cornes doubles, en guise de glands.

Quand tout a été prêt, nous avons suivi le tambour jusqu'à la kiva des danseurs Papillons, en chantant des chants comanches. Je suis allé jusqu'au trou de la kiva, j'ai jeté un coup d'œil à l'intérieur et j'ai vu les danseurs qui répétaient : nous avons braillé, et j'ai demandé à deux types de me faire descendre dans la kiva, la tête la première. Quand j'avais presque touché terre, j'ai crié : « Alors, Papillons, ça m'étonnerait que vous nous battiez à la danse, nous les Buffles. » Tout le monde a ri et applaudi pendant que mes hommes étaient en train de me tirer de là. Notre tambour est entré, suivi des chanteurs, pendant que les clowns attendaient dehors; j'ai dit tout bas à mes gars de faire de leur mieux pour être drôles. A la fin du premier chant, j'ai descendu l'échelle suivi de mes petits partenaires et de quelques danseurs des côtés avec des coiffures guerrières comme les Paiute et les Comanche. J'ai dansé devant les gens, en prenant toutes sortes d'attitudes et en faisant des bruits drôles; les petits clowns m'imitaient et s'en tiraient très bien. Chaque fois qu'un garçon ou une fille me regardaient sous le nez, je leur en faisais autant; je tirais la langue et je faisais une sale grimace, je me retournais vite et je leur montrais mes fesses avec des gestes grossiers. Quand on a eu fini nos danses et qu'on s'est mis à quitter la kiva, le chef des Papillons a dit : « Attendez; nous apprécions votre représentation, vous nous avez réjouis, donnez-nous une autre danse demain. » Nous avons tous répondu : « Nous sommes bien contents » et puis nous sommes retournés dans notre kiva. Là, je me suis assis et j'ai fumé tout en priant, car j'étais chef des clowns.

Le matin, les gens de Moenkopi nous ont invités chez eux à prendre le petit déjeuner. J'étais en train de manger chez Talasvuyauoma, le Chef de Guerre, quand on a entendu annoncer que tous les danseurs Papillons devaient se costumer. Ma sœur de clan

Meggie, qui m'avait surpris autrefois à faire l'amour, m'a envoyé chercher. Elle était mariée maintenant et mère de cinq enfants. Quand je suis entré chez elle, j'ai remarqué une jeune fille, de douze ans environ, qui me semblait très familière. J'ai demandé son nom à Meggie, tout bas : « C'est Elsie », dit-elle, « la fille d'Euella, qui est morte récemment. Veux-tu l'habiller pour la danse du Papillon ? »

Je n'avais jamais habillé un danseur principal pour la danse du Papillon, mais je voulais bien essayer. J'ai mis de la peinture jaune sur les pieds d'Elsie, jusqu'aux chevilles, et sur ses mains, jusqu'aux coudes; j'ai dénoué ses cheveux et je les ai tirés en arrière; je lui ai posé un bandeau tissé sur le front. J'ai natté une mèche de ses cheveux sur le sommet de sa tête et j'ai mis en place l'armature de la coiffure compliquée que j'ai fait tenir avec des rubans que je lui ai attachés sous le menton. Il y avait de magnifiques plumes de perroquet pour la coiffe et des bracelets de fils de couleurs vives pour ses chevilles; je lui ai mis des colliers et des bracelets, je lui ai attaché mes propres boucles d'oreilles de turquoise, j'ai frotté de farine de maïs la figure de ma petite tante et je me suis rappelé avec tendresse que sa mère avait autrefois été ma partenaire de danse et m'avait ensuite donné bien des joies.

L'après-midi, on s'est de nouveau habillé pour les clowneries; on a couru sur la plaza en criant et en sautant, tandis que les Buffles et les Papillons dansaient au son des tambours et rivalisaient d'efforts. Tandis que j'allais dans tous les sens en faisant des grimaces aux gens, j'ai senti qu'on tirait sur mon pagne et j'ai vu qu'on avait amené la vieille mère aveugle d'Euella sur la plaza, les bras pleins de piki. J'ai eu envie de pleurer quand j'ai vu cette chère vieille tante qui m'apportait à manger.

Juste au moment où je recevais le piki, son vieux mari a attrapé la cordelière de mon pagne, l'a tiré et s'est mis à l'agiter devant les gens, pendant que moi, je restais accroupi les mains pleines de piki et mon pagne par terre. Ce que les gens ont pu rire quand l'un des petits clowns m'a flanqué un coup sur les fesses pour m'obliger à vite me relever, et qu'après, il m'a tiré dans toutes les directions pour bien me faire voir. Mais, tout d'un coup, je me suis dit : « Cette histoire va se répandre dans tous les villages, et quand elle arrivera aux oreilles de ma femme, elle me disputera bien. » Mon vieux grand-père était encore en train d'agiter la cordelière quand Kochnytewa, l'homme médecine de Hotavila, m'a bouclé sa ceinture d'argent autour de la taille et m'a remis mon pagne; alors, ma vraie mère, qui était venue à Hotavila sans que je le sache, s'est précipitée vers moi avec sa couverture et l'a étalée par terre pour que j'y mette ma nourriture. Quand j'ai jeté un coup d'œil autour de moi, j'ai vu mes petits partenaires qui jouaient aux dadas; après, ils ont dansé la danse hoochy-koochy des Blancs. J'en étais fier, j'ai baissé la tête une minute et puis tout d'un coup, j'ai fait un bond énorme, j'ai poussé un cri et je les ai emmenés à la kiva manger et chercher de nouveaux tours à faire.

Quand nous sommes revenus sur la plaza, les petits clowns se sont poursuivis pour s'arracher leurs pagnes; les gens riaient aux larmes de leurs farces et moi, je souriais en dedans, tout en observant les Blancs : il y en avait qui riaient avec nous, mais on m'a raconté ensuite qu'une dame avait dit : « Ça m'étonnerait que ces clowns aillent jamais en Paradis ! »

Norman a été initié quand il avait à peu près six ans; c'était Peter qu'on avait choisi comme père rituel, mais Peter habitait à Oraibi le Neuf, et nous, on ne s'entendait pas trop bien avec les gens de là-bas : ils étaient en train d'abandonner la religion et de se mettre à vivre comme des Blancs, en ne pensant qu'à gagner de l'argent. Ils étaient sots, car un homme doit prier ses propres dieux et vivre sagement.

C'est pourquoi, lorsque le moment de l'initiation est venu, j'ai décidé de prendre une autre personne comme père rituel pour Norman, car c'était moi qui m'occupais de lui et j'avais le droit de choisir. J'ai choisi Kayahongnewa qui était membre des sociétés Katcina, *Wowochim, Soyal, Ooquol* des femmes, et de la Flûte; dans sa jeunesse, il avait été champion de course et capable de lutter avec trois hommes à la fois. Maintenant, il était presque aveugle, mais c'était un vieillard vénérable que tout le monde écoutait attentivement. Il connaissait la plupart des cérémonies et les gens venaient le trouver pour vérifier leurs souvenirs de chants. Je l'ai choisi en partie à cause de son importance, puisqu'il pourrait introduire Norman dans la plupart des sociétés principales, et en partie parce que sa femme Kawamana me le demandait sans arrêt.

Norman est entré dans la société *Powamu* où on ne fouette pas les enfants : c'est moi qui voulais le faire couper à la raclée; il avait déjà bien assez souffert d'être ébouillanté et c'était un petit garçon très sage, qui n'avait jamais eu besoin d'être enfumé. Je l'ai conduit à la maison du Clan du Lapin et de là, on l'a mené à la kiva; après, je ne sais pas ce qui s'est passé : n'étant pas membre de cette société, ses secrets ne me regardent pas.

Après l'initiation, Kayahongnewa a fait un arc et des flèches pour mon petit, mais il ne s'est jamais occupé de lui, peut-être parce que la plupart des cérémonies sont en voie de disparition à Oraibi; si ces rites avaient gardé leur force, je crois qu'il aurait introduit Norman dans les sociétés les plus hautes, celle de la Flûte peut-être.

Puisqu'on m'avait donné Norman, je voulais que ce soit ma propre mère qui lui donne son nom, avec un rite de lavage de cheveux qui rendrait mon adoption officielle, selon les règles hopi. Bien qu'il ait sept ou huit ans à l'époque, on a eu du mal à le persuader d'aller à la maison du clan pour la cérémonie, parce qu'il était craintif et timide. Ma mère lui a lavé les cheveux et a dit : « Maintenant, petit-fils, avec l'eau je vais effacer ton vieux nom, ce nom faible qui a provoqué ta maladie il y a quelques années; je vais te donner un nouveau nom fort, qui te protégera de la maladie : je t'appellerai Tawaweseoma (Voyage du Soleil), et je te ferai une route qui t'emmènera vers le Soleil. Pose le pied dessus et suis cette voie jusqu'à la vieillesse et jusqu'au sommeil. » A ces mots, elle lui frotta le visage de farine sacrée et lui donna l'épi de Mère du Maïs.

D'habitude, Norman était sage et obéissant, mais il fallait bien que je lui donne quelques raclées. La première fois, c'était au corral, quand il avait sept ans. Irène lui avait demandé d'aller chercher du bois pour sa cuisine, mais il n'y avait prêté aucune attention; elle le lui a redemandé et l'a grondé, alors, il a refusé, en menaçant de rentrer à pied, et il est même parti. Moi, j'ai continué à tondre les moutons avec les gars jusqu'à midi et c'est alors qu'Irène m'a dit que le petit était parti et qu'il valait mieux que j'aille à sa poursuite. J'étais fatigué et échauffé d'avoir travaillé : j'ai attrapé une corde de coton longue d'un mètre à peu près. J'ai retrouvé ses traces et je l'ai déniché endormi sous un *béfaria*. « Méchant enfant, tu devrais avoir honte », lui ai-je dit, en lui allongeant quelques coups; il pleurait, mais il n'avançait pas bien vite, alors moi, je courais derrière lui en lui donnant des coups de corde et en lui disant : « Cours, cours. »

Au courant de l'été de 1932, le professeur Leslie A. White est venu à Oraibi avec des étudiants en anthropologie : Fred Eggan, Edward Kennard et Mischa Titiev. Ils m'ont embauché pour que je leur parle de la vie hopi et que je serve d'interprète quand ils parlaient aux autres. J'aimais beaucoup ça et j'ai gagné pas mal d'argent, mais au début, je faisais très attention à ce que je leur racontais.

Les gens me critiquaient parce que je faisais ce travail, mais ceux-ci étaient des types bien, pas du tout le genre des fonctionnaires du Gouvernement, des missionnaires ni des touristes, et je me sentais tranquille, avec le soutien du Chef. Ça me donnait l'impression d'être important et plus riche de pouvoir embaucher d'autres gars pour garder le troupeau, pendant que moi, j'étais assis à côté d'un poêle bien chaud à fumer le tabac du Blanc et à lui raconter des histoires hopi. Les étudiants blaguaient tout le temps et m'appelaient même leur professeur.

Je me suis bien disputé avec Nathaniel; le fils de la sœur de mon père, Luther, a volé une pastèque dans le champ du Deux-Cœurs, et l'a mangée. Pour faire une blague, Cecil a dessiné un sexe de femme dans le sable près des plants de melon; Nathaniel l'a trouvé et s'en est offusqué; ensuite, il a prétendu qu'il avait suivi Cecil et Luther à la trace jusqu'à ma maison des champs où on était en train de cueillir du maïs-sucré avec ma sœur Mabel. Nous, on ne l'a pas vu, mais au bout de quelques jours, il avait fait courir le bruit qu'en passant devant ma maison la nuit, il avait jeté un coup d'œil à l'intérieur et qu'il avait vu Luther, mon « père », en train de faire l'amour avec ma sœur. Il a raconté un tas de détails à Clara, la femme de Luther, qui était la sœur de ma femme, et Clara a rapporté cet affreux ragot à Irène. Je savais que ça ne pouvait pas être vrai, puisque j'avais couché sous la même couverture que Luther et Cecil, et si Luther était passé sous la couverture de Mabel, je l'aurais su. Je ne croyais même pas que Nathaniel nous ait vus, mais je savais que les Deux-Cœurs pistent souvent des gens innocents pour pouvoir raconter de sales histoires sur leur compte. On était si furieux de ce ragot qu'on a envoyé chercher Mabel et qu'on s'est décidé à confronter Nathaniel avec ses mensonges.

Clara, Irène, Mabel et moi, on est parti pour la maison des Deux-Cœurs; notre Chef est venu écouter avec d'autres types, mais il est resté dehors. Clara a répété à Nathaniel tout ce qu'il avait dit : il a voulu en nier une partie, mais il était pris au piège. Moi, je restais à côté de lui et à chaque instant, je devenais plus furieux : j'ai fini par lui dire en face qu'il avait menti; alors, on s'est mis à s'envoyer des injures et à débiter tout le mal qu'on savait de l'autre; puis, il m'a rappelé qu'il avait pris mon parti et m'avait aidé quand je m'étais disputé avec ma belle-mère et que j'étais malheureux de la mort de mon dernier enfant. Il s'est écrié : « Je t'ai rencontré en route pour ton camp à moutons et je t'ai vu en train de pleurer; à ce moment-là, je t'ai soutenu et je t'ai aidé à te débarrasser l'esprit des mauvaises pensées; alors, pourquoi m'attaques-tu maintenant ?» Je lui ai répondu qu'il n'avait pas le droit de m'appeler Deux-Cœurs, que je n'avais jamais assisté à une réunion secrète des gens du monde inférieur, que je n'avais pas causé la mort de mes enfants, et que je n'avais aucun pouvoir pour me défendre, et puis moi, je lui ai rappelé que je l'avais vu en train de pleurer dans le champ et qu'il s'était enfui comme un lâche. Il a demandé : « Quand est-ce que c'était ? » alors, je lui ai décrit ce qui s'était passé vingt ans auparavant, avec tous les détails : il ne pouvait pas les nier et il est resté muet pendant quelques instants; alors, je l'ai écrasé de paroles, j'ai passé en revue tout son passé, tous ses gestes bizarres, la mort de sa femme et de ses enfants les uns après les autres et comment il avait même laissé les missionnaires les enterrer sans nourriture, sans échelle de tombe.

Mes amis me soutenaient et appuyaient mes accusations avec des remarques brèves et acérées; Nathaniel menaça de me frapper et poussa Mabel, la faisant presque tomber; je le mis au défi de tuer un innocent et dans l'attente du coup, je levai le bras; à dire vrai, je faillis frapper le Deux-Cœurs, mais mon Esprit Tutélaire arrêta mon poing dans sa course et m'inspira l'idée d'accepter le premier coup en homme; je crois que Nathaniel lut magiquement dans mon esprit, car au lieu de me frapper, il baissa la tête sans dire un mot de plus. Je l'avais coincé; les gens m'applaudissaient et il y en eut qui crachèrent sur Nat. Le Chef avait assisté à toute la scène sans intervenir, car il avait peur que le Deux-Cœurs prenne une revanche secrète sur lui, en tant qu'homme le plus important du pays.

Après notre dispute, Nathaniel semblait nous en vouloir, à moi et à mes parents, plus que jamais, et pendant plusieurs années, nous nous sommes dévisagés durement sans nous parler; je surveillais son comportement de près, mais je ne l'ai surpris à faire aucun mal particulier; je n'ai pas non plus découvert qu'il parlait une langue étrangère, ni qu'il employait de grands mots anglais comme le Deux-Cœurs de la boutique à Winslow.

En 1933, Mischa Titiev est revenu à Oraibi; il a loué une chambre dans ma maison et il a engagé ma sœur Inez pour lui faire la cuisine; j'étais fier qu'il habite chez nous, j'aimais bien travailler pour lui et j'étais content de gagner autant d'argent; je savais qu'il y avait d'autres Hopi qui étaient jaloux et qui risquaient de se retourner contre moi, mais le Chef était de mon côté, et Mischa s'est fait aimer de la plupart des gens; je prenais soin aussi de lui apprendre à se conduire à la manière hopi.

Mon gosse aussi aimait Mischa. Je lui avais dit que s'il voulait bien nous obéir, je lui donnerais une panoplie de cowboy pour Noël; il me le rappelait tout le temps, il me disait : « Papa, tu sais que tu m'as promis une panoplie de cowboy », alors je répondais toujours : « Oui, si tu continues à nous obéir. »

Mischa m'a aidé à commander le costume chez Sears Roebuck; on a aussi commandé des cadeaux pour les autres enfants, y compris un seau de bonbons, et on a projeté de faire un arbre de Noël. Le 23 décembre, le Chef de la Poste m'a fait dire d'aller chercher la marchandise avec mon chariot; le lendemain, on y a été, et le soir, on a ouvert le colis cowboy : il y avait un chapeau à large bord, un mouchoir rouge, un foulard, une chemise, un pantalon, une corde, et un pistolet à amorces. Le soir, quand Norman est rentré de l'école, il a tout mis : il semblait devenu un homme. Il m'a dit : « Papa, c'est une chance d'avoir un père et une mère » et je lui ai répondu : « C'est vrai, et tu es le seul enfant qui porte notre nom, aussi, quand tu seras grand, tu auras tout ce qui nous appartient, chèvres, moutons, chevaux et tout. » Longtemps après, je le lui rappelais souvent.

Pendant que Mischa était chez moi, j'ai eu une discussion terrible avec des Hopi Hostiles. Certains de mes voisins n'étaient pas contents de voir un Blanc vivre dans le pays, alors, ils faisaient courir le bruit que je divulguais des secrets hopi, que je révélais des rites secrets, que je vendais les idoles des sanctuaires et que je me séparais même de l'équipement spécial de la cérémonie du *Soyal*. Certains ont été jusqu'à prétendre que je déterrais les cadavres pour les vendre aux Blancs, qui les mettaient dans leurs musées; Irène l'a entendu dire et elle en a pleuré, de peur qu'il ne nous arrive un malheur.

Certains de mes amis m'ont conseillé de ne plus avoir aucun rapport avec les Blancs, mais j'ai gardé le Chef de mon côté et j'ai tenu bon, car je ne vendais aucun objet consacré et je ne révélais aucun secret rituel. J'étais heureux en compagnie de Mischa : il m'apprenait beaucoup de choses et il me payait bien; nous sommes devenus comme frères : il m'aidait à faire mon travail et il est même venu avec moi voir mon ami Neschelles, et prendre un bain de vapeur à la navaho. Certaines de ses questions semblaient idiotes, mais la plupart étaient simples et n'avaient pas trait aux secrets rituels; chaque fois que j'étais incertain, je lui demandais poliment d'attendre, j'allais voir le Chef et je lui demandais : « Crois-tu qu'on puisse le lui dire ? » Je me suis aperçu que le Chef donnait plus facilement les renseignements que moi, aussi, je n'avais rien à craindre de sa part; mais Barker (1) du Clan des Taupes, qui était le plus grand coureur d'Oraibi, a mis en branle plus de bobards que je ne pouvais en supporter; il était allé à la Foire de Chicago avec sa femme et d'autres, et ils avaient visité le musée Field. Ils y avaient trouvé une vitrine avec des

(1) Nom fictif.

objets de la cérémonie du Soyal des Hopi, des autels, des costumes, tout l'équipement sacré, et même des statues du dieu de la Guerre hopi et des prêtres en train d'accomplir la partie la plus secrète et la plus sacrée de notre cérémonie. Quand Barker est revenu à Oraibi, il a raconté à un tas de gens que c'était moi qui avais vendu ce matériel aux Blancs, que j'avais révélé tous les secrets hopi et qu'il avait pu me reconnaître dans l'exposition en costume rituel de prêtre des Etoiles, tenant notre symbole sacré de dieu du Soleil.

Barker a raconté au Chef tout ce qu'il avait vu et il a dit que ces objets hopi sacrés étaient ce que le musée possédait de plus précieux; il a aussi dit que les autorités du musée avaient promis de m'envoyer une automobile neuve comme paiement partiel.

Quand j'ai appris tout cela, je me suis fait tant de souci que je me demandais si je n'allais pas mourir bientôt; je savais que c'étaient des mensonges d'un bout à l'autre, mais cela semblait vrai et je ne savais que faire. J'ai fini par me décider à mener le Chef chez Barker et à confronter cet homme et cette femme hostiles avec tous leurs mensonges. Ils nous ont fait un compte rendu détaillé de tout ce qu'ils avaient vu au musée, mais quand je leur ai demandé des explications sur l'auto neuve, ils ont eu l'air gêné et ils m'ont demandé : « Qui te l'a dit ? » Quand je leur ai indiqué le Chef lui-même, ils se sont calmés. Bien que leur fille Clara n'ait pas été à la Foire, elle était présente et parlait tant que j'avais envie de la gifler; quand elle est morte, quelque temps plus tard, j'étais bien content. A l'exception de Clara, c'est moi qui parlais la plupart du temps et j'ai fini par les faire taire; le Chef restait à côté de moi et écoutait sans rien dire, sinon, on se serait disputé encore bien plus. Je savais que je pouvais compter sur son soutien, car bien qu'il ait dix ans de plus que moi, c'était mon « fils »; je l'avais beaucoup aidé quand on était à l'école ensemble et j'avais fait tout ce que je pouvais pour lui, depuis, jusqu'à lui écrire ses lettres et lui servir d'interprète quand il avait affaire aux Blancs.

Mischa aussi m'aidait bien; il m'a tapé une lettre au directeur du musée Field, pour lui demander comment il avait obtenu les objets hopi exposés. J'ai envoyé la lettre par avion et je n'ai pas été obligé d'attendre la réponse longtemps; elle disait : « Le musée Field n'a jamais eu de rapports avec vous, mais seulement avec le Révérend Voth, qui a fabriqué les objets exposés. Ces autels ne sont que des reconstitutions et *non* des originaux. L'information qu'ils nécessitaient a été obtenue par le musée il y a plus de trente ans. »

Cette lettre m'a remonté le moral et m'a fourni un bouclier pour me protéger. On a convoqué les Hopi Hostiles à venir lire de leurs propres yeux; ils ne sont pas venus, mais j'ai fait répandre la nouvelle et j'ai décidé de garder la lettre pour me protéger tant que je vivrais.

Quelque temps après, j'eus un rêve : je vis mon Esprit Tutélaire m'apparaître dans son vêtement habituel; il me reprocha de garder de mauvaises pensées dans mon esprit; il me dit : « Hélas, de nouveau, tu t'écartes de la Voie du Soleil; tu es un homme mûr maintenant, qui devrait avoir plus de sagesse; rien de bon ne peut venir des mauvaises pensées, des disputes, ni de l'inquiétude. Ton dieu du Soleil, qui est le Chef de tous les autres dieux, se lasse de la manière dont tu te tourmentes de ces choses. Reprends courage et suis-moi. »

Alors, je me suis rendu compte qu'il ne fallait plus que je me soucie de ce que les gens disaient et j'ai continué à travailler avec Mischa pour gagner le pain de ma famille, mais j'ai résolu de me surveiller attentivement et de ne jamais révéler les secrets rituels.

Avant le départ de Mischa, le Chef l'a adopté comme fils et moi, je l'ai fait entrer dans le clan comme frère cadet. Je crois que de tous les Blancs qui sont venus à Oraibi, c'est celui qu'on a aimé le mieux; des femmes lui ont même permis de baptiser leur enfant. J'ai eu du chagrin quand il est parti et j'ai traité avec beaucoup de douceur son petit chien qui est resté avec moi. Une des choses les plus gentilles que « Misch » ait faites pour moi, c'est d'avoir commandé un médicament pour soigner mes yeux malades. Nous étions comme de vrais frères.

Avant longtemps, mon vieil oncle Kayayeptewa est mort : il avait enterré trois femmes et on disait qu'il avait cent ans. Son premier signe sérieux de vieillesse était apparu en 1919, quand j'avais pris son troupeau en charge; pendant onze ans encore, il avait été capable de faire un peu de culture, de monter le bois sur son dos, de soigner ses pêchers et de tisser des couvertures. Il avait fini par abandonner ces travaux, dans l'ordre où je les ai énumérés, et il passait la plupart de son temps à tisser, couchant à la kiva, mais mangeant chez ma mère.

Bien qu'il fût un peu sourd, c'était encore un homme important pour le *Soyal*; il savait des centaines d'anecdotes de l'histoire hopi et pouvait composer à peu près tous les genres de chants de Katcina. Chaque fois qu'il parlait, on l'écoutait très attentivement, car il était dignitaire, mais la plupart de ses anecdotes historiques étaient interminables et les gens se lassaient et avaient envie de dormir. Toutefois, il savait de fameuses histoires sur l'amour, et son passé suffisait à prouver qu'il avait le droit d'en parler.

Déjà la règle hopi de respect de la vieillesse était en train de s'effondrer et, sauf les jours de cérémonie, les enfants taquinaient Kayayeptewa, ils lui faisaient des méchancetés, ils lui jouaient même de sales tours, comme de lui attacher des chiffons sales derrière le dos ou de lui jeter des bâtons. Quelquefois, il les frappait et les avertissait : « Si vous voulez vivre longtemps, vous feriez bien de respecter les vieux. »

Pendant les trois dernières années de sa vie, il n'était plus utile à personne; il restait étendu dans un coin de la maison de ma mère, très sale et plein de vermine : ma mère posait de la nourriture à côté de lui; quelquefois, elle lui donnait à manger et elle lui mettait des chiffons entre les jambes, qu'elle changeait comme des couches.

Un après-midi de novembre, en 1934 probablement, au moment de la cérémonie du *Wowachim*, pendant que ma mère portait de la nourriture à la kiva pour quelques hommes, ma sœur Mabel est venue me dire que notre oncle était en train de mourir. Naquima était avec lui; il m'a dit : « C'est bien d'être venu. L'oncle est moribond depuis ce matin, mais il a encore le cœur qui bat et il lui reste un peu de souffle. Je lui ai couvert la figure avec une couverture. »

J'ai enlevé la couverture, j'ai mis l'oreille près de sa bouche et j'ai écouté, puis j'ai dit à Naquima : « Il a encore un doigt de souffle et il est en train de se refroidir; il doit être en route vers nos chers disparus. Ça me fait de la peine de l'enterrer dans le noir; je vais l'appuyer contre le mur pour que le souffle s'échappe vite. Ne nous tourmentons pas, car il est trop vieux et faible pour ressentir une douleur quelconque; il vaut mieux pour lui qu'il soit parti. »

Tandis que je le soulevais, le dernier souffle est sorti. Le vieux Naquima avait peur, il a dit : « C'est la première fois que je vois mourir quelqu'un. Je crois qu'il vaut mieux que je m'en aille. » Il est vite sorti en rampant, me laissant seul avec le mort.

Mon frère Ira est bientôt venu me rejoindre. Je lui ai dit : « Tu arrives juste à temps, et voici une bonne occasion pour toi d'aider à l'enterrement. » Je me demandais s'il aurait le courage de le faire; il a souri nerveusement et m'a répondu que pendant que je préparais le corps, il allait entraver les chevaux et qu'il reviendrait vite. J'ai mis de l'eau dans un baquet et j'ai lavé les mains et la figure de notre oncle : j'ai peint les deux bras et les jambes, jusqu'aux chevilles, de pointillés blancs; j'ai aussi dessiné une courbe blanche au-dessus de son œil gauche avec les pointes relevées en demi-lune pour indiquer aux Esprits que l'oncle était dignitaire.

Après lui avoir lavé les cheveux avec de la mousse de yucca et les avoir peignés, j'ai filé une ficelle neuve avec laquelle je lui ai attaché une plume à prière tendre au sommet de la tête et à chaque main : j'en ai posé une sur ses pieds et une sur son cœur; puis je lui ai rempli les mains de farine de maïs, j'ai fermé les doigts dessus et je les ai liés. Je lui ai frotté de la farine sur la figure, et je l'ai recouverte d'un masque de coton avec des trous pour les yeux et la bouche : cela représentait la houle de nuages qui cacherait son visage, chaque fois qu'il reviendrait répandre de la pluie sur nos terres desséchées.

Avant d'ensevelir l'oncle dans une couverture, je suis resté debout à côté de lui et j'ai fait un discours important entrecoupé de larmes : « Voilà, cher oncle, il est temps que tu t'en ailles. Tu es le seul dignitaire du Clan du Soleil, et nous aurons du mal à nous passer de toi. Je t'ai apprêté pour ton voyage jusqu'à la Maison des Morts; ne t'attarde pas en chemin. Nos chers parents t'accueilleront avec joie et te montreront ta place particulière : soigne-les comme tu nous as soignés, souviens-toi de nous et envoie-nous de la pluie. Rends-nous visite en décembre et chante de nouveau les chants sacrés au *Soyal,* car nous avons besoin de ton aide. Sois bon et sage dans ta vie future. »

Il y avait beaucoup de gens à la kiva en train de célébrer un rite bref de *Wowochim,* tandis que d'autres étaient restés chez eux avec leurs enfants, pour éviter la vue du mort; Naquima était allé chez le frère du Chef, ma mère n'était pas rentrée et Ira tardait à revenir. C'était la fin de l'après-midi et je savais qu'il fallait se dépêcher, sans quoi on serait surpris par la nuit; aussi, j'ai fendu des tiges de yucca avec lesquelles j'ai lié la robe autour du corps, à la mode ancienne, et j'ai fabriqué une attelle, à glisser sur la tête du porteur. Il vaut mieux porter un mort dos à dos, parce que les jambes du porteur sont plus libres pour marcher. Quand Ira est enfin arrivé, j'ai dit : « Il faut se dépêcher; depuis le temps que j'enterre tes parents, c'est bien ton tour de porter le corps au cimetière. »

Ira était plus vieux que moi et censément plus courageux, aussi, je voulais éprouver son courage. Il a souri d'un air contraint et m'a répondu : « Eh bien, ce sera le premier mort que j'aurai porté sur mon dos. »

Je l'ai aidé à le charger et je lui ai dit que j'allais suivre; j'ai entouré la literie que j'ai attachée avec une corde, j'ai pris les outils du fossoyeur et de l'eau et je suis parti, traînant le ballot derrière moi; il n'y avait pas d'enfants en vue et les deux ou trois adultes qui étaient devant leur maison ont regardé dans la direction opposée.

Quand je suis arrivé au bord de la mesa, Ira descendait en trottinant, tout courbé; je me suis approché de l'emplacement de la fosse et je l'ai vu debout, là, chancelant sous son fardeau. Je lui ai crié : « Laisse-le tomber, va, l'oncle ne sentira plus rien », puis je lui ai rappelé la règle hopi, que celui qui porte le corps doit lui faire sa « maison », mais j'ai bien voulu la lui commencer. Au-dessus de nos têtes, il y avait des nuages lourds qui nous menaçaient d'une tempête de neige ou de grêle. Pendant qu'il cherchait des pierres, j'ai creusé un trou de quatre pieds de long sur deux et demi de large, profond de huit pieds; à l'ouest, j'ai évidé une caverne pour le corps, mais j'ai laissé Ira sortir les dernières pelletées de pierres. Je lui ai tendu de la farine de maïs à parsemer au fond, j'ai tiré le corps tout près, je l'ai descendu dans le trou, puis je l'ai repoussé dans la caverne en position accroupie, face à l'est. Nous avons fermé l'entrée de la caverne avec une grosse pierre plate et bouché les fentes avec des bouts de literie; le reste de la literie, nous l'avons mis dans le trou et nous avons répandu dessus de la farine de maïs; ensuite, nous avons essayé de remettre toute la terre en place, à force de la tasser et de l'enfoncer avec nos pieds, car il est mal même d'en laisser traîner : cela peut causer la mort d'un parent. Nous avons aussi entassé des pierres sur le monticule pour que les coyotes et les chiens ne puissent pas atteindre le corps et pour qu'aucun maraudeur blanc ne soit tenté de le déterrer et de l'emporter dans un musée. Après avoir enfoncé un plantoir comme échelle de tombe et mis de la nourriture et de l'eau tout près, nous avons vidé le sable de nos souliers et retourné nos poches pour nous débarrasser de toute parcelle de terre qui pourrait être dangereuse pour nos vies.

Quand nous sommes retournés à la maison du Clan du Soleil, Mabel et ma mère étaient en train de faire bouillir des branches de cèdre; elles ont versé l'eau dans un plat de terre et l'ont portée au-dehors, dans un endroit spécial, où nous avons ôté nos vêtements et où nous nous sommes baignés. Mabel nous a lavé le dos, puis elle s'est elle-même lavé la figure, les mains, les pieds et les jambes jusqu'aux genoux : on a cassé le plat de terre pour qu'il ne puisse servir à nouveau et porter malheur à quelqu'un. Nous sommes rentrés à la maison; nous avons placé un morceau de résine de pin dans un plat cassé, nous l'avons allumé avec des braises et nous nous sommes mis sous une couverture, pour que la fumée nous passe sur le corps et chasse les mauvais esprits; puis nous nous sommes lavé les cheveux dans de la mousse de yucca et nous avons mis des vêtements propres. Les femmes auraient dû laver les vêtements d'enterrement cette nuit-là, mais comme il faisait froid et sombre, elles ont attendu le lendemain.

Ira et moi, nous avons regagné chacun notre maison et nous avons essayé de nous débarrasser l'esprit des pensées tristes. Il vaut mieux rire et plaisanter de nouveau, aussi vite que possible, bien qu'il y ait des gens qui vous disent que vous n'aviez pas beaucoup d'affection pour le mort, car c'est une erreur.

Bien sûr, ni Ira ni moi n'avons fait l'amour avec nos femmes ni d'autres femmes pendant quatre jours, et nous n'aurions pas travaillé aux champs, si ce n'avait été le moment des récoltes, mais nous aurions eu le droit de garder les troupeaux. Si quelqu'un avait entendu aboyer des chiens ou des coyotes la nuit, près de la tombe, ç'aurait été une noble action de les chasser, mais peu d'hommes auraient eu le courage de le faire.

Le troisième jour, vers 10 heures du matin, j'ai fait deux baguettes et cinq plumes votives. Mabel a fait bouillir des haricots et je les ai portés à la tombe sur une châsse avec du piki. J'ai posé ces offrandes sur le tas de pierres, j'ai tracé un sentier de maïs vers l'est et je suis parti aussi vite que possible, car je n'avais pas besoin de faire un autre discours. Le lendemain matin, sans aucun doute, notre oncle s'est levé, a mangé un peu de la nourriture et s'en est allé vers la Maison des Morts, mais je crois qu'il est revenu pour le *Soyal,* au bout de quinze jours, qu'il est entré à la kiva et nous a aidés au rite de la confection de la médecine. J'ai fait un paho spécial pour lui et j'ai résolu de le faire à chaque *Soyal,* le reste de ma vie.

Notre oncle n'avait ni bétail, ni chevaux, ni moutons; il avait fait don de son troupeau à notre mère, plusieurs années auparavant, et il avait troqué la plupart de ses possessions pour se procurer des vêtements, de la literie et d'autres nécessités dans sa vieillesse. Il avait un fils âgé de soixante ans environ, mais c'est Mabel qui a hérité de son verger de pêchers, et nous avons partagé ses possessions personnelles entre nous. Ira a reçu une peau de daim tannée pour faire des mocassins; mon père a reçu ses outils à tissage et moi, j'ai reçu un collier de corail que j'ai échangé contre un cheval, par la suite.

Le vieux Naquima a été tout à fait bouleversé par la mort de notre oncle. Frédéric, le frère du Chef, m'a raconté que quand Naquima avait jeté un coup d'œil par la porte et nous avait vus passer avec le corps, il avait crié : « Hélas, nous ne reverrons jamais plus notre oncle. Après, ce sera mon tour de mourir, car je suis insulté par mes nièces et parfois traité comme un chien. »

Fred essayait de le réconforter, en lui rappelant qu'il valait mieux que ce vieillard mourût et qu'il serait heureux avec ses parents disparus. Naquima répondit : « Oui, c'est vrai, et dans la prochaine vie, je ne ramperai pas dans la poussière comme je le fais ici, mais je marcherai et je courrai comme un homme libre. » « C'est juste, remets-toi d'aplomb, tu es le membre le plus âgé qui reste au Clan du Soleil et tu devrais être plus raisonnable. Tu es le neveu de mon père, et, par conséquent, mon père de clan; tu n'es pas très vieux et tu en as encore pour longtemps. Nous t'aimons tous, alors envoie promener toutes ces mauvaises pensées. »

Quand il y avait des danses du Serpent à Hotavila, Naquima s'asseyait au bord de la route et demandait la charité aux touristes blancs; une fois, je lui avais fabriqué une pancarte qui disait : « Aidez les pauvres. » Quelquefois il se faisait jusqu'à $ 5. Un jour, on a trouvé un truc pour gagner de l'argent : je devais le déguiser en Indien sauvage, danseur aux Serpents, lui friser et lui emmêler les cheveux, lui mettre des plumes rouge vif sur la tête, lui faire le dessin de serpent sur tout le devant du corps et lui peindre la figure en noir avec des lèvres rouges. Je voulais lui attacher une peau de chèvre angora rouge autour de la taille et le mettre dans une tente avec un écriteau : « Voici l'Indien sauvage capturé dans la forêt tropicale. Billets $ 0,25 et $ 0,50. Prenez garde, cet homme est cannibale. »

Je lui avais trouvé quelque chose à dire, chaque fois qu'un Blanc regardait la tente : « Par les poils de ma barbichette, je sens la chair fraîche ! » après quoi, il devait pousser des cris comme un clown. On a parlé et ri de notre projet pendant plusieurs semaines, mais on n'a pas pu le mettre à exécution, parce que je n'ai pu trouver personne pour garder le troupeau le jour de la danse du Serpent.

Mon grand-père est mort très peu de temps après. C'était un grand médecin, mais il n'a pas pu se sauver lui-même. J'étais allé chercher mes chevaux, et Naquima était avec lui quand il est mort.

Quand je suis revenu, Naquima a gémi : « Hélas, me voilà seul, sans personne pour me soigner. » Je lui ai répondu : « Ecoute, je t'ai conseillé de te remettre d'aplomb. Mon grand-père ne pouvait pas te soigner, il était trop affaibli. Nos mères et nos sœurs s'occuperont de toi : ça compte, la vie. Si tu veux rester sur cette terre, débarrasse-toi des pensées tristes; prie ton Esprit Tutélaire de te protéger, et si tu ne te lasses pas de ta vie, il te tiendra fermement. Veux-tu t'en souvenir? »

J'ai aidé à enterrer mon grand-père, comme pour mes autres parents morts.

Naquima s'est encore affaibli. Il vivait toujours chez ma mère, avec Mabel et ma plus jeune sœur, Inez, qui avait environ dix-huit ans, mais il mangeait chez ma nièce Delia, la fille aînée de Gladys, ma sœur, qui était morte; Delia avait épousé Nelson, de Hotavila. Quelquefois, Naquima se traînait jusqu'à la boutique où M. Hubbell lui donnait des vêtements et le ramenait en auto; les genoux de ses pantalons étaient toujours usés, à force de se traîner dessus, mais il essayait de les recoudre avec de la ficelle qu'il tirait des sacs à farine. Il arrivait que les enfants le taquinent, lui prennent des choses, se moquent de lui, le frappent même et lui donnent des coups de pied. La plupart des adultes étaient gentils avec lui, le blaguaient à propos de filles et faisaient semblant de le punir de sa mauvaise conduite pour lui remonter le moral. Mes sœurs et mes nièces étaient négligentes et le maltraitaient quelquefois, le menaçant même de ne rien lui donner à manger. Les jours froids, il arrivait à descendre l'échelle de la kiva et à venir s'asseoir près du feu pendant que les hommes travaillaient. Un jour, il est tombé de l'échelle, sur la tête; après ça, il vomissait souvent et il est devenu très maigre, aussi, je le portais souvent dans la kiva sur mon dos.

Un jour que je revenais avec du bois, Irène m'a dit : « Naquima est malade. » Je l'ai trouvé sur le dos chez Delia; il m'a dit qu'il avait tellement mal à la poitrine qu'il voulait mourir. Il dit aussi : « Je suis seul, sans père ni mère, et mes nièces me traitent durement. Je vomis tout ce que je mange, et la médecine indienne ne me fait pas d'effet. »

J'ai mélangé de la farine de maïs avec de l'eau salée et tandis qu'il la buvait je lui frictionnais l'estomac pour que la nourriture passe. Il s'est vite endormi et je suis rentré dîner chez moi.

Le lendemain, j'ai trouvé Naquima mort. Ma mère était assise à côté de lui, en larmes, car elle avait soigné son frère infirme toute sa vie. « Ne sois pas triste », lui dis-je, « il y a tant d'années que l'oncle souffre dans un monde qui était douloureux pour lui; maintenant, il va rejoindre nos chers parents et devenir un homme libre. »

Nous l'avons préparé pour l'enterrement et je lui ai dit de vite parcourir la route agréable et facile qui mène chez nos ancêtres; je lui ai dit que son père et sa mère l'attendaient et le traiteraient bien. Je n'ai pas pleuré, parce qu'il avait souffert toute sa vie et que j'étais content qu'il soit au bout de ses peines. Je l'ai porté sur mon dos jusqu'au cimetière et mon père m'a aidé à l'enterrer. Des années après, les gens me demandaient encore de leur raconter des histoires sur Naquima et d'imiter sa drôle façon de parler.

Pendant l'été de 1935, Norman a fréquenté des gamins fainéants qui lui ont donné le mauvais exemple; un jour qu'on avait quelque chose à lui donner à faire, il a fichu le camp. J'ai pris un fouet et je lui en ai donné trois coups; alors il a dit : « Puisque c'est comme ça, je retourne chez mon vrai père. » Je l'ai rudement grondé et je lui ai dit de ne jamais répéter de pareilles choses.

Une fois, Irène l'a battu parce qu'il était dehors après la tombée de la nuit et après ça, chaque fois qu'il devenait insolent, on disait : « Fouette-le », on faisait semblant de chercher quelque chose des yeux et ça suffisait. Je lui ai expliqué trente-six fois qu'un garçon ne devait jamais être impertinent. La plupart du temps, on en venait à bout en lui parlant gentiment, mais de temps en temps, il avait l'air d'écouter avec sa bouche et de ne prêter aucune attention avec ses oreilles, quand je lui disais de faire quelque chose, j'aimais bien le voir se lever et le faire vite.

On grondait souvent Norman parce qu'il se levait tard et on lui expliquait que c'était une honte pour un garçon de rester au lit après le lever du soleil. D'habitude, c'était suffisant d'aller le réveiller et le prévenir; quand il allait se coucher, je disais souvent : « N'oublie pas de te lever avant le soleil, sans ça, gare à l'eau! » Un matin, je suis allé à la kiva le réveiller pour qu'il parte en classe, je lui ai enlevé ses couvertures et je lui ai dit de se presser, sans quoi, je l'arroserais. Peu après, il ne s'est pas réveillé de nouveau pour le petit déjeuner; je suis allé à la kiva avec un seau d'eau, j'ai retiré les couvertures et je l'ai trempé à fond : il a braillé, mais ça l'a fait sortir.

Irène aussi a douché Norman; un jour, je suis monté sur la terrasse le réveiller pour qu'il vienne manger, puis je suis parti au champ chercher des melons et des pêches pendant qu'Irène préparait le petit déjeuner. Quand je suis revenu, Norman n'était pas encore descendu. Irène avait mal à une jambe et elle s'est mise très en colère; elle est montée sur le toit et l'a douché : il est vite descendu, tout à fait réveillé. Quand j'en ai eu l'occasion, je lui ai parlé paisiblement. Irène et Norman avaient de petits accrochages, mais c'est souvent comme ça entre mères et enfants. Quand il devenait trop brutal, je lui disais de se calmer; au fond, tout ce qu'Irène lui demandait de faire, c'était de lui obéir et d'aller lui chercher le bois et l'eau. Je donnais souvent des conseils à Norman d'une voix douce, pour l'encourager à être un garçon brave et débrouillard. Je lui disais : « Plus tard, si les filles s'aperçoivent que tu es paresseux, les jolies ne voudront pas de toi; mais, si tu travailles bien et que tu me donnes un coup de main, leurs parents diront : « Epouse Norman, il t'entretiendra bien. »

J'ai organisé des courses pour qu'il fasse de l'exercice et perde un peu de poids : je ne voulais pas qu'il soit comme ces gros lards d'Oraibi le Neuf qui sont incapables de travailler. Je lui disais que les courses matinales lui durciraient les muscles et le feraient vivre longtemps; j'étais surtout fier de lui quand il montait mes chevaux.

Mon gosse me rendait heureux; je me suis fait quelques amis blancs de plus : des professeurs, des gens de musée, des artistes, des anthropologues et des botanistes, et je ne me trouvais pas trop mal, en dépit de mon impuissance. J'avais un aussi bel attelage que n'importe qui dans le pays, je gagnais mon pain et des amis blancs me donnaient des vêtements. J'ai agrandi mes champs, j'ai augmenté mon troupeau, j'ai acheté un chariot neuf, un harnachement plus beau, une charrue, des hoyaux et un plantoir en fer. Je faisais moins de voyages à Moenkopi et j'ai cessé de voir Mettie ailleurs qu'aux danses.

Un soir, Irène s'est aperçue d'un changement et m'a demandé, toute surprise et joyeuse : « Qu'est-ce qui s'est passé ? » Je lui ai répondu en riant que je retrouvais ma jeunesse; mais je n'étais plus l'homme d'autrefois et si je faisais l'amour une fois tous les dix jours, ça me suffisait; je me suis aperçu que je réussissais mieux de bonne heure le matin, bien que ça ne dure en tout que cinq minutes. Je me suis rendu compte qu'avec l'âge je redeviendrais inutile, alors c'était important de ne pas gaspiller mon énergie et de me préparer à une fin complète de ces jouissances. J'ai pensé que la meilleure manière de rester heureux, c'était de m'intéresser plus à mon petit; Irène maintenant me semblait compter plus par sa bonne cuisine que par l'amour, et c'est de cela que je la complimentais. Elle semblait en être heureuse et quand ses règles se sont espacées, elle a dit que ça lui faisait plaisir; mais bien sûr, elle ne voulait pas dire que tous ces plaisirs étaient désormais finis pour elle, car les femmes hopi continuent à faire l'amour jusqu'à un âge avancé. J'étais gentil avec Irène, mais j'aimais mieux Norman, et si elle avait refusé de le garder, je l'aurais quittée.

Une nuit, je me suis étonné moi-même : j'étais allé chercher un chargement de bois et j'ai passé la nuit, comme d'habitude, dans le *hogan* de Neschelles, mon ami navaho. Il était parti soigner un malade, laissant sa femme seule avec ses petits enfants. Elle a été particulièrement aimable; j'ai couché avec elle et je me suis aperçu que j'avais retrouvé toute ma virilité; cela se répéta à mes autres visites, chaque fois que j'avais la chance d'être le seul homme dans le *hogan*. Je savais que c'était dangereux et que si jamais Neschelles m'y prenait, il me battrait, mais c'était tout ce qu'il ferait et je pensais que le plaisir valait bien le risque. J'attendais avec encore plus d'impatience les expéditions de bûcheronnage et quoique mon ami soit presque toujours chez lui, sa femme trouvait des moyens de m'exciter, au moins en me faisant des clins d'œil en douce.

J'ai continué à acheter et à perdre des chevaux, et j'en ai trop eu pour pouvoir les décrire en détail, bien qu'il n'y en ait jamais eu plus de quatre ou cinq à la fois. Quand ils étaient trop vieux ou trop faibles pour travailler, je les laissais aller mourir en liberté; il y en a un qui a buté sur une pierre et qui s'est cassé la jambe; mon frère Ira en a trouvé un dans une coulée et l'a tué avec une pierre; un cheval a cassé la jambe d'un autre en lui donnant un coup de pied et j'ai achevé la pauvre bête à la hache, sur une corniche au nord du village : les femmes ont rapporté la viande pour la manger et le Chef s'est servi de la peau pour faire un tambour. Un autre cheval a mangé de l'herbe de *loco* qui l'a rendu fou : je lui faisais remonter une côte abrupte vers mon champ de maïs, quand il s'est mis à ruer bizarrement; quand je l'ai frappé avec mon fouet, il est tombé; il a essayé de se retourner, puis il s'est relevé d'un bond, mordant et ruant. J'ai voulu le harnacher dans le champ, mais il n'y avait rien à faire; en revenant, il broutait au bord de la route tout en tirant le chariot et il s'est pris les jambes de devant dans la bride; quand j'ai voulu le libérer, il s'est cabré pour me mordre. Je l'ai vite dételé, je l'ai fait tomber avec des cordes, je l'ai ligoté ferme et je lui ai coupé le cou avec mon couteau de boucher. Ça me faisait mal de tuer mon meilleur cheval, mais je ne pouvais pas le lâcher sur les récoltes des autres.

En juillet 1936, je pense, mon cheval fauve favori a disparu. Le lendemain matin, je suis monté sur un poney et je suis allé au *hogan* de Neschelles où j'ai appris qu'un cavalier monté sur mon cheval était passé de bon matin. Neschelles m'a prêté son cheval de selle le plus rapide pour rattraper le voleur; je suis parti sans manger; j'ai suivi la piste de mon cheval au-delà du Canyon Bleu, où j'ai campé cette nuit-là, l'estomac vide. Je suis reparti le lendemain au grand galop; je suis entré dans une forêt de cèdres où, par bonheur, je n'ai pas perdu la piste. A midi, j'avais tellement le vertige que je me suis attaché une corde autour de la taille pour maîtriser ma faim; j'ai poursuivi ma route et je suis tombé sur un champ où il y avait un potiron vert, gros comme mon poing, que j'ai mangé, mais je ne me sentais pas mieux et j'avais peur de mourir dans le désert.

Je suis enfin arrivé au *hogan* de Johokimn, un ami qui m'avait vendu des chevaux. Comme je mangeais et que je lui racontais mon histoire, j'ai remarqué que sa figure devenait plus dure et plus sévère, et il a fini par s'offrir à m'accompagner et à fouetter le voleur, tout en m'encourageant à manger et à récupérer mes forces pour la bagarre. « Conduis-toi comme un homme », dit-il. J'étais heureux de son assistance; quand nous avons quitté le *hogan*, il m'a dit de resserrer la sous-ventrière, car il faudrait peut-être qu'on se batte à cheval. Nous avons suivi la piste, gravissant une montagne, et nous avons atteint un autre *hogan* où Johokimn a annoncé d'une voix sévère qu'on était à la poursuite d'un voleur; alors, un homme nous a informés qu'il avait vu passer le fils de Gros Williams sur un cheval à marque hopi.

On s'est pressé et on s'est bientôt trouvé devant un vieillard, assis à côté d'un bain de vapeur navaho. Johokimn a sauté à terre, s'est précipité sur le vieux et l'a renversé, en le traitant de voleur de chevaux et en menaçant de le tuer, mais il ne faisait que taquiner le vieux, qui était le grand-père du véritable voleur. Deux Navaho sont venus nous serrer la main; l'un d'eux était Joe Isaac, un grand-père de clan à moi, car il avait épousé une femme navaho du Clan du Sable qu'on pouvait appeler ma tante (1). Il a aussi offert de nous aider en disant : « On va le fouetter, ce gars. » De là, nous avons filé au *hogan* suivant où nous sommes entrés sans y être invités et où nous avons trouvé plusieurs femmes qui nous ont dévisagés; Johokimn les a disputées et leur a dit de me parler. J'ai déclaré qu'il y avait deux jours que je pourchassais ce voleur et que, lorsque je le prendrais, je le mettrais en prison pendant dix ou quinze ans, et je leur ai dit : « Si vous prenez le parti de ce type contre moi, vous passerez toutes en jugement et vous irez peut-être en prison. » La mère du garçon pleurait et elle a dit qu'il était allé au corral.

On a décidé d'aller à un *hogan* du voisinage où il y avait un rite de médecine en train, pour guérir un malade, et d'exposer l'affaire à des juges navaho qui se trouvaient là. Il y avait une dizaine d'hommes présents et j'ai découvert que mon frère de clan navaho, Hotlotis, était le médecin principal. Il m'a accueilli avec cordialité et m'a demandé comment je me trouvais si loin de chez moi; alors Joe Isaac et Johokimn ont expliqué ma présence à tout le monde et Hotlotis a parlé aux juges comme un avocat blanc, en leur disant qu'il essayait de sauver la vie à un malade, mais qu'un des leurs avait volé

(1) Les Hopi revendiquent la parenté avec les Navaho qui portent le même nom de clan qu'eux, lorsqu'elle est à leur avantage (note de Simmons).

le cheval de son frère de clan et risquait ainsi de troubler leurs incantations. Il leur dit : « Vous, Navaho qui vivez loin des Hopi, êtes en train de nous donner une bien mauvaise réputation, à nous qui vivons près d'eux. Vous devez rendre ce cheval. » Alors, ils ont discuté un bon moment et ils se sont tant échauffés, que je sentais venir la bagarre et que j'avais repéré un gourdin dont j'aurais pu me servir pour me défendre. Il y avait des femmes qui pleuraient. Les hommes ont fini par se calmer et les juges ont dit qu'il fallait punir le voleur et qu'ils enverraient un agent de police navaho le chercher le lendemain; mais mon ami Johokimn a annoncé qu'il irait lui-même le chercher et il est parti sur son cheval, en me disant de l'attendre là.

Quand la nuit est tombée, Hotlotis m'a pris à ses côtés, m'a tendu un hochet de calebasse et m'a dit de l'aider au rite de guérison; je ne connaissais pas leurs chants de médecine, mais j'ai voulu essayer, quoique j'aie remarqué que certains des Navaho souriaient : en observant Hotlotis et en l'imitant, je me suis très bien débrouillé. On a chanté jusqu'à minuit, on a beaucoup mangé et on s'est endormi par terre.

Le lendemain, après le petit déjeuner, j'ai vu arriver Johokimn avec le garçon attaché à sa selle. Il m'a crié : « Voici le voleur, tu peux le tuer si tu veux. » Je me suis approché du gars, je l'ai bien regardé et j'ai vu que mon ami l'avait déjà fouetté. Johokimn a tiré le garçon en bas, l'a jeté par terre sans lui détacher les mains et m'a dit : « Fais-en ce que tu veux. »

Les juges se sont réunis et m'ont dit : « C'est à toi de décider ce qu'il y a de mieux à en faire, mais si tu veux qu'il te cherche ton cheval, il peut y aller pendant que tu attends ici. »

J'ai accepté et le voleur est parti humblement en quête de mon cheval, pendant que nous faisions de nouvelles incantations pour la guérison du malade. Pendant la journée, j'ai pris un bain de vapeur avec des Navaho, car c'est un traitement salutaire des rhumatismes, des maux des genoux ou d'yeux. Avant d'entrer dans la hutte, on m'a dit de tirer le prépuce sur mon pénis et de l'attacher avec une ficelle, comme protection contre la chaleur et la vapeur.

Fig. 54. – *Bain de vapeur navaho. On construit le bain de vapeur à 100 mètres environ de la maison de médecine centrale, vers l'est. Elle comporte quatre perches fourchues, verticales, aux quatre points cardinaux. Les perches sont recouvertes de branches de pin et de sauge qui forment une surface compacte et empêchent le sable que l'on met par-dessus de s'infiltrer. La hutte est décorée à l'est d'un arc-en-ciel. On fait chauffer les pierres à 6 mètres, on les porte à l'intérieur et on les recouvre de branchages. Finalement on verse dessus de l'eau où ont macéré des herbes. Le bain dure vingt minutes.*

On a veillé une deuxième nuit et on a chanté jusqu'au jour, puis la femme du pauvre malade nous a implorés de chanter jusqu'à midi et elle a donné un beau tapis de selle au guérisseur en plus de tous les cadeaux qu'il avait déjà reçus. L'après-midi, le gars n'était pas encore revenu avec mon cheval; alors, les juges m'ont promis de l'obliger à le rapporter à la danse du Serpent à Hotavila. J'ai accepté et comme nous repartions, mon frère de clan navaho, Hotlotis, m'a donné une partie de ses gains pour les incantations : j'ai reçu cinq pièces de calicot, un tapis de selle, une châsse havasupai et du tabac.

Le médecin et moi, nous avons rangé nos cadeaux, nous avons fait des adieux amicaux aux Navaho qui avaient assisté à la cérémonie, et nous sommes partis à cheval pour le *hogan* de Johokimn.

Sa femme avait tué un mouton et elle en avait fait bouillir la moitié, qu'elle m'a donnée en cadeau, car nous avions échangé des présents avec sa famille plusieurs fois. Comme nous repartions, Hotlotis m'a dit : « Maintenant nous allons aller au *hogan* d'une de mes femmes d'occasion, et si son mari n'est pas là, nous prendrons notre plaisir, moi d'abord et toi après. » Il se vanta d'avoir beaucoup de femmes dans cette région et d'aller souvent leur rendre visite, chaque fois qu'il voyageait pour soigner les malades ou surveiller son bétail. On a bientôt atteint un *hogan* où, à ma surprise, la femme était la belle-fille de mon ami Johokimn; mais nous n'avons pas eu de chance, car son mari était là. De loin, j'avais remarqué qu'elle était assise sur une peau de mouton dans le *hogan*, mais quand nous sommes entrés, elle était couchée comme si elle dormait, probablement parce qu'elle ne voulait pas voir son amant en présence de son mari. L'homme nous a préparé de la nourriture; tout en mangeant, je jetais des coups d'œil furtifs vers la femme, et une fois où je l'ai surprise les yeux à demi ouverts, je lui ai fait un clin d'œil et elle m'a récompensé d'un sourire futé; quand son mari et l'homme médecine sont sortis du *hogan*, je me suis un peu attardé : la jeune squaw s'est vite levée, s'est dirigée vers le feu et m'a tendu deux morceaux de mouton rôti. En prenant le cadeau, je lui ai serré la main jusqu'à ce qu'elle me fasse un gentil sourire; alors, je suis vite allé rejoindre mon partenaire qui était en train de se mettre en selle. Après avoir fait nos adieux, nous avons chevauché en silence jusqu'à ce que nous soyons hors de portée de l'ouïe du *hogan*; à ce moment-là, j'ai poussé un énorme cri de guerre et j'ai dit à mon copain que son amie n'était pas du tout endormie, puisqu'elle m'avait souri et qu'elle avait partagé son mouton avec moi.

Au Canyon Bleu, je me suis séparé de mon ami et je suis arrivé au *hogan* de Neschelles au coucher du soleil. Il est venu à ma rencontre avec un large sourire et m'a dit, à ma surprise, qu'on lui avait livré mon cheval quelques heures auparavant. Ce soir-là on s'est bien régalé, et sa femme m'a donné un mouton frais tout entier à emporter chez moi. Je suis parti le lendemain et je suis arrivé au *hogan* de Hotlotis à midi; lui aussi avait tué un mouton qu'il a attaché sur le dos de mon petit cheval. A la fin de l'après-midi, le quatrième jour après mon départ d'Oraibi, je suis rentré, fièrement monté sur mon cheval fauve et menant mon poney chargé de mouton frais et de cadeaux de valeur qui prouvaient clairement mon courage, car il y a peu de Hopi qui osent pourchasser un voleur navaho.

Je n'ai jamais frappé un Navaho, mais, une fois j'ai eu un gros chien jaune, capable de dérouiller leurs chiens. Un jour qu'il m'avait suivi au *hogan* de Neschelles, il s'est battu avec les chiens navaho un à un, jusqu'à ce que huit sales cabots l'attaquent ensemble; quand ils lui sont tous tombés dessus, il s'est esquivé de la meute en bataille et les a tous laissés en train de se mordre les uns les autres. J'ai bien ri, jusqu'à ce que le chien d'un petit Navaho soit si gravement blessé qu'il fallut le tuer; le pauvre gosse pleurait et Neschelles a fini par me demander : « Veux-tu lui donner ton chien?» « Je ne peux pas me passer de mon chien », ai-je répondu. « Je t'en donnerai $ 5 », dit mon ami. Quand j'ai refusé son offre, il y a ajouté deux paires d'entraves en cuir brut et un fouet; alors, j'ai fini par accepter, mais quand je suis parti à cheval et que j'ai entendu mon chien pleurer pour me suivre, j'ai failli pleurer moi-même, alors j'ai tâté mon argent, j'ai regardé mes entraves et mon fouet et je me suis vite remis.

Pendant l'été de 1937, j'ai démoli une partie de la vieille maison d'Irène et je l'ai reconstruite; mon ami M. Sachs, de New York, est revenu cette année-là et m'a donné $ 30 pour pouvoir acheter du bois de charpente et faire un plafond de bois sous le toit de terre. Presque tout le monde m'a donné un coup de main, ma chère vieille mère aidait à apporter des cargaisons de terre et mon vieux père aveugle a fait tout ce qu'il pouvait et m'a tissé une couverture hopi. Ensuite on a fait un grand festin dans la nouvelle maison et les gens du Clan du Feu ont dit grand bien de moi.

Après ça, je n'entendais plus le petit cri de mon enfant mort, dans le toit, et j'ai presque oublié les noms de certains de mes enfants perdus. Le vieux Deux-Cœurs qui les avait tués était mort aussi. Mais mon bonheur dans ma maison neuve a été de courte durée.

Fig. 55.
Fouet de cuir brut tressé (wi-wa-pi).

Le plus grand chagrin de ma vie a été la mort de ma mère. C'était plus dur à supporter que la perte de mes enfants ou ma longue maladie et mes années d'impuissance. Je crois que je l'aimais par-dessus tout. Elle avait entre soixante-cinq et soixante-dix ans et elle menait encore une vie énergique et utile quand, en janvier 1938, elle a marché sur un bâton pointu qui lui a percé le talon; ce n'était pas bien grave, mais un être maléfique lui a introduit du venin de serpent à sonnettes dans sa blessure, la faisant enfler du pied jusqu'au genou. Polyestewa l'a soignée avec la plus forte médecine que connaissent les médecins hopi, alors l'enflure du pied a diminué, mais c'est son bras gauche qui s'est infecté : un Deux-Cœurs y avait introduit du venin de fourmi, car un autre médecin en a retiré une petite fourmi rouge. Son organisme aussi était plein de mauvaises pensées et je crois que celles-ci étaient encore plus dures à vaincre que le venin. Pendant sa maladie, je lui ai posé des questions sur ma conduite : « T'ai-je parlé durement sans m'en rendre compte, ou t'ai-je rempli le cœur de peine d'une autre manière? » « Non », répondit-elle, « tu étais désagréable quand tu étais petit, mais tu me parles toujours doucement maintenant et ton frère aussi, tandis que tes sœurs sont très impertinentes, ce qui m'a beaucoup attristée. Je crois qu'il vaut mieux que je meure et que j'aille prendre soin de mes chers parents. » De chagrin, j'ai incliné la tête et je l'ai priée de se délivrer d'aussi mauvaises pensées. « Ma mère », lui dis-je, « tu es plus vieille que moi et très sage; tu nous as conseillés année après année sur la manière de vivre; maintenant, suis les mêmes règles et tourne-toi vers l'est, le cœur vaillant. » « Il y a longtemps que je songe à mourir », me répondit-elle. Cette remarque me mit en colère, car elle montrait qu'elle se tuait elle-même, mais j'ai essayé de ne pas la gronder; je lui ai seulement rappelé qu'il se présente à nos esprits à la fois des bonnes et des mauvaises pensées, et qu'il faut choisir les bonnes. Quand elle a admis qu'elle voyait des parents morts dans ses rêves et qu'elle leur parlait, j'ai abandonné tout espoir et je me suis demandé si elle n'était pas Deux-Cœurs, elle-même. Les heures passaient, elle mangeait très peu et semblait ne plus souffrir, l'esprit très loin.

Ma mère est morte le lendemain matin, au lever du soleil. Ira, mon père, le mari de Delia, Mabel et moi, nous étions en train de prendre le petit déjeuner et de la veiller quand le souffle a commencé de lui manquer; j'ai dit aux autres de manger vite et de se mettre à l'abri du danger. Bientôt après leur départ, ma mère a expiré entre mes bras. J'ai pleuré, je l'ai étendue par terre, je lui ai recouvert la figure et je suis sorti pisser. Comme Nuvahunka, la sœur de ma mère, arrivait d'Oraibi le Neuf, je lui ai dit : « Notre mère est morte et tu n'es pas obligée de la voir. » « C'est ma sœur », répondit-elle, « et je n'ai pas peur. »

Nuvahunka est entrée dans la maison avec moi; elle a découvert la figure de ma mère, elle a pleuré et dit : « Eh bien, ma sœur, c'est la dernière fois que nous te voyons. Tu nous as toujours expliqué comment conserver nos vies et voilà que tu refuses de suivre les bons conseils toi-même. Tu as détourné ton visage de nous et tu as quitté la Voie du Soleil. Je ne crois pas que je pourrai regarder ta tombe quand tu seras enterrée. »

Elle était en colère et elle a grondé ma mère; ensemble nous avons recouvert sa figure et nous avons pleuré ensemble. Quand je repensais à tout le bien que ma mère m'avait fait, je me demandais si jamais je pourrais être heureux de nouveau.

J'ai enterré ma mère avec l'aide de mon frère. Comme elle était très lourde, nous avons attelé le chariot pour la porter au cimetière. C'était moi qui enterrais nos morts depuis mon mariage, et j'ai tout fait exactement comme il fallait. Dans mon discours plein de sanglots, je lui ai offert mes vœux les plus tendres en la priant d'aller soigner nos parents morts, l'assurant que nous saurions nous débrouiller, que nous viendrions à bout de notre peine et que nous la verrions plus tard.

Ma mère était la personne la plus intelligente et la meilleure que j'aie jamais connue; elle avait passé sa vie à nous rendre forts et heureux; elle m'avait pas mal fouetté quand j'étais petit, mais je ne lui en tenais pas rigueur. Il y a des Hopi qui disent que quand leurs parents seront vieux et faibles, ils se vengeront des raclées qu'ils ont reçues dans leur jeunesse, mais moi, je n'ai jamais eu ce sentiment. Mon père a refusé de regarder le visage de morte de ma mère et n'a pas participé à l'enterrement. Il a cessé de faire des plaisanteries et plus tard nous a dit qu'elle était venue à lui en songe, mais n'avait jamais essayé de lui parler ou de le toucher. Il détestait la voir dans ses rêves parce qu'il lui en voulait de nous avoir quittés et qu'il avait peur qu'elle l'appelle pour la rejoindre. Chaque fois qu'il passait devant le cimetière, il regardait dans la direction opposée, bien qu'il soit presque aveugle. Je n'aimais pas parler de la mort de ma mère et quand des amis venaient, je disais seulement : « Notre mère est passée et nous ne la reverrons que lorsque nous quitterons cet endroit. »

Mais je voyais ma mère sans cesse la nuit, dans mes rêves, et je craignais très fort qu'elle ne me touche, car alors j'aurais dû la suivre; elle ne semblait pas vouloir rester avec nos chers disparus, puisqu'elle revenait sans cesse; aussi, j'ai fini par porter de la farine de maïs sacrée et des paho sur le corniche du nord-ouest et par les sacrifier, puis je l'ai grondée; je lui ai dit de nous laisser en paix, de retourner et de rester chez elle. Et de nouveau, je me suis demandé si elle n'était pas Deux-Cœurs.

XIV

CRISES NOUVELLES
1938-1939

En juillet 1938, un autre Blanc est entré dans ma vie. Le Dr Mischa Titiev, de l'université du Michigan, m'a écrit que Mr. Simmons de l'université Yale allait venir à Oraibi; il disait que je voudrais peut-être travailler avec lui et lui louer une chambre. Quand il est arrivé, je me suis arrêté de travailler et je l'ai accompagné partout; au bout de deux semaines, il m'a demandé de travailler pour lui; il a loué une partie de notre maison, il a engagé ma sœur Inez comme cuisinière et s'est mis à me poser des questions sur la vie hopi; mais bientôt, il s'est plus intéressé à ma vie à moi et m'a appris à écrire mon journal, en me répétant sans cesse qu'il voulait tous les détails. Il m'aidait aussi à garder le troupeau, à la culture, aux soins des chevaux, et se servait de son auto pour emmener nos amis aux danses et les enfants malades chez les médecins hopi. Quand je l'ai mieux connu, j'ai accepté de tout lui raconter sur moi, sauf les secrets rituels. La plupart de ses questions étaient faciles, mais il y en avait de difficiles, il y en avait de drôles et il y en avait même qui semblaient stupides; mais quand je lui ai raconté la mort de ma mère, je n'ai pas tenu le coup et j'ai pleuré. J'étais souvent étonné de lui raconter des choses que je n'avais jamais dites à personne; cela me donnait le sentiment que mon Esprit Tutélaire approuvait notre travail et j'ai fini par me demander si c'était lui qui nous avait fait rencontrer.

Les gens aimaient aussi mon ami et Irène appréciait l'argent du loyer, mais on avait peur que les gens se plaignent et se mettent à faire courir des ragots, surtout un nommé Barker. J'en ai enfin parlé à Mr. Simmons et on a emmené Barker aux danses en le traitant avec une gentillesse particulière, pour lui adoucir le tempérament et lui lier la langue. Myron, qui devait succéder au Chef, s'est aussi plaint un peu, mais quand on a emmené son bébé malade chez le guérisseur plusieurs fois, il a pris notre parti. Le Chef aussi aimait mon ami, et quand je lui ai demandé s'il voulait le considérer comme son fils, il a eu l'air content, mais on a attendu que ce soit Mr. Simmons qui le demande, ce qu'il a enfin fait; Grace, nièce du Chef et femme de Myron, a été heureuse de devenir sa tante et marraine. Le 10 août vers 8 heures du matin, j'ai mené Mr. Simmons chez le Chef; la famille et les parents se sont rassemblés et Grace est entrée avec une cuvette de mousse de yucca. On a étendu une peau de mouton par terre et on a dit à mon ami de se mettre à genoux; Grace a trempé deux épis de Mère du Maïs et lui en a frotté la tête, puis elle l'a lavée; tout le reste de la famille a fait de même, y compris la petite Betty, une fille adoptive qui était simple d'esprit. Ensuite, on lui a rincé les cheveux à l'eau claire et Grace a pris la farine de maïs sacrée, moulue par la femme du Chef, Nasinonsi, et lui en a frictionné son visage humide. Grace a pris les deux épis et les a agités quatre fois vers Mr. Simmons en disant : « Maintenant nous t'adoptons comme fils. Puisses-tu vivre dorénavant sans maladie jusqu'à un âge avancé et passer tout en dormant. Tu t'appelleras Honweseoma (Ours pisteur). » Le Chef était assis devant Mr. Simmons auquel il parlait en hopi et moi, je servais d'interprète. Il lui présenta chaque membre de sa famille et lui apprit comment il fallait s'adresser à eux; il lui expliqua qu'il était bon de toujours manger avec ses parents et de nourrir ses parents à son tour; il lui enseigna aussi le respect qui convient aux Katcina et aux dieux et sanctuaires hopi, et promit de veiller aux intérêts de son nouveau fils. Alors, Honweseoma remercia son père et dit qu'il essaierait d'être un fils digne et un bon Hopi.

J'ai mené le nouveau « Hopi » à la maison de ma mère où ma sœur Inez a accepté ses épis de Mère du Maïs et je lui ai montré le bouclier du Soleil sacré et secret de notre clan, ce qui en faisait mon frère cadet, membre du Clan du Soleil. On lui a dit de ne pas laver la farine de maïs sacrée, et j'ai passé le reste de ma journée à lui parler de ses nouveaux parents et à lui apprendre comment il fallait les traiter.

Mais Irène avait encore peur des ragots des gens d'Oraibi le Neuf, et une nuit, j'ai eu un drôle de rêve : j'avais monté du bois sur mon chariot, il était arrêté près de la porte et j'étais en train de dételer les chevaux, quand j'ai entendu pleurer Irène. Je suis vite entré et je l'ai trouvée penchée sur la table, la tête dans les mains, sanglotant; elle m'a dit que les gens d'Oraibi le Neuf lui avaient reproché d'avoir encore un autre Blanc chez nous. J'ai essayé de la consoler et je lui ai rappelé que nous ne dépendions pas du Conseil hopi d'Oraibi le Neuf, mais des ordres du Chef. Je lui ai dit : « Ne t'en fais pas, ils veulent garder tous les Blancs et ramasser leur argent. Notre Chef nous défendra. » A cet instant, une grosse automobile jaune est arrivée, pleine de Blancs; c'était mon ami George D. Sachs, de New York, qui conduisait, et je connaissais tous ses compagnons. Mr. Sachs est entré, avec un document important, en disant : « Nous vous avons apporté ceci pour vous protéger des Hopi Hostiles. Vous n'avez rien à craindre, car nous lutterons pour vos droits. » Comme les autres Blancs entraient, mon nouveau frère est arrivé par-derrière et j'ai dit à tous : « Voici l'homme qui habite avec nous et qui est devenu mon frère »; tandis qu'il serrait la main à tout le monde, j'ai ajouté : « Nous allons tous nous unir, pour que personne ne puisse nous vaincre. »

Ma femme s'est arrêtée de pleurer et a dit :

« Merci, mes amis, nous sommes sauvés maintenant. » Je me suis réveillé heureux, mais avec un bruit de cloches dans la tête. Quand je me suis rendu compte que nous étions seuls, je me suis assuré qu'il ne nous était rien arrivé, puis je suis resté sans dormir, à repenser à mon rêve. Au lever du soleil, je suis allé à l'extrémité est de la mesa en portant du maïs et j'ai prié.

Quelques jours après, nous avons eu des ennuis avec Nathaniel. Au cours de l'été, une autre de ses filles était morte à Phœnix. Bien qu'elle soit loin de chez elle, j'étais sûr que c'était Nathaniel qui l'avait tuée, comme ses autres enfants, pour prolonger sa vie, et quand ils ont ramené la morte, son père s'est sauvé comme un lâche et a permis aux missionnaires de l'enterrer de la mauvaise manière. J'ai aussi entendu raconter comment il maltraitait les enfants; un jour, il a attrapé Norman par le pan de sa chemise en l'accusant d'avoir causé des dégâts dans sa maison et en le menaçant de le battre. Lilly, la femme de Herbert, s'est plainte à l'infirmière de campagne que Nathaniel avait attrapé un de ses fils et avait essayé de l'étouffer. L'infirmière de campagne a demandé au Dr Paul W. Preu, un psychiatre qui était venu avec Mr. Simmons, de faire une enquête; le docteur et Mr. Simmons m'ont posé beaucoup de questions sur Nathaniel, mais j'ai essayé d'éviter le sujet et j'ai refusé d'accompagner le médecin chez Lilly et chez Nathaniel. Il est allé chez Lilly et il a noté tout ce qu'il est arrivé à savoir; quand je suis passé devant chez Lilly, le soir, elle m'a appelé et m'a dit qu'elle regrettait de lui avoir dit quoi que ce soit, et ce qui l'inquiétait surtout, c'est qu'on ait écrit ce qu'elle disait. Elle était parente du Deux-Cœurs, et elle avait peur qu'il se venge sur ses enfants. J'étais inquiet; j'ai dit à Mr. Simmons comme nous étions angoissés et je lui ai demandé de nous aider à reprendre le témoignage; il a accepté et j'ai demandé au mari de Lilly de venir chez nous. Quand il est arrivé, il voulait le papier tout de suite; nous sommes allés en voiture à

Oraibi le Neuf et nous sommes entrés tous les trois chez le docteur, car Herbert ne voulait d'aucun arrangement qui puisse permettre de recopier le rapport. J'ai expliqué nos ennuis, j'ai demandé le papier et on me l'a donné. Herbert l'a emporté chez lui et l'a détruit, car nous ne voulions plus en entendre parler.

Mon frère blanc voulait rencontrer Nathaniel et m'a demandé de le lui présenter, mais j'avais peur de le faire, même pour de l'argent. Je sentais que c'était le devoir des Agents du Gouvernement de protéger les enfants, mais j'ai décidé que si jamais je le prenais à maltraiter quelqu'un, je m'approcherais courageusement de lui et je lui dirais de s'arrêter, et alors, s'il voulait se battre et donner le premier coup, je me défendrais. C'était un vieillard faible avec un seul bras valide, et il avait eu une fracture de la clavicule, mais je craignais son pouvoir; c'était dangereux pour moi de dire que je souhaitais sa mort, mais je savais que lorsque cela arriverait, je pourrais dire que j'étais content. Je ne pensais pas que j'aiderais à l'enterrer, à moins que ses parents refusent de le faire et me laissent prendre ses biens; alors, je pourrais chanter un chant de guerre sur son cadavre.

Mon frère blanc est parti en septembre en me laissant des instructions pour que je tienne un journal complet; au bout de quelques semaines, j'ai eu un rêve épouvantable au cours duquel j'ai visité le lieu de réunion secret des Deux-Cœurs. J'étais assis dans l'embrasure de la porte du troisième étage de ma maison, en train d'enlever mes souliers, quand mon Esprit Tutélaire est apparu tout d'un coup et m'a dit de le suivre; j'ai vite remis mes souliers et j'ai suivi mon Guide à cinquante pas environ. Il m'a mené au-delà de la vieille église en pierre, puis il a disparu par-dessus la corniche sud-est de la mesa; quand je l'ai rattrapé sur une corniche plus basse, près d'un sanctuaire, il a dit : « Monte sur ce bouclier à eau avec moi et prépare-toi à voler. » Le bouclier ressemblait à une châsse tissée, comme en font les femmes de la deuxième mesa : il avait environ 50 centimètres de large avec un rebord extérieur de 6 centimètres; il était moitié rouge et moitié jaune, mais le rebord était noir, avec des plumes-prières attachées aux six points cardinaux. Nous sommes montés sur la châsse et nous avons tous les deux saisi un bâton hélice avec une plume à prière à la pointe; le bouclier s'est élevé et nous a portés vers le nord-est en voguant comme un nuage, survolant des mesa hautes et désertes. Enfin, mon Guide m'a dit : « Je t'emmène au lieu de rencontre secret des gens du monde inférieur; peut-être y renconnaîtras-tu de vieux amis. Souviens-toi que je suis ton Esprit Tutélaire et n'aie aucune crainte, car je te protégerai. »

Comme nous traversions les airs rapidement, nous avons vu une grande montagne rouge à 5 kilomètres environ; nous nous sommes approchés, nous nous sommes posés sur le toit d'une grande maison blanche et nous sommes partis vers le pied de la mesa de la Falaise Rouge. Mon Guide a tiré une racine du fond de sa blague à tabac et me l'a tendue, en me disant : « Mâche ça, crache dans tes mains et passe-les sur tout ton corps. » La médecine me déguisait, si bien que personne ne pouvait me reconnaître.

Tout en haut de la mesa de la Falaise Rouge, nous avons vu une caverne qui ressemblait à une kiva, avec une corde à nœuds de yucca en guise d'échelle. Je suis descendu avec mon guide et j'ai trouvé une grande kiva souterraine où des Deux-Cœurs de toutes tribus et nations étaient réunis pour voir les danses. Comme nous prenions place, mon Guide m'a chuchoté : « Regarde à droite. » Tout près du feu était assise une Ute, d'humeur amoureuse, qui me faisait des sourires enjôleurs; elle était très jolie et semblait avoir très envie de moi, mais en faisant un effort, j'ai réussi à ne plus y penser et à regarder les danses.

Il y avait huit couples de Katcina qui dansaient et

chantaient admirablement; pendant la septième danse, mon Guide me dit : « Après la huitième, c'est notre tour; tu sauras ces pas. » Je n'avais jamais essayé ce genre de danse, mais j'ai promis de faire de mon mieux. Tous ces Katcina avaient de curieux dessins sur leurs masques, portaient des fouets de yucca et dansaient, lentement au début, mais très rapidement vers la fin; je me demandais si j'allais arriver à danser aussi vite, mais mon Guide m'a assuré que ce serait facile : « Tu es jeune encore », murmura-t-il.

Nous sommes sortis de la kiva, nous sommes retournés à notre bouclier à eau et nous avons trouvé des masques et des costumes étalés par terre dans la grande maison blanche. Nous avons vite mis les mocassins, la jupe de danse, la ceinture, les bracelets et les autres choses que portent les Katcina, nous avons mis nos masques et nous avons répété quelques figures. J'ai fait quatre pas rapides, j'ai virevolté, agité mon masque et poussé un cri de Katcina. Mon Guide a dit : « C'est très bien; suis-moi et fais tout ce que je fais. »

Quand nous sommes arrivés à la kiva, j'ai regardé par le trou en haut et j'ai poussé le cri de Katcina, puis nous avons décrit un cercle quatre fois autour de la kiva et nous avons été prêts à faire notre entrée. J'ai été étonné de la vitesse à laquelle mon Guide descendait l'échelle de yucca, mais quand j'ai essayé de le faire, j'ai plongé comme un oiseau. Les Deux-Cœurs étaient fort surpris de voir deux danseurs nouveaux et étrangers : je les voyais se poser des questions à notre sujet. Le tambour n'a pas tardé à prendre sa place et tous les gens ont chanté un air pour nous faire danser. Les chants étaient nouveaux et les plus beaux que j'aie jamais entendus; au plafond, il y avait des grelots qui tintaient au rythme du tambour. J'ai suivi les pas de mon Guide et j'ai essayé de fixer les chants dans ma mémoire; je trouvais les pas très faciles à saisir, car l'esprit à l'intérieur de mon masque semblait me diriger. Comme nous dansions le troisième chant, mon

Guide m'a dit tout bas : « Ces gens voudraient nous capturer; il nous faut fuir avant d'être pris. » Alors que la danse s'achevait à peine, nous avons escaladé l'échelle de Yucca à toute vitesse, nous nous sommes précipités jusqu'à la grande maison blanche où nous nous sommes débarrassés de notre équipement de Katcina; nous sommes grimpés sur le toit, montés sur notre bouclier à eau et nous nous sommes vite envolés, mais comme nous avancions, je me suis retourné et j'ai vu beaucoup de Deux-Cœurs qui nous poursuivaient. Lorsque j'ai prévenu mon Guide que nous étions en danger, il a dit : « J'ai une médecine qui va nous aider. » Il a tiré une racine de sa blague, en a mordu un bout et me l'a tendue en disant : « Mâchons ça et crachons-le sur les Deux-Cœurs », ce que nous avons fait. Ces gens malfaisants se sont mis à trébucher et à tomber à plat par terre; tout surpris, j'ai demandé à mon Guide ce qu'était cette médecine : « C'est de la médecine arc-en-ciel », répondit-il, « la même qu'emploient les sorcières pour retenir les nuages et causer la sécheresse. » Quand j'ai regardé en arrière de nouveau, j'ai vu apparaître un puissant arc-en-ciel entre nous et les Deux-Cœurs, les empêchant de nous poursuivre plus loin. « Nous voilà en sécurité », dit mon Esprit Tutélaire. Nous glissions rapidement et sans heurts à travers les airs, mais avant d'avoir parcouru un kilomètre de plus, je me suis réveillé, en me sentant encore sur le souple bouclier à eau. J'étais heureux, car bien que j'aie enfin assisté à une réunion des gens du monde inférieur, je me sentais plus invulnérable qu'avant; j'avais la certitude qu'aussi longtemps que je restais sous la protection de mon Esprit Tutélaire, les méchants Deux-Cœurs ne me prendraient jamais.

Peu de mois après, cependant, un Deux-Cœurs m'a obligé à le provoquer face à face. J'étais en train de travailler à mon journal quand mon chien a aboyé et qu'une pierre est venue frapper ma maison; quand un deuxième roc a failli casser une vitre, je me suis précipité dehors, j'ai vu Nathaniel et je lui ai dit : « Dis donc, espèce d'imbécile, qu'est-ce que tu fais ? » « T'as de sales cabots », répond-il, « et je vais les tuer, un de ces quatre matins. » « Eh bien, tue-les donc maintenant et n'en parlons plus, allez, vas-y, tue-les ! » Je l'ai défié plusieurs fois et je l'ai traité de lâche, sans mâcher mes mots, alors, il a frappé un chien à la hanche avec une pierre et la pauvre bête est partie en gémissant. J'ai attrapé le vieux Deux-Cœurs par le col et je lui ai dit : « Nous avons tous peur de toi parce que tu es sorcier; tu es censé n'avoir peur de personne, mais tu trembles. Maintenant, redresse-toi et montre-toi courageux. Je vais m'exposer à tes pouvoirs maléfiques, je saurai mourir sans peur. Vas-y, tue-moi car je n'ai qu'un seul cœur et aucun pouvoir pour me protéger. » Je l'ai défié quatre fois, mais il s'est dégonflé; alors, je l'ai traité de trublion malfaisant qui mène une vie infernale aux femmes, aux enfants et aux chiens. « Mais quand on en vient à s'expliquer, tu refuses de te battre », lui dis-je. « Tu n'es pas un homme, tu n'es qu'une vieille et faible femme. » Je l'ai laissé partir et j'ai dit aux gens qui s'étaient rassemblés de se moquer de lui, et j'espérais qu'ils le conspueraient aussi. Il est parti et je suis rentré chez moi, tout tremblant et trop bouleversé pour pouvoir travailler. J'ai mis longtemps à venir à bout de ma colère, et même alors, je craignais encore pour moi et pour ma famille.

Quelques semaines après, j'ai eu un rêve qui a fait échapper mon gosse de justesse à la vengeance du Deux-Cœurs. Quatre hommes se sont approchés de moi à pas vifs, la figure peinte en noir et costumés en danseurs du Serpent; ils m'ont dit qu'un certain sorcier hopi leur avait demandé d'apporter la pluie et la grêle, et ils sont repartis aussi vite qu'ils étaient venus, tandis que je me réveillais avec un bruit de cloches dans les oreilles. J'avais pensé envoyer Norman garder le troupeau le lendemain, mais j'ai vite changé d'avis.

Après le petit déjeuner, j'ai sellé mon cheval, j'ai attaché deux couvertures sur son dos et j'ai descendu la mesa en repensant à mon rêve. A Oraibi le Neuf, j'ai dit à Joe, mon compagnon berger : « Apporte ces couvertures au camp quand tu viendras; il y a des chances qu'il pleuve ou grêle aujourd'hui, car quatre danseurs du Serpent m'ont averti en rêve, hier soir, qu'ils apportaient un orage; les nuages se massent déjà : les vois-tu arriver, comme des guerriers sur le sentier de guerre? Il faut rester en éveil. »

Poursuivant ma route au galop, mais sans hâte, j'ai rattrapé un chariot conduit par un homme et ses deux fils qui allaient planter les haricots. « Pourquoi ne prenez-vous pas des manteaux et des couvertures? » ai-je demandé. « Vous ne savez donc pas qu'il va pleuvoir ou grêler? » Alors, ils ont répondu en riant : « On verra bien. » « Vous ne vous rendez pas compte que je suis un dignitaire qui sait prédire le temps? » Alors ils ont ri de nouveau et ils ont dit : « Non, on n'en sait rien, mais si vraiment il pleut, on dira que tu es prophète du temps et peut-être sorcier aussi. »

J'ai gardé le troupeau toute la matinée en guettant les nuages qui se fracassaient les uns contre les autres, avec des éclairs et du tonnerre. Nous étions en pleine course vers le corral, le troupeau et moi, quand l'orage a éclaté, avec des vents sauvages, et nous a bombardés de grêlons gros comme mon pouce. Les chèvres et les moutons ont poussé des cris de terreur et cherché un abri sous des buissons de sauge blanche, tandis que moi, je restais en selle avec une couverture sur la tête, à penser aux dieux hopi, à la vie, à la mort et aux Deux-Cœurs. Sans la protection des buissons, certains de mes moutons frais tondus seraient certainement morts et surtout une brebis qui a mis bas au plus fort de la tempête. Après la grêle, le vent s'est mis à souffler plus fort, faisant trembler mes moutons de froid; j'ai pris l'agneau transi dans mes bras, j'ai mené le troupeau au corral sous le talus de la coulée et j'ai enfoui la petite créature dans le sable jusqu'aux yeux. Ensuite, j'ai ramassé de l'écorce de cèdre sèche pour faire un feu, car j'étais trempé jusqu'aux os. Pendant que je déjeunais, je repensais à mon rêve; je savais que c'était Nathaniel qui avait provoqué l'orage et j'étais soulagé de penser que Norman était sain et sauf à la maison, mais je plaignais bien les malheureux qui s'étaient moqués de mes avertissements et étaient partis sans couverture.

Joe est arrivé en chariot à la fin de l'après-midi, avec sa famille, et m'a crié : « Tu es encore vivant, Talayesva? » « Oui, un peu; j'ai bien failli y passer, mais mon Esprit Tutélaire nous a sauvés, moi et mon troupeau. » « Je t'ai plaint pendant l'orage et je suis bien content que tu n'aies pas eu de mal », dit Joe. Tout en installant le campement et en tuant une grosse chèvre, je lui ai raconté mon rêve. Il était tout étonné et m'a dit qu'un jour je serais guérisseur; je n'en savais rien, mais cette nuit-là, couché au camp, j'ai rendu grâces à mon Esprit Tutélaire d'avoir sauvé mon petit de la haine de ce vieux sorcier.

J'avais fait un beau masque de Katcina à Norman; je lui faisais des compliments pour sa voix et je l'encourageais à bien danser, car c'est plus important pour les Hopi que l'instruction. Au bout de quelques jours, il a dansé à Oraibi le neuf et s'en est très bien tiré. Quand il est rentré, je l'ai remercié d'avoir dansé et je lui ai dit : « Mais ne crois pas que ce soit pour ton plaisir : quand tu danses, surveille attentivement tes pas et souhaite la pluie sans arrêt. C'est le moment de le graver dans ton esprit; écarte tes pensées enfantines et danse et prie comme un homme. Tu n'es pas seul; ton Esprit Tutélaire veille sur toi, et les Hommes-Nuages-aux-Six-Points entendront tes prières. Dorénavant, je t'enseignerai ces choses importantes. » Il m'a regardé droit dans les yeux et a semblé plein d'étonnement.

Dix jours après, il y a eu une autre danse. Le matin, après le petit déjeuner, Norman est revenu à la maison avec son petit neveu; ils avaient du piki enveloppé dans une serviette et ils ont raconté qu'ils avaient reçu des quantités de bonne nourriture; je lui ai rappelé de nouveau qu'il dansait pour la pluie et pas pour son plaisir : « Fais de ton mieux et prie ton masque qu'il te rende fort. » Il a bien écouté et m'a promis d'essayer. Je lui ai dit que c'était la seule manière d'être un danseur pieux, et qu'il devait apprendre ces choses maintenant et, plus tard, les transmettre à ses enfants.

L'après-midi, je suis allé à Oraibi le Neuf et je suis entré chez ma sœur de clan Jennie, chez qui Norman couchait pendant qu'il répétait les danses; il y avait du monde, et on a parlé du temps où on était à l'école à Sherman, du mal qu'on avait eu à apprendre à lire et à compter, et des soirées dansantes où on s'amusait tant; je l'ai fait rire en disant : « On est vieux maintenant et on ne peut plus faire valser nos cavalières. »

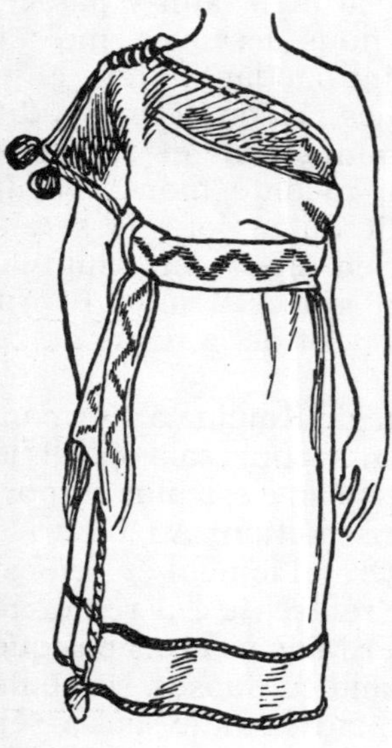

Fig. 56. – *Robe hopi traditionnelle. La couverture est cousue sur un côté, le droit; une autre couture forme l'épaule droite; le bras gauche reste libre.*

Quand les visiteurs sont partis, j'ai parlé de mon fils et j'ai demandé à Jennie de ne pas lui dire de mensonges ni lui permettre de vadrouiller avec des garçons flemmards. Je lui ai dit : « Ça vaudra mieux pour lui de garder votre troupeau. Nous allons lui apprendre à être dégourdi, et quand il se mariera, nous partagerons nos biens avec lui. Nous l'encouragerons à écouter attentivement les vieux de la kiva et à essayer de faire un bon Katcina. »

Je suis allé à Hotavila quelques nuits plus tard,

voir danser les Katcina *Eshau*: ce sont les dieux esprits qui veillent sur les épinards et les autres plantes sauvages que mangeaient les Katcina autrefois. Dans leurs danses et leurs chants, ils dirent leur tristesse de voir les gens délaisser les nourritures anciennes en faveur d'aliments modernes comme les aliments en boîte, le pain de blé, les gâteaux et les tartes; ils nous prièrent de revenir aux aliments de nos pères pour qu'en été les champs soient verts à nouveau, les récoltes abondantes et les fleurs sauvages écloses partout. Cette chanson m'a fait de la peine, car nous sommes corrompus par les aliments modernes du Blanc et ses vêtements idiots. A présent, le Hopi méprise les aliments anciens et il viendra un jour où aucune femme ne voudra s'habiller d'une manière hopi convenable; j'ai compris que le bon vieux temps était fini et que c'était trop tard pour le retrouver. Pendant que les Katcina dansaient, j'avais l'esprit plein de ces idées et j'étais si bouleversé que les larmes me ruisselaient sur la figure; il était évident que nous ne saurions plus être de bons Hopi en négligeant notre religion et en laissant s'éteindre nos rites : ce n'est pas étonnant que la maladie nous mine et que la mort vienne de bonne heure, nous ne sommes plus Hopi, mais *kahopi*.

Le lendemain, au petit déjeuner chez ma sœur de clan, j'ai été heureux qu'elle me donne des beignets hopi de farine de maïs bleu. Quelque temps après, pendant que ma femme était en train de faire la cuisine, je me suis dit : « J'en ai assez de ces trucs nouveaux », et quand elle m'a dit de venir manger, j'ai répondu : « Je voudrais de la nourriture hopi. » « Qu'est-ce qui t'arrive? Ma cuisine te plaît pas? » J'ai vite répondu : « Si, mais je suis un Hopi pur sang et je sens le besoin des nourritures anciennes. Je te prie de me donner du piki et un bol d'eau. » Elle me les a tendus en disant d'un ton sec : « Tiens, voilà ta nourriture », puis elle s'est mise à manger ses pommes de terre frites, ses œufs, ses poivrons et son café au lait concentré. Ensuite, on a eu des beignets hopi et des poivrons frits au dîner, mais Norman a dit qu'il pensait qu'on ne pourrait pas vivre de ça très longtemps. Je lui ai rappelé que les vieux vivaient plus longtemps que nous, qui mangions les denrées blanches, et que si les fermiers blancs avaient une mauvaise récolte, on serait peut-être forcé de revenir à la nourriture de nos ancêtres. « Tu dois économiser notre nourriture. Nos grands-oncles nous ont raconté les épouvantables famines de leur jeunesse, quand des familles entières sont mortes de faim; vois-tu, petit, on a transmis ces histoires jusqu'à nous, et c'est mon tour de te les raconter. »

Une fois que Norman ne voulait pas aller garder le troupeau à cause du mauvais temps, on l'a persuadé de mener abreuver les chevaux à la coulée; l'après-midi, je les ai sortis et je les ai entravés; quand je suis revenu au village, je suis entré dans la boutique de Claude James où il y avait un groupe d'hommes et de garçons qui parlaient de femmes. Le Chef parlait de sa vie privée, de comment il avait travaillé à la voie ferrée de Santa Fe, où il avait gagné un tas d'argent et l'avait dépensé en femmes; il racontait tous les détails. Norman était là; c'était ce que j'appelle un blanc-bec en cette matière, mais il apprenait, car il se penchait en avant pour ne pas en perdre un mot, la bouche et les yeux grands ouverts, à se gaver de plaisanteries.

Quelque temps après, j'ai trouvé deux grands morceaux de carton dans la kiva où couchait Norman avec d'autres garçons; on avait dessiné dessus des représentations détaillées de la copulation et des exemples de masturbation. J'ai taquiné Norman à propos des images et je lui ai demandé le nom de l'artiste; on a bien ri et il m'a dit : « Ne permets pas à un Blanc de les voir. » Je ne l'avais jamais surpris à se masturber; si jamais ça m'arrivait, je lui dirais que les médecins blancs prétendent qu'il risque d'en perdre la tête et la santé, mais que les médecins hopi en doutent, et qu'ils ont probablement raison.

Bientôt, j'ai appris qu'il écrivait des lettres d'amour aux écolières et qu'il avait une petite amie qu'il allait retrouver la nuit. J'espérais que la fille n'aurait pas un enfant trop tôt et je me suis demandé si je devais lui conseiller de la voir en privé seulement de temps en temps et encore, pas trop près du moment de ses règles. Mais je me suis rendu compte que, puisqu'il était en train d'en prendre l'habitude, je ne pouvais probablement pas y mettre fin : il devenait adulte; il avait presque quatorze ans, était d'une taille bien au-dessus de la moyenne, et je savais que de faire l'amour deviendrait à peu près aussi important pour lui que de manger.

Une nuit, Ross, qui est propriétaire d'une petite boutique à Oraibi, a vu Norman et le beau-fils de Myron, Lorenza, en train d'essayer de fracturer la serrure de sa porte. On les a arrêtés et ils ont été poursuivis pour tentative de vol; j'ai conseillé à Norman d'avouer qu'il avait voulu pénétrer dans la boutique par effraction, que son but n'était pas d'y prendre quoi que ce soit, mais de retrouver deux filles qui couchaient là. On ne pouvait pas trop l'en blâmer.

J'ai pris la résolution que si Norman engrossait une fille quelconque je lui dirais de l'épouser, si elle appartenait à un clan avec lequel il pouvait s'allier. C'était mon devoir de lui donner les mêmes conseils qu'on m'avait donnés; je pensais que s'il fréquentait une fille en particulier trop régulièrement, il faudrait que je fasse une enquête sur elle : si elle se montrait paresseuse, trop vieille ou trop laide, garce, désagréable, commère ou tuberculeuse, je le mettrais en garde contre elle. Je voulais qu'il s'en trouve une paisible, jolie et travailleuse, une jeune femme aimable, patiente et tranquille, qui ne serait ni près de ses sous, ni dépensière, qui soit respectée de ses voisins et se désintéresse des autres hommes après son mariage.

Un jour, j'ai eu très peur pour Norman; je lui avais demandé d'aller garder le troupeau et comme il faisait très froid, je lui avais dit de mettre un autre chandail, un pardessus, et deux paires de chaussettes, et je lui avais prêté mon écharpe. Après son départ, j'ai été porter un seau d'eau à la kiva pour arroser les plants de haricot destinés à la cérémonie du *Powamu*; ensuite, je suis rentré à la maison sculpter une poupée pour Irène dans une racine de *béfaria*. J'ai travaillé bien avant dans l'après-midi, sans arriver à grand-chose, car le vent et la neige venaient vite et me faisaient me faire du souci pour mon petit; je savais que c'était moi qui aurais dû y aller. Ensuite, j'ai pensé : « Peut-être que ses grands-parents, à la Source Lolomi, auront eu le bon sens de lui donner une couverture pour se couvrir la figure. » Je me suis demandé s'ils lui diraient de passer la nuit chez eux, mais j'ai décidé de partir à sa recherche s'il n'était toujours pas là au coucher du soleil. A mesure que l'orage devenait plus fort, ces idées se multipliaient, jusqu'au moment où je n'ai plus pu y tenir; j'ai rangé mon ouvrage, j'ai enfilé une autre paire de chaussettes, j'ai fourré des allumettes dans ma poche, j'ai pris une couverture et je suis parti à sa recherche. Au bout de deux kilomètres environ, j'ai vu de la poussière de neige au loin et j'ai pensé que c'était un tourbillon, mais c'était un cavalier qui courait à bride abattue. C'était Norman, et j'ai été soulagé.

Cet été-là, il est arrivé quelque chose de pire. Norman était parti avec son oncle Baldwin, monté sur une bête vicieuse. Vers le coucher du soleil, le cheval est passé devant chez nous au galop, traînant la selle derrière lui. J'ai couru dans la direction d'où il venait, craignant de trouver Norman mort, mais il remontait le sentier, portant son tapis de selle et pleurant de douleur, le poignet foulé. Je voyais bien que l'os était déplacé et j'avais peur, comme un homme sur un chemin étroit qui craint de faire un pas en avant. Nous avions décidé d'aller à pied à Hotavila voir un rebouteux, quand une auto est arrivée : c'était Fred Eggan et sa femme. Norman pleurait encore et nous étions énervés et malheureux; alors, Fred lui a donné des petits boutons blancs qu'il a appelés aspirine et lui a proposé de le mener à l'hôpital de Keams Canyon, mais moi, j'ai décidé d'aller voir un bon médecin hopi.

Nous sommes arrivés à Hotavila aux dernières lueurs du soleil couchant et ils nous ont laissés à la porte du vieux médecin aveugle. Quand je lui ai expliqué ce qui n'allait pas, il a dit : « C'est bien ennuyeux : approche-toi, que je voie si l'os est fracturé. » Il a tâté le poignet, puis il a dit à Norman : « Quand je remettrai l'os en place, ça te fera mal; sois courageux pendant que je travaille. » Norman s'est tendu et n'a même pas gémi, tandis que moi, je tremblais. En vingt minutes c'était fait, et le médecin lui a dit : « Mon fils, tu as du courage : aucun enfant ne peut supporter ça et je connais bien des hommes qui auraient pleuré. » Je l'ai payé 25 cents, et je l'ai remercié par-dessus le marché : à l'hôpital, on l'aurait soigné pour rien, mais ici, c'était mieux.

Deux jours après, Norman est venu pulvériser de l'insecticide sur les plantes, avec moi. Quand on s'est arrêté à la source pour prendre de l'eau, j'ai déniché un gamin qui s'était caché dans le chariot : Davis, le fils de Julius. Je lui demande : « Où vas-tu comme ça? » et il me répond : « Avec vous, si tu veux bien. » On a été au champ et Norman a préparé la décoction : racines, intestins de lapin et crottes de chien, pendant que je sarclais les mauvaises herbes. Tout en travaillant, je levais les yeux et je voyais les garçons arroser les plantes : David tenait le bidon de liquide et suivait Norman qui se servait du balai avec sa main gauche. J'étais fier que mon fils veuille bien m'aider de sa seule main valide.

A quelques jours de là, quand je suis revenu de garder le troupeau, j'ai trouvé Norman en train de travailler au champ de melons et je me suis dit : « C'est chic pour un homme d'avoir un fils; le mien sait bien planter et désherber et c'est un bon petit berger. Je suis fier d'avoir un fils qui fera un homme utile; déjà maintenant, il travaille sans qu'on le lui dise. » J'avais essayé de faire mon devoir en apprenant à Norman à être travailleur; combien de fois lui avais-je dit : « Tu es en train d'apprendre ton métier de berger; depuis ta petite enfance, je t'ai donné des moutons. Dans mon idée, le troupeau t'appartiendra un jour, mais tu le perdras si tu es paresseux; si tu es honnête envers moi, je serai honnête envers toi », et il me répondait : « Eh bien, père, ce que tu me dis du troupeau me convient très bien : ça vaut mieux que de sarcler les herbes : on n'a pas besoin de tant se fatiguer les bras. Je sais que si je ne t'avais pas été donné, je serais mort à présent », et je répondais toujours : « Souviens-t'en, mon fils, c'est important : je t'ai sauvé la vie et je t'aime. Tu es le seul enfant qui porte mon nom, et tout ce que je possède t'appartiendra; aussi, quand je te dis de faire quelque chose, obéis-moi. »

Mais j'avais aussi appris à Norman à être bon cultivateur; je lui disais et redisais : « Travaille vite pour y être entraîné », et je lui conseillais de continuer à travailler, même quand il était fatigué, pour s'endurcir. Ce même printemps de 1939, pendant qu'on était en train de planter du maïs, Norman a eu l'air fatigué, mais je lui ai dit : « Ne t'arrête pas, prends ton temps; c'est comme ça qu'on faisait quand on était jeunes : nos pères nous apprenaient à tenir bon et disaient que lorsque nous y serions faits, ce serait facile comme bonjour. » Le soleil était brûlant, on était fatigué et on avait des ampoules aux mains, mais chaque plant comptait, et Norman continuait à travailler à mes côtés. Enfin, je lui ai dit : « Eh bien, fiston, ça te dit de continuer à planter ? » alors il me répond : « J'ai mal au dos et aux mains, j'ai la langue desséchée, la gorge comme du papier et je ne peux plus cracher », alors nous nous sommes reposés.

Je savais quel genre d'homme je souhaitais voir en Norman : je voulais qu'il devienne fort et industrieux, d'humeur égale et aimable, aussi populaire auprès des hommes que des femmes; j'espérais qu'il serait plein de sagesse et que ses actes ne démentiraient pas ses paroles. Je le voulais bon, paisible et sociable; jovial et prêt à sourire, même quand ça n'allait pas. J'espérais qu'il éviterait les discussions, qu'il ne ferait jamais courir de bruits, qu'il ne frapperait jamais personne et qu'il dirait des paroles sévères à voix douce, même lorsqu'il était en colère. J'étais content qu'il soit instruit, mais j'espérais qu'il resterait à la maison et ferait un bon berger, suivant mes traces. Je voulais qu'il prenne bien soin de notre propriété, qu'il conserve le respect des voisins, qu'il sache les enseignements de nos ancêtres, qu'il suive la bonne voie et échappe aux Deux-Cœurs.

C'était une chance pour moi d'avoir un fils travailleur, quand je suis tombé malade, deux semaines après. Alors que j'étais couché sur mon lit, Norman m'a proposé d'aller travailler au champ de melons; je lui ai dit : « Je te suis reconnaissant de vouloir m'aider dans ma maladie. Veux-tu garder le troupeau pour moi demain et après-demain? » « Certainement que je le ferai. Tu as eu du mal à m'élever, et maintenant je suis assez grand pour pouvoir te rendre la pareille ». C'était ce que je voulais entendre, et j'ai failli pleurer de la manière dont ce brave petit me l'a dit. J'ai répondu : « Je suis très reconnaissant d'avoir un fils qui vient en aide à son père quand il est malade. » Il a entravé mes chevaux et il est allé travailler tout le matin au champ. Le soir du deuxième jour, j'étais en train de somnoler quand j'ai entendu Irène lui crier : « Merci, fiston, merci bien. » Il lui tendait six lapins de garenne. Je lui avais acheté une boîte de cartouches le jour même, et j'étais tout fier de le voir devenir bon chasseur et tireur habile.

Norman est resté en bonne santé, mais à moi, il est venu d'autres maux. Un jour, j'ai eu très mal à la cheville et je suis allé voir le guérisseur à Bakabi : je suis arrivé chez lui en boitant; il m'a donné à manger, il a pris ma farine de maïs, a été prier dehors, puis il est vite rentré en soufflant sur ses mains. Il m'a bien examiné, il a eu l'air inquiet et il m'a dit : « Hier soir, dans mon rêve, un homme du Serpent est venu me dire que je soignais trop de gens frappés de flèches empoisonnées; il m'a provoqué au combat et m'a dit que si je gagnais, je sauverais aussi un homme qui viendrait me trouver en boitant : j'ai lutté et j'ai gagné, aussi, tu es hors de danger. » Il a de nouveau tâté ma cheville, il en a arraché une flèche empoisonnée qu'il a jetée dehors et m'a dit : « Pendant que tu gardais le troupeau, il y a quelques jours, ton cheval est passé sur les traces de deux serpents à sonnettes, un mâle et une femelle, accouplés ensemble, et tu sais qu'ils n'admettent pas d'être dérangés dans ces moments. Tu es descendu de ton cheval et tu es aussi passé sur leurs traces; c'est alors que le venin de serpent t'a pénétré la cheville. » « C'est vrai », répondis-je, « j'ai découvert les traces après avoir posé le pied dessus et je me suis dit – il va m'arriver quelque chose un de ces jours. Ma cheville n'a pas tardé à me faire mal et j'avais l'impression que des serpents s'enroulaient tout autour et s'élançaient vers le haut de ma jambe. » Il a enlevé le poison et m'a dit : « Je ne permettrai jamais à deux serpents d'avoir raison de toi. » Je l'ai remercié et je suis parti pour la maison, à pas lents.

En peu de temps, la cheville s'est guérie et j'ai été capable de lutter avec Polyestewa. Un matin, tandis qu'il rassemblait ses chevaux pour les mener à la source, j'ai mené les miens au galop pour le rattraper juste avant qu'il se retourne, j'ai sauté à terre, et j'ai chassé mes chevaux devant lui en criant : « Pourquoi que tu cours pas comme moi, flemmard? » Il m'a répondu : « Ça m'étonnerait que t'aies couru bien loin, car je sais très bien que tu marches jamais quand tu peux aller à cheval et que t'as que du poil dans ton pantalon. Je vais te rosser. » C'est à ce moment-là qu'on a commencé à s'amuser : il a sauté par terre et il a lutté avec moi, jusqu'à ce qu'il soit hors d'haleine, et puis je l'ai ramassé, je l'ai porté à un trou d'eau dans les rochers et je l'ai lâché dedans. On a continué à lutter jusqu'à ce qu'on soit trempé jusqu'aux os, et que nos chemises soient réduites en lambeaux. Il faisait froid et on grelottait quand on est arrivé au village. J'ai mis ma dernière bonne chemise, je suis allé chez le commerçant et j'ai acheté une chemise à $ 1 pour mon « grand-père » morveux, car je savais que j'avais eu raison de lui.

Les serpents ne m'ont plus inquiété mais, un jour d'été que je gardais le troupeau, mon chien a fourré le nez dans un buisson de sauge; il a poussé un cri et fait un bond en arrière, puis il s'est mis à courir dans tous les sens en se frottant le museau avec ses pattes : il y avait deux gouttes de sang sur sa lèvre supérieure. Je me suis précipité vers le buisson, j'ai regardé dessous et j'ai entendu les sonnettes d'un serpent; alors, tout en le frappant avec un bâton, je lui ai dit : « Sale bête, je vais t'ouvrir de bout en bout. » Je lui ai ouvert la gueule de force avec deux bâtons et avec mon couteau je l'ai vite fendu, de la tête à la queue. Les deux gouttes de sang y étaient : si je ne l'avais pas fait, le chien serait mort. Chaque fois qu'un serpent est assez fou pour mordre un homme ou une bête, la première chose à faire, c'est de tuer le serpent et de l'éventrer : le sang que le serpent a sucé de la blessure filera jusqu'au bout de la queue et disparaîtra : si on ne le rattrape pas pour l'exposer, la bête ou l'homme blessé mourra. On ne devrait jamais faire de mal à un bon et sage serpent, car il est sacré et bienfaisant pour les hommes, mais ceux qui sont malfaisants et insensés doivent le payer de leur vie. La tête de mon chien était en train d'enfler rapidement, alors je lui ai lavé le museau dans mon urine.

Depuis plusieurs semaines, je sentais venir les ennuis. Un jour, j'avais trouvé un lièvre qui traînait un piège, et quand mes oreilles se sont mises à bourdonner, j'ai pensé que c'était signe que Norman allait se blesser. Un nuit, j'ai rêvé qu'une déesse hopi m'attaquait et voulait me séduire : j'étais assis sous un *béfaria* à taper sur un bidon de dix litres pour chasser les corbeaux de mon champ de maïs. Il y avait un léger vent d'ouest et je me demandais s'il allait apporter des nuages de pluie. Comme il était près de midi, j'ai ramassé du bois mort et j'ai cueilli du maïs vert pour le faire griller; c'est alors que j'ai vu une ombre qui s'approchait de moi, mais j'ai pensé que c'était un nuage et je n'ai pas levé les yeux. Elle s'est arrêtée et, tout d'un coup, un être puissant m'a bondi dessus et m'a saisi par la taille : je suis tombé en arrière en essayant de voir le visage de mon assaillant, mais je n'apercevais qu'un masque blanc comme du coton. J'ai bientôt su que c'était un esprit femelle : tandis qu'elle clouait mes bras de son étreinte irrésistible, ma mémoire s'est évanouie, mon souffle a faibli et mon corps a fléchi. Cependant, la mémoire et les forces me sont vite revenues et je me suis exclamé : « Je n'avais jamais pensé qu'un bon esprit lutterait avec moi pendant que je faisais mon devoir. Maintenant je dois me battre. » J'ai essayé de me faire rouler, de manière à me trouver sur le dessus, mais elle me dépassait en force : je suis arrivé une seule fois à être dessus et à apercevoir son visage; alors, j'ai découvert que c'était la déesse Mère du gibier sauvage tel que les daims, les buffles et les lapins. Tandis qu'elle se remettait dessus, elle détourna son visage et me dit : « Je suis venue faire l'amour avec toi, mais tu ne parais pas le désirer. Veux-tu être bon chasseur? » « Oui; si tu étais venue me trouver d'une manière ouverte et amicale, je n'aurais pas lutté avec toi, mais quand tu arrives furtivement pour me capturer, c'est mon devoir de me défendre. Je te prie de me rendre la liberté, et si tu me donnes du gibier, je te ferai un paho au *Soyal.* »

Elle accepta. Elle se leva et se dirigea vers sa maison des champs; je la suivis à cinquante pas environ et je remarquai qu'elle portait une peau de daim neuve comme couverture, avec les pattes de devant attachées sur sa poitrine; elle portait aussi de longues herbes à chaque oreille et deux glands sur la tête. Elle me regarda enfin, s'assit, se fit tourner comme une toupie et disparut en terre. Je me précipitai vers l'endroit, sans y voir de trou. Il y avait quatre lapins morts tout près et j'entendis une voix me dire : « Ne crains rien. Emporte-les chez toi, car c'est ta récompense »; alors, je me suis réveillé avec des cloches plein la tête, le corps trempé de sueur, et le sentiment qu'il allait m'arriver un malheur.

Quelque temps après, mon ami le Professeur Fred Eggan de l'université de Chicago est venu un après-midi et m'a trouvé étendu sur une peau de mouton; il m'a promis de revenir après le dîner avec un livre intéressant à me faire voir. « Bien, je serai content de voir un livre intéressant », lui ai-je répondu, et j'ai remarqué qu'il souriait en remontant dans son auto.

Le soir, pendant que j'étais en train de corriger mon journal, Fred est revenu, il a posé un gros volume sur la table en disant : « Voici le livre dont je te parlai. » « Bien », dis-je, « je finis cette page et on le regarde. » Il m'a expliqué qu'il avait été publié en 1901 par le Révérend Voth, et ajouta : « Tu te souviens qu'en 1933 des Hopi sont allés à Chicago, à la Foire internationale, qu'ils ont visité le musée Field et qu'ils ont vu ce qu'ils ont pris pour une statue de toi, vêtu du costume de cérémonie que l'on porte au *Soyal*. Tu sais que quand ils sont revenus, ils ont prétendu que tu avais vendu les secrets et l'équipement des cérémonies et qu'ils t'ont causé bien des ennuis. Maintenant, je vais te faire voir ce livre. » Quand il l'a ouvert, j'ai eu la surprise de voir des images d'autels secrets, des descriptions de la manière dont les membres du *Soyal* se costument et de ce qu'ils font. Ce Voth malfaisant avait écrit tous les secrets; pas seulement ceux du *Soyal*, mais aussi ceux des autres rites; j'ai vu les noms et les portraits des officiants du *Soyal* de l'ancien temps et je les ai reconnus jusqu'au dernier, et pourtant, en ce temps-là je n'étais qu'un petit garçon et je n'avais pas été initié au *Wowo-*

chim. Fred m'a aussi montré des autels des rites du Serpent et de l'Antilope : c'étaient des choses qui avaient plus de valeur pour les Hopi que n'importe quoi d'autre au monde, et les Blancs nous les avaient dérobées. J'en avais un grand ressentiment. Cependant, j'en voulais moins aux Blancs de les avoir achetées qu'aux vieux Hopi, au Grand Prêtre du *Soyal*, Shokhungyoma, et au Chef Lolulomai. Il y avait même un portrait de mon grand-oncle Talasquaptewa, en Prêtre des Etoiles. Si ces chefs n'avaient pas permis à Voth de prendre les photographies et de regarder les cérémonies, elles n'auraient jamais été publiées. Fred a voulu me persuader de ne pas trop me tourmenter. Quand il a fermé le livre, je lui ai demandé combien il coûtait; la seule chose qu'il avait de bien, c'est le fait qu'il prouvait clairement que je n'étais pas celui qui avait vendu les secrets. Je le voulais, car si jamais un Hopi quelconque s'avisait de m'accuser de nouveau de vendre les secrets, tout ce qu'il me faudrait pour me défendre, c'était ce livre. Fred est parti vers 9 h 30, et je suis allé me coucher, mais j'étais tellement angoissé que je n'ai pas pu m'endormir avant une heure et demie du matin.

Avec tous nos secrets rituels répandus, ce n'est pas étonnant que nos dieux soient offensés et omettent de nous envoyer assez de neige et de pluie, si bien que la maladie, la sécheresse et d'autres malheurs s'abattent sur nous.

En juin 1939, Kochwytewa, le meilleur médecin de Hotavila, s'est mal conduit et a perdu la vie. Son fils, qui est mon frère de clan, m'a raconté qu'on avait persuadé le vieux de s'enrôler dans une société de Médecins du Feu à Mishongovi pour ranimer ses forces viriles, mais il fut amené traîtreusement à s'enrôler dans une société de Deux-Cœurs, qui le fit consumer de fièvre et perdre sa chair et ses forces en moins d'un mois. Il a aussi perdu courage devant tout; il a prévenu les gens que ce n'était pas la peine de faire leurs semailles, puisque la sécheresse et les mauvais vents les détruiraient. Quand son fils est rentré de son champ et qu'il a entendu ces paroles d'abandon, il a attaqué son père en lui disant : « On sait que vous êtes contre nous, vous autres Deux-Cœurs, mais moi, je ne veux pas laisser ma terre à l'abandon et appeler les ennuis. La plupart des hommes cultivent les pensées heureuses, attendent de bonnes récoltes et essayent de prolonger la vie de leur famille. Quand tu guérissais les gens, tu étais plein de sagesse et de bons conseils. Si tu voulais vivre maintenant, tu sais que ton Esprit Tutélaire ne te lâcherait pas, car c'est ce que tu as prêché toute ta vie; mais si tu veux mourir, ça te regarde. Moi, je vais lutter pour la vie et pour la famille et on verra bien qui gagnera. C'est la dernière fois que je te conseille, car c'est fini entre nous. » Le vieux médecin est mort quelques jours plus tard et le fils a dit à sa famille de ne pas pleurer, « car c'était sa faute ».

Quand j'ai appris ces choses, j'ai dit : « Eh bien, mon frère, nous ne sommes plus des bébés ni même des enfants; nous sommes des hommes adultes et chefs de famille; entraidons-nous dans notre lutte contre les gens du monde inférieur. Préparons nos récoltes avec confiance et, si nous avons de la chance, nous aurons un peu de pluie; c'est l'affaire de notre Esprit Tutélaire de nous protéger et de nous guider. Nous allons oublier les morts et faire très attention aux pièges que nous posent les Deux-Cœurs. »

Mais le 1er juillet j'ai presque perdu la vie. J'avais attelé mes chevaux au chariot pour quitter mon champ de Batowe, quand j'ai entendu une voix de femme qui m'appelait de l'ouest : « Viens, Talayesva; viens, Talayesva. » Je ne voyais personne et j'ai eu très peur, quand je me suis rendu compte que c'était un appel de mort; la tête basse, je me suis dit : « Je ne veux pas mourir. Je n'ai que cinquante ans et je suis encore fort, aussi, je vais me redresser et lutter. » Je suis vite rentré à la maison, plein d'inquiétude, mais je n'en ai rien dit à ma femme. Le lendemain, qui était un dimanche, je me suis levé avant le soleil, avec un fort mal de gorge; j'ai bu une tasse d'eau et j'ai rassemblé les chevaux, puis je me suis couché jusqu'au petit déjeuner, en continuant à garder mes ennuis pour moi. Je n'ai pu manger que du pain trempé dans du café, tandis qu'Irène et Norman mangeaient des côtes de mouton, du piki, des abricots et du café; bien qu'à chaque gorgée il me semblât que j'avalais un couteau pointu, je me suis forcé à boire trois tasses de café, car je craignais d'avoir encore plus mal au repas suivant. Norman est venu avec moi au champ de melons, enlever le sable de nos plants. Après deux heures de travail, je suis parti, me sentant bien mal; j'ai gravi la mesa en haletant, avec le sentiment d'étouffer; je suis arrivé en chancelant devant ma porte, dans un état demi conscient, et j'ai fait signe à ma femme de me donner un lit. Quand j'ai retrouvé la mémoire, je lui ai raconté que la veille, j'avais entendu une voix de femme qui m'appelait de l'ouest et que je pensais que c'était ma mère; elle a pleuré et elle a fait à manger, pendant que Norman allait entraver les chevaux.

Irène m'a apporté de la bouillie de maïs et, bien que je n'en aie pas envie, je me suis rappelé le conseil de mon grand-père, de toujours manger quand on était malade, et je suis arrivé à en avaler un peu, en fermant mes yeux de douleur à chaque gorgée. Quand je me suis recouché sur ma couverture, j'étais hors d'haleine, et ma propre salive semblait m'étrangler; je crachais à tout instant, mais j'essayais de ne pas gémir, car cela aurait fait peur à Irène.

J'étais si angoissé que je me suis décidé à aller à Bakabi, voir Jack Sekayaoma, le médecin hopi qui avait soigné ma cheville. Il n'y avait pas d'auto dans le village à ce moment-là; alors, quand j'en ai eu assez d'être au lit, je suis allé chez ma sœur et j'ai pris un peu du mentholatum du Blanc. Je suis rentré chez moi à 4 heures et demie et j'ai trouvé Irène, toute douce et gentille, qui me préparait encore à manger; je savais bien que je n'arriverais pas à l'avaler, mais j'étais content de la voir essayer de me nourrir, car cela prouvait qu'elle ne voulait pas que je meure. Je me sentais reconnaissant d'avoir une femme si bonne, et elle m'a fait penser à ma tendre mère; tout en essuyant une ou deux larmes, j'ai dit à Irène : « Depuis que ma mère est morte, tu prends sa place et tu prends soin de moi comme elle le faisait », puis j'ai essayé d'écarter les mauvaises pensées de mon esprit; j'ai bu un peu du bouillon, je me suis appuyé contre un rouleau de peaux de mouton et je me suis reposé. Quand j'ai entendu une voiture, j'ai vite mis mes chaussures et j'ai demandé à Irène de mettre du sucre dans une boîte et de me chercher de la farine de maïs à donner au médecin, pour qu'il l'utilise dans ses prières. La douleur augmentait et j'avais le souffle court et faible.

Nous sommes partis à toute vitesse pour Bakabi, et comme nous approchions des contreforts d'Hotavila, la douleur s'accrut, j'avais le souffle encore plus court et ma mémoire baissait rapidement. De mon cœur, j'ai prié mon Esprit Tutélaire de ne pas me lâcher, si près d'arriver chez le médecin, et tandis que l'auto filait toujours j'ai sorti la main et j'ai répandu un peu de farine de maïs.

Quand nous sommes arrivés chez le médecin, je suis vite entré, je lui ai tendu le sucre en présent, je me suis étendu sur la peau de mouton et je lui ai donné la farine de maïs. « C'est bien, mon fils, de m'avoir apporté cette farine », dit-il, « il y a des malades qui viennent sans farine, ce qui me rend plus difficile la tâche d'obtenir des dieux le pouvoir de les guérir. » Quand il est revenu après avoir prié, il a mis le pouce et l'index derrière ma mâchoire et m'a examiné soigneusement, puis il a dit : « Une mauvaise femme t'a tiré des flèches empoisonnées dans la gorge. » Il m'a arraché un piquant de porc-épic d'un centimètre de long et me l'a montré, puis il l'a vite porté dehors; il est revenu et m'a retiré une autre flèche qui ressemblait à un os de serpent ou de lézard, il m'a examiné de plus près et m'a dit : « Il y a une flèche empoisonnée à côté de ton maxillaire que je ne peux pas sortir sans avoir recours à une incantation. » Il a chanté, il a travaillé très vite et l'a eue. « Maintenant, tu vas guérir et porter ton agréable sourire de nouveau », dit-il; je me sentais déjà mieux et je le remerciai en disant : « Dorénavant, je veux t'appeler père et ton aimable épouse, mère, car mon père rituel est mort récemment dans une ville lointaine. » Lorsque je lui racontais mon appel de mort dans le champ de maïs, j'avais envie de pleurer, mais j'avais peur que ça me fasse mal à la gorge, alors il m'a dit : « Pleure, même si tu as mal, car cela chassera les mauvaises pensées. » On est vite rentré et ma tendre épouse m'a couché, car je me sentais déjà beaucoup mieux et j'avais envie de dormir.

Le lendemain matin, Irène m'a lavé la figure et les mains pour le petit déjeuner, mais j'ai seulement pu boire du jus de viande. Norman a offert de travailler pour moi et m'a fait grand plaisir; plus tard dans la journée, le Chef Kewanimptewa, de Bakabi, est venu m'acheter une petite tortue et m'a trouvé pâle; tandis que je lui décrivais mon appel de mort, il baissait la tête, mais il a dit enfin : « Eh bien, mon fils, tu n'es plus tout jeune, mais un adulte en pleine maturité : tu sais que lorsqu'on a des ennuis avec sa femme ou ses enfants ou autre chose, on invite la maladie. Je ne veux pas te faire confesser tes torts devant ta famille, mais tu dois chasser tes mauvaises pensées; dis-leur simplement : « Allez-vous-en, mauvais esprits », et tire-toi de leurs pattes, comme un homme libre. » « Bien, je suivrai ton conseil; j'ai eu des mauvaises pensées, mais je vais les rejeter. » J'étais soulagé de ne pas avoir besoin de faire une confession publique, comme en font les chrétiens pour leur Dieu.

Après un petit somme, j'ai ouvert les yeux et j'ai vu la sœur d'Irène, Clara, assise à côté de moi, la figure triste; quand elle m'a demandé comment je me sentais, je lui ai répondu : « Je n'ai eu ni sommeil ni nourriture, je me sens faible et j'ai encore mal à la gorge, mais je crois que j'irai mieux demain. » Elle m'a dit qu'elle avait eu le même genre d'ennuis, huit ans auparavant, et m'a conseillé de penser de bonnes pensées et de me guérir vite; alors, je l'ai rassurée : « Je vais très bien m'en sortir, car je ne suis pas seul : mon Esprit Tutélaire me veille jour et nuit et m'a permis de souffrir seulement parce que j'ai été négligent. Maintenant, je vais me diriger de nouveau dans la bonne voie et guérir. » Après dîner, j'ai de nouveau fait un somme, mais au bout de deux heures j'ai tant toussé que je me suis réveillé; Irène était assise à côté de moi et m'a demandé de la laisser adoucir mon lit avec trois ou quatre peaux de mouton supplémentaires. Le lendemain, j'allais mieux et j'ai pu écrire les détails de ma maladie.

Le lendemain, le médecin est venu. Quand je lui ai dit que j'allais mieux, il m'a donné des conseils : « Ne sors pas avant demain; j'ai eu un rêve à propos de la voix qui t'a appelé à Batowe : ce n'était pas ta mère. Il y avait deux femmes, mais ce n'étaient pas tes chères disparues : celles-ci sont vivantes et agissent contre toi. Si je te disais leurs noms, elles risqueraient de te tuer, alors n'y pense plus. »

Le médecin a déjeuné avec nous; après, j'ai approché mon siège du sien et je lui ai demandé de regarder si on m'avait décoché d'autres flèches empoisonnées dans le cou. Il a cherché un morceau de racine au fond de sa pochette à médecine, l'a mordu et a fait une grimace comme un homme qui suce un citron; puis il a chanté un chant de médecine, m'a retiré une flèche empoisonnée du cou et m'a dit : « Maintenant, j'ai vaincu tes ennemis et ta gorge sera bientôt guérie. » Il m'a donné une cuillerée de pollen de maïs à avaler au coucher, un petit morceau de racine amère à mastiquer, et deux feuilles à mettre dans la joue droite. Il m'a conseillé de tenir mon esprit plein de pensées heureuses et je l'ai remercié, en lui promettant d'aller à Bakabi pour la danse du *Niman* – mais je ne lui ai pas dit que j'avais l'intention de lui porter un beau mouton bien gras.

Le samedi suivant, j'ai saupoudré de la farine à l'extrémité est de la mesa, j'ai remercié mon dieu du Soleil de m'avoir délivré des Deux-Cœurs et je suis parti avec des parents pour Shongopavi assister à un banquet de noces et à une danse de Katcina. Après le banquet, j'ai été visiter la vieille maison de notre arrière-grand-mère, d'où notre famille avait émigré à Oraibi, et j'y ai conseillé à un malade d'essayer les soins de Polyestewa, qui devenait bon médecin; ensuite, j'ai assisté à la danse, qui s'avéra un triste échec. Trente-cinq Katcina, deux danseurs des côtés, un Katcina Batteur et plusieurs clowns étaient arrivés de la première mesa. J'étais malheureux tout en regardant le spectacle sur la plaza, car j'ai remarqué que le batteur battait trop vite et esquintait les chants; quand les clowns sont arrivés, ils ont été trop brutaux et ils ont même fait éclater des pastèques que les Katcina avaient apportées pour les gens. Une autre erreur, c'est que les Katcina ne portaient pas de rameaux de sapin autour de leur cou et n'en portaient point dans leurs mains; les danseurs de côté se sont aussi trompés, en fouettant les clowns trop fort, car un Katcina ne doit jamais venir sur la plaza faire mal aux gens, et ça n'a pas manqué : quand on a fouetté les clowns, un mauvais vent s'est levé et une petite fille est tombée d'un toit et elle est « morte ». Un homme l'a portée dans une maison où beaucoup de gens l'ont suivie, et certains d'entre eux pleuraient; je me suis frayé un chemin dans la foule qui encombrait la pièce et j'ai vu la figure du père pleine de chagrin, comme il tenait la petite sur ses genoux. Finalement, la petite fille a manifesté des signes de vie à nouveau et le père a dit que, si elle était restée morte, la danse aurait été achevée. Alors, il envoya chercher les clowns et leur dit : « Frères, vous êtes ici pour rendre les gens heureux; unissez vos cœurs maintenant et priez pour la vie de mon enfant. » « Bien », répondirent-ils, et chacun imposa ses mains sur le corps de l'enfant de quatre ans et sortit. Je me sentais plein de tristesse et je suis parti pour ma maison.

C'était une mauvaise année de maladie et de malchance. Pendant la dernière semaine de juillet, j'ai eu une crise de mal de ventre qui me faisait courir si souvent aux cabinets que je me suis couché à l'ombre d'un poulailler et que j'ai passé tout l'après-midi à attendre les besoins. Le mal a continué toute la nuit, mais j'ai un peu dormi.

Le lendemain, Ira m'a informé qu'il y avait beaucoup de mauvaises herbes dans mon champ de Batowe; alors, je suis parti avec le chariot, je suis arrivé aux environs de midi, j'ai cultivé mon champ jusqu'au coucher du soleil et après avoir dîné légèrement, je me suis couché dans la maison des champs. Pendant la nuit, j'ai entendu deux hiboux femelles ululer tristement de mon toit et un oiseau mâle répondre dans le lointain. Jamais auparavant des hiboux n'avaient perché sur mon toit la nuit, ni gémi comme des malades; je me suis rendu compte que c'était un mauvais présage, je me suis senti pris de malaise et je les ai chassés. Le lendemain, au petit déjeuner, j'ai senti une douleur subite à la base de la colonne vertébrale; au lieu de s'apaiser, elle est devenue plus aiguë et m'a fait sursauter; j'ai repensé aux hiboux, j'ai pensé aux deux femmes qui m'avaient blessé à la gorge et j'ai décidé qu'elles m'en voulaient de nouveau. J'étais trempé de sueur et je me suis vite décidé à rentrer rapidement chez moi, en laissant mon champ de maïs plein de mauvaises herbes. Quand je suis arrivé à Oraibi, je suis tout de suite allé me coucher, mais je souffrais trop pour pouvoir rester longtemps immobile. Irène a été chercher Polyestewa qui m'a bien frictionné et m'a écouté raconter l'histoire des hiboux : il m'a dit que les muscles de mes fesses étaient déplacés. Le lendemain, j'ai réussi à aller avec Norman au camp, chercher un beau mouton pour mon médecin de Bakabi. Après avoir déjeuné chez lui, il m'a fait coucher sur une peau de mouton et m'a examiné le dos, ce qui lui a fait dire : « Tu as été touché par une flèche à la pointe extrême de ta colonne vertébrale. » Quand je lui ai parlé des hiboux, il a fait un signe d'assentiment et m'a dit que c'étaient les deux femmes et l'homme d'Oraibi le Neuf qui voulaient me tuer, mais qu'ils ne réussiraient pas, car il était capable, lui, de déjouer leur complot. Ensuite, il m'a retiré la flèche empoisonnée avec son adresse habituelle.

Il y avait une danse à Bakabi, à laquelle j'ai pu assister le lendemain. J'ai déjeuné avec les Katcina, j'ai fumé avec leur Père et j'ai prié pour la pluie et la santé, puis je suis retourné sur la plaza et je me suis mis à l'ombre, avec mon vieil oncle de Shipaulovi. Il m'a demandé pourquoi je n'étais pas allé à leur danse du *Niman* : « Parce que mes muscles étaient endommagés et que j'avais des crampes dans les fesses », lui ai-je répondu. Quand il m'a dit qu'il avait dansé lui-même et qu'il avait été meneur des chants, j'ai montré ma surprise, alors il a dit : « Tu crois que je me fais vieux, mais je n'ai jamais eu de crampes comme vous autres jeunesses; mes nerfs et mes muscles sont encore élastiques. » « Eh bien », lui dis-je, « c'est que les vieux routiers comme toi étaient entraînés à faire la course le matin de bonne heure, à se baigner aux sources et à manger les bons vieux aliments hopi. Notre chair est molle et quoique nous soyons plus jeunes en années, nous sommes plus âgés en corps : les bons enseignements que nous donnèrent les Anciens sont en train de s'éteindre. » « C'est vrai, la prochaine génération de notre peuple sera aussi faible que des Blancs, et nos rites auront disparu. »

J'avais assez souffert de la maladie pour être heureux de faire ce que je pouvais pour soulager les autres. Au mois d'août (1939), il y eut une danse à Oraibi le Neuf à laquelle prirent part Ira et Norman. J'avais tué un mouton et nous sommes descendus nous installer dans une maison qui appartient à la mère de Norman. Alors que nous étions en train de dîner, la veille de la danse, une femme m'a hélé de la porte : « Ton ami Kalmanimptewa n'a pas uriné depuis deux jours; il souffre beaucoup et te demande de venir vite. On l'a soigné à l'hôpital il y a deux semaines, mais maintenant, il va plus mal que jamais. » J'y suis tout de suite allé et j'ai trouvé sa femme qui était ma première petite amie, Louise, debout à la porte. Elle m'a dit : « Je suis heureuse de te voir, car mon mari a grand besoin de toi, mais d'abord, laisse-moi te donner à manger. » Après avoir mangé un peu, j'ai dit au malade : « Mon ami, j'ai été heureux de pouvoir te conseiller il y a deux ans; c'était mon vœu alors, que tes pas retrouvent la Voie du Soleil, et t'en voilà de nouveau écarté. Tu es assez vieux pour écouter ton Esprit Tutélaire qui guide tes pas; je ne veux pas te faire faire une confession devant ta famille, mais je te prie d'éloigner de ton esprit les mauvaises pensées; tes enfants comptent sur toi pour les guider et les soutenir : que deviendront-ils si tu disparais? Je te prie de te ressaisir en songeant à eux. Prie le dieu du Soleil tous les matins et la lune et les étoiles, la nuit. Si tu n'y prends pas garde, tu es perdu. Qu'en dis-tu? » « Tes conseils sont très bons », répondit-il, et il se mit à pleurer : « C'est bien », lui dis-je, « n'aie pas peur de pleurer, ça libérera ton esprit des pensées douloureuses. » Il me dit enfin : « Mon ami, je ne mets pas tes paroles en doute. Je sais que je suis assez vieux pour me ressaisir; je pensais trop à moi-même quand je suis tombé malade et je ne pouvais pas détourner mon esprit des chers disparus à l'ouest. A présent, tu m'as retourné la tête vers l'est et je t'en remercie. » Sur ce, il me serra la main, me faisant grand plaisir. J'ai rapproché mon siège et j'ai trouvé une grosse boule dure en dessous de son nombril que j'ai massée longtemps, tandis qu'il souffrait et gémissait; la boule a fini par disparaître, comme si elle avait fondu, et j'ai mâché du piki pour le nourrir, en me sentant tout heureux à la pensée qu'il me restait un peu de pouvoir d'Antilope dans les mains. Quand j'ai fini mon devoir, je lui ai dit bonsoir et je suis rentré, mais avant de m'endormir, ce même soir, je me suis souvenu d'une forte médecine en racine, en haut au Vieil Oraibi, qui pourrait soulager mon ami malade. Le matin, j'ai été chercher la médecine et je suis revenu : mon patient était assis sur une chaise, à table, avec un large sourire sur la figure, car il avait uriné et très bien dormi. Je lui ai donné la médecine, je lui ai expliqué comment la prendre et je lui ai conseillé de rester heureux.

La maladie a frappé ma famille de nouveau, dans l'espace de quelques semaines. Ma nièce Delia, qui avait épousé Nelson et qui était allée vivre à Hotavila, avait un enfant dans sa matrice et les deux jambes enflées jusqu'aux hanches. Quand je suis allé lui rendre visite, Polingyauma, un médecin hopi, agitait une aile d'aigle au-dessus d'elle et chantait une incantation; à côté de lui, il y avait deux chemises neuves et $ 3 en espèces, comme récompense de ses soins. Quand il a eu terminé, je lui ai dit : « Merci, père, tu es le médecin que j'aurais choisi pour ma nièce : tu sais que tu m'as adopté quand j'ai été très malade, il y a plusieurs années. Maintenant, je veux te donner ma nièce pour que tu puisses lui sauver la vie; quand elle ira mieux, elle sera ta fille et tu pourras manger chez elle quand tu le voudras. » « Merci », répondit-il, « maintenant, vous m'appartenez tous les deux et nous serons heureux. » Quand je lui ai demandé ce qu'avait Delia, il m'a expliqué : « Il y avait une flèche empoisonnée, un os de serpent mâle, dans chacune de ses jambes, ce qui les a fait enfler, mais mon incantation va ramollir l'enflure et la réduire, d'ici le matin. J'ai guéri bien des cas semblables, aussi, tu peux dire à tes parents de ne pas s'inquiéter. » Pendant que nous mangions, on a appelé le médecin au chevet d'une femme dont le bébé était mort-né il y a quelque temps.

Le beau-père de Delia, un vieillard infirme, a mis du tabac de montagne dans sa pipe et s'est mis à fumer en disant : « Maintenant, petit-fils, puisque tu es l'oncle de ma belle-fille, je veux que tu dises à tous les membres de ton clan d'unir leurs cœurs aux nôtres et de prier. Je traite ta nièce comme une petite-fille véritable et j'essaye de la rendre bien portante et heureuse. » « Merci, grand-père », répondis-je. « Tes paroles me vont droit au cœur. » Puis je lui ai serré la main, et j'ai poursuivi : « Je ne suis pas une personne du monde inférieur; je n'ai qu'un seul cœur et je suis tourné vers l'est, avec l'esprit de prière. Je porterai ton message aux miens. Vivons et soyons heureux. » Là-dessus, je suis parti, car je n'avais pas entièrement confiance en ce vieillard : nous nous étions disputés plusieurs années auparavant; Ira et moi, nous avions chassé ses parents de notre abreuvoir, parce qu'ils n'essayaient jamais d'apporter de la pluie et du bonheur aux gens d'Oraibi, mais à eux seuls. Plus tard, il s'était opposé au mariage de Nelson et de ma nièce, mais n'avait pas pu l'empêcher.

Moins d'une semaine après, tandis qu'on travaillait à une clôture à Batowe, on a vu une auto arriver d'Oraibi à toute vitesse; un homme en a sauté qui m'a dit : « Don, je suis venu te chercher. Ta nièce Delia a des jumeaux et le délivre ne veut pas sortir. » Nous sommes arrivés à Oraibi au coucher du soleil; nous sommes passés prendre Mabel et ma nièce Geneva, sœur de Delia, puis nous avons filé à Hotavila. Comme je sautais de l'auto, une voisine a crié à Delia de venir chez elle et alors, j'ai su que Delia était morte. Notre mère de clan, veuve de Kochwytewa, était assise sur le pas de la porte, les yeux rouges de larmes; quand je me suis précipité à l'intérieur, Nelson m'a dit : « Assieds-toi, la mère de mes enfants est passée il y a vingt minutes. » Je me suis approché de Delia, qui était étendue dans le coin; je lui ai découvert le visage, j'ai posé ma main sur son front froid et j'ai pleuré. Mabel est venue pleurer avec moi, mais nous avons fait dire à Geneva de ne pas venir, car nous avions peur qu'elle prenne longtemps à se remettre de son chagrin.

La nuit tombait et il nous a fallu hâter l'enterrement. Notre mère de clan a baigné le corps et Nelson a fait des plumes à prière. On a amené un chariot et on a porté le corps avec la literie, les pioches et les pics dans un endroit derrière le verger de pêchers où on l'a enterré, à la lumière de nos lampes de poche. Après être rentrés et nous être purifiés, nous avons mangé et nous sommes allés nous coucher vers minuit, tandis que notre mère de clan baignait les jumeaux. J'ai dormi par à-coups et j'ai eu un rêve triste, dans lequel ma propre chère mère tendait les mains et me priait de venir : j'ai été obligé de la chasser et de lui dire de partir sans me toucher.

Nous nous sommes levés avec le soleil, nous nous sommes lavé les cheveux à la mousse de yucca et nous avons pris le petit déjeuner. Je suis allé à pied à Bakabi, je suis entré chez mon oncle et j'ai essuyé les larmes de mes yeux; quand mon oncle est venu et m'a serré la main, je lui ai raconté toute la triste histoire. Le vieillard a pleuré et m'a donné des conseils; je l'en ai remercié et l'ai convié à venir à Oraibi conseiller les miens. Bien que j'aie essayé de me ressaisir, il m'a fallu trois ou quatre jours avant de pouvoir rire de nouveau ou plaisanter avec mes amis.

Le cinquième jour, je me suis levé de bonne heure le matin, j'ai rassemblé mes chevaux, j'ai graissé mon chariot et je suis parti pour Hotavila assister au banquet de naissance : comme la mère des jumeaux était morte, nous célébrions leur baptême quinze jours d'avance. Mabel et mes nièces y étaient déjà. J'ai pris le chariot pour ramener à la maison les autres enfants de Delia et tous ses biens car, contrairement aux anciens usages hopi, elle vivait chez les parents de son mari. Ira et moi, nous avions décidé qu'il valait mieux donner les bébés à des missionnaires hopi, car tous les Hopi savent que c'est très difficile d'élever des jumeaux : ils meurent presque toujours; mais Ira nous a fait remarquer que, puisque ceux-ci avaient été assez forts pour tuer leur mère, ils seraient peut-être capables de vivre.

Quand je suis arrivé à Hotavila, le banquet était commencé; je me suis lavé la figure et les mains et j'ai mangé le pudding, le ragoût de mouton, le piki et le café. Après le petit déjeuner, j'ai dit à mes parents : « Y en a-t-il d'entre nos mères de clan de Hotavila qui veuillent prendre un enfant? » Sewequapnim, veuve de Kochwytewa, a dit qu'elle voudrait bien, mais qu'elle n'en avait pas les moyens. Alors, j'ai posé la question aux tantes des jumeaux, les sœurs de Nelson. Personne ne semblait vouloir un enfant supplémentaire, alors j'ai fini par dire : « Eh bien, vous avez tous refusé. Maintenant, je vais vous dire ce que j'envisage, et personne n'a le droit de s'y opposer. Si personne ne prend un enfant avant le coucher du soleil, nous les donnerons aux missionnaires. » Les femmes ont baissé la tête mais n'ont rien dit. Je savais qu'elles avaient de la peine de voir les jumeaux aller à des missionnaires, même hopi, mais j'ai pensé que si nous avions de la chance, les bébés vivraient peut-être et resteraient parmi nous.

J'ai dit à mes parents d'empiler les biens de Delia sur le chariot : vêtements, maïs, haricots, sucre, pommes de terre, casseroles et tout. Quand on avait fini de le charger, j'ai fait un autre discours. « Tantes et grand-mères », ai-je dit, « ne vous laissez pas abattre par cette séparation; nous ne rentrons pas chez nous pour de bon. Essayons tous de prendre soin des enfants de Delia et de les rendre heureux. Venez les voir, mais ne pleurez pas quand vous viendrez. » Elles ont toutes pleuré un peu à ce moment-là; quand elles sont arrivées à maîtriser leur chagrin, j'ai dit à Nelson : « J'avais donné quelques moutons à ta femme; s'il y en a qui sont encore vivants, je voudrais que tu en donnes un à notre mère de clan, la veuve de Kochwytewa. Garde les autres et laisse-les se multiplier pour tes enfants. Si tu as encore le collier de *wampum* que j'avais donné à Delia, donne-le à ton fils aîné quand il sera grand.

Viens voir tes enfants à Oraibi quand tu veux; tu as beaucoup aidé mes parents en montant du bois et du charbon et j'espère que tu vas continuer à le faire. Je t'aime et je n'aurais jamais cru qu'il nous arriverait un malheur pareil. Restons heureux dans l'intérêt de nos enfants. C'est tout ce que j'ai à te dire. » Nous sommes passés devant la maison de Mission, près de Bakabi, et nous leur avons laissé les bébés, mais l'un d'eux est mort au bout de quelques jours.

Je me demandais tout le temps ce qui avait pu causer la mort de Delia, car je savais que le médecin avait réussi à extraire le venin de serpent mâle; mais le frère aîné de Nelson a fini par dire à Irène que Delia avait aussi été frappée du mal de foudre qui provoque des tremblements, des vertiges et fait écumer les lèvres; alors qu'elle se trouvait dans cet état, son beau-père lui avait reproché injustement de ne pas soigner ses enfants, lui remplissant ainsi l'esprit de mauvaises pensées et portant ses pas sur le chemin de chagrin qui mène à la tombe.

Au bout de quelques jours, j'ai eu une surprise agréable. Mon vieil ami, principal d'un collège d'Oakland, Californie, m'a envoyé une petite tortue vivante de 3 centimètres de long environ avec une belle image du pont de la Porte d'Or qui traverse la baie de San Francisco, peinte en bleu turquoise sur son dos : c'était un beau cadeau qui m'a fait grand plaisir, car j'ai aussi trouvé mon nom, « Don », imprimé dessus. Cette petite chose a fait tellement plaisir à ma femme, que je me suis demandé si elle pourrait la porter en broche, sur le devant de sa robe. Pendant l'après-midi, des amis navaho de Neschelles sont venus et ils ont regardé ma tortue en ouvrant de grands yeux; quand ils m'ont demandé si certaines tortues ont toujours des images sur le dos, je leur ai répondu que oui, en riant sous cape, car je crois qu'ils ont marché. Après leur départ, tandis que je travaillais à mon journal, Norman est entré; il a aperçu notre petite bête et m'a demandé où je l'avais trouvée : il en était tout content, comme sa mère, et m'a dit enfin : « Puisque je suis le seul enfant qui porte ton nom, j'aurai cette tortue. » Irène m'a vite regardé, mais j'ai dit oui et j'ai continué à m'occuper de mon journal.

On a fêté l'anniversaire de Norman le 29 septembre 1939. Nos parents étaient invités à une réception, comme un truc de Blanc. Tous, hommes, femmes et enfants, ils ont apporté un petit cadeau : quelques sous, un melon, ou des bonbons. Irène avait fait un gâteau, mais comme on n'avait pas de bougies, on a collé quatorze allumettes sur le gâteau et on s'est tous mis à les allumer ensemble. Quand tout était prêt, j'ai donné quatorze bourrades dans le dos à Norman, puis je lui ai dit de souffler les lumières et de goûter la nourriture en premier. Irène en a pris des petits bouts dans chaque plat et les a mis de côté, pour nourrir les dieux esprits; on a fait un festin de pain, trois sortes de gâteaux, du ragoût, des galettes, des beignets, deux sortes de tartes, du melon muscat, de la pastèque, du cacao et du café. Il restait tant de nourriture qu'on a invité tout le monde à revenir prendre le petit déjeuner.

Mon fils avait maintenant quatorze ans et je voulais lui acheter un bon cheval de selle; seulement, ça m'a amené une grande discussion avec un Navaho. Il y en a un qui est venu me voir; il m'a dit : « J'ai deux chevaux à vendre : l'un d'eux est une jument de quatre ans qui est si douce que les enfants la montent. Je la troquerai contre n'importe quel objet de valeur. » Quand je l'ai fait venir à la maison pour lui faire voir une paire de boucles d'oreilles de turquoise, Julius est venu à la porte me dire en hopi : « Don, tu sais que le gouvernement est en train de forcer les Navaho à se défaire de leurs chevaux à cause de la sécheresse et qu'il ne leur donne que $ 2 par tête pour abattre les vieux. Essaye donc d'obtenir les deux chevaux pour tes boucles d'oreilles. » Je l'ai remercié, je me suis tourné vers le Navaho et je lui ai dit dans sa langue : « Mon ami, ce sont des boucles d'oreilles de grande valeur. Tu es obligé de te débarrasser de tes chevaux de toute façon, sans quoi le Gouvernement les abattra. Donne-moi les deux, sans quoi je ne marche pas. » Il a baissé la tête un instant, puis il m'a demandé : « N'as-tu pas d'autres boucles d'oreilles ? » « Non, mais si tu me donnes les deux chevaux contre celles-ci, on sera bons amis. » Il a fini par tendre la main pour indiquer qu'il était d'accord et je l'ai invité à prendre le petit déjeuner; ensuite, il est parti avec les boucles d'oreilles et j'ai mis les chevaux au corral.

Quand je suis rentré de Bakabi à la fin de l'après-midi, Irène m'a dit qu'elle m'avait cherché partout; elle m'expliqua pourquoi : « Ce fou de Navaho est revenu et il va vendre un de tes chevaux à un autre type. » Je me suis précipité au corral et je l'ai trouvé avec plusieurs Hopi; je lui demande : « Qu'est-ce que ça veut dire ? » « On a fait le troc ce matin et on s'est quittés bons amis. » « Je viens d'apprendre que tes boucles d'oreilles ne valent pas les deux chevaux. » « Eh bien, je ne veux pas d'un ami qui est trop cinglé pour garder une bonne affaire. Je connais très bien ton père : c'est un vieillard maintenant, aux cheveux gris et à la tête pleine de sagesse, mais tu m'as l'air d'être un fameux imbécile. » Je suis entré dans le corral, j'ai enlevé les entraves des deux chevaux et j'ai dit au Navaho de partir avec eux dès qu'il m'aurait rendu les boucles d'oreilles.

Ebahi, il m'a demandé : « Mais tu vas pas en garder un ? » Alors, sans hésiter, je lui dis : « Non, tu peux les remmener chez toi et laisser le Gouvernement les abattre », tout en me dirigeant vers ma maison. Il est bientôt arrivé devant ma porte avec Andrew et plusieurs autres Hopi qui étaient venus écouter; il m'a tendu la main en me disant : « Je te demande pardon d'avoir rompu notre amitié; je te prie de garder les chevaux. » « Rien à faire », que je lui réponds, « y en a marre de cette cuisine, prends tes chevaux et fous le camp. » Andrew m'a dit en hopi qu'il avait déjà donné un bracelet d'argent au gars contre un des chevaux. « Eh bien, frère, c'est toi qui as encouragé ce Navaho à tricher; je veux que personne lui achète ses chevaux; qu'il les remmène et qu'il les tue. » Alors, Andrew a pris son bracelet et il est sorti et moi, j'ai dit au Navaho d'une voix plus douce : « C'est ce type-là qui a causé nos ennuis. » Il m'a de nouveau tendu la main, mais j'ai secoué la tête et j'ai dit aux autres en hopi : « Je lui apprends une leçon. » Il avait l'air inquiet et restait assis la tête basse; après un très long silence, je lui ai dit : « Tu ferais mieux de t'en aller. » Il a fini par répondre : « Mon ami, si tu veux bien garder les chevaux, je reviendrai bientôt avec un mouton frais pour te consoler. » « Bon, alors je te donne une dernière chance », et, quand je me suis approché de lui pour lui serrer la main, je lui ai vu des larmes aux yeux. Il allait partir, mais je lui ai dit : « Attends, on va manger. » Mes partenaires hopi ont souri, mais n'ont rien dit; dès que la nourriture a été étalée par terre, j'ai dit : « Eh bien, juges, mangeons » et nous avons tous ri. Après dîner, le Navaho m'a aidé à mener les chevaux sur la mesa et à les entraver avant de faire ses adieux. Je suis rentré à la maison et j'ai demandé à Irène de me préparer mon lit, car j'étais épuisé par cette longue discussion; avant de m'endormir, j'ai dit à la famille : « J'espère bien que ce foutu Navaho ne va pas revenir cette nuit, voler nos nouveaux chevaux. »

Je voulais aussi acheter une selle neuve à Norman; il y en avait une petite, accrochée dans la boutique de Hubbell, que je lorgnais depuis plus d'un an, mais elle coûtait $ 52. Et puis, un jour, Claude James en a acheté une bonne à un Navaho pour $ 40 et me l'a cédée pour $ 5 comptant et $ 5 par mois : j'ai eu bien de la joie de voir mon fils partir garder le troupeau, monté sur son nouveau cheval avec sa selle neuve et un large sourire sur son visage.

Mais Norman ne soignait pas bien son cheval; il permettait à d'autres de se servir de sa selle et la laissait même dehors, exposée au mauvais temps, ou chez d'autres gens. Il négligeait son cheval le matin, le menait trop grand train dans les chasses au lapin et ne l'empêchait pas de se couper le pied sur des barbelés. Un jour, quand il a voulu la seller, la bête a fait un écart : il l'a tirée vers lui brusquement dans sa colère et la corde lui a échappé. Je lui ai fait comprendre que c'était sa mauvaise humeur qui avait effrayé le cheval et je l'ai attrapé moi-même en lui parlant doucement. Je lui ai dit : « Manie-le avec douceur et il t'aimera. »

Une nuit, j'ai frappé Norman et j'ai failli mourir. Le 22 octobre 1939, après dîner, j'ai demandé à ma femme où Norman avait laissé sa selle : elle m'a répondu qu'il l'avait laissée chez sa sœur Clara; je suis allé la chercher et je me suis aperçu que ce n'était pas la selle neuve de Norman, mais une vieille qui appartenait à mon neveu Lorenza, à Oraibi le Neuf. Je me suis mis en colère car ça m'a fait penser que Norman ne tenait pas beaucoup aux choses que je lui achetais; j'avais aussi peur que Norman laisse la selle neuve dehors sous la pluie, ou à la merci des Navaho. Je suis allé chez Cecil chercher Norman et je l'ai rencontré sur le pas de la porte : « Où as-tu laissé ta selle? » et il me répond : « Chez ma tante. »

Je l'ai grondé et je lui ai demandé : « Et pourquoi l'as-tu laissée là? On dirait que tu t'en fous de ce que je t'achète. Descends la chercher demain, et si tu m'obéis pas mieux, je te rosserai. » Norman s'est fâché et m'a répliqué : « Eh bien, tue-moi tout de suite et qu'on en parle plus; alors, je te causerai plus d'ennuis. » Je demande : « Que dis-tu? », je me précipite derrière lui et je le gifle sur les deux joues; ensuite, aussi brusquement, j'ai changé d'avis et je lui ai dit : « Fiston, t'as pas le droit de me dire ça : tu es le seul fils qui porte mon nom; je t'ai sauvé la vie quand ton père et ta mère t'avaient abandonné. Je n'aurais jamais cru que tu me dirais des choses pareilles : tu m'as rempli de colère et maintenant, tu me tues, car je ne peux pas supporter ce traitement. »

Je l'ai laissé là et je suis rentré chez moi, mais comme mon cœur pleurait! Je sentais mon heure de mort s'approcher, je tremblais de tout mon corps et mes membres et ma bouche s'engourdissaient. Je suis entré dans ma maison et je me suis étendu en me disant : « Que puis-je faire pour sauver ma vie? » Je ne voyais aucun moyen de me libérer des pensées tristes et amères qui envahissaient mon esprit et se déposaient dans mon ventre; mon estomac devenait dur comme de la pierre. Irène m'a demandé ce qui n'allait pas et quand je lui en ai dit une partie, elle s'est mise à me masser le ventre; mais à présent, mes lèvres devenaient froides et raides, mes yeux roulaient dans leurs orbites et j'avais le souffle de plus en plus court. J'ai jeté un coup d'œil vers la porte qui semblait être à l'ouest de la pièce et je l'ai vue osciller sur ses gonds, puis j'ai vu ma chère mère, morte deux ans auparavant, debout à la porte, me tendant les mains. Quand j'ai dit à Irène ce que je voyais, elle a pleuré et m'a dit : « On ferait mieux d'appeler le médecin. » J'ai balbutié : « Si tu veux me sauver la vie, ça dépend de toi. » Elle a couru dehors, en larmes, à la recherche de Polyestewa, le meilleur médecin d'Oraibi; pendant que j'attendais tout seul, j'entendis ma mère m'appeler à la rejoindre. Un instant, j'ai eu envie de la suivre où il n'y a ni maladies ni peines; mes pensées me tuaient et la douleur dans mon ventre était si forte que je pensais ne pas pouvoir la supporter; aussi, je me suis assis face à l'ouest et je songeais à partir avec ma mère, quand Irène est revenue avec le médecin. Il s'est hâté vers moi et m'a dit : « Qu'est-ce qui ne va pas, petit-fils? » J'ai voulu parler, mais je n'ai pas pu; ils m'ont couché de nouveau sur la peau de mouton et le médecin a remonté ses manches et s'est mis à me masser le ventre. Quand il m'a redemandé ce qui me tourmentait, j'ai ramené ma main vers ma bouche avec des mouvements de friction : il a compris que je ne pouvais pas parler et s'est mis à me masser la bouche; quand mes lèvres ont été dégourdies, je me suis confessé; je lui ai dit toutes mes peines et comment j'avais vu ma chère mère me tendre les mains et me dire de venir. Je lui ai dit que je savais que mes mauvaises pensées me tuaient; je me suis confessé d'abord, puis j'ai pleuré, car chez les Hopi on pleure après la confession, pour éliminer les mauvaises pensées de son organisme.

Comme je pleurais et que le médecin me massait le ventre, j'ai ressenti le besoin de vomir : Polyestewa m'a tenu la tête et Irène a tenu une cuvette que j'ai presque entièrement remplie deux fois, d'une matière jaune et amère. Mon ventre n'était plus dur, mon souffle était plus long et j'avais sommeil. J'ai remercié le médecin de m'avoir sauvé la vie; j'ai promis d'écarter les mauvaises pensées de mon esprit, de me tourner vers l'est et de penser à mes amis vivants, au lieu de mes parents morts. Le médecin a aidé ma femme à me coucher; j'ai demandé à Irène quelle heure il était et elle m'a dit : « Deux heures et demie du matin. » J'ai prié dans mon cœur que mon Esprit Tutélaire veille sur moi pendant mon sommeil et chasse tout esprit malin qui pourrait encore rôder dans le noir, prêt à m'attaquer. Je me suis endormi immédiatement et je ne sais pas quand Polyestewa est parti, ni quand ma femme s'est couchée.

Je me suis réveillé avant le lever du soleil; je me sentais un peu mieux et j'ai décidé d'aller travailler dans mon champ pour écarter les mauvaises pensées de mon esprit; aussi, je me suis levé et je suis parti à la recherche de mes chevaux. Quand je suis rentré à la maison, Polyestewa était là qui m'attendait; il m'a demandé comment je me sentais : je lui ai dit que j'allais beaucoup mieux et que je n'avais plus besoin qu'on me masse le ventre, car il était épuisé et je l'avais graissé à la vaseline. Il m'a dit qu'il était content de me trouver en meilleure santé et qu'il allait prier pour ma vie, puis il m'a conseillé de garder des pensées heureuses dans mon esprit, tout en travaillant au champ. Tandis que nous nous asseyions pour déjeuner, la sœur de mon père, femme de Polyestewa, est entrée demander des nouvelles de ma santé; quand je lui ai dit que j'allais mieux, elle a dit : « Nous étions bien inquiets pour toi hier soir, mais maintenant nous sommes heureux. » Elle pleurait un peu en me parlant, et j'ai failli pleurer moi-même, tout en mangeant mon petit déjeuner.

Norman n'était pas rentré, même pas pour manger. J'ai pensé qu'il avait dû aller chez sa tante à Oraibi le Neuf; je voulais qu'il revienne, mais j'étais décidé à ne pas l'envoyer chercher. Je me disais : « Le voilà maintenant comme le fils prodigue, voyageant en pays lointain. Quand il reviendra, j'aurai le droit de lui parler et de lui apprendre une leçon; je ne pense pas qu'il soit de nouveau impertinent. Je lui donnerai des conseils et j'oublierai que je l'ai giflé. »

Je suis parti en chariot avec Irène pour Batowe et je me suis arrêté à Oraibi le Neuf; là, je suis passé chez le vrai père de Norman, Arthur Pohoqua, pour lui demander de parler à notre petit. Après ça, nous sommes allés au champ faire notre moisson. Le second jour, je me suis enveloppé dans un gros manteau pour protéger mon ventre du vent et nous sommes allés à Oraibi avec un chargement de maïs; je m'y suis arrêté pour prendre la selle de Norman, puis j'ai changé d'avis, de peur de lui faire de la peine de nouveau.

A la fin de l'après-midi, je suis retourné à Oraibi le Neuf chercher ma corde que Norman y avait laissée, mais je n'ai pas touché à la selle. Ça m'a procuré une bonne occasion de parler à la tante Jenny de Norman et de lui faire savoir que je ne demanderais pas à Norman de revenir, mais que je serais content de le voir bientôt. Le soir, je suis allé chercher la literie de Norman chez Cecil, car je le soupçonnais d'avoir encouragé Norman à être insolent envers moi.

Au bout de trois jours, Rudolph, un rebouteux, est venu chez moi. Je lui ai raconté toute l'histoire de mes ennuis avec Norman et je lui ai dit : « Toi, mon fils, qui es grand frère de clan de Norman, j'aimerais que tu lui parles avec force et que tu le préviennes de ne jamais plus mettre ma vie en danger avec ses impertinences. » Il m'a répondu : « Je le ferai, mais toi, père, si tu veux vivre, mets toutes ces mauvaises pensées derrière toi et les esprits malins cesseront de te tourmenter. Tu as été tourné vers l'ouest; moi, je vais te retourner vers le soleil levant qui te mènera sur la voie de la vie. » Je l'ai remercié et je lui ai raconté toute l'histoire de ma mort à Sherman et de ma visite à la Maison des Morts. Lorsque j'ai eu terminé, il a dit : « C'est vrai, combien d'hommes nous ont raconté comment ils étaient morts et revenus à la vie. »

Tandis que nous parlions, le médecin et moi, Norman est entré, l'air triste et honteux. Je ne lui ai pas parlé, mais Rudolph lui a dit de s'asseoir; juste à ce moment-là, Irène est entrée en apportant de la bonne nourriture pour le dîner et s'est écriée en voyant Rudolph : « Tiens, tu es là, père? On mangera dès que j'aurai fait la cuisine. » On a dit à Norman de prendre du melon, et comme je voyais bien qu'il pleurait dans son cœur, j'ai murmuré à Rudolph d'attendre une autre fois pour lui parler.

Après dîner, on a appelé le rebouteux chez quelqu'un d'autre. Quand j'ai remarqué que Norman était prêt à aller se coucher, j'ai approché mon siège du sien et je lui ai parlé doucement, pendant une heure environ; il m'a confessé qu'il regrettait de m'avoir dit des choses si dures, et moi, je lui ai donné des conseils sur ce qu'il devait et ne devait pas faire, et je l'ai prévenu : « Si tu veux maintenir ton père en vie, il faudra que tu fasses attention, car trop d'insolence me tuera. » Il a promis de ne jamais recommencer et s'en est allé se coucher.

Norman a été sage pendant un bon moment, après. A mon voyage suivant à Winslow, je lui ai acheté un nouveau bleu, une chemise de soie de première qualité teinte en rouge avec des fleurs peintes sur le devant et les deux poches, et dans l'espace de quelques semaines, je lui ai acheté une autre chemise, une belle écharpe de danse, une paire de mocassins, des bracelets de cheville indigènes en daim et un magnifique étui pour son arc. Je lui ai aussi acheté un chapeau de $ 7 à moitié prix, un fusil et une paire de bottes montantes. Avec un large sourire, Norman m'a dit : « Je vous remercie de toutes ces choses. » Je lui ai répondu : « Eh bien, tant que tu m'obéiras, que tu te conduiras bien et que tu travailleras dur, je t'achèterai encore bien des choses. » Il m'a promis d'essayer; il me semblait que j'aimais Norman de plus en plus et je me suis rendu compte que, plus que quiconque, il arriverait à me briser le cœur.

XV

LA VIE CONTINUE
1939-1940

J'avais presque cinquante ans et je vivais bien, malgré la maladie, la sécheresse et les mauvaises récoltes. Les chèques pour mon journal arrivaient régulièrement – environ $ 20 par mois – et je me sentais dans la peau d'un rupin qui pouvait faire des courses à Winslow et s'acheter de la farine, du sucre et du saindoux par centaines de livres. Mais aussi, je devenais lourd et mou à force de manger des nourritures riches et d'écrire assis sur une chaise, au lieu de suivre mon troupeau par tous les temps : quand je tuais un mouton, je n'arrivais pas à le rapporter sur mon dos, ce qui prouvait que je devenais vieux et faible.

Seulement, les gens étaient jaloux de moi. Il y en avait qui disaient que je trônais dans les autos de mes amis blancs comme un petit dieu, et d'autres qui prétendaient que les chèques venaient des autorités d'un musée en paiement des corps de Hopi morts que j'allais voler dans les tombes et que je leur envoyais. Le chef du Conseil hopi d'Oraibi le Neuf m'a ordonné de ne plus mener d'amis blancs aux danses de Katcina et un Hopi instruit m'a prévenu que mon frère de Yale était un espion allemand et que je risquais d'être arrêté : ça m'a inquiété, jusqu'au moment où j'avais reçu des lettres de l'Université que je pouvais montrer comme preuve que Mr. Simmons était un citoyen et un homme sûr.

On a aussi fait courir le bruit que j'étais Deux-Cœurs. J'avais raconté à mon oncle de clan, Jasper, de Shongopavi, l'histoire de mon voyage de rêve à la kiva du monde inférieur et il l'a répétée à d'autres dans son village. Pat, le médecin hopi de là-bas, en a eu vent et a prétendu que ce n'était pas un rêve, mais que j'avais réellement assisté à une réunion de la société de sorcellerie, car deux des chants que j'avais décrits étaient des vrais chants de sorcière. Myron en a entendu parler et me l'a dit. Un jour, Jenny, ma sœur de clan à Oraibi le Neuf, m'a fait appeler chez elle et m'a prié de ne plus parler de ce rêve, en me prévenant que quelqu'un pourrait s'en servir contre moi.

Quelques semaines après, j'ai reçu une lettre avec un chèque et je l'ai portée chez mon frère où Laura, une précédente femme de Myron, se trouvait en visite. Quand elle l'a vue, elle a dit : « Je crois que tu as reçu quelque chose d'un musée en paiement des cadavres. » Je lui ai répondu : « Tu ne dis pas la vérité. Lis la lettre et juge toi-même. » Elle a regardé le chèque mais a détourné les yeux de la lettre, alors j'ai dit : « Elle prouve que je n'ai qu'un cœur et que je ne cache mon travail à personne comme certains d'entre vous le font; j'essaye de bien agir, mais il y a toujours quelqu'un contre moi. Toutefois, j'ai un bouclier pour me protéger, ainsi je suis en sécurité. Aucun de vos mensonges ne peut me faire de mal, car ma vie future prouvera que vos histoires sont mensongères : si je volais les cadavres pour les vendre aux Blancs, je suis sûr que je serais puni d'une mauvaise maladie qui me tuerait, et voilà ce qui prouverait mes agissements malfaisants. Réfléchis-y et change d'opinion. » Alors, j'ai collé la lettre dans ma poche-revolver, je suis monté sur mon cheval et je suis rentré chez moi. Quoi qu'en disent les gens, je n'ai aucune crainte de devenir Deux-Cœurs, car je sais que mon Esprit Tutélaire me protégera jusqu'au jour de ma mort, et les dieux hopi me sont témoins que je n'ai jamais vendu d'objets sacrés utilisés aux cérémonies, ni révélé de secrets rituels qui ne fussent connus auparavant. Mon Esprit Tutélaire me lâcherait si je le faisais. J'étais agacé par ces gens d'Oraibi le Neuf qui n'ont qu'une envie, c'est de ressembler aux Blancs eux-mêmes, qui font profession d'être chrétiens et laissent leur esprit battre la campagne. Ils étaient jaloux de mes amis blancs et j'étais décidé, plus que jamais, à continuer mon travail avec eux.

Pendant la première semaine de décembre (1939), le frère de ma femme, Baldwin, s'est marié et a offert un banquet de noces chez ses parents, à la source Loloma. Nous y sommes allés, Irène et moi, en chariot, avec vingt pastèques, deux marmites de ragoût, un sac de farine et un paquet de café, car nous devions offrir un festin aux parents de la mariée. Il y avait beaucoup de gens des clans du Feu et du Perroquet; la mariée était très gentille et amicale; elle était tout le temps occupée à rendre tout le monde heureux et à montrer comme elle était bonne ménagère. Après dîner, les femmes qui faisaient cuire du piki dans une autre pièce m'ont fait venir pour que je leur raconte une histoire; j'étais tout intimidé, mais je me suis dit : « Je suis un homme et je ne dois pas perdre la face. » Aussi, je me suis lavé la figure, je me suis peigné, j'ai attaché un mouchoir de soie autour de mon front et je suis entré. Elles m'ont installé un siège confortable et m'ont demandé une histoire; la tante de Baldwin a dit : « Dépêche-toi de nous la raconter, sans ça on t'enverra au même endroit où on envoie les parents du marié demain : on va monter une fameuse bataille de boue et on va tous les envoyer rejoindre leurs chers disparus. » En riant, j'ai répondu : « Eh bien, ça me permettra de les retrouver, là où il n'y a ni chagrin ni maladie, point de disputes et point de travail. » Une des femmes a demandé : « Est-ce vrai que les morts sont heureux? » et j'ai répondu : « Oui, j'ai été au pays des morts et je le sais. » Alors, je leur ai raconté ce que j'avais vu sur mon voyage de mort et surtout les Deux-Cœurs, et j'ai regardé les figures de deux des femmes qui avaient l'air inquiet : c'étaient peut-être les femmes qui s'étaient transformées en hiboux, avaient appelé de mon toit et m'avaient décoché des flèches empoisonnées dans le bas de la colonne vertébrale. Je me suis dit : « J'aurai peut-être un rêve, un jour, qui me permettra de le découvrir. »

Je ne m'étais guère distingué comme séducteur, depuis deux ou trois ans, car j'en étais arrivé à comprendre que dépenser mon argent en femmes, c'était le jeter par la fenêtre. La nourriture semblait nous donner plus de plaisir, à Irène et à moi, au point que je n'avais vraiment fait l'amour avec personne que ma femme depuis un bon moment et encore, très rapidement, toutes les deux semaines. Cependant, j'aimais encore faire des plaisanteries à ce sujet : par exemple, quand nos voisins se sont acheté du linoléum pour mettre par terre, j'en ai commandé pour Irène; quand il est arrivé, on s'est dépêché de manger et on l'a étalé sur la terre battue, en présence de la sœur d'Irène, Clara. Irène a eu l'air ravi et je lui ai dit en blaguant : « Dorénavant, tu me traiteras mieux ou je me trouverai une autre squaw. » Elle a ri et m'a dit : « Tu crois que tu as fini de payer, mais aujourd'hui, je me suis acheté un châle espagnol au comptoir : le commerçant a dit que je pouvais lui donner $10 maintenant et $8 à l'automne prochain. » Ça m'a donné un drôle de choc, mais je ne voulais rien dire devant Clara; Irène ne m'avait jamais autant endetté et je me suis demandé si elle devenait un peu maniaque et dépensière. Mais c'était un bien beau châle. Quand on a étalé le linoléum, Clara m'a demandé combien il coûtait et elle a ajouté qu'elle espérait bien en avoir aussi, un jour; je lui ai répondu : « Eh bien, si tu en mets un coup avec ton mari la nuit, comme Irène le fait avec moi, il t'en achètera peut-être. Irène va au grand galop. » Elles ont ri toutes les deux, puis elles ont dit : « Ne t'en va pas mettre ça dans ton journal pour ton frère blanc. » Mais j'ai répondu : « Il me gronde pas. » On ne faisait que plaisanter, bien sûr, mais il y a de la vérité dans les plaisanteries.

Un jour, Neschelles s'est arrêté avec sa famille et ils ont mangé chez nous. Pendant le repas, sa femme a demandé : « Pourquoi vous n'avez pas deux femmes, comme nos hommes? » « Ce serait chic », ai-je répondu, « mais qui est-ce que je pourrais trouver? » Elle a souri en me disant : « T'as qu'à prendre n'importe quelle jolie fille travailleuse. » « Dans ce pays, toutes les femmes sont paresseuses. Je crois que ce qui me plairait, c'est une squaw navaho, et ta sœur, elle me plaît. » Alors, Irène a compris, bien qu'on parle en navaho, elle a dit : « Si mon mari séduit cette Navaho, elle aura affaire à moi. » On a ri et Neschelles a dit : « Personne ne veut épouser la sœur de ma femme parce qu'elle est veuve. » Sa femme a répondu : « Mon mari a une femme d'occasion près de la source; au début, j'ai pensé que je pourrais pas le supporter, mais ensuite, j'ai réfléchi qu'elle pourrait m'aider dans mon travail. » « Moi aussi », que je dis, « j'ai besoin d'une femme de rechange, car ma squaw n'est plus bonne à grand-chose; elle se met pas en mesure avec moi et quelquefois, elle reste étendue si raide et immobile que je me demande si elle est morte, alors je la regarde sous le nez et elle me fait un clin d'œil. » On a ri, mais j'ai regardé Irène et j'ai vu que nos plaisanteries allaient trop loin pour elle; alors j'ai dit : « Changeons de sujet : ma femme a la main leste. Si jamais elle me donne une raclée, j'irai chez vous. »

Je n'étais plus l'homme d'autrefois, mais les petits côtés de l'amour continuaient à m'intéresser. J'ai eu une occasion de serrer une jeune squaw navaho dans mes bras, avec plaisir : un jour que je revenais de mon champ de Batowe, une jolie femme était en train d'abreuver ses chevaux près du moulin à vent; j'ai sauté de mon cheval, je lui ai serré la main et je lui ai demandé où elle habitait. Elle était de Piñon, à vingt-sept kilomètres de là, environ. Quand elle a appris que j'étais d'Oraibi, elle a dit : « Je ne vous connais pas, mais si jamais j'allais chez vous, est-ce que vous prendriez soin de moi? » « Certainement, et surtout si vous voulez bien m'aimer un peu, car j'ai besoin d'une gentille squaw. » Je l'ai serrée dans mes bras et je l'ai attirée à moi; d'abord, elle n'a rien dit, mais elle a été secouée d'un frisson; juste à ce moment-là, deux petits enfants ont levé la tête dans le chariot et nous ont regardés fixement, mais sans pleurer. Mon amie s'est dégagée doucement et m'a dit : « On se retrouvera peut-être la semaine prochaine. » On s'est fait des sourires et je suis grimpé sur mon chariot; après une cinquantaine de mètres, je me suis retourné et je l'ai vue qui me regardait; alors, je lui ai fait un signe d'adieu et j'ai reçu une réponse aussitôt, puis, le cœur joyeux, j'ai fait tournoyer un fouet au-dessus de ma tête et j'ai mené mon attelage au galop.

J'ai eu un rêve qui m'a rappelé mon premier jour de classe. J'étais en train d'atteler mes chevaux au chariot, quand deux cavaliers sont arrivés en uniforme, m'ont mis des menottes et m'ont emprisonné dans une grande maison blanche, sous l'inculpation d'écrire de faux rapports à Washington. Je me suis déclaré innocent et je me suis si bien défendu devant le commissaire qu'il m'a demandé si je voudrais retourner à l'école et devenir avocat. Quand je lui ai dit mon âge, il m'a répondu : « Cinquante ans, c'est pas très vieux. Peut-être même que tu deviendras juge. » Alors, il m'a emmené dans l'arrière-salle d'une école où je pouvais prendre un bain; une femme blanche est venue m'aider, m'a mis ses bras autour du cou et m'a embrassé; j'ai mis la main droite sur sa poitrine et je lui ai rendu ses baisers, pendant que je laissais errer les doigts de ma main gauche. Je me suis réveillé trop tôt et sans cloches dans les oreilles, car je n'avais pas peur, cette fois.

J'ai aussi été un peu excité par une femme à la danse du Serpent de Walpi. Il y avait une telle foule sur la plaza que des centaines de gens étaient montés sur les toits des maisons; j'étais debout contre un mur; juste au-dessus de moi, il y avait une femme blanche dont les jambes pendaient à côté de mon épaule, et je les remarquais chaque fois que je levais les yeux. Quand la représentation a commencé et que les gens se sont serrés, mon épaule s'est trouvée coincée entre les genoux de la femme. Les danseurs Antilopes étaient entrés sur la plaza et décrivaient des cercles autour de la « maison » du serpent, quand j'ai posé la main sur le genou de la dame en lui disant : « Eh, la belle, ça vous ennuie que mon épaule appuie là ? » « Non, il y a du monde et ça ne fait rien », répond-elle, mais j'ai remarqué que ses compagnons souriaient. Au beau milieu de la danse, elle a dit : « Mon ami, j'ai une crampe à la jambe gauche, comment est-ce que je peux l'arrêter ? » « Si ça vous fait rien, je peux vous soulager », que je dis, et elle répond : « Allez-y. » Je lui ai pris les orteils dans ma main droite, j'ai passé ma main gauche derrière sa jambe et j'ai remonté en appuyant bien fort, puis je lui ai massé le mollet jusqu'au genou, et un peu plus, m'arrêtant en même temps que la danse. Elle a eu l'air d'avoir apprécié mes soins et m'a remercié. Tandis que les gens s'en allaient, elle et ses amis m'ont serré la main et nous avons tous ri.

Au cours de ma cinquantième année, j'ai eu une longue aventure sans résultat avec Molly Juan, de Hotavila. Latimer (frère de clan de ma femme), mari de Molly, était malade et j'allais souvent lui rendre visite et glisser un ou deux dollars à la jeune Molly, lui serrer la main et échanger des regards de compréhension, sans y attacher beaucoup d'importance, mais les yeux de Molly se sont mis à en dire de plus en plus long et moi, je me suis mis à la cultiver comme une plante délicate, jusqu'au jour où, enfin, c'était elle qui me faisait signe de m'arrêter, chaque fois que je passais devant chez elle.

Un jour, Molly est venue à Oraibi le Neuf assister à une danse de Katcina et s'est fait très mal recevoir par ma femme. Bientôt, je me suis arrangé pour aller à Hotavila; je suis passé devant la maison de mon amie qui avait l'air vide; je me suis approché, j'ai jeté un coup d'œil à l'intérieur et j'ai entendu un bruit d'éclaboussure comme si quelqu'un était en train de prendre un bain; je suis vite entré et j'ai trouvé Molly toute seule, les mains couvertes de terre glaise humide, en train de faire de la maçonnerie. Je lui ai dit bonjour doucement et je lui ai dit : « Je suis triste que ma femme t'ait maltraitée. » J'ai pris ses mains salies dans les miennes, je l'ai attirée à moi et je l'ai serrée dans mes bras. Elle avait l'air si heureux, que j'ai pensé que ma récompense ne tarderait pas à venir, mais juste à ce moment-là j'ai entendu un trottinement de petits pieds, je l'ai vite embrassée, je me suis assis sur une caisse et je me suis mis à bavarder. Ses enfants sont entrés en courant lui dire que le déjeuner était prêt à sa maison de clan. Je savais qu'elle était à ma disposition, mais je me rendais compte mieux que jamais qu'il me fallait faire attention, de peur que Latimer ne découvre que je m'intéressais à sa femme et que son mal s'aggrave, car on me ferait une mauvaise réputation. Sur le chemin du retour, je me sentais déçu et impatient, car j'ai calculé qu'il y avait plus d'un an que je cultivais Molly et que ça m'avait déjà coûté plus de $10. Alors, j'ai décidé de lui rendre visite pendant une cérémonie, quand son mari serait à la kiva, mais quand cette nuit est arrivée un mauvais orage a éclaté et m'a fait rentrer chez moi.

Un après-midi, un mois plus tard, le 1er janvier 1940, je me suis levé d'une sieste et j'allais partir pour le corral à chevaux, quand Walter de Bakabi est passé devant moi. Je l'ai hélé, je lui ai crié : « Joyeux Noël et bonne année », puis je lui ai demandé de porter un message à mon amie. Il m'a répondu en riant : « Je suis bien renseigné sur toi et cette femme, il y a plus d'un an que tu lui cours après. » « C'est vrai », que je réponds, « mais écoute-moi bien, mon ami, je ne suis jamais allé jusqu'au bout, alors je n'ai peur d'aucun ragot. » J'avais aussi un moyen de le taquiner : « Dis donc, et toi, comment ça marche avec ma nièce R...? » Je l'observais attentivement et quand je l'ai vu rougir, je l'ai blagué : « Comment, Walter, un homme qui rougit! Maintenant, je suis fixé. » « Oui, c'est vrai, mais je l'ai dit à personne. S'il y a une danse à Oraibi le Neuf, veux-tu m'inviter chez elle? » J'ai promis de faire ce que je pourrais pour lui et comme il se préparait à partir, je lui ai dit : « Souviens-toi de mon message à Molly. » Il m'a donné un coup sur le dos et nous avons ri tous les deux. J'avais couché avec ma femme la nuit précédente et, cependant, je pensais tout le temps à Molly et j'étais fier de ce vieux sentiment de virilité.

Quelques semaines plus tard, j'ai décidé d'aller à Bakabi assister à une danse de Katcina et j'ai demandé à Irène de me laver les cheveux à la mousse de yucca, puis j'ai pris des ciseaux et j'ai fait le tour des voisins, pour trouver quelqu'un qui me coupe les cheveux. J'ai dit à un vieux couple : « Il faut que je me fasse couper les cheveux, car ils m'arrivent jusqu'aux épaules et j'ai remarqué que mes bonnes amies me font des affronts. » Tom Jenkins a ri et puis il a dit : « De toute façon, tu es trop laid maintenant pour plaire aux dames, alors tu ferais aussi bien de les laisser longs. » Je lui ai rappelé qu'il était un cas encore plus désespéré que moi, car il était plus laid et avait l'air plus vieux. Finalement, je suis parti pour Bakabi sans m'être fait couper les cheveux; au moment où je passais devant le sanctuaire du Buffle, une auto m'a dépassé et le chauffeur s'est arrêté à une dizaine de pas devant moi; chaque fois que je me mettais à courir, il repartait et stoppait un peu plus loin, toujours hors d'atteinte. Ils étaient cinq dans l'auto qui me regardaient et riaient; j'ai fini par les rattraper et monter. Le chauffeur était le fils de l'oncle d'Irène, Perry, que je taquinais depuis des années. Quand je suis descendu à Bakabi, il a regardé tout le monde en riant comme pour dire : « Tu vois, je te rends la monnaie de ta pièce pour tout ce que tu m'as fait endurer. » Je me suis approché du siège du chauffeur, je l'ai empoigné et je lui ai dit : « Voyou, à quoi penses-tu de me maltraiter? » Il se marrait en répondant : « Je ne te maltraitais pas, je t'apprenais à courir », puis il m'a dit tout bas à l'oreille : « Une nuit qu'on te prendra avec Molly, ça te servira de savoir courir. » Il m'a donné une bourrade dans le dos et on a ri tous les deux; je ne voulais pas en parler devant tout le monde, alors je l'ai laissé avoir le dernier mot. Je suis entré à la kiva, j'ai pris un morceau de tabac de montagne, je l'ai fumé et j'ai prié avec les dignitaires; après avoir dîné avec mon père de clan Kewanimptewa, gouverneur de Bakabi, je suis rentré à la kiva; je suis resté pour toutes les danses, puis je suis rentré chez moi, sans voir Molly du tout.

Quelques mois plus tard, je suis retourné à Hotavila avec un Blanc qui voulait acheter des souvenirs et nous avons été chez Latimer. A ma surprise, Molly avait accouché d'un enfant prématuré qui était mort deux semaines auparavant. Tandis qu'elle nous offrait du piki et du thé sauvage, je me demandais d'où lui venait l'enfant, car j'étais convaincu que son mari était trop chétif; j'étais content pour une fois d'être innocent et je me demandais qui avait bien pu se mêler de cette famille.

La position des hommes leur permet de s'entraider vis-à-vis des femmes. Si une femme me demandait des renseignements sur les aventures de son mari, je serais prêt à en ignorer tout ou même à lui mentir tout simplement, car je crois que mon Esprit Tutélaire me le pardonnerait et m'aiderait même à rendre ce mensonge plus utile que la vérité. Chaque fois qu'un mari a des ennuis avec sa femme qui est dans son tort, c'est le bon moment pour l'homme d'avertir sa femme et de la traiter un peu mieux. Je soutiens toujours mon voisin quand il a raison, et je suis prêt à aller dire un mot à la femme qui cause les ennuis, s'il y a des liens de parenté qui m'y autorisent.

Une nuit de janvier 1940, quand j'ai soufflé la

lumière et que je suis allé me coucher, j'ai remarqué qu'Irène était triste. Je lui ai demandé : « Qu'est-ce qui te tracasse ? Peux-tu me le dire ? » Irène a pleuré et m'a répondu : « Grace a quitté Myron et elle est retournée à Shongopavi pour de bon. Tu sais qu'à la dernière danse Myron est rentré et qu'il a surpris un homme à s'esquiver par la porte. Il a suivi cet amant de nuit, l'a attrapé par l'épaule et s'est aperçu que c'était W... de Bakabi. Myron a été très jaloux et s'est beaucoup disputé avec sa femme; Grace m'a dit qu'elle tenait pas particulièrement aux assiduités de W..., mais que Myron lui avait fait tant d'histoires, qu'elle rentrait chez ses parents pour de bon. Aujourd'hui, ses parents sont venus chercher ses biens; Grace m'a donné ses plants de haricots à cueillir. » Moi, je réponds : « T'as vraiment pas à t'en faire, Grace a déjà quitté Myron une fois; ils seront probablement ensemble de nouveau, d'ici deux ou trois mois. Il y a beaucoup de gens qui ont l'air de se séparer en ce moment, mais j'espère qu'il y aura jamais d'ennuis de ce genre entre nous. »

Deux mois après, Grace est revenue avec ses enfants et Myron est venu chez moi me parler de sa femme : j'ai pris son parti et j'ai été d'accord que Grace n'acceptait jamais les conseils de personne; j'ai dit : « Puisque je suis le neveu de son père et par conséquent son « père », j'ai le droit de lui donner des conseils; si c'était ma vraie fille, je crois que je lui donnerais une raclée. » J'ai assuré Myron qu'il était bon cultivateur et qu'il avait rendu sa femme riche, tandis que son premier mari était un flemmard. Je l'ai félicité de faire une meilleure vie à sa femme qu'elle n'en avait jamais connue auparavant et je lui ai fait remarquer qu'en dépit de ses bons traitements, elle cherchait quelque chose d'encore meilleur entre les bras des autres. J'étais d'accord qu'il fallait y mettre fin et j'ai dit : « Myron, tu es dans ton droit; j'ai perdu confiance en Grace à la suite de ces aventures; je me sens bien tenté d'aller la trouver une fois de plus et de lui faire la morale comme il faut. Cette fois, je ne la croirai pas et je ne prendrai pas son parti quand tu lui montreras de quel bois tu te chauffes; chaque fois qu'elle viendra chez moi dorénavant, j'aurai l'occasion de la disputer. Alors, si elle me répond insolemment, je romprai toute relation avec elle et je lui dirai qu'elle n'est plus digne de m'appeler « père ». »

Myron a répondu : « J'espère bien que tu vas lui parler sans ménagements : quand elle est tombée malade à Shongopavi, elle m'a fait venir et m'a dit qu'elle revenait. J'étais furieux et je l'ai fait pleurer. Je lui ai rappelé que je ne lui avais jamais donné l'ordre de partir, en premier lieu. Elle a dit que quand tu étais venu à la danse, elle t'avait bien observé et qu'elle avait remarqué que t'avais rien d'aimable à lui dire; je l'ai informée que tout le monde en pensait autant à son sujet. » « Eh bien, Myron », que je réponds, « elle vous fait beaucoup de tort, à toi et aux tiens; à l'avenir, surveille-la bien et visse-la : en ce moment, elle file doux comme un cheval efflanqué à bout de souffle, et toi tu as les rênes en main; mais quand elle aura repris un peu de poil de la bête, elle redressera la tête comme une jument sauvage, elle sera aussi folle que jamais et elle vous ruera au nez, à toi et à tes amis. » « C'est vrai », dit Myron, « je t'ai dit la même chose quand elle est revenue la première fois, mais maintenant, je l'ai coincée dans une gorge profonde et j'ai bouché les issues, si bien qu'elle est ma prisonnière, aussi, je pense que je pourrai la tenir pendant un bon moment. »

J'ai fait un très mauvais rêve à propos d'Irène. Il semblait que je vivais à environ sept kilomètres d'Oraibi et qu'il devait y avoir une danse au vieux village; Irène était partie avec Baldwin, son frère, préparer de la nourriture pour que les gens puissent manger et être heureux. Le soir, j'ai fait ma propre cuisine et j'ai dîné seul, mais Solemana, ma vieille mère rituelle, est venue laver la vaisselle. Je suis parti pour Oraibi; je suis arrivé à ma vieille maison après la tombée de la nuit et je n'y ai trouvé personne. J'ai craqué une allumette et j'ai découvert qu'Irène avait préparé notre lit pour la nuit et avait disparu ensuite. J'ai été dans plus de quinze maisons demander des nouvelles de ma femme, mais tous mes amis secouaient la tête; à la maison de la sœur d'Irène et de ses proches parents, j'ai trouvé un groupe de femmes qui m'ont nourri, mais quand j'ai de nouveau demandé où se trouvait ma femme, elles se sont regardées, elles ont rougi, et elles n'ont rien dit, alors j'ai su qu'Irène se cachait de moi avec un amant et que ses sœurs la protégeaient. Je me suis levé et je suis sorti précipitamment, rouge de colère et tout en sueur.

Voyant enfin une petite lumière dans notre maison, j'y ai couru et j'ai trouvé Irène en train de faire du piki. Je lui ai demandé : « Où étais-tu? » et quand elle m'a répondu qu'elle n'avait jamais bougé de la maison, j'ai su que c'était un mensonge, je l'ai giflée sur la joue droite et je me suis écrié : « Espèce de folle, je te comprends maintenant et je les connais, tous les sales tours que tu me joues. » Alors qu'Irène était en train de pleurer, sa sœur Barbara, la mère de Norman, est entrée et m'a dit : « Ne la tue pas, elle a assez souffert. Je te déteste pour les traitements que tu lui fais subir. » Irène a ajouté qu'elle me détestait aussi, et puis Barbara a dit : « Irène m'a raconté que tu deviens trop vieux pour pouvoir faire l'amour et que tu ne peux même pas bander. » Profondément blessé, j'ai répondu : « C'est bien, Barbara, tu peux prendre Irène à ta charge; je ne peux pas supporter ces idioties. Je connais ton passé licencieux, et tu devrais avoir honte. Tu es une imbécile qui n'écoute jamais personne; je vous ai bien traitées toutes les deux, mais maintenant, c'est fini. Si je ne peux pas satisfaire Irène, je vais la laisser à un homme plus jeune. » Juste à ce moment-là, Edna, la sœur d'Irène, est entrée; elle a disputé Barbara, elle a pris mon parti et elle a fait de grands éloges de moi, comme soutien de famille; elle a terminé en me disant : « Mon beau-frère, je te prie de ne pas quitter ta femme. » J'avais le cœur brisé et je pensais porter toutes mes affaires à la maison du Clan du Soleil.

Je me suis réveillé bien malheureux et je suis resté immobile sur mon lit, à étudier mon rêve soigneusement, en me demandant ce que ça voulait dire. Irène s'était levée pour préparer le feu; elle a remarqué la tristesse de mon visage et m'a interrogé sur ce qui s'était passé; comme je le lui racontais, elle n'y faisait pas très attention au début, mais quand elle s'est aperçue que je devenais de plus en plus triste, elle m'a parlé doucement et m'a dit qu'elle espérait que ce malheureux rêve ne se réaliserait jamais.

Je continuais à voir des Blancs de temps à autre. Un étranger est venu à Oraibi et Betty, ma petite fille rituelle, est venue en courant me dire que notre Chef voulait me voir : j'ai trouvé un vieil artiste avec lui, qui a dit que le Chef avait accepté de poser pour son portrait pour $ 3 et qu'il voulait que je pose pour $ 2. « Et pourquoi pas $ 3 ? » que j'ai demandé. « Tu n'es pas le Grand Chef », me répondit-il. « Je suis officiant et chef du Clan du Soleil de la lignée des chefs. » Il s'est tourné vers notre Chef et lui a demandé : « Est-il aussi Chef comme toi ? » La réponse a été : « Oui, oui, c'est un Chef », alors l'artiste m'a bien examiné et il a dit : « Bien, alors attache-toi une plume d'aigle dans les cheveux et ne porte pas de bandeau. » Deux jours après, j'ai mis mes boucles d'oreilles de turquoise, des colliers de corail et de wampum et une plume d'aigle tendre, et je suis descendu poser à l'école. Je voulais que l'artiste prenne bien son temps, pour que le portrait soit très ressemblant. Quelques jours plus tard, ce vieux m'a emmené à la première mesa assister à une danse et il s'est énervé parce que j'ai été manger chez des amis et que je suis arrivé un peu en retard à l'auto; alors, il a conduit à toute vitesse, comme un chien enragé, pendant un moment et puis il a ralenti son train. Quand j'ai vu qu'il s'était calmé, je lui ai dit pourquoi j'avais été en retard, il a souri et m'a dit : « N'y pense plus. » On est arrivé au club des professeurs à Oraibi le Neuf avant les autres et comme je descendais de la voiture, je lui ai dit : « Je vais remonter la mesa à pied; tu es arrivé avant tout le monde, alors peut-être que tu vas leur faire cuire leur dîner. » Je voulais lui rappeler son énervement, car je n'ai jamais aimé les gens qui vous bousculent.

« Sans chemise » est aussi revenu, mais il avait déjà un nouveau nom : il avait omis de me payer d'un travail que j'avais fait pour lui, sur une histoire de maïs hopi, et m'avait écrit un tas de lettres qui me demandaient de patienter. Après ça, je l'ai appelé « Homme Patient » et j'avais pensé le faire arrêter si jamais il revenait en terre hopi; de tous les amis blancs que j'aie jamais eus, c'est lui qui a été le plus près de me rouler, mais j'ai fini par être payé. Un soir, quand je suis rentré du travail, ma femme m'a dit : « Homme Patient » est venu aujourd'hui avec des femmes blanches; il m'a appelée « Madame Talayesva » et m'a donné un petit pot. » Quand je lui ai demandé s'il avait une chemise, elle a dit : « Oui, il était vêtu comme un monsieur. » Alors, j'ai répondu : « Eh bien, j'espère qu'il se conduira de même. » Je l'ai vu le lendemain et il m'a donné des coquillages blancs et des perles de verre; il a dit que les perles et les coquillages venaient de l'Océan, mais je ne l'ai pas cru. Ensuite, il est revenu passer la nuit chez nous en disant que des vieux vêtements paieraient la nourriture et le logement. Quand le Chef a refusé de lui permettre de prendre des photographies à moins de $ 1 pièce, il s'est énervé; il a dit qu'il n'enverrait plus de vêtements et m'a demandé de lui permettre de me prendre en photo, en insistant pour que je sourie. Je savais que je perdais mon temps, alors, je lui ai dit de faire comme chez lui dans le pays et je me suis remis à mon journal. Quelques jours après, un ami m'a demandé si ce type me plaisait. « Pas beaucoup », ai-je répondu, « et certainement pas du fond du cœur; son esprit n'est pas bon et ce n'est pas un de mes vrais amis. » Je ne lui ai pas fait de paho à notre *Soyal*.

Le principal de collège qui m'avait envoyé la tortue est aussi revenu et il a pris un repas chez moi. Il voulait prendre des photos dans le village, mais notre Chef a refusé, à moins du prix régulier de $ 1 la photo. Le lendemain, je l'ai emmené à Oraibi le Neuf rendre visite à une dame hopi très instruite, qui était maîtresse d'école et tenait un petit hôtel; elle lui a dit qu'elle était la seule institutrice hopi de toute la réserve et en parlant ensemble, ils employaient de si grands mots que je me suis senti exclu, comme si j'étais sourd, car tout ce que je pouvais faire, c'était regarder autour de moi, comme un animal. Finalement, je suis allé avec mon ami à l'école, et là, il a tiré un papier et s'est mis à me poser beaucoup de questions, mais il y en avait auxquelles je ne pouvais pas répondre, parce que c'était au sujet de secrets rituels. Cet homme a fait un tableau de ma maison et m'a fait la surprise de m'envoyer un cadeau de papier à lettres personnel, avec mon portrait, mon nom en entier et mon adresse, et des symboles de nuages imprimés dessus.

Un jour, une Blanche est venue chez nous et nous a dit qu'elle venait d'Ann Arbor, Michigan. Je lui ai demandé : « Peut-être connaissez-vous mes amis, les professeurs Mischa Titiev et Volney Jones ? » Elle les connaissait bien, alors je lui ai expliqué que j'avais aidé Volney à avoir son diplôme de botanique et Mischa celui d'anthropologie; je lui ai dit : « On a choisi un assez grand nombre d'étudiants dans les universités pour les envoyer ici, et j'ai la fierté de dire qu'il y en a qui m'appellent « maître ». » Quand elle m'a demandé de lui faire voir le village, j'ai vite enfilé mes souliers et j'ai commencé par lui montrer la pièce où le Dr Mischa Titiev avait vécu et où, plus tard, mon frère blanc de Yale avait aussi vécu et travaillé avec moi à rédiger un compte rendu complet de ma vie.

J'étais fier de mes amis blancs et je leur écrivais

régulièrement pour leur remonter le moral, et tous les ans après le *Soyal*, je leur envoyais de la farine de maïs sacrée et des plumes à prière pour protéger leurs vies. Chaque fois qu'ils m'écrivent, j'estime que j'ai de la chance et il me semble que les étoiles sont plus brillantes. Quand le nouveau facteur m'a tendu cinq lettres d'un coup, il a dit d'un air étonné : « Tu dois avoir beaucoup d'amis blancs, partout aux Etats-Unis. » J'ai répondu : « Oui, j'ai un tas d'amis, des différentes universités, et j'en suis fier. » Il est longtemps resté planté là à me regarder fixement, pensant, peut-être, que j'étais quelqu'un.

Le 1er janvier 1940, mon frère blanc est revenu de l'est voir où j'en étais de ma vie. J'avais utilisé presque trois douzaines de crayons à faire mon journal, mais il voulait en savoir plus, alors j'ai embauché un berger pour le troupeau et pendant quinze jours, je n'ai fait que manger, dormir et parler. Mais le seizième jour, quand il m'a demandé des détails sur les cérémonies, j'ai été obligé de dire : « Ce que j'ai fait au *Soyal* est secret. Quand vous me demandez d'en parler, ça me met les gens à dos. » Il a paru très déçu, il a réglé mon compte, il m'a serré la main et il a dit qu'il serait forcé de quitter Oraibi trois jours plus tôt que prévu, pour étudier les descriptions des cérémonies dans le livre de Voth. Quand il est parti, j'ai été très triste, et je crois qu'il l'était aussi.

A 6 heures, je suis allé au bureau de poste chercher mon courrier, avec l'espoir d'y voir Mr. Simmons. Il est venu me trouver et m'a proposé de me ramener en voiture. En route, je lui ai dit que j'étais désolé de le décevoir, et je lui ai proposé de relire le livre de Voth avec lui, de lui en signaler les erreurs et de ne parler que de moi. Il est revenu et nous avons étudié le texte pendant deux jours, mais il fallait être aux aguets et le cacher chaque fois qu'il entrait quelqu'un; je ne lui ai communiqué aucun secret que Voth n'ait déjà publié, mais ce foutu missionnaire, c'était un malin. Quand mon frère est retourné chez lui, je lui ai écrit une grande lettre, pour lui dire tout ce que je pensais de Voth.

Jauneta, la femme de Cecil, était malade de la tuberculose et Cecil en prenait si peu soin que le Conseil hopi d'Oraibi le Neuf a envoyé un officier lui parler. Elle avait épousé Cecil très jeune et les enfants étaient venus trop vite; quand son dernier était né, pendant l'été de 1938, ses os pelviens ne s'étaient pas remis en place; en plus, elle se faisait de la bile parce que Cecil disait que l'enfant n'était pas de lui et courait à droite et à gauche. Ils se sont beaucoup disputés et Cecil a fouetté sa femme plusieurs fois. Finalement, elle a délaissé ses enfants et a eu une aventure avec un étranger. Quand le petit garçon avait onze mois, la mère de Jauneta me l'avait amené deux fois, pour que je le soigne avec mon pouvoir d'Antilope. J'avais dit : « Ce bébé s'est aperçu que sa mère ne l'aime pas et commet l'adultère. » L'enfant est mort six mois après.

J'avais souvent donné des conseils à Jauneta, mais elle s'affaiblissait journellement, si bien qu'elle est bientôt devenue incapable de marcher. Le médecin hopi qui avait soigné ma nièce Delia a dit qu'elle était trop faible pour que quiconque puisse la sauver; il a eu le tort de le dire à ses parents et de les angoisser. Des membres de la société Ahl ont emmené Jauneta à Hotavila et lui ont soigné les « intestins noués », mais ils l'ont ramenée au mois de mars sans amélioration. J'ai décidé de la conseiller à nouveau et quand je suis entré chez elle, il y avait deux missionnaires agenouillés qui priaient Jésus de faire quelque chose, tandis que la vieille Buhumana soutenait sa fille par terre. Les forces de la pauvre fille étaient épuisées, car sa tête pendait et ses yeux étaient mi-clos. J'ai pensé que les missionnaires exagéraient et quand ils sont partis, j'ai conseillé Jauneta, mais je voyais bien que mes paroles ne lui allaient pas au cœur.

Au bout de deux ou trois semaines, un missionnaire hopi et sa femme sont venus chez nous demander à Irène de s'associer à l'ouvroir de la vieille église de pierre, pour y recevoir du réconfort chrétien. Quand Irène leur a demandé s'ils avaient pu remonter le moral de Jauneta, ils ont admis qu'elle allait plus mal; j'ai dit aux missionnaires que nous avions donné des conseils à Jauneta et que nous avions prié pour sa santé. Ils ont répondu : « Si elle trouve la Voie du Christ et lui donne son cœur, son nom sera inscrit dans le livre de la Vie du Seigneur. N'as-tu jamais entendu l'histoire de Nicodème, souverain des Juifs, qui est venu trouver Jésus la nuit et à qui on répondit qu'il devait renaître afin d'être sauvé? » J'ai répondu : « Oui, on m'a enseigné ça à la Y.M.C.A. avant ta naissance. » La femme m'a demandé si mon nom figurait dans le livre du Seigneur, et j'ai répondu que je pensais que non. « Quand je suis revenu de Sherman, j'ai examiné notre propre religion et je l'ai trouvée assez bonne. Maintenant, j'ai cinquante ans et je n'adopterai jamais le christianisme. » Les missionnaires m'ont prêché un tas de Bible, mais je répondais tout le temps : « Je savais tout ça avant ta naissance. » Quand ils sont partis, j'ai ri et j'ai pensé que je les aurais un peu mieux traités s'ils ne m'avaient pas pris de si haut.

Environ un mois plus tard, Buhumana m'a dit que sa fille allait beaucoup plus mal et que ses lèvres étaient trop engourdies pour lui permettre de parler, alors j'ai dit : « Je pense qu'il vaut mieux que je lui donne encore des conseils. » La vieille dame m'a répondu d'un ton sec : « Tu peux bien lui faire ce que tu veux. » J'ai trouvé la malade étendue sur une couverture, à demi couverte, et son sexe exposé. « Jauneta », lui dis-je, « ton corps t'est plus précieux que n'importe quoi, couvre-le, je t'en prie. » « Je ne peux pas », répond-elle, « mes bras et mes mains sont engourdis. » J'ai tiré une couverture sur elle et je me suis assis à ses côtés; elle se plaignait : « Je ne vais pas bien et au lieu de m'améliorer, je m'affaiblis; ma mère me gronde souvent. J'entends beaucoup de conseils, mais je pense tout le temps à la mort; je suppose que ça ne dépend que de moi : si je ne peux pas souhaiter vivre assez fort, je pense que je mourrai. » Ça m'a rendu malheureux et j'ai demandé : « Et ton mari, t'aide-t-il ? » « Pas beaucoup, » répond-elle, « mais avant-hier, ma mère m'a battue et m'a dit qu'elle ne voulait plus avoir de rapports avec moi, alors, mon mari l'a chassée de la pièce et prend soin de moi depuis. » « Ça me semble mal : c'est le devoir de ta mère et de ton mari de te soigner et ta mère ne devrait jamais te dire de mourir. Maintenant, secoue-toi. Demande à ton dieu du Soleil de t'aider et souviens-toi que tu peux vivre si tu le veux; moi, je t'aime et je ne veux pas que tu sacrifies ta jeune vie. » Juste à ce moment-là, Cecil est entré et a encouragé sa femme à suivre mes conseils, et moi, je lui ai dit de veiller attentivement sur sa femme. Il m'a répondu : « C'est ce que je fais; depuis que la vieille est partie, j'ai fait la cuisine. » Mais Jauneta avait décidé de mourir : dans l'espace de deux jours, elle a passé et les missionnaires l'ont enterrée dans le cimetière chrétien, et ils ont baptisé la vieille Buhumana. Jauneta pensait qu'en mourant elle forcerait son mari à la regretter, mais elle se trompait, car il avait d'autres petites amies qui lui feraient oublier ses chagrins.

Un jour, j'ai été rendre visite à Kalnimptewa, le vieux frère aveugle de mon père, et je lui ai dit : « Père, quand j'étais sur le pas de ma porte, j'ai vu un missionnaire hopi qui te prêchait des choses de la Bible. » « Oui », répond le vieux, « il a beaucoup parlé, mais je suis resté indifférent; il m'a averti que dans peu de temps Jésus-Christ allait descendre du ciel, prononcer quelques paroles sévères et détruire tous les mécréants; il a dit que ma seule chance de salut était de me confesser et de prier son Dieu. Il m'a encouragé à me presser avant qu'il ne soit trop tard, car un grand déluge menaçait Oraibi. Je lui ai répondu que toute ma vie j'avais prié pour la pluie et que personne n'attendait de déluge à Oraibi; j'ai aussi dit que j'étais un vieillard et que je ne vivrais pas longtemps – qu'alors, il ne pouvait pas me faire peur comme ça. J'ai ajouté que je ne voulais pas entrer en discussion, mais que j'étais beaucoup plus vieux que lui et que je pensais que mes opinions à ce sujet valaient mieux que les siennes. » En conclusion, il me dit : « Toi, Talayesva, mon fils, tu es en pleine maturité, berger et cultivateur qui nourrit une famille, et un tel travail signifie une vie heureuse. Quand nos cérémonies ont lieu, prie fidèlement nos dieux pour augmenter le bien-être de ta famille; de cette manière, tu resteras heureux. » Je l'ai remercié et je suis rentré chez moi, convaincu que je n'accorderai jamais d'attention sérieuse aux chrétiens. Il y a d'autres dieux qui peuvent aider certaines personnes, mais pour moi, mon seul espoir de bonne vie réside chez les dieux de mes pères : je ne les abandonnerai jamais, bien que leurs cérémonies s'éteignent sous mes yeux et qu'on laisse tous leurs sanctuaires à l'abandon.

Quand les missionnaires me prêchaient l'évangile, je me sentais presque toujours fatigué à la longue, et j'avais souvent des nausées et envie de vomir; j'essayais de changer de sujet, de trouver quelque chose d'intéressant à faire, ou bien je m'en allais, tout simplement, sauf quand ils me mettaient en colère; alors, je les battais, pour ce qui est des citations, et j'essayais de les prendre en défaut, avec des trucs tirés de leur propre Livre saint. Je crois que les prédicateurs mormons étaient mieux élevés que les protestants, mais eux aussi pouvaient être assommants. Un jour, deux Mormons ont mangé chez moi et m'ont dit : « On voudrait que vous sachiez que dans votre histoire, on raconte que la Femme Araignée a cinq petits-fils et qu'elle leur a fait un vêtement en peau de souris multicolore : c'est la même histoire que nous avons dans la Bible : vous, Hopi, vous êtes aussi descendants de Joseph que son frère a vendu en Egypte; son père lui avait fait un manteau de toutes les couleurs. Notre arrière-arrière-arrière-grand-père, c'était Joseph, et nous sommes tous frères. » C'était pas mal, sa petite histoire, mais je doutais de sa vérité.

Une fois, j'ai eu le même rêve, au sujet des missionnaires, trois fois en un mois, et il ne variait que par de petits détails : un étranger venait me prévenir que les Hopi chrétiens voulaient détruire nos rites et m'invitait à l'accompagner à une réunion; il m'assurait qu'il était mon Esprit Tutélaire et qu'il me protégerait. Nous sommes rapidement arrivés devant une grande maison ronde, avec de nombreuses rangées de sièges tout autour. Au centre, se tenaient deux hommes en costume de cérémonie : Tom Pavatea et Travis, un Indien Tewa, de la première mesa : mon guide m'a expliqué que nous luttions pour le droit de conserver nos cérémonies et la liberté d'adorer nos dieux. Alors, Tom a levé la main dans laquelle il tenait un pot cassé et a appelé tous ceux qui étaient prêts à défendre la religion et la liberté hopi à parler : « Nous devons être libres de célébrer nos rites », dit-il. Une femme Tewa parla dans sa langue et Travis fit un signe de tête, pour indiquer que c'était un bon discours. Comme elle déposait de l'argent dans le pot, je suis allé vers elle, pour lui dire comme j'étais content d'entendre de si belles paroles, et que j'étais de son avis. Tout étonnée, elle me demande : « Comment as-tu compris mon langage? » Alors, je lui ai expliqué que mon Esprit Tutélaire avait apporté la compréhension dans mon esprit; puis j'ai entendu un autre orateur et mon Guide m'a dit de le regarder attentivement. C'était Myron, le nouveau gouverneur du Vieil Oraibi qui tenait son fils par la main; il a fait un si beau discours que tout le monde a applaudi. Quand Myron a déposé son argent dans le pot, tout le monde l'a imité, on a compté le produit et Tom a crié qu'il avait $ 2 000. Il a dit : « Nous gagnons : les missionnaires n'en ont pas tant, alors ils laisseront notre religion tranquille et nous pourrons subvenir aux besoins des pauvres et des vieillards. » Nous étions en train de nous réjouir d'être un peuple libre, quand mon Guide m'a dit : « Partons », et a fait quatre pas rapides. Je l'ai suivi de la même manière et je me suis réveillé trempé de sueur, avec des cloches qui sonnaient : ma femme m'avait entendu gémir et m'avait secoué, sans quoi, j'en aurais rêvé plus.

Quelque temps après, j'ai eu un rêve épouvantable. Comme je ramassais quatre brides et que je partais pour le corral chercher mes chevaux, Irène m'a appelé pour me prévenir que des soldats blancs avaient cerné le village. J'ai bientôt appris que les missionnaires avaient dénoncé notre Chef, Tewaquaptewa, à Washington, pour avoir accompli ses devoirs rituels au *Soyal*, et que les soldats étaient venus le tuer pour désobéissance. J'ai découvert qu'ils l'avaient déjà encerclé près du sanctuaire du Buffle et je me suis précipité à son secours : Irène m'a crié de revenir, en me disant que j'avais déjà prononcé des paroles fortes qui avaient déplu aux gens et que je risquais d'avoir des ennuis; je me retournai, tout en courant, pour lui répondre : « Mais j'aime notre Chef, c'est mon « fils » et je ne veux pas qu'il meure devant nous. » Des Hopi chrétiens et des soldats qui s'étaient rassemblés autour du Chef ont dit : « Voilà ce vieil imbécile que nous détestons tant; nous sommes sûrs qu'il va faire quelque chose. » J'ai demandé à la foule de me laisser arriver jusqu'au Chef, et quand ils ont refusé, j'ai employé toute ma force pour les écarter et j'en ai renversé certains qui m'insultaient. Lorsque j'ai atteint le milieu de la foule, j'ai trouvé notre Chef emprisonné dans une grande boîte, avec la tête qui sortait d'un trou, et il y avait un homme qui se tenait au-dessus avec un gros couteau pointu, prêt à trancher. J'ai vite dit à l'officier blanc : « Mon frère, je t'en prie, range ton arme et ne tue pas un innocent : notre Chef ne fait qu'essayer d'être fidèle à sa religion, comme d'autres gens sont fidèles à la leur. Tu sais bien que si un homme n'a pas de religion à observer, il ne vit pas mieux qu'un chien; alors, je t'en prie, permets-moi de le raccompagner chez lui. » J'ai ouvert le couvercle de la boîte et je l'ai arraché au danger; puis le Blanc s'est retourné pour s'adresser aux gens : « Talayesva dit que le

Chef est innocent, qu'il veut seulement être fidèle à sa religion et prier les dieux pour obtenir que son peuple soit heureux. Vous, missionnaires, qui nous avez demandé de venir à Oraibi vous débarrasser du Chef, êtes des gens véritablement méchants, et maintenant, nous allons rendre sa liberté au Chef. » Je l'ai pris par la main et je l'ai mené à travers la foule, mais je me suis réveillé avant d'atteindre la maison. Le rêve semblait vrai et pourrait réellement arriver, mais j'espère que non.

Peu de temps après, nous nous sommes réunis à Hotavila pour la danse du Serpent. Mon vieil oncle, Dan Coochongwa, a fait un discours à la foule d'Indiens et de Blancs. Il leur a rappelé qu'autrefois des hommes blancs et rouges de toutes les races et nations vivaient heureux ensemble dans le monde inférieur; quand les Deux-Cœurs avaient ruiné la bonne vie en bas, nos ancêtres s'étaient échappés par le trou dans le sol, près de ce qui est maintenant le Grand Canyon. Mais, hélas, les Deux-Cœurs sont montés avec les gens et ont été la cause de maux infinis sur terre. Il a raconté aux Blancs que leurs ancêtres s'étaient précipités vers l'est, mais qu'ils étaient maintenant revenus nous trouver, selon la prophétie, comme des frères. Il leur a aussi rappelé que nous, Hopi, avons reçu la promesse du premier Blanc, qu'un jour, quand les Deux-Cœurs seront devenus trop puissants, un grand frère blanc reviendra dans les villages hopi, coupera la tête à tous les Deux-Cœurs et les détruira complètement. Pour terminer, il a dit : « Et c'est seulement alors que les Hopi et les Blancs seront unis comme un seul peuple et qu'ils vivront en paix et en prospérité, telles qu'il en exista autrefois dans le monde inférieur. Mon père, le Chef Yokeoma, pensait que le Blanc puissant reviendrait abattre les Deux-Cœurs hopi en son temps, mais il a été déçu, et moi, j'attends toujours avec impatience la venue de notre Frère Blanc Elu. »

Assis du côté ouest de la plaza, tout en écoutant, je me demandais si jamais le Frère Blanc Elu viendrait nous libérer de la malédiction des Deux-Cœurs; je savais que ce sage vieillard avait dit aux gens que c'était Hitler, le Frère Blanc Elu, qui allait abattre les méchants et délivrer les justes; mais je ne croyais pas que ce pouvait être vrai. Les mésaventures, les luttes, la maladie, la mort, toutes causées par les gens du monde inférieur, voilà nos principaux problèmes. Je les crains par-dessus tout et il m'arrive de douter qu'on puisse jamais détruire ces puissances du mal, nous unir en une seule race et restaurer la bonne vieille vie hopi.

Peut-être serions-nous plus heureux si les Blancs n'étaient jamais venus à Oraibi, mais c'était impossible, puisque le monde en est plein, tandis que nous Hopi, on ne compte pas par le nombre. Maintenant, nous avons appris à nous entendre avec eux, dans une certaine mesure, et nous aurions probablement la vie beaucoup plus dure si on nous livrait à nous-mêmes et aux Navaho; nous avons besoin que l'Oncle Sam nous protège et nous nourrisse pendant les famines, mais je voudrais bien que le gouvernement des Etats-Unis nous envoie de meilleurs employés d'agence, car ils sont supposés venir ici nous aider. Je ne demande pas grand-chose aux Blancs sauf à mes amis personnels, et j'espère qu'ils ne m'abandonneront jamais. Je n'ai pas de goût pour les vêtements dernier cri ni pour la grande vie; si j'avais des milliers de dollars, j'en donnerais la plupart à mon petit, mais j'achèterais peut-être une camionnette et je construirais une petite maison hopi en bas à Oraibi le Neuf, où je pourrais vivre en hiver avec ma famille. J'aimerais une cuisinière en fonte, des chaises et peut-être l'eau courante, mais je n'aurais pas l'électricité ni la radio; cependant, j'aimerais bien un phonographe pour pouvoir écouter les chansons que j'ai enregistrées. L'été, je retournerais dans notre maison d'Oraibi, et je rentrerais toujours pour le *Soyal*.

Une nuit, j'ai fait un très bon rêve et j'espère qu'il se réalisera dans ma vie future. Je suivais une piste et je me suis trouvé à un carrefour : là, j'ai vu les traces fraîches d'un étranger allant vers l'ouest. Je les ai suivies et je suis arrivé à un ranch avec une belle maison de brique et un grand porche face à l'est; les traces menaient à la grande porte, mais moi, je restais à regarder bouche bée. Bientôt, j'ai entendu une voix amicale me dire : « Suis les traces jusqu'à la maison, car elle t'attend. » Tout joyeux, je suis entré dans ma nouvelle maison, mais je n'y ai trouvé personne; j'ai laissé mon déjeuner et d'autres choses sur une table, je suis sorti dans la cour et j'ai regardé vers l'ouest les murailles rouges d'une mesa, rayées de blanc à la base. Près de ma maison, il y avait un beau troupeau de moutons au corral, et là, près de la grille, était mon Esprit Tutélaire qui me faisait signe. Quand je suis arrivé devant lui, il m'a dit : « Mon fils, je suis le Guide qui t'a protégé toute ta vie; je t'ai construit cette maison et je t'ai fourni ce troupeau : ouvre la grille et laisse sortir tes moutons. Ils iront paître, trouveront de l'eau et reviendront le soir, sans berger. » Comme ils passaient la grille, j'en ai compté au moins neuf cents, puis mon Guide dit : « Les pâturages et les champs que tu vois t'appartiennent tous; tu en auras besoin pour ta famille, aussi, ne laisse jamais un Blanc te les arracher. Viens avec moi et je te montrerai l'eau. » Je l'ai suivi à quatre cent quarante pas, jusqu'à un endroit où il s'est arrêté et il a dit : « Creuse ici et tu trouveras une source. » J'ai levé les yeux et j'ai vu quelqu'un entrer avec un troupeau de moutons; mon Guide a dit : « C'est Sekaheptewa, l'un de tes vieux grands-pères. » Je me suis exclamé : « Mais il y a des années qu'il est mort! » C'était bien lui, mais il s'est détourné vers le sud-ouest et a disparu. Quand je me suis retourné vers mon Guide, il était en train de s'enfoncer dans le sol, puis j'ai entendu aboyer un chien et je me suis réveillé avec un son de cloches dans la tête et le cœur plein de joie.

C'est un doux avenir à espérer, mais en attendant je veux rester à Oraibi et avoir suffisamment à manger, surtout de la farine, du sucre, du café et les bonnes vieilles nourritures hopi. Quand je serai trop vieux ou faible pour suivre mes moutons ou cultiver mon maïs, j'ai projeté de rester assis à la maison, à sculpter des poupées katcina et à raconter à mes neveux et nièces l'histoire de ma vie. J'aimerais aussi continuer à écrire mon journal, tant que mon esprit restera vif, et enfin, quand j'aurai atteint l'état d'incapacité, je souhaite mourir tout en dormant, sans douleur. Ensuite, je veux être enterré à la manière hopi; peut-être que mon petit m'habillera du costume d'officiant spécial, me mettra quelques colliers autour du cou, mettra un paho et de la farine de maïs sacrée dans ma main, et m'attachera aux oreilles des turquoises incrustées. S'il tient à me mettre dans un cercueil, il peut le faire, mais il doit laisser le couvercle ouvert, déposer la nourriture tout près et installer une échelle de tombe pour que je puisse sortir. Je me hâterai vers mes parents disparus, mais je reviendrai avec les bonnes pluies, danser en Katcina avec mes ancêtres sur la plaza, même si Oraibi est en ruine.

TABLE DES ILLUSTRATIONS IN TEXTE

TABLE DES CARTES

TABLE DES MATIÈRES

IMPRIMÉ EN FRANCE PAR BRODARD ET TAUPIN
58, rue Jean Bleuzen - Vanves.
Usine de La Flèche, le 25-09-1984.
6810-5 - N° d'Éditeur 2125, septembre 1984.

PRESSES POCKET - 8, rue Garancière - 75006 Paris
Tél. 634.12.80